国学大师

黄侃评传

司马朝军 著

长江出版传媒
湖北人民出版社

图书在版编目（CIP）数据

黄侃评传 / 司马朝军著. — 武汉：湖北人民出版社，
2024.7
ISBN 978-7-216-10775-4

Ⅰ. ①黄…　Ⅱ. ①司…　Ⅲ. ①黄侃（1886-1935）—
评传　Ⅳ. ①K825.6

中国国家版本馆CIP数据核字（2023）第255215号

责任编辑：朱小丹
封面设计：董　昀
责任校对：范承勇
责任印制：蔡　琦

出版发行：湖北人民出版社	**地址**：武汉市雄楚大道268号
印刷：湖北新华印务有限公司	**邮编**：430070
开本：787毫米×1092毫米　1/16	**印张**：23.5
字数：339千字	**插页**：3
版次：2024年7月第1版	**印次**：2024年7月第1次印刷
书号：ISBN 978-7-216-10775-4	**定价**：88.00元

本社网址：http://www.hbpp.com.cn
本社旗舰店：http://hbrmcbs.tmall.com
读者服务部电话：027-87679656
投诉举报电话：027-87679757
（图书如出现印装质量问题，由本社负责调换）

总　　序

郭齐勇

"国学"是颇有争议的复杂概念。在清末以前，古人不必使用这一概念。在国势日颓、民族危亡之时，流亡在日本的志士仁人开始使用这一名词，表述中国古代的学术文化。章太炎说："夫国学者，国家所以成立之源泉也。吾闻处竞争之世，徒恃国学固不足以立国矣。而吾未闻国学不兴而国能自立者也。吾闻有国亡而国学不亡者矣，而吾未闻国学先亡而国仍立者也。故今日国学之无人兴起，即将影响于国家之存灭，是不亦视前世为尤岌岌乎？"①

邓实说："国学者何？一国所有之学也……有其国者有其学。学也者，学其一国之学以为国用，而自治其一国者也。国学者，与有国而俱来，因乎地理，根之民性，而不可须臾离也。君子生是国，则通是学，知爱其国，无不知爱其学也。"② 也就是说，国学不仅仅是学问或学术的概念，而且还是民族性与民族魂的概念。国学的内核主要指国家民族历史文化的根本精神价值。

梁启超积极引进西学，然而对于国人鄙薄自己的民族文化传统却心怀忧虑。他说："吾不患外国学术思想之不输入，吾惟患本国学术思想之不发明……凡一国之立于天地，必有其所以立之特质。欲自善其国

---

① 章太炎：《国学讲习会序》，原载《民报》第7号。转引自汤志钧《导读》，《国学概论》（章太炎讲演、曹聚仁整理、汤志钧导读），上海古籍出版社1997年版，第6页。

② 邓实：《国学讲习记》，原载《国粹学报》第19期。转引自汤志钧《导读》，《国学概论》（章太炎讲演、曹聚仁整理、汤志钧导读），上海古籍出版社1997年版，第7页。

者，不可不于此特质焉，淬厉之而增长之……不然，脱崇拜古人之奴隶性，而复生出一种崇拜外人、蔑视本族之奴隶性，吾惧其得不偿失也。”① 也就是说，我们一定要把握自家文化的真精神、主体性与特质，并加以锻造、锤炼，不能从盲目崇拜古人转向盲目崇拜洋人，以为自己的文化传统都是糟粕、中国百事不如人。

文化的差异不仅有时代性的差异，也有民族性的差异。在一定意义上，我们又可以说，“国学”即是中国的古典学，它以古代中国的语言文字、终极信仰、学术思想和民俗文化为中心。按传统图书与学术之分类有经、史、子、集四部，或义理、考据、辞章、经世之学的诸路向。

其实，国学是开放的，包含了历朝历代消化吸收了的外来各种文化。我们不能把国学狭隘化。第一，国学不只是汉民族的学术文化，它还包含了历史上各少数民族的语言、文字、学术文化及其与汉民族的交流史。第二，国学不只是上层精英传统，还包括小传统，如民间民俗文化，各时段各地域各民族的传说、音乐、歌舞、技艺、建筑、服饰、礼仪、风俗、宗族、契约、行会、民间组织等，有如今天的某些物质与非物质文化遗产。第三，国学还包括历史上中外地域文明的交融，如外域文明的传入，西域学、佛学及其中国化，西学东渐与中学西传的内容与历史过程等，都属于国学的范围。

必须明了，国学、经史子集等，并不是汉民族的专利，其中包含、汇聚了中华各民族的智慧与文化，是各民族共同创造、共同拥有的文化精神资源，正所谓“一体多元”“和而不同”。古今很多少数民族文化也以汉语言文字为媒介。

前面我们说过，在国学的多层面中，最高的层面还是国魂，即中华民族的主要精神的方面，那是中国人之所以为中国人、中国文化之所以为中国文化的根本特质处。国学是生命的学问，儒、释、道三教是具有

---

① 梁启超：《论中国学术思想变迁之大势》，原载 1902 年 3 月 10 日《新民丛报》第 3 期，又载胡道静主编《国学大师论国学》（上），东方出版中心 1998 年版，第 23 页。

精神性的人文主义，肯定世界的神圣性。三教认为人性的最高体现，就是达到人生的最高境界，是天人合一，希望与自然保持和谐。对宇宙的敬畏感来自我们回应最终实在的渴望，而最终实在为我们的生活指示了方向并赋予意义。我们的存在受惠于天地万物，为了报答这一份恩惠，我们必须加强自我修养，以便在存在的奇迹中完全实现人性，达到天、地、人三才同德。学习国学更重要的是把握中华人文精神与价值理念，了解中华民族与中华文化融会的过程，及其可大可久的所以然，堂堂正正地做一个中国人。

其实，提倡国学与拥抱、吸纳包括西学在内的外域文化并不矛盾。陈寅恪说："一方面吸收输入外来之学说，一方面不忘本来民族之地位。"① 任何民族的现代化都不可能是无本无根的现代化。对于自家传统文化的价值理念、生存智慧、治国方略，我们体认得越深，发掘得越深，我们拥有的价值资源越丰厚，就越能吸纳外来文化的精华，越能学得西方等外来文化之真，这才能真正使中西或中外文化的精华在现时代的要求下相融合，构建新的中华文明。

湖北的国学传统源远流长，历史上涌现了一批学养深厚的国学大师。他们为中华文化的发展做出了卓越的贡献，也成为国学发展不同阶段的典型代表。宋至清末，全国的大学者大多到过湖北，湖北学人在全国也享有盛誉。明清以来湖北理学与经学的特点是有独创性、开放性，倡导实学。湖北自古就有儒家重教兴学的深厚传统，清末张之洞督鄂期间尤重视文教，开放教育，对湖北文人与文化有深刻的影响。

湖北地区水陆交通方便，资讯较发达，在清末以来呈现出古今中外思想文化碰撞交流的状态，这就促使当地的或旅鄂的一些有思想的文化人批判、离异传统，而后又从高层次回归传统。现代多数鄂籍或来鄂的学人有一个共同特点，即既开放，又有根柢，多数人最终融会中西文化，强调中国文化的根源性，创造性地弘扬、发展中国文化的优长，经

---

① 引自冯友兰《中国哲学史》下册附录的陈寅恪《审查报告三》，中华书局 1961 年版，第 4 页。

世致用。

湖北省国学研究会是本省从事国学研究的专家学者及爱好者自愿组成的全省性、学术性、非营利性的学术文化类社团组织，旨在研究、传承、推广国学，以冀绍继和发扬中华优秀传统文化。

为了全面而精要地展示湖北国学史丰富多彩的画卷，为了纪念先贤不凡的人生与独特的学术造诣，也为了扩大湖北国学的影响，本会2014年2月甫一成立，就确立了编撰一套较高水准的“湖北国学大师评传丛书”的计划。本计划拟先从近现代开始，行有余力再由近及远地全面涉及湖北籍的，或者在湖北曾长期居留、工作并产生重要学术影响的国学专家。

本丛书拟以每位国学大师为一本专书的传主，采取人生传记与思想阐论相结合的形式，一方面纵向追溯其人生经历与学问成长过程，一方面横向揭示其思想与学术之体要。每一本专著力求做到学术原创与通俗表达的完满统一。

经学会同仁研究，并请教了前辈专家，我们确立了本套丛书第一辑的传主为：王葆心（1867—1944）、熊十力（1885—1968）、黄侃（1886—1935）、钱基博（1887—1957）、刘永济（1887—1966）、刘赜（1891—1978）、汤用彤（1893—1964）、徐复观（1903—1982）。以上八位大家的学问专长与路向各不相同，有的偏重经学，有的偏重小学（文字、音韵、训诂），有的偏重方志学，有的偏重哲学、佛学或思想史，有的偏重古代诗词，但都是中国学问。他们的旧学基础很好，功底很深。由于他们都生活在新旧交替的时代，其中一些学者有很好的西学背景，做到学贯中西，或在一定程度上借鉴了西方学术的理论或方法。这也是晚清、民国以来国学的特点。

湖北地区素来教育与学术资源丰厚，人才济济。有一大批长期从事中华传统文化研究并卓有成绩的专家学者，其中不乏在全国乃至国际学术界享有盛誉之人。这是本丛书计划得以拟定与高水平完成的基本保障。

本丛书的作者也以湖北学人为主，当然也不限于此。为保证质量，我们在全国范围内物色了学有专攻的有实力的专家。作者们十分投入，克服了重重困难，为读者奉献了智慧与心力。我们诚挚地感谢各位作者集文字、思想、学术于一途的努力。

在当前国人文化自觉意识日增与国学复兴的背景之下，推出这套丛书可以将湖北国学系统地展现出来，增进人们对于国学本身，尤其是湖北国学的了解；可以使大师们的思想与学术结合其鲜活具体的人生真切地呈现出来，培育人们对大师人格与学问的景仰以及对国学的热爱；另外，这套丛书亦将代表湖北国学研究会和湖北国学界，为全国范围内正在兴起的国学热做出正能量的贡献。

本会会长韩忠学先生极为关心丛书工作，亲自指导，确定编写主旨，筹措资金，联络出版单位，敦促写作计划的完成。丛书主编之一的王玉德教授为确立传主名单、物色作者、落实写作计划做了大量的工作，并亲自撰著了一书。王巧生博士为制定体例、联络作者做了一定的工作。

我们要特别感谢湖北人民出版社的领导与各位编辑为本丛书所做的贡献。

是为序。

丙申年初夏于武昌珞珈山麓

小　引

我在中学阶段就开始与黄侃结缘，课暇细读了陆宗达先生的《说文解字通论》一书，初步涉猎了黄侃的学说。1986年秋天，我有幸考入武汉大学中文系，这是章黄学派的重镇，黄侃的弟子刘赜、黄焯两位大师长期在此绛帐谈经，殷勤传学。入学之初，我在梅园新华书店购买的第一本书就是中华书局影印本《说文解字》。很快又根据黄侃开列的国学书目，按图索骥，一一攻读，并选择黄侃生平与学术作为突破口，搜集资料，为他编撰年谱，弱冠之年就完成了初稿，后来不断地增补修订，这部处女作直到2005年才公开出版。因为《黄侃年谱》，30年间我与几代学者结缘。

多年前，著名哲学史家郭齐勇先生鼎力推荐由我撰写《黄侃评传》，尽管当时手头的事情堆积如山，我也只好将其他事暂时放到一边，开始为黄侃的日记作校注，为他的诗集、词集、文集作编年。这是一个系统工程，也是学术界亟待攻克的重大难关。为了写《黄侃评传》，别无选择，只好破釜沉舟。年谱便于操作，只要材料齐全即可；而评传需要选择，需要构思，需要再度创作，更需要深度诠释。而对这样一个个性独特的传主，确实难以诠释。一是他本身是一个极具个性的人，二是他所处的时代又极其复杂，与他相关的章太炎、刘师培、蔡元培、陈独秀、胡适、钱玄同等人都异常复杂。牵一发而动全身，需要重新评价的人物太多太多，需要重新评价的问题太多太多……

本书初稿完成之后曾经请杨逢彬、师领两位畏友审阅。他们都提出了极为中肯的批评意见。逢彬兄建议我学习“零度写作”的方法。此法源自法国文学理论家罗兰·巴特1953年发表的一篇文章《写作的零度》。现在零度写作则指作者在文章中不掺杂任何个人的想法，将澎湃饱满的感情降至冰点，让理性之花升华。尽管我也作了一些尝试，但始终不得其法，只好放弃。师领兄建议我站在人类文化史的制高点上，“来一个高屋建瓴”，指出章黄那一代人迈出的是第一步，五四那一代人迈出的是第二步，现在我们应该迈出第三步。这种大视野对我很有启发。《易》曰：“丽泽，兑。君子以朋友讲习。”昔年在珞珈山上，时常与杨逢彬、师领、程水金、吴根友、丁四新及杨华诸兄切磋，朋友讲习，互相启发，共同促进。此稿尤得杨、师二友郢削，谨此致谢。李婧博士撰写了第七章，高谊可感，特此鸣谢。

近日获读著名学者林少阳教授的《鼎革以文——清季革命与章太炎“复古”的新文化运动》一书。该书大胆质疑“革命”与“改良”二元对立的晚清思想史叙述框架，提出了“复古的新文化运动”的新概念，以章太炎为主，也可以与黄侃对接，故对本书的修订也具启发意义，对于黄侃的历史定位尤具启迪意义。如果说五四一代倡导的是反复古的新文化运动，那么章太炎、黄侃倡导的就是复古的新文化运动，相反相承，各有千秋。扬此抑彼，是丹非素，皆非通论。

在极度亢奋之中写出初稿，原稿中持论不乏尖锐之处，编辑一一为之指出，建议删改。修改时尽量笔削，务求平允，平心静气，以合中道。间有不平之气，留待日后消磨。

司马朝军

2016 年 4 月 6 日于武汉观衢轩

2017 年 6 月 3 日修改于上海文淙阁

2021 年 11 月 24 日修改于上海海云阁

2024 年 4 月 17 日定稿于上海震旦园

目　录

学术篇

导言：作为“国故之魂”的黄侃

黄侃是中国近现代最为著名的文化保守主义者之一。对中国传统文化的维护与弘扬，是文化保守主义者最基本的文化取向，也是他们被称为文化保守主义者的根本原因。国粹派、孔教派、东方文化派、学衡派、本位文化派以及现代新儒家皆被视为文化保守主义者，因为他们对传统文化持的是维护和弘扬的立场。① 黄侃与上述各种派别皆有互动，成为举世公认的文化保守主义的精神领袖。他是《国故》的主编，也是“国故之魂”。

一、“开倒车”：时贤的冷讽热嘲

从现存的史料来看，陈独秀可能是最早提出“章黄之学”“章黄之徒”等概念的人，当然他对章黄之学、章黄之徒颇有微词。黄侃与陈独秀分属于不同的文化营垒：一为国故派护法，旨在昌明中华固有之学术；一为新青年领袖，提倡“民主”与“科学”。一个是拼命地守护，一个是拼命地破坏，如此针锋相对，都源自不同的文化立场。长期以来，新文化被认为代表了正确的方向，旧文化成为落后、保守甚至反动的代名词。在“新即等于进步，旧即等于反动”的简单思维模式下，黄侃早已被新派人士视为“明日黄花”，看作飞蛾扑火、螳臂当车式的人物，哪里是激进派陈独秀的对手？黄侃虽然参加过孙中山领导的旧民主主义革命，但陈独秀是新民主主义革命的领袖。黄侃在辛亥革命之后很快退出政治舞台，1914 年秋天进入北京大学，成为一个纯粹的讲学家。而陈独秀在他的《实庵自传》中，一开头就拿自己的“自传”与英国著

---

① 郑大华：《中国近代思想脉络中的文化保守主义》，湖南人民出版社 2015 年版，第 4 页。

名哲学家、历史学家休谟的自传作比较："休谟的一生差不多是消耗在文字生涯中，我的一生差不多是消耗在政治生涯中。"确实如此，陈独秀的一生差不多是消耗在政治生涯中，而黄侃的一生差不多是消耗在讲学生涯中。陈独秀就好比是一支长矛，不断地攻击传统，旨在革旧思想、旧道德、旧文化之命；黄侃好比是一面盾牌，始终守护传统文化，以阐明固有文化为己任。平心而论，各有利弊。在西方的坚甲利炮之下，古老的中国一次次遭受失败的耻辱，中国人的自信心被打破，陈独秀在这种背景下的救国救民之心是可以理解的，但把一切罪过都推给旧文化与老祖宗，未免太简单太粗暴。历史早已证明，传统文化与现代化并不是水火不容的。陈独秀在《答易宗夔》中却振振有词地说："尊意吾辈重在一意创造新文学，不必破坏旧文学，以免唇舌。鄙意却以为不塞不流，不止不行，犹之欲兴学校，必废科举，否则才力聪明之士不肯出此途也。方之虫鸟，新文学乃欲叫于春啼于秋者，旧文学不过啼叫于严冬之虫鸟耳，安得不取而代之耶？旧文学、旧政治、旧伦理，本是一家眷属，固不得去此而取彼；欲谋改革，乃畏阻力而牵就之，此东方人之思想，此改革数十年而毫无进步之最大原因也。"① "覆孔孟，铲伦常"，这就是陈独秀的终极目标。孔孟之道固然有其历史局限性，但其积极作用与价值也被陈独秀统统否定掉了。中国人要过"现代生活"就必须与孔孟之道决裂吗？就非要与以孔孟之道为核心成分的整个旧文化、旧伦理、旧道德、旧思想决裂吗？为什么西方人在完成现代化的同时能够保存自己的传统文化，而我们却一定要把自己的传统文化打得粉碎呢？

钱玄同在 1938 年 10 月 23 日的日记中批评黄侃"开倒车"：

> 今日灯下病而阅黄季刚之《尔雅正名评》，其书为汪蓥作而黄氏评之，皆谬也。而黄氏尤谬。黄幸而为章徒，故尚能就声类以言本字，否则将并此而不能，止会确遵《十三经注疏》之说

① 水如编：《陈独秀书信集》，新华出版社 1987 年版，第 220 页。

耳。论其见解，比吴派之惠、江还要开倒车，真退化，真复辟兮！①

杨树达也有类似的批评：

阅报知黄季刚病逝。季刚于《说文》烂熟，然其所推论之孳乳先后多出于悬揣，不足据信。大抵此君读书多而识解不足，强于记忆而弱于通悟……清儒学问本分两派：皖派江、戴，主实事求是；吴派惠氏，主信而好古。皖派有解放精神，故能发展；吴派主墨守，则反之。戴弟子有王、段、孔三家，各有创见。惠弟子为江声、余萧客辈，抱残守缺而已。俞荫甫私淑高邮，太炎师荫甫，实承皖派之流而益光大之。季刚受学太炎，应主实事求是；乃其治学力主保守，逆转为东吴惠氏之信而好古。读《诗》必守毛、郑，治《左氏春秋》必守杜征南，治小学必守许氏。于高邮之经学，不论今古文家法惟是之从者，则力诋之，此俗所谓开倒车。世人皆以季刚不寿未及著书为惜，余谓季刚主旨既差，虽享伏生之年，于学术恐无多增益也。②

在他们看来，黄侃早已沦落为一个泥古不化、专门开历史倒车的老朽腐儒。是耶？非耶？

杨树达1939年7月12日又撰《温故知新说》，以为“温故而不能知新者，其病也庸；不温故而知新者，其病也妄”。又谓学者既须强识，还须通悟，“如不能兼，则宁取通悟而舍强识”。《积微翁回忆录》云：“温故不能知新者谓黄侃；不温故而求新者，谓胡适也。”以“温故不能知新者”讥刺黄侃，似非谛论。杨树达早年师从梁启超，受其影响极深。他的批评也不无门户之见。

① 杨天石主编：《钱玄同日记》，北京大学出版社2014年版，第1359页。
② 杨树达：《积微翁回忆录》，上海古籍出版社1986年版，第104—106页。

只有陈新雄先生在《梅祖麟〈有中国特色的汉语历史音韵学〉讲辞质疑》一文中为之辩白：

> 二十年来，台湾的声韵学会基本上已无学派之争、门户之见。没有想到，梅祖麟在香港语言学会年会上的讲词，开讲不久，就引了傅斯年《历史语言研究所工作之旨趣》一文批章太炎先生的话说："章氏炳麟在文字学以外是个文人，在文字学以内做了一部《文始》，一步倒退过孙诒让，再步倒退过吴大澂，三步倒退过阮元……至于那部《新方言》，东西南北的猜去，何尝寻扬雄就一字因地变异作观察？这么竟倒退过二千年了。"傅斯年当年的讲话是有宣示作用的，也就是要创立以胡适为主的新文学，反对以章太炎为首的传统文学，在那个时代，也许有其意识形态的作用；至于今日，五四运动之功过是非，也尚有许多争论，我们有必要再挑起这样一种新旧之争吗？说老实话，什么叫作一步倒退过孙诒让，再步倒退过吴大澂，三步倒退过阮元？①

《文始》一书是章太炎在黄侃的启发下撰写完成的。② 傅斯年的"大炮"瞄准的仍然是中国传统文化与传统学问，他将从汉到清的学问全盘否定，后来遭到徐复观的有力反驳。

黄侃很早就认清了自己所处的不利境遇，这给他以强大的挫折感。外界压力不断积累，使他形成了一种严重的焦虑感。他既渴望得到不朽的名声，又担忧可能被后人否认掉，进而形诸梦。1928 年 8 月 8 日的晚上，他做了一个奇奇怪怪的梦：

---

① 陈新雄：《陈新雄语言学论学集》，中华书局 2010 年版，第 219 页。

② 黄侃曾经告诉伍一比，他从章太炎那里什么都没有学到。因为章太炎本身没有上过学，虽然在杭州问学于俞樾等人，也完全是旧式的治经路数。太炎是经生加文豪，始终徘徊于学术与政治之间，而非纯粹的学者。章黄之间已经有一道难以跨越的鸿沟，这是时代的鸿沟。

> 梦至一大圆室，其额曰“倒知堂”，中坐二百人，似有所议，又似作文，皆无语书，而声如万蚊聚鸣；白蝴蝶大如扇，往来飞舞；堂上坐二三人，胸各悬一纸条飘飘然。良久醒，思之，此入蝇蚁国也，未知所以名“倒知”者。

“倒知堂”未必就是“蝇蚁国”，黄侃也始终没有弄清楚何以名为“倒知堂”。假如我们从精神分析的角度加以分析，这其实就是黄侃焦虑感的一种曲折反应，归根结底是源于某种个人冲突。大家都以为他在开倒车，集体意识在发号施令：“开倒车，开倒车，倒——倒——倒——”最后转化成他的潜意识，让他倒进了“倒知堂”。“蝇蚁国”其实就是他心中的“学术中国”。“倒知堂”“蝇蚁国”“白蝴蝶”都是象征语汇。“象征不是比喻也不是符号，它们是大部分超越了意识内容的意象。我们还必须去发现这些内容的真实性，去证实它们就是那些我们不仅可能而且绝对必要与之达成协议的原动力。”① 黄侃的极度渴望成了毁掉他的原因。他对另一个世界的渴求带来对此世生活的厌倦，他已经站到了自我毁灭的边缘。汉语中没有“倒知”一词，黄侃虽精通训诂，熟读古书，他也无法解读此词的含义。其实这是梦中的象征语汇，翻字书（如《说文》）、辞书（如《尔雅》）是无济于事的。我们只能从精神分裂症的前兆分析来探寻其谜底。“知堂”是意识世界，“倒知堂”是潜意识世界。正是由于长期的压抑，无数次挫折，他在梦中筑起了“空中楼阁”与“海市蜃楼”——“倒知堂”。“白蝴蝶”是否就是黄蝴蝶的变异？它让我们联想起另外一位比黄侃稍晚一辈的现代诗人戴望舒的一首《白蝴蝶》小诗：

> 给什么智慧给我，
> 小小的白蝴蝶，

① ［瑞士］卡尔·古斯塔夫·荣格：《转化的象征——精神分裂症的前兆分析》，孙明丽等译，国际文化出版公司2011年版，第69页。

翻开了空白之页，
合上了空白之页？
翻开的书页：
寂寞；
合上的书页：
寂寞。

戴望舒巧妙地用“白蝴蝶”这一意象来比喻他眼中早已空白的书，表达了他无法把握自己、无法把握现实、无法把控世界、无法排遣心中郁结的极度苦闷与迷惘。黄侃梦中的“白蝴蝶”是否也是如此呢？万蚊聚鸣，蝴蝶飞舞，看似热闹极了，实则寂寞极了，这种生命的焦虑感以梦的形式传递给黄侃，但他却无法破译其中的奥秘。为了释放“力比多”（libido）①，他采取了纵欲的方式，拼命地释放，提前将生命的能量释放干净。梦的隐喻和深度来自于他的“中心神话”，即生命的焦虑感。黄侃用中年的一个梦“确证”了自己的人生，隐喻性地解释了自己的命运，包括他的学术历程、他的自我肯定以及克服内心的恐惧和来自家庭与社会的压力。由于传主的“梦”往往是事后的叙述，它所带给传主的“深层真实”的感觉更可能是一种基于现实问题而产生的“幻觉”，由此，我们对“梦”的解析所带来的触摸传主“深层真实”的感觉也可能是一种关于幻觉的“幻觉”。

恩格斯最早提出了“历史合力论”。他认为，历史是这样创造的：

最终的结果总是从许多单个的意志的相互冲突中产生出来的，而其中每一个意志，又是由于许多特殊的生活条件，才成为它所成为的那样。这样就有无数互相交错的力量，有无数个力的平行四边形，由此就产生出一个合力，即历史结果，而这个结果又可以看作

① 精神分析学认为，“力比多”是一种本能，是一种力量，是人的心理现象发生的驱动力。

一个作为整体的、不自觉地和不自主地起着作用的力量的产物。因为任何一个人的愿望都会受到任何另一个人的妨碍，而最后出现的结果就是谁都没有希望过的事物。所以到目前为止的历史总是像一种自然过程一样地进行，而且实质上也是服从于同一运动规律的。但是，各个人的意志——其中的每一个都希望得到他的体质和外部的、归根到底是经济的情况（或是他个人的，或是一般社会性的）使他向往的东西——虽然都达不到自己的愿望，而是融合为一个总的平均数，一个总的合力，然而从这一事实中决不应作出结论说，这些意志等于零。相反地，每个意志都对合力有所贡献，因而是包括在这个合力里面的。①

据此而论，即便是开倒车，黄侃对历史也发挥了自己的作用。在新派的嘲讽声中，黄侃坚持到底，确乎顽冥不化。现在看来却别有一番意味，正是应该得到称颂的韧性。新旧之争本来就是新派建构起来的超级神话，成为他们的革命话语体系中的一条红线，而黄侃在 1920 年编写《国学卮林付刊感题》诗二首中予以解构：

新旧本来无定相，是非何用苦相争？要从言象筌蹄外，尽泯人吾正负名。惠子多方成驳道，田巴高拱谢洪声。谁能悟彻寰中理，一任天钧运两行。

梧台燕石裹重绨，敝帚千金理亦齐。道术终为天下裂，民情本自古来迷。妄心各类蝇钻纸，曲说谁防蚁溃堤？百虑殊途特相齿，何妨东向不知西。②

黄侃“悟彻寰中理”，像田巴一样闭嘴不谈。而新派妄心不改，乘机宣称他们取得了全面的胜利，殊不知他们抹杀了中国的传统文化，一

① 《马克思恩格斯选集》第 4 卷，人民出版社 1995 年版，第 697 页。

② 《国学卮林》1920 年第 1 卷。

步倒退过洪荒了！

在次生外发性现代化国家、民族的知识分子群体中，持文化保守主义立场的，较之持自由主义或激进主义立场的，在对传统文化的承袭方面，无疑占有明显的优势。这样的社会集团，正是社会有意识的传统文化维系的基本力量。黄侃作为文化保守主义者，在这场不可避免的文化冲突中发挥了独特的作用，确有其历史必然性和合理性。黄侃并非一味守旧、复古，但从根本上讲，“统摄其心魄的是美好的过去”①。在这种心态下，他很难充分认识现代化的意义。在全球化时代，哪里能够“一任天钧运两行”？胡适之看到“适者生存，不适者淘汰”的大趋势，立马将名字改为“适之”，不论到何处去（“胡适之”的死译），目的就是生存。在胡适看来，黄侃显然属于“不适者”，难以逃脱被淘汰的命运。

二、“国故之魂”：本书的基调

有学者认为：“白话文运动成为中国社会向现代转变的一种有力催化剂。没有白话文运动，就谈不上现代国民教育，更谈不上推广义务教育。而这正是国家现代化的起手工作。没有白话文，就不能有大众传播事业的发展，就不可能吸引千百万人民积极参与社会生活，就谈不上社会民主化的进程。同样地，没有白话文的通行，任何科学技术的普及应用和群众性的破除迷信，包括对鬼神的迷信，对于古教条的迷信，以及对活人的权威的迷信也都无从谈起。”② 这种论调过分强调了白话文运动的历史功绩，而对它的负面影响（即对雅文化的破坏）认识不足，也带有一定的片面性。我们并不完全否认白话文运动的功劳，但也应该充分认识到它的消极影响。雅俗也好，新旧也好，都是相对的，甚至是可以相互转化的。哪有一强调新就要破除旧、突出俗就消灭雅的道理？难

① ［美］爱德华·希尔斯：《论传统》，傅铿、吕乐译，上海人民出版社1991年版，第280页。

② 耿云志：《胡适新论》，湖南出版社1996年版，第24页。

道为了大众文化就可以不要精英文化吗？难道为了下层文化就可以不要上层文化吗？难道为了现代化就非得要置传统文化于死地而后快吗？长期以来，特别是自五四以来，形成了一种二元对立的、非此即彼的、僵化的思维模式。为了恢复民族自信，激发民族智慧，我们必须重新认识以陈独秀、胡适、钱玄同等人为代表的文化激进主义，与此同时，我们也必须重新认识以黄侃、梁漱溟等人为代表的文化保守主义。庞朴先生说得好：“中国文化保守主义，或者称之为中国的传统和儒学，在现代化的刺激下和全球化冲击中，为我们中国人挺立民族主体性和文化主体性，提供了必需的、可行的维度和思想文化空间。人们对传统和儒学的重视，表明了中国思想界的自觉和成熟。至于前景，不容乐观。我们批判打倒传统和儒学，用了 50 年的时间。重新建设它，则恐怕需要更长的时间。”①

在 20 世纪前期，黄侃在辛亥革命前后曾经发生过重要影响，成为旧民主主义革命的先驱者之一。他后来转向学术，坚守文化本位立场，反对白话文，反对新文化，反对注音字母，反对废除汉字，甚至反对使用新方法，未免过于守旧。他曾经谆谆告诫及门弟子：“今值中国学术转变之交，学者宜注意三点：一、尽废时人之书；二、不事目录之学；三、缓言参考之说。学问不必在于分类，有形之物，固不可并；无形之理，亦何可泥？但求其大体而已。”② 在一个急遽变化的时期，他没有与时俱进。长江后浪推前浪，世上新人赶旧人，他被逐出北京大学这一新文化的发源地。他的守旧固然出于天性，但也不是毫无意义。其意义就在于，他的思想可以成为过激派的一种解毒剂。一边倒并非好事。在狂澜四起之际，总要有人挺身而出，挽狂澜于既倒，扶大厦于将倾。黄

① 老牛：《“文化相对主义”与儒家复兴——访〈甲申文化宣言〉参与者庞朴先生》，原载《外滩画报》，转引自“薛润冰的博客”http：//blog. sina. com. cn/lichaohexie，2018 年 6 月 16 日访问。

② 黄席群等记：《量守庐请业记》，《新民》（月刊）1935 年第 6 期。按：这是绝对保守的搞法，未免误导学生，其法绝不可取。岂能尽废时人之书？岂能不事目录之学？岂能缓言参考之说？果如是，则无法入门矣。

侃当时的境遇相当尴尬，也很被动，但他一直坚持他的学术主张，打起国故的大旗，绝学传薪，殷勤传学，弟子四五传，培养了一大批国学传人，成为名副其实的“国故之魂”。黄侃在思想史上难免受到嘲讽，但他在文学史、学术史乃至文化史上还是有一席之地的。即使没有人将黄侃列入思想家的行列，但是在学问家的队列里却无法抹掉他。有人把他与章太炎、刘师培并称民国三大国学大师，不是没有道理的。百花洲文艺出版社在20世纪90年代推出的《国学大师丛书》，原来准备为30位现代国学大师树碑立传，黄侃是其中的重要一员。① 在新文化成为强势力量并控制了学术话语体系之后，作为对立面的黄侃长期处于不利地位，被批判，被否定，被打压，被嘲讽，被妖魔化②，被污名化。后来形势发生逆转，他又被肯定，被歌颂，被吹捧，被神化。在大力复兴传统文化的今天，我们应该平心静气地研究他，既不搞庸俗的神化，也不搞酷烈的批判，而是实事求是地剖析，是者是之，非者非之。诚如姜义华先生所说：“无论是章太炎，还是黄侃、但焘、汪东，包括其他许多作者，先前都曾是非常激进的革命者，都饱经社会激烈变革风暴的洗礼，对中国历史和社会实际都有更深入的体认，对东西各国各种思潮、学说的内涵以及它们移植于中国所产生的问题，都在不断进行反省。秉持对中国文化的深切认知，他们发出了不同于流俗的别样声音。这是在革命大潮中跌打滚爬出来的思想者痛定思痛发出的沉重的呼唤。它呼唤对自己的文明、自己的文化、自己的历史资源不要一笔抹杀，它呼唤要从中国实际出发探索走中国自己的路。文化的主体性如何在传承性与现代性、民族性与世界性的冲突和融合中真正得到坚守、提升，这是一个历史性的严肃课题。章太炎们的努力，恐怕都不是一个简单化的文化保守主义

---

① 原来约请北京一位教授撰写《黄侃评传》，最后没有成稿，造成了黄侃名落孙山的假象。

② 1934年钱玄同和周作人打油诗有云：“腐心桐选诛邪鬼，切齿纲伦打毒蛇。”后来改为“推翻桐选驱邪鬼，打倒纲伦斩毒蛇”。二人公开将桐城派与文选派并称为“邪鬼”，在推翻之列。新文化运动的局限性于此可见一斑。

就能概括的。”[①] 新派人物仅用一个“开倒车”来定性黄侃是难以让人信服的。

三、精神分析：他山之石

本书在最初设计时采用的结构是传统传记的模式。在写作过半之后，阅读了一些现代传记的理论著作与相关作品，特别是在阅读了赵山奎教授的《精神分析与西方现代传记》一书之后，开始调整为以精神分析的视角切入，对本书原来的框架结构做了一些局部的调整，并在相关部分使用了精神分析的方法重新解释传主的行为。

黄侃是一个令人捉摸不透的“怪人”[②]。他的语言、行为都让人疑惑，他会一下子非常兴奋，滔滔不绝地高谈阔论，手舞足蹈地跟人聊天，比谁都神采奕奕，但没有过多久，他就会突然号啕大哭。他说话、做事莫名其妙，与常人、常规的做法不一样：他会在上课时把教室四面墙上写得满满的；他会在朋友家的墙上写满鬼字；他会因为一言不合殴打朋友；他会因为一本书一时找不到就怀疑是身边的人偷走了；他会因为别人不小心踩了他一脚而大发雷霆；他会对学生说好像要发生地震了，自己一个人匆匆逃离课堂，引得学生四处逃命，结果把教室的门窗都挤坏了；他一会儿把朋友骂得狗血淋头，一会儿又给人家献诗。总之，他的一生复杂多变，性情乖戾，奇奇怪怪，因为他的性格、行为方式极其脆弱、不定。他生不逢时——那是一个急剧动荡的乱世，生存不易，发展更难，压力比山大，所以他出现了种种心理问题。他的一生始终处在巨大的焦虑（对生命的焦虑与对名声的焦虑）之中，虽然活了50岁，其实他始终是一个没有长大的孩子，他的行为很难用传统的方

---

① 姜义华：《重谈〈华国月刊〉》，载上海书店出版社2017年影印本《华国月刊》卷首。

② 朱祖延《闻见录》之“三怪”条：“刘师培（申叔）、黄侃（季刚）、林损（公铎），性皆乖僻，居北平，平人目为‘三怪’。”见《朱祖延集》，崇文书局2011年版，第595页。

式解释清楚。“他山之石，可以攻玉。”经过我们的反复摸索与比较，终于发现——精神分析不失为一种较好的“他山之石”。按照弗洛伊德的说法，黄侃的怪异都是“力比多”惹的祸，一切心理疾病的根源都在于力比多没有得到合理的发展。明乎此，传主的童年压抑、心理障碍、身份认同、生命焦虑、“人生主题”、“个人神话”、人格分裂，诸如此类问题，皆可迎刃而解。开宗明义，或可收立竿见影之效。

为了说明问题，先从《精神分析与西方现代传记》一书节录几段有关精神分析的笔记：

> 传记家不能将自己眼光拘禁在狭小琐碎的细节之中，传记家要力求发现传主的“个人神话”亦即他深层的自我认同，或他的隐秘的“人生主题”。这一神话常常是“高度个人性的，并且几乎总是和一种关于自我的意义感以及在社会和世界中找到自己的位置的需要相关联”，在公众形象之面具的背后是“隐蔽的私人自我神话——指引一个人生的自我观念与自我的私人梦想”。一旦掌握了传主的“个人神话”，现代传记家就获得了透视传主人生的中心视角，它能够赋予凌乱不堪的传记材料以某种相对统一的意义，这一神话能够引导我们穿越现代档案的迷宫。①
>
> 与古代传记相比，现代传记的一个重大变化就是对“解释”的日益重视，在这一背景下，某些理论家却走过了头，反过来对于传记的“事实”一反常态地加以贬抑。他们声称，在“意义与阐释”问题面前，“对于方法、有效性、可靠性、普遍性以及相关的传记方法的理论问题的关注必须让路”；传记以及建构传记的方法“都是文学的产品。传记是任意的建构物，受时代文化写作实践的约束”。我们承认传记以及建构传记的方法是“受时代文化写作实践的约束”的，比如现代传记就在很大程度上受到精神分析模式这一“时代文化写作实践”的约束，但这不意味传记家就可以忽

① 赵山奎：《精神分析与西方现代传记》，中国社会科学出版社 2010 年版，第 150 页。

略甚至蔑视传记对于“真实性”的追求，可以无视传记的历史学属性而“任意建构”和解释传主的人生。显然，某些学者对传记解释倾向的重视走向了消解传记的“真实性”这一极端。这除了与他们自身的理论偏见与盲点紧密相关之外，还与现代传记实践尤其是那些应用精神分析方法对传记解释的倾向的不断强化紧密相关。①

为避免理论包括精神分析理论成为限制、遮蔽传记家解释视野、扭曲甚至“创造”事实的异化性力量，传记家应该有能力突破具体的理论框架和关于人性的现成观念，立足于事实，从总体上对传主的人性和人格真实做出富有原创性的揭示。正如艾德尔所言，“每一个生命都有自己的形式，一个传记家一定要找到能够表现这一生命形式的理想而独特的文学形式”，传记家一定要重视“在一个生命中发现原初性东西的洞察力以及表现这一生命原初性的技巧的重要性”，对于精神分析，传记家的主要任务就是获得洞察力，理解传主的动机，而后他就“必须像精神分析从未存在过一样写作”。②

由于人的动机，这一点由于精神分析对无意识动机的揭示更加显然了。安德烈·莫洛亚详细地探讨了常被传记家作为“证据”的日记、书信、文学作品以及同时代人的回忆之后也不得不对其“不确定性”表示了无奈：“我们一再地被迫接受这一想法：没有一种传记真实是严格科学性的，我们被迫拥有的是一种心理想象性的资料，并且，在许多情况下，一个特定事件的真实性是无法确定的。”③

卡尔·普莱奇将预期中的传主对于未来传记家的这类控制看

---

① 赵山奎：《精神分析与西方现代传记》，中国社会科学出版社2010年版，第158页。

② 同上书，第167—168页。

③ 同上书，第69页。

作是他们人生整体构想的一部分，他进而将其称之为“自传式人生”，其中就可能包含着一些虚假的自我理解和神话，对此传记家要加以辨析，才能揭示其中的真实意义。①

所有这些对于传记事实不确定性的揭示（这种揭示本身包含了精神分析的视野）毋宁被看作是传记事实在新的理论视野中所获得的更深入的理解而不是消解，传记家所面临的是一个挑战而不是一场灾难。对传记作者和自传作者来说，所有这些“后现代”的挑战只是意味着这一理解：“不存在一个可以使我们看得清楚而客观，可以使我们站在外部‘认识’传主的安全视角。”而切入到传主人格与心理的内部正是现代传记的一大特征，现代传记追求“深度解释”也正是出于对这一外部的“安全视角”的有意放弃。无疑，这使传记家面临更大的考验，现代传记家所面临的传主形象似乎比以往任何时候都更复杂了。我们承认，追求这一深度的、复杂的真实是艰难的，不啻于“灵魂的历险”，但我们同时也认为，“真实性”是传记的灵魂，在传记的合法性受到挑战的时候，只有对其“真实性”的捍卫才能够“拯救”它。斯宾诺莎说，通向认识真实（“知自身、知神、知物”）的道路“确实艰难无疑”，但“假若拯救之事近在手边，不费许多劳力可以求得，如何会几乎被所有人等闲忽略？不过一切高贵的事都是极稀有同样也是艰难的”。他的话令人心动，发人深省。②

精神分析方法对传记写作的介入可以说是“理性方法”在20世纪对传记领域的最大规模的“入侵”……精神分析理论重视人物的无意识动机和深层冲突，并且常常把这种冲突的根源归结到童年期性的冲突和压抑……接受精神分析的传记家将传记写作看成是认识人性秘密的机会，为表现人性的复杂，他们往往着眼于人的深层动机、隐秘欲念及病态心理，因此往往使用那些传统传记

① 赵山奎：《精神分析与西方现代传记》，中国社会科学出版社2010年版，第170页。
② 同上书，第171—172页。

家所不愿或不屑使用的且常常涉及传主隐私的材料。对此，批评家刘易斯·蒙福德指出，在精神分析理论的引导下，现代传记家有一种剥去传主“道德面具”的欲望。①

由此书引发，笔者进一步阅读弗洛伊德、荣格等人的文集，阅读罗凤礼、萧延中主编的《心理传记学译丛》，阅读杨正润的《现代传记学》与《现代传记研究》（连续出版学术刊物），翻阅了大量的心理学书籍，从而更加坚信，精神分析是一把打开黄侃精神世界的钥匙。笔者从事黄侃生平的研究已将近40年，现在又细致地用精神分析的方法将其从头到尾梳理了一遍，惊奇地发现——没有谁比黄侃更适合使用精神分析的方法。

复旦大学中文系朱文华教授早在1993年就指出：

把现代心理学（尤其是精神分析学说）的内容和方法引入传记写作，本身有它的相当的合理性。因为根据近代心理学理论，人性是不断变化的，它是许多矛盾性格的综合表现，同时个人的性格又是由他人眼中看出来的东西，依观察者情况的不同，往往只能表现性格的一个侧面。精神分析学说又认为，人的意识之外还有潜意识，这对于人的行为影响与意识一样，也起很大的作用，甚至人的许多重大成就都是早年被压抑的性欲的升华。据此，传记写作就可以从各个方面，从各种矛盾的琐碎事实出发，去揭示、发掘、表现传主的复杂的、真实的、活生生的内心世界和性格特征，从而打破旧的传记中常常出现的弊病：从认为人性是不变的和单纯的观点出发，而刻板地抓住传主的某些表象的性格特征，然后选择其“相符”的事实来作证实，由此把活生生的传主演绎成了一具塑像。②

① 赵山奎：《精神分析与西方现代传记》，中国社会科学出版社2010年版，第190页。

② 朱文华：《传记通论》，复旦大学出版社1993年版，第67页。

也有论者对此发表折中的看法："我个人觉得一个传记家，对现代心理学的发展必须要有起码的认识，利用心理分析学，而不应该被心理分析学所利用。总之，传记家与心理分析学之间最好维持柏拉图式的关系，把她当作精神上的朋友，偶尔参考她，但不必与她结合在一起。"① 正反两方面的意见对于我们都颇具启发意义。一个传记家也好，一个现代心理学家也好，乃至每一个心智成熟的人，都应该尝试写一种传记，他传或者自传都行。通过解剖他人，或者解剖自己，才能认识历史与现实、社会与人生，才能明心见性，也才能走向真正意义上的健康与成熟。

在近代以降的中国学术文化史上，人们对黄侃的认识历来就出现两极分化的趋势，或把他吹捧为五百年一见的天才，或把他贬斥为可笑的疯子。他的感觉、思维方式同我们绝大多数人都不同，都很"怪"，远远偏离了一般人。根据笔者长期对他的研究，总体上可以将黄侃定为天才一类，但从心理学的方面观察，也明显存在心理方面的异常特征。

本来每个人的情感状态都是丰富多彩的，喜怒哀乐是情绪的变奏曲。但黄侃的精神状况与常人常态相去甚远。他同时代的人士多把他视为"神经病""疯子"，且将他完全打入另册，似乎过于简单化。在他生命的最后十年，正值国难当头，他通过他的诗歌宣泄了心中的愤懑，应该说是最好的自我疗治。他自己也说过，他的病是心病。心病当然要用心理治疗。言为心声，书为心画。他写诗、写字、读书、作文，每天的功课就是最好的治疗。他后来还关注宋明理学，从理学家那里汲取智慧，不断检讨得失，加强修养，调整心态，取得了一定的效果。1934 年 7 月 30 日，枕上思得养生法八字，曰：闲（不可生事）、静（力避喧扰）、和（心无忿怒）、适（衣食调节）、整（室器有秩）、洁（按时洒

① ［英］史特拉屈等：《传记文学精选集·序》，林衡哲译，台北志文出版社 1974 年版，第 15 页。

扫)、谨（言行无患)、俭（不轻酬应)。从黄侃“养生法”来看，他对自己的病症是有所了解的。闲、静、和、谨四字尤为对症下药。他的自控力差，定力不够强，可惜至死他也没有完全遵守自己的“养生法”。

有一位作家说过：“科学、艺术和哲学创作使极少数异常性格的天才或卓越人物身上的巨大能量有了发泄的口子；如果他们不去创造，他们有可能会发疯或犯罪。他们之所以没有成为罪犯或精神分裂症患者，是因为他们成了科学家、艺术家和哲学家。”① 普伦特基（R. A. Prentky）1980 年出过一部书《创造力和精神病理学》（*Creativity and Psychopathology*）。他坚决主张用精神分裂症的诊断方法去分析诸如波德莱尔、法拉第和牛顿这样一些天才。对此我们亦深表赞同。

理论视野的拓展有利于提升书稿的品质与品位。尽管如此，我们仍然不想将此书写成一本现代传记。本书仍然以传统传记为主体，以精神分析作为辅助手段，适当增加一点现代传记的理论色彩，画龙点睛，修饰包装，如此而已。

黄侃生前不像梁启超、胡适、沈从文那样写过完整的自述或自传，很少有自述性质的文字，我们不得不从他的诗词中寻觅雪泥鸿爪，考辨其心迹与行踪。如此一来，不得不大量引用其诗词歌赋，这样难免就有些臃肿。别无良法，只好尽量避免过于烦琐，选择有趣味的史事，力争写得引人入胜。

---

① 赵鑫珊：《天才与疯子》，江西人民出版社 2007 年版，第 5 页。赵氏认为：“天才的创作和精神错乱有同样的大脑解剖学和脑化学筑构源。”当然这一假说还需要证明。

生平篇

第一章　黄侃的家世与师承

第一节　黄侃的家世

一、严父

本书不是专门的心理分析的传记①，但也适当采用一些心理分析（尤其是精神分析）的方法。关于父亲在个体命运中的意义，荣格发表过专业研究论文，其要旨为：

> 弗洛伊德曾指出，儿童与父母的情感关系，尤其是与父亲的关系，就其与后来的神经症内容相关而言，有着至关重要的意义。的确，这种关系是一条幼儿期渠道，当力比多在随后的人生中遇上障碍时，它就会沿着这条渠道倒流回来，并因此而重新激活童年时期久已遗忘的精神内容。我们在一个巨大的障碍面前退缩时的情形就是如此，譬如说，一种极度失望所造成的威胁，或者要冒险做出一个影响深远的决定。为解决这一问题而蓄积起来的能量开始倒流，而那古老的河床，往昔久已荒废的系统，便再一次被充满。一个失恋的男人会回过头来，于多愁哀伤的友情中，或虚假的宗教虔

① 笔者计划使用精神分析的方法撰写一部“现代传记”——《黄侃传》，关注黄侃的童年经验、性经验、人性病态、愧疚感和梦，等等。唯有如此，才能解开黄侃的内心秘密，才能说清楚他的种种反常行为，并揭示其深层意义。精神分析的方法好比是一盏探照灯，可以帮助我们看清黄侃早年生活中的一些被遮蔽的东西，用传主童年时代的经历来解释其一生。本书因为受到内容、体例、字数等方面的限制，无法更多地使用精神分析的方法，只能偶尔露峥嵘，敬请列位看官谅解。

诚中，寻求替代品。如果他是一个神经症患者，他将进一步后退到他从未真正放弃的童年关系之中去，即便正常的人甚至也被不止一条锁链束缚于这些关系之上——与父亲和母亲的关系。

任何一个进行得足够彻底的分析都将或多或少地显示出这种退行。弗洛伊德作品中的一个突出特点在于，与父亲的关系看来有着特殊的意义（这并不是说父亲在铸就儿童命运方面总是比母亲有着更大的影响力。而是因为他的影响力具有独特的性质，并且在类型上不同于母亲的影响）。

……父亲性格在家庭中具有的支配性影响力，它常常持续数个世纪之久。而母亲看起来则扮演了相对次要的角色。①

黄侃被同时代的人视为“疯子”，行为怪癖反常，他的眼中呈现的是一个“反世界”，我们发现，借用心理分析的方法，可以更好地理解他的精神生活，更容易进入他的精神世界之中。

黄侃的父亲黄云鹄（1819—1898），字芸谷、翔云、缃芸、祥人，湖北蕲春县青石镇大樟树村人，北宋黄庭坚十七代孙。咸丰三年（1853）癸丑科进士，官至四川盐茶道。为官清廉正直，执法严谨，不畏强暴，人称“黄青天”。因不愿与当时官场同流合污，得罪了权势，黄云鹄的官越做越小，最后辞官返籍。晚年担任两湖、江汉、经心等书院的山长。著有《归田诗抄》《学易浅说》《清画家诗史》《益州书画录续篇》等，编纂的《粥谱》流传至今。

1898 年农历八月十九日（10 月 4 日），黄云鹄因为恶性疟疾逝世。黄侃似乎有一种“恋父情结”，他 13 岁就失去了父亲，但父亲对他一生的影响可以说是决定性的。

《黄侃日记》还记载下列情景：

---

① ［瑞士］卡尔·古斯塔夫·荣格：《弗洛伊德与精神分析》，谢晓健等译，国际文化出版公司 2011 年版，第 246 页。按：笔者并不完全认同这种观点，父亲对儿子的影响力可能被夸大，而母亲的影响力被低估。

1928年6月22日：今日在伯沆处见《玉井山馆文集》（文二册、诗二册、文续一册）①，开卷即先公同治四年十月所作序，照手写稿模刻。其文诗中涉及吾家者极夥。海秋先生诗文皆安雅峻洁，其哭杨汀鹭诗尤沉痛苍凉，自是咸、同间一名家。妄人李慈铭顾深诮之。予观慈铭生平，大抵以汉学考据、骈文、唐诗为徽褚，然其汉学除獭祭经解外，往往忘忽正文。如云“夏、殷无尸”“《春秋》不书吴子乘卒”（于史亦然，如谓《三国·吴志·步骘传》中载“颍川周昭著书”以下为裴氏注文，而于传后评语竟未寓目），皆极可笑。其骈文袭常州腔调，不古不今，诗本由鸿词人入，毕世无真诣，乃轻忽凌傲，无日不骂人，无人不被骂，而于咸、同朝士尤痛恨，则以慈铭时由诸生为赀郎，于当时科甲中人不胜妒愤也。因其于海秋先生有轻诋语，故于此辨之。

1929年1月11日：恭读先公《易解》“豫”上六爻辞“冥豫成，有渝无咎”之谊，为之悚然，为之欣然。圣人与显考于我同有罔极之恩已。

1930年2月18日：起，检先公《实其文斋文续钞》卷三《上徐荫轩相国书》，细诵数过，中述所著《易说》大旨，洵非耽于术数、溺于训诂者所能潜心玩味也。

1931年5月3日：得邵伯䌹（章）书，求入青溪社，即为致书彼社中人介绍之。邵书外附有曹经沅带来赠我以所藏先公与奎将军手札，及易笏山丈上将军手札，共册叶一开，览之感怆。

1931年6月19日：左景清（杜若）② 来，文襄曾孙也。赠以

---

① 《玉井山馆文集》，许宗衡撰。许宗衡（1811—1869），字海秋，江苏南京人。咸丰二年（1852）进士。由庶常改中书，官至起居注主事。工古文，为学主讲明大义。有《玉井山馆诗文集》，收文5卷、续2卷、诗15卷、诗余1卷。按：许氏与黄侃之父交往甚密。详见卞孝萱文章《从卞氏族谱看黄侃日记》。

② 左景清，笔名杜若，湖南湘阴人。左宗棠曾孙。著名报人，著有《同是天涯沦落人》等小说。

先公在蜀所刊《湘阴相国文钞》一册，并题记其端勖之。

1931 年 11 月 27 日：焯取还装成先公书楹帖，敬悬壁间。

1932 年 2 月 4 日：见《大公报》，悉五日晚，下关倭舰开炮十一发，北极阁亦受一弹，即予所寓后山也。南京六日之扰攘，奔窜甚于予行时，予竟以全家得脱，虽抛弃书物，备受饥疲，而先公庇荫之恩已不可胜量矣！

1932 年 5 月 19 日暮，诸生陪同黄侃游北京龙树院，在抱冰堂前茗话。其东偏小榭有其父书匾一方，瞻仰良久。诸生拟结社讲习，即以此日为始。黄侃为取《学记》中语，名曰兴艺社。分韵赋诗，记当日之游。归饮于丰泽园，黄侃大醉，子夜乃返。①

是日见到其父龙树寺题字——“凫潭烟雨”②，黄侃睹物思人，专门赋诗一首：

我如戚辇栖白社，被发行吟知者寡。载醪或有问奇人，君辈如今亦潇洒。偶然联袂向林垧，斜日依依照兰若。不用繁花炫晴画，且须芳树娱初夏。古台悬榜吾家书，瞻慕徘徊涕堪泻。千秋烟翰媲鸾鹤，万里云山限戎马。危邦登眺足酸辛，触事悲怀倍难写。归途怆惚对尘沙，风馈何能希点也。③

---

① 杨伯峻回忆：“季刚师不但教我们读书，也带我们出游，曾同游法源寺、广济寺等地方。游完，便一同找个有名饭馆吃晚饭。他每饭一定喝最好白酒，我是不能喝酒的，只能勉强陪他喝一杯，顶多两杯。就是酒量大，也不能同他比。他说，饮君子要浅斟细酌。用大杯咕噜咕噜喝下去，纵使喝得多，算不得饮君子。我们每次陪他吃饭，至少得花两三小时。饭罢，还得拈韵或作诗，或填词，限第二天下午课前交卷。他也作诗填词，拿出来同我们的比。自然，我们哪能及他！”

② 黄云鹄自注：“重来不获游龙树院，书四字讫，恍如烟雨中坐对野凫潭也。”

③ 黄侃：《黄侃日记》，江苏教育出版社 2001 年版，第 787 页。

1929年9月14日，有《八月十二晨，梦见先父，宛如十一二岁时趋庭景状，悲抑而寤，与妇说之，妇因言女惠生日在四月，今殇将经岁矣，追念平生，孝慈两阙，益复凄哽，成一诗示妇》①：

秋窗晓梦见吾亲，已是飘零卅载身。今日孝慈俱有愧，可怜虚作一生人。

念惠殇于1928年11月5日，此诗作于1929年9月14日（即农历八月十二日），《黄侃日记》是日载："晨，梦先父如昔年童稚时。公在江汉书院，三年未归，思慕既切，不知何缘得见。既而得睹容色，则衰老已甚，悲惊之极，乃忽然而寤。起坐沉思，不禁凄哽，伤哉！孤露已还，三十二年矣。"所言正与诗题吻合。

《黄侃日记》还有下列记载：

1932年9月19日：先公三十四周年忌日。岁月逾远，劬劳莫报，伤哉！夕上食，少尽虔哀。午后，翻《复堂类集》三《山东道监察御史薛先生墓表》，言"全椒薛淮生年丈（讳春藜，与弟时雨字慰农癸丑同榜，与先公同年），入翰林，不事冠盖征逐，所交惟王侍郎茂荫、尹御史耕云、黄兵部（讳讳）、何员外秋涛，皆清介开敏之贤者也"云云。乃知先公之友，复有此数君。（侃）早遭孤露，于先公师友渊源多不详知，悲恨何已！

1932年12月30日：下午六时一刻，念田举一女。予今抱孙矣。可喜，名之曰曾继，以其生日距先公生日仅三日也。新妇体尚安，产时亦便速。

1933年7月19日：先公七十后上书告老，而四川总督刘秉

① 《制言》第26期。

章[①]虚词慰留，既而以年逾七十，外貌虽健，而神智未免就衰。入奏得旨，原品休致。先公退以礼，而疆吏使不得援礼以退，可胜恨乎？

1933年10月8日：先公弃养之辰。孤露三十有五年矣，哀哉！晨夕设奠。

1934年7月8日：令迎先公影像至新宅，暮与念田奉安讫。

1934年8月8日：检箧得先慈母田太夫人所藏先府君常用漆绿团扇一柄，一面作小行书，一面画兰。公手迹，书存者尚不乏，画则仅有此耳。亟令田持往裱店装作手卷。

1934年8月16日：晨，令田子取回前装先公书画团扇面手卷（并团扇筐藏之多格匮中）。又定制一匣盛之。

1934年9月18日：夜，看《棠阴比事》，追念先公为刑官，无一字冤民之语，及官刑曹，任蜀臬，听断平反之狱，不禁穆然久之。

1935年1月5日：先公祥人府君百一十六生日，恭设祭。焯入夜乃来，责之。

1935年2月28日：装先公《壬辰守岁示诸子》及《癸巳元日贺春客去作》诗稿为横幅、汉袁安碑拓本为立轴成；与汉铁盘并先公题记拓本、秦琅邪刻石残字十二行拓本、先师仪征刘君墓志拓本悬诸楼下书室。

1935年5月23日：与田子检视先公手迹，不禁悲咽。

1935年7月21日：看《清史传》二百卅八李朝仪等监司传，此皆与先公同时，其政绩亦未胜先公。史传采择不周，故当重修，

---

① 即刘秉璋（1826—1905），字仲良，安徽庐江人。咸丰十年（1860）进士。光绪十二年（1886）升四川总督。光绪二十年（1894）奉懿旨赏加太子少保衔。刘秉璋刚任四川总督时，即奏调试用道叶毓荣、总兵钱玉兴等至蜀，遭御史钟德祥弹劾。清廷以滥举非人，照溺职例，降旨革职留任。因重庆教案，罢官归里，着行革职。光绪二十五年（1899），清廷复诏再征之，以疾不能赴。

非予以先公无传而为此论也。《清史》本秽史，何必以有传无传为意！

黄云鹄在四川因为得罪刘秉璋，“退以礼，而疆吏使不得援礼以退”，就在黄家老小乘船准备离开四川之际，刘秉璋暗中派遣一批彪形大汉，借口检查行李。原以为箱中装满金银财宝，等他们把行李箱全部打开，发现根本就没有他们要找的财宝，只有黄云鹄多年购藏的各种书籍。这一无礼的场景无疑给幼年的黄侃以极大的刺激。黄侃晚年每当回忆起父亲这些往事，或见到照片，或见到诗文、墨宝，他都情不自禁，放声悲咽。

黄云鹄没有给黄侃留下什么遗产，除了一些书籍之外，但黄云鹄的人际关系为黄侃后来进入文化圈奠定了基础。这一文化圈以张之洞为核心，主张“中学为体，西学为用”，属于文化保守主义，这也正是黄侃在文化上的立足点。

二、慈母

黄云鹄的正妻吴氏，在1860年左右即已辞世，其时黄侃尚未出生。慈母田氏1837年生于四川乐山，是抚育黄侃成长的庶母。《仪礼·丧服》：“慈母如母。传曰：慈母者何也？传曰：妾之无子者，妾子之无母者，父命妾曰：‘女以为子。’命子曰：‘女以为母。’若是，则生养之，终其身如母，死则丧之三年如母。”田氏视黄侃如同己出，黄侃对慈母也极为尊重。在慈母去世百日的那天（1922年9月12日），黄侃在日记中沉痛地写道：“追维卅有七年，鞠养之德，肝腑崩摧。侃年十三而孤，廿三而所生母周太夫人即世，今母亦考终，侃遂永为无人爱怜之人矣。乌呼痛哉！”

早在1891年腊八节的前一天，黄云鹄专门写了一则《黄田氏生槽志略》：

氏生嘉定乐山县，幼入京师。咸丰初，予官兵部时来归。事太夫人及先室吴夫人谨。先室爱之甚。越十一年，随入蜀，前后宦蜀廿余年，两守郡、三分巡、再陈臬，皆从。氏生道光丁酉四月十三日子时，现年五十有五，计从余已三十五年矣。在蜀自制此椫，携归待老，乞题字。芸谷黄子幸以原秩旋里，乐为之记。时光绪辛卯腊月七日也。①

椫即棺材。此棺材非同一般，由四川而湖北而上海而北京至武昌，30年间成为黄家的一大随身宝物，黄侃解释说：

此铭先君以行书书于椑背，张有良镌之，今已加漆于上，不可见矣。此椫以辛卯携归里第，癸丑运置上海湖北会馆，乙卯由海道徙之北京宜昌会馆，己未由铁路搬来武昌。两徙寓，皆庋寓中。庚申五月闻警，送搁长春观。母频年衰惫，以盗贼纵横，恒虑不能得此椫，唯侃亦用为忧。然使母寿逾百龄，纵复世乱椫亡，亦何嫌更置乎！

在极为动荡不安的年代里，为了慈母的这件特殊用品，黄侃可谓煞费苦心，为此被人讥笑为“疯子”。② 黄侃蘸着热泪，写下了《母太夫人田氏事略》：

夫人，四川嘉定乐山人，先按察公之继室也。幼随家入京师。咸丰丁巳，先公官兵部时，夫人实来。修身正行，非礼不动，能俭

① 黄侃：《黄侃日记》，江苏教育出版社2001年版，第161页。

② 陶菊隐说：“黄疯到哪一等程度呢？他从湖北到北京，又从北京回湖北，都带着一件特别行李——棺木一具——是他生母的寿材，母亲一日不死，这件行李就得带来带去不停。你猜他因何舆榇而行，难道怕北京没有好棺材店？原来这个‘木匣子’是他父亲亲笔写铭，他不能离开母亲，母亲不能离开‘木匣子’，所以无论天南地北，这件行李已成为随身必带的行李了。”见陶菊隐：《六君子传》，群言出版社2015年版，第174页。按：陶氏误将田氏认作生母。黄侃如此孝顺，竟然遭世人误解，异哉！

与慈，加之以静，以致胡寿，以得令誉。事君姑胡太夫人及正嫡吴夫人，皆见怜爱。抚养叔兄鹤龄，始于褓褓，恩意肫肫。其于诸子妇，厚薄如一。先公孝事胡太夫人，养志、养体，无所不至。夫人体公意，供养君姑，不懈益虔。作配先公卌二年。自吴夫人没，摄女君事廿余年，劳勤家政，言不出外，屡更枯苑，不易其操。先公在成都，尝赠夫人诗曰："我生无它长，居官颇忠谔；汝长亦无它，事我颇勤恪。"即夫人之德可知矣。公晚遂初服，廉吏苦贫，出主书院以自赡给，仍节省奉钱，为先祖赠通奉公，起享堂于墓所，经营护办，悉由夫人。先公善焉。公素精医术，尤善摄生。夫人常亲致貮膳以养，乃至一衣一饭，无不经意。故先公壹志教授，而神明不衰，享年八十，以上寿终。夫人所生四女：孟殇，次适黄安李氏，次适奉节鲍氏，季适扬子卞氏，皆有礼法。其遣嫁也，丰约随时，未曾烦公之虑。卞氏姊守节，抚成嗣子，号为女宗，由夫人教也。侃所生母周孺人，以夫人摄内事时来侍先公，夫人遇之甚礼。及侃既生，为夫人所覆育；断乳以后，遂不复能分别母之恩我孰为少多。先公没时，侃年十三，逾年而叔兄没。侃以孺子当室，家道骤衰。夫人外御侵陵，内甘病苦，于时年已六十，犹时执爨纺绩，忘其尊与老也。侃或荒惰不学，诲之，每垂泣，曰："嗟乎，若父所望唯汝矣！"侃亦感哭，然从未被夫人扑责也。侃年十六，为诸生，夫人曰："僻乡不足以求学。"会卞氏姊侨居武昌，夫人遂挈侃来，令就先公执友、门人时时请业。无几，科举罢，乃命游学日本。周孺人病，侃归。戊申，周孺人卒，十一妹年十五，夫人复取而养之。其怜侃又加于异时矣。侃既葬周孺人，以前于报纸妄论国事，触文法，遂见名捕，仓黄奔日本，留二年，私归。辛亥，湖北兵起，侃方居乡。俄而有戒心，遂走上海，友人陈敦复迎夫人于其家。从是出就侃，得以无患。自尔以来，居上海三年，居京师五年，居武昌三年，避乱者再，逢乱者再，幸而获全，而夫人亦以罢缺矣。夫人平居常静默，有所咨白，辄为处其宜否。侃好直言抵牾人，夫人尝责之曰："汝观我何尝以恶声加诸斯贱？居乱世而不谨言行，汝犹不足以惩耶？"侃妇王氏，以丙辰没于京师，遗女一、子三。夫人痛伤诸孙无母，躬与李氏姊抚视之。频年迁徙踦区，略无怨尤之辞。睹侃多病且贫，偶有不适，每不自言，亦未尝口索所欲服食。一裘易表，数请而复许。乌呼！此夫人之慈俭，而侃之不能供养，具见于此矣。自六十后，有喘上气疾，至冬则剧。辛酉夏，避兵夏口，秋还武昌，旧痰遂增，历冬逾春，疾小减。四月十三日为夫人生日，尚起受家人贺，然饮啖日少，肌肉日臞。常于榻前训侃以慎交安贫、善守世业。五月七日夜将半，起更衣，遽至委顿。八日时加寅，右胁箸席，合掌而逝。临没，神志湛然，无惛眊之语；比敛，面貌如生时。夫人生道光丁酉，至是年八十六矣。侃仰荷慈恩卅七载，所闻见善言懿行，不止百端，仅于荒忽中略记一二，以告姻故。孤苦苍天，哀痛苍天！孤黄侃泣血谨述。①

黄侃对其慈母田氏十分孝顺。黄侃任职上海时，即将慈母接到身边侍奉。后改教武昌后，田太夫人的身体渐衰，让黄侃时刻挂心，这在其日记中都有记载："家慈耄年，多气上疾，然往岁殊不如今之衰，万不能稍离左右，今岁内决不它行。若鄂中实无自存之计，当俟献岁后，视老亲起居之状，再定行止。若因此而致失馆地，亦无悔也。"②由于老母体衰，为了能让母亲在家乡休养身体，黄侃表示尽量不去外地就职，甚至为此失业也在所不惜。当母亲的身体转好时，黄侃就会十分欣慰："侍母亲晚饭，进肴蔬颇多，明年即八十六矣。精神尚未甚衰，殊庆慰也。"③ 但田太夫人终在1922年仙逝，黄侃"初遭穷罚，三日忘

① 黄侃：《黄侃日记》，江苏教育出版社2001年版，第162—163页。按：此文信息量极大，是研究黄侃生平的重要文献。

② 同上书，第34页。

③ 同上书，第60页。

食”①，痛彻心扉，挥泪写下《母太夫人田氏事略》，记录了田太夫人生前的懿德善行，特别追念了慈母对他的种种恩情，在他丧父后如何激励他求学，在他生母卒后如何对他备加爱护，以及如何跟随自己频年迁徙而无怨尤，如何在自己丧妻后躬为照抚子女，如何体恤自己的贫困，让我们看到了一位宽厚慈祥的伟大母亲的光辉形象。

1922 年 10 月 27 日，守孝期间的黄侃专门写了一首《述悲》诗寄给最欣赏的弟子孙世扬：

> 孙子不可见，见诗胜聆音。亦念悲苦人，歌讴复何心？十年奉慈母，南北驰骎骎。乌乎母弃我，犹难还故林。生子尽如我，老独匆自矜。养子尽如我，思勤徒午深。《蓼莪》非哀歌，《寒泉》非苦吟。悲来天亦低，悲久日亦阴。秋风为我号，寒雨为我霃。形骸俨然在，精魂固已陪。棺中与棺外，同此气萧森。一瞑实所愿，罪责重难任。匪子有同悲，曷为诉吾谌。②

1928 年 6 月 25 日，黄侃在日记中写道：“今日为先慈母田太夫人去世六周年忌日，音容日远，痛哉！”7 月 19 日，他与汪东从南京乘船前往庐山讲学，七时半船过安庆，他凭栏望迎江寺塔。回想起 19 年前探望卞家九姊于安徽巡警道署中，曾经登上此塔绝顶，据地趺坐良久。其时家国衰微，生母病故，他此身蓬转，欲出家为浮屠，但想到慈母在堂，义不得舍弃，于是浮沉世间，功业不建，天长丧乱，旧里难归。而今慈母背违，忽已七载。于是触感思亲，不禁凄叹不已，写了一首《舟中望迎江寺塔追怀旧游》：

> 皖城孤塔势崚嶒，十九年前记一登。江水茫茫趋大壑，天风浩浩拂高层。青山常往言空在，华发重过世未澄。独倚柁楼追往迹，

① 黄侃：《黄侃日记》，江苏教育出版社 2001 年版，第 168 页。

② 同上书，第 255 页。按：此诗至今读之，犹催人泪下。

转蓬无定恨填膺。①

三、生母

黄侃生母周孺人，是黄云鹄的侧室，生于1864年5月4日，卒于1908年7月8日，四川成都人。1908年2月，周孺人病重，慈母田氏电召还家，黄侃从日本回乡侍疾。不久生母谢世，黄侃哀毁几绝。但由于遭到清廷追捕，不得不再次流亡日本。1909年2月28日晚上，钱玄同在东京收到黄侃的信，知他已经到达上海，将乘甘州丸东渡日本。②

黄侃一回到日本，就叩请太炎先生，太炎为之感动，特地撰写了著名的《蕲黄母铭》：

余违难在日本，识蕲黄侃……以母病归，时时腾书道贫窭，无以供汤药。顷之，以状来赴，言母弃养。其较略曰："侃生母周，先世江西吉安人，后迁四川成都，适考永宁君。生侃及妹延寿。侃十三岁孤，诸昆继殁。蕲俗轻庶孽，母一意教侃，忍诟不校。群从或邑侃令弗就学，母鬻田给侃事师之费，养师必有酒肉，将自啖粝饭酱豉耳矣。侃就师夜诵，学塾在大门外，同室者常闭距侃，母持烛火待塾外，将侃道后山丛薄间，自后户入。比卧，常以夜半，其慰荐侃如此。自侃之生，母病手足拘挛，久之益笃。家贫，侃远游，不能具薪水。今岁二月，侃自日本归，母病淡饮，喘咳，既三十日，侍疾无状，以六月十日日昳，卒于燕寝，年四十五。日月有时，将堋矣。侃摧心愿为浮屠，惧终堙母名！"余素知侃勤业好问，承其父学，视状，亦其母煦妪成之。夫劳形忍诟，以顾鬻子，学既

---

① 黄侃：《黄侃日记》，江苏教育出版社2001年版，第327页。《黄季刚诗文钞》第234页改题《过安庆望迎江寺塔怀旧游》，文字亦稍异。黄侃喜欢窜易诗作，《日记》与《诗文钞》所载同题之作多有不同。

② 杨天石主编：《钱玄同日记》，北京大学出版社2014年版，第148页。

通利，不与其名，悕矣，不可谖也！乃为铭曰：

尉律不课周鼎沦，廉吏有子常负薪。左处侧室独匪人，蓬头茧足为子勤。总角说经方铿铿，昼拾芧栗供尊亲。家无勺药牡桂菌，人生谁如磐石坚。弃出腹子随转磷，岁阳著雍阴涒滩，我书玄石陈芳菜。①

1909 年 4 月 14 日，钱玄同用篆书抄录《蕲黄母铭》《王荆公画像赞》。② 母亲生前忍受了多少屈辱，在她故去之后却不能为她守坟，黄侃深以为恨，又请好友苏曼殊绘《梦谒母坟图》。曼殊之诗或可求，而曼殊之画绝不轻作，千金难买，但他还是被黄侃的一片赤诚之心打动，破例画了这幅极为难得的名作。黄侃自为之记，即《梦谒母坟图题记》，其文如下：

乘筏逆蕲水而上，可百三十里，溪水清泊，平潭弥望。有水自东来会，是为白水。其右有市，名曰包茅。对溪孤山，孽然高举，峭不可上，则螭堆也。山麓精庐，云洗心阁，寒泉步倚，所在深窈，渡此以上，堤绵半里，松桧棽映，中有豫樟，缭以周垣，扶疏四布，十可十围，与溪西一树相直，悉是三百年物。堤内广陂，芙蕖满中，小渚二三，杂植槐柽。循池东走，得黄氏祠墓，前直螭堆，若树重表。黄氏始自江西，占籍斯地，有信甫者，是其初祖。乡人谣俗，以人表地，及其自署，乃云螭堆黄氏。盖山水清邃，错以腴壤，良宜聚族而居者矣。

先人相宅，在山之阴，前有三丘，驶骁相属，右为章丘，亡母周孺人墓在焉。面西背东，水出其北，白石为茔，碑崇三尺，陇首

① 章太炎：《太炎文录初编》，《章太炎全集》（四），上海人民出版社 1985 年版，第 232—233 页。

② 杨天石主编：《钱玄同日记》，北京大学出版社 2014 年版，第 156 页。按：于此可以确定《蕲黄母铭》的写作时间。

长松，高可二丈，下覆冢兆，有如羽盖，升虚反望，便见吾家。墓下田舍庳隘，借以守冢，山田数亩，有圃有池，其前溪袤十里，璇环可睹。夹溪远阜，青苍撳天，临溪一面，重巇峻削，与螭堆齐。自尔向下，堤皆树柳，墓前单椒，斗入溪胁，堤则尽矣。

先时卜葬，神灵听从，意母之潜魂，眷怀旧地，茕茕孤子，可以朝夕顾守斯坟；曾不几时，违患远游，既流窜东夷，恐遂不得返乡里上先人冢墓，一旦溘死，复不能依母泉下。宵中魂梦，恒来是丘，既寤悲伤，至于昒旦。因请沙门曼公绘为是图，粗存较略，借用寄思。但望之匪遥，远则万里。《诗》曰：“岂不怀归，畏此罪罟。”每念斯言，所以零涕沾衣也！①

《梦谒母坟图题记》是黄侃的一篇名作。此文与《梦谒母坟图》相合，曼殊此图幽邃清冷，黄侃善用白描笔法，由远及近，由蕲水转到螭堆，最后停到母坟，着重描绘母坟周遭景物，以淡雅之笔，营造出冷清之境。经过如此铺垫，黄侃在末段将感情一泻而出，抒发了远游在外不得为母亲守坟唯能魂梦相系的惨痛。“岂不怀归，畏此罪罟”，清政府设下罗网，使黄侃不能为母上坟，他心中的无奈与悲愤可想而知。章太炎书其后曰：“昔阮籍不循礼教，而居丧有至性，一恸失血数升。侃之念母，若与阮公同符焉。录是以见士行不齐，取其近真者是。若其清通练要之学，幼眇安雅之辞，并世固难其比方。恐世人忘其闳美，而以绳墨之论格之，则斯人或无以自解也。老子云：‘常善救人，故无弃人。’余每以是风侃，亦愿世之君子共谕斯言。”足见此文情感之真挚。

在他离家远行的路上，黄侃含泪吟诵起自己精心撰写的《螭堆行》：

螭堆正在蕲水上，峭崒轩昂无与让。郁葱佳气木星阡，赖有兹山作屏障。堤边豫章荫十亩，孙枝犹作拿空状。先人手种三百春，恒使云仍记开创。山麓精庐号洗心，愁心到此真堪忘。林樾萧森涧

① 黄侃：《黄季刚诗文钞》，湖北人民出版社1985年版，第59页。

水清，更宜夏日聆蝉唱。我今别此复几年，欲归未得徒怊怅。薄田犹足供饘糊，何必风尘常踉跄？苦心谅有山灵知，一庵他日终相傍。①

每逢生母的生日、忌日，黄侃都要设祭，仅以 1928 年以后为例：

1928 年 5 月 30 日：是日为先生妣周太夫人六十五冥寿，违离廿年矣，伤哉！久不沐洒，以当祭，早起濯足、剪爪，出鬀发便归。令人涤香炉烛台，治祭品。

1928 年 8 月 1 日：今日为生妣周太夫人忌辰，十八日为亡儿念华殇后一周（除闰）。上怀顾复深恩，下抱伤心奇痛，晨坐敞罔，悲涕自零。

1929 年 5 月 20 日：先生母周太夫人六十六岁冥寿。

1929 年 7 月 22 日：周太夫人忌日，设祭。

1930 年 5 月 10 日：先生母周太夫人六十七冥寿，设供，弃养二十二年矣，恸夫！

1930 年 7 月 11 日：生母周太夫人忌日，戊申弃养，于斯廿三年矣，捧奠悲泣。

1931 年 5 月 28 日：揃、沐。先生妣周太夫人六十八冥寿，朝、晡上食。

1931 年 7 月 30 日：先生母周太夫人忌日（戊申弃养），设祭。

1932 年 5 月 17 日：先生妣周太夫人生日，约温氏妹挈其子女来上食。

1932 年 7 月 19 日：先生妣周太夫人廿四周忌，设祭。岁月逾迈，报德无从，悲哉！悲哉！

1933 年 5 月 6 日：先生母周太夫人七十冥寿，恭设祭。

1933 年 8 月 6 日：先生母周太夫人讳日。戊申弃养，于是廿

① 黄侃：《黄季刚诗文集》，中华书局 2016 年版，第 255 页。

五周年矣。日月浸远，恩德难酬，悲思何极！

1934年5月24日：先生妣周太夫人仙寿日，恭设祭。

1934年7月27日：生妣周太夫人廿七忌日，朝、晡上食，午祭罢，悲恸。

1935年5月14日：先生妣周太夫人七十二生日，设祭。

1935年7月16日：先生妣周太夫人讳日，弃世廿八年矣。朝、晡上食。

黄侃对两位母亲的感情都很深厚，在祭祀生母的同时，也没有忘记慈母田氏。

第二节　黄侃的师承

一、黄侃与章太炎

戊戌变法时期出现康梁派，康有为、梁启超等人生于晚清西学知识极为浅薄的学问饥荒时代，当时风气未开，故而“冥思苦索，欲以构成一种不中不西即中即西之新学派”。章太炎“萃庄生、荀卿、子长、叔重之道术于一身，文史儒玄殚心研究”（钱玄同挽章太炎语），黄侃继之而起，遂有章黄学派。此派以章太炎、黄侃为宗师，与康梁派、罗王派皆有显著之差别。鲁迅《关于太炎先生二三事》云：“我以为先生的业绩，留在革命史上的，实在比在学术史上还要大。”这也是革命文豪的一孔之见，对太炎在学术史上的贡献明显估计不足。

（一）东京拜师

黄侃是章门大弟子，并且在众弟子中最受太炎先生重视。而黄侃也以尊师闻名，一生恪守师教。二人的相识也颇曲折。大致经过是：章太炎于1903年以“苏报案”系上海英租界巡捕房狱中监禁3年，1906年5月出狱。之后，孙中山派人将章太炎迎赴日本。章太炎至日本后，即入同盟会，主持《民报》。当时中国留学生在东京者逾万人，纷纷至章太炎先生门下请业。某日，黄侃亦随众人拜谒，登堂入室后，猛一抬头，忽见壁间悬有章太炎手书，其语曰："我若仲尼出东鲁，大禹长西羌，独步天下，谁与为偶?"这虽是东汉戴良之语，但章太炎书此悬于壁间，其性情秉性可见一斑。当下黄侃颇以章太炎矜持难近，不愿再往。谁知不久章太炎竟亲自修书相邀，颇出黄侃意外。

1907年秋，黄侃将归国省亲，章太炎知道后就对他说："务学莫如求师，环顾国内能为君师者少。君乡人杨惺吾①治舆地非不精，然查君意实不欲务此。瑞安孙仲容②先生尚在，君归可往见之。"黄侃听后沉默不语。章太炎此时又说："如君不即归，必欲得师，如仆亦可。"黄侃听后大喜，第二天即执贽至章太炎处，叩头称弟子。从此日相追随，学问大进。章太炎亦感黄侃聪敏颖悟异于他人，尝叹曰："常言学问进展，如日行千里，今汝是一日万里也!"

但喻血轮《绮情楼杂记》"黄季刚之狂放"条记载了另外一个版本：

> 黄季刚（侃），人皆知其为章太炎高足，但季刚何以师事太炎，则鲜有人知。先是季刚于清末留学日本，时方年少气盛，目中无人。偶与太炎同寓，季刚居楼上，太炎居楼下，初不相识。一夕，季刚内急，遽于楼板便溺，适漏滴太炎房中，太炎仰面大骂，季刚亦以骂还之，嗣经同寓劝解，二人始相识。季刚因国学根底丰富，自视甚高，及与太炎聚谈，始知太炎学问渊博，非己所及，自是折节师事之。故二人师生之谊，实缘相骂而来也。③

喻血轮所述应该是可信的，这完全符合黄侃的行为方式。

章太炎《蕲黄母铭》云：

---

① 即清末地理学家杨守敬。

② 即清末经学家孙诒让。

③ 喻血轮：《绮情楼杂记》，中国长安出版社2011年版，第97页。

余违难在日本，识蕲黄侃。遭乱世，六艺放绝，而侃数称道《毛诗传》《说文解字》，自言受父永宁道黄君，为儿时书笘诵之，以更《千字文》云。时蕉萃病清血，余为和黄土汤，最后与理中丸，如梧桐子，病良已。

章太炎《梦谒母坟图题记》又云：

蕲州黄侃，少承父学，读书多神悟。尤喜音韵，文辞淡雅，上法晋宋。虽以师礼事余，转相启发者多矣。颇好大乘，而性少绳检，故尤乐道庄周。

“转相启发者多矣”并非虚语，而是实情。太炎先生没有点明，黄侃自己后来陆续吐露了一些，如《文始》《新方言》《小学答问》等书中的基本理念、方法、素材都有黄侃的贡献。章黄学派为何能够成立？应该与黄侃最初的奉献有极大的关系。章太炎“道夫前路”，黄侃加以扩充，教学相长，互相启发，共同推进，持续努力，终于造成20世纪中国学术界的一个声势浩大的学术派别，至今薪火不绝。

（二）北京陪读

1914年秋，黄侃就任北京大学教授，承担中国文学史与文字学等课程。此前章太炎已被软禁在北京。据徐一士《一士类稿》称：

章氏民国三年夏末，由本司胡同迁入钱粮胡同新居（房租每月五十四元）后，眷属未至，甚感寂寞。未几，其门人黄季刚（侃）应北京大学教席之聘来京，所担任讲授之科目，为中国文学史及词章学。谒章先生，即请求借住章寓，盖词章学教材等在黄不觉费力，即可应付裕如，惟文学史一门，其时治者犹罕，编撰讲义，为创作之性质，有详审推求之必要，故欲与章同寓，俾常近本师，遇有疑难之处，可以随时请教也。黄本章氏最得意之弟子，章亦愿其常相晤谈，以稍解郁闷，因欣然许之。不料不数日，而黄突为警察逐出，而章氏因之复有绝食之事。

某日之深夜，黄正在黑甜乡中，忽有警察多人，排闼直入，其势汹汹，立促黄起，谓奉厅中命令，前来令其即时搬出此宅。黄愕然问故，警察惟言奉令办理，催促实行而已。黄谓："我之寓此，系章先生之好意，纵须搬出，亦当俟天明后向章先生告别再行。"警察曰："如使章先生知之，必加阻挠，徒添许多麻烦，故汝宜即搬，不必候见章先生也。"遂不由分说，立将黄氏押出章寓。

黄氏之在章寓，往往早出晚归，且有时寄宿他处，与章亦非每日必见面；翌日章未见黄，以不知其事，故未以为意也。二三日后，他门人有来访候者，乘人力车进大门时，门首岗警即作势欲止之，不顾而入。谈次，章曰："季刚数日不见矣，汝见之否？"经以实告，乃知之。正诧怪间，警察数人入，命来访者速去，并谓以后不准再来，即引之而出。盖章之见客自由亦被剥夺矣。章愤恚极甚，谓凌逼至此，尚有何生趣，于是复实行绝食，以祈速死。当其前清被禁上海西牢时，即曾绝食多日，因同囚之难友相劝而止。在龙泉寺时，又曾一度开始绝食。此次绝食之举，盖第三次也。

其在京之门人钱玄同等闻之，亟起营救。一面上书平政院申诉，一面往见警察总监吴炳湘，力请解除接见来宾之禁，俾可复食。吴以章又绝食，不便过执，乃许其门人及友朋无政治色彩者仍得入见。惟章则绝食之后，态度甚坚，钱等竭力劝解，不之从。谷食悉废，仅尚饮茶耳。钱等相商，以滋养品（藕粉之类）少许随时潜入茶内，借稍补救。章氏旋即疑之，怒谓茶不干净，此策遂失败。诸人彷徨无计，而章绝食垂十日矣……至黄季刚之被逼移寓暨章氏接见来客自由之被剥夺，以致惹起章氏绝食者，其动机闻颇与章氏之庖人有关，所谓小鳅生大浪也。章在钱粮胡同寓所，所用仆役人庖人等，共有十余人之多。一仆系前由军政执法处长陆建章所荐，曾随侍于龙泉寺。此外则吴炳湘所间接推荐（托与章相稔者出名介绍）。盖由警察之类改充，皆负有暗中监视之责者也。庖人某，亦警察出身，技甚劣，以章于饮食素不考较，故能相安。黄季刚则不然，固留意于此者，与章共餐，颇有不能下箸之苦，屡为章言庖人须更换，后并荐一四川厨子代。章氏重违其请，遂遣之去，而改用黄荐之四川厨子。此警察而司庖者，失此优差，愤愤而去。不数日，遂有黄氏被逐等事。盖此人回厅后有所捏报，与有力焉。

……章被袁氏羁留在京，神经受重大刺激。其时之行为，有可怪者，盖以发泄其愤世嫉俗之意也。自居钱粮胡同，即传集寓中全体仆役，颁示条规，中有：（一）仆役对本主人须称“大人”，对来宾亦须称以“大人”或“老爷”，均不许以“先生”相称。（二）逢阴历初一、十五，须一律向本主人行叩首大礼，以贺朔望。并谓：“如敢故违，轻则罚跪，重则罚钱。”钱玄同曾问以何故如是好奇，且家仆对主人称“大人”，在前清亦无此例也。章曰：“吾之为此，惟以‘大人’‘老爷’均前清之称谓。若‘先生’者，吾辈革命党创造民国，乃于南京政府规定以代‘大人’‘老爷’。今北京仍为帝制余孽所盘踞，岂配有‘先生’之称谓乎？此所以示北京犹是‘大人’‘老爷’之世界耳。既犹是‘大人’‘老爷’之世界，叩首之礼，亦固其宜。”①

这则笔记大体上是可信的，符合章、黄二人的行事风格。

1915年春，章太炎把《音理论》《二十三部音准》手稿本借给黄侃。武汉大学藏有《章先生手抄音学杂稿》一册。经我们考证，此实为章太炎所撰《音理论》与《二十三部音准》之手稿本。前有章太炎亲笔识语一篇，敬录如下：

《音理论》及《二十三部音准》，皆去岁拘囚龙泉寺中所作。时箧中唯有《戴氏遗书》《潜研堂集》，日夕翻阅，未尝厌也。忽悟泰

① 徐一士编著：《一士类稿　一士谈荟》，书目文献出版社1984年版，第88—93页。

部古音，正如今人呼麻韵之去入，而《广韵》麻部正音实与歌戈非有大异，未有不归喉音开口者，而并音记字之法，亦不能尽契音理，作是二篇，草创未有证验。今年季春，复取诸书参伍商订，盖自以为至精矣。乌呼，世无钟期，谁知声音之眇者乎？乙卯季春章炳麟识。

章、黄当时讨论最多的，可能还是音韵学方面的问题。章太炎在独自写作《音理论》《二十三部音准》等稿时，还有知音难觅之叹。而黄侃此时在音韵学方面已经取得了突破性进展。章太炎在《菿汉微言》中对此颇为称许："黄侃云：'歌部音本为元音，观《广韵》歌、戈二韵音切，可以证知古纽消息，如非、敷、奉、微、知、彻、澄、娘、照、穿、床、审、禅、喻、日诸纽，歌、戈部中皆无之，即知古无是音矣。'此亦一发明。"

黄侃性桀骜，好与人争，唯其师章太炎能容之。季刚持论，偶与太炎抵牾，太炎辄曰："亦自成说。"太炎不公开批评他，故黄侃与师无争。[①] 此后黄侃与章太炎的交往保持终生。这方面的材料太多，以后再详细展开为一部专书。

二、黄侃与刘师培

周作人《知堂回想录·北大感旧录二》分别把刘申叔、黄侃列为第二号、第三号人物：

北大教授中的畸人，第二个大概要推刘申叔了吧。说也奇怪，我与申叔很早就有些关系，所谓"神交已久"，在丁未前后他在东京办《天义报》的时候，我投寄过好些诗文，但是多由陶望潮间接交去，后来我们给《河南》写文章，也是他做总编辑，不过那时经

---

① 朱祖延：《闻见录》之"黄季刚与师无争"条，《朱祖延集》，崇文书局 2011 年版，第 591 页。按：黄侃在个别场合也对太炎不无批评。

手的是孙竹丹，也没有直接交涉过。后来他来到北大，同在国文系里任课，可是一直没有见过面，总计只有一次，即是上面所说的文科教授会里，远远地望见他，那时大约他的肺病已经很是严重，所以身体瘦弱，简单地说了几句话，声音也很低微，完全是个病夫模样，其后也就没有再见到他了。申叔写起文章来，真是“下笔千言”，细注引证，头头是道，没有做不好的文章，可是字却写得实在可怕，几乎像小孩子的描红相似，而且不讲笔顺。北方书房里的学童写字，辄叫口号，例如“永”字，叫道：“点，横，竖，钩，挑，劈，别，捺。”他却是全不管这些个，只看方便有可以连写之处，就一直连起来，所以简直不成字样。当时北大文科教员里，以恶札而论，申叔要算第一，我就是第二名了，从前在南京学堂里的时候，管轮堂同学中写字的成绩我也是倒数第二，第一名乃是我的同班同乡而且又是同房间居住的柯采卿，他的字也毕瑟可怜，像是寒颤的样子，但还不至于不成字罢了。倏忽五十年，第一名的人都已归了道山，到如今这榜首的光荣却不得不属于我一个人了。关于刘申叔及其夫人何震，最初因为苏曼殊寄居他们的家里，所以传有许多佚事，由龚未生转述给我们听；民国以后则由钱玄同所讲，及申叔死后，复由其弟子刘叔雅讲了些，但叔雅口多微词，似乎不好据为典要，因此便把传闻的故事都不著录了。只是汪公权的事却不妨提一提，因为那是我们直接见到的。在戊申年夏天我们开始学俄文的时候，当初是鲁迅、许季茀、陈子英、陶望潮和我五个人，经望潮介绍刘申叔的一个亲戚来参加，这人便是汪公权。我们也不知道他的底细，上课时匆匆遇见也没有谈过什么，只见他全副和服，似乎很朴实，可是俄语却学得不大好，往往连发音都不能读，似乎他回去一点都不预备似的。后来这一班散了伙，也就走散了事，但是同盟会中间似乎对于刘申叔一伙很有怀疑，不久听说汪公权归国，在上海什么地方被人所暗杀了。

章太炎在东京时本来与刘师培一家住在一起。某日，汪公权与刘妻何震白昼在一起厮混，不料被章太炎一头撞见，章将此事径直告诉给刘师培的母亲，于是章太炎便与刘氏一家关系闹僵，无法和平共处。这就是“叔雅口多微词”，也正是周作人卖关子的地方。周作人的文章貌似冲淡，其实颇有玄机。

黄侃拜刘师培为师的故事本是学林雅事，传得很广，有好几个不同版本。1936 年 4 月 20 日钱玄同日记记载：

> 下午一时顷至某海与林景伊、周虎谈。林言黄拜刘为师事是在民八，刘死之前数月，一日黄访刘，刘谓：“你的文章，总是学无根柢。根柢者，经也。”黄询以治经之法，刘谓：“你要治经，可从我研究。”黄诺之。翌日，刘忽请黄在其家吃饭，黄往，则盛馔已陈，而燃巨烛，且铺拜毡，刘曰：“尔既欲从我学，可即拜师。”何震又在旁说了几句很俏皮的话，黄不得已遂磕头焉。旁有陈仲甫作见证云。此事甚奇，然林谓系黄自述云！①

为了传承经学，黄侃敢于做别人做不到的事情，放下架子，拜与自己年龄相若的刘师培为师。黄焯《黄季刚先生年谱》对拜师之事有生动的记载：

> 刘君肺疾转剧。一日凄然谓先生曰：“吾家四世传经，不意及身而斩。”先生伤其无子，强慰之曰：“君今授业于此，勿虑无传人。”君曰：“诸生何足以当此。”曰：“然则谁足继君之志？”曰：“安得如吾子而授之。”先生蹶然起，曰：“愿受教。”翌日往执贽称弟子，扶服四拜，刘君立而受之。先生与刘君齿相若，名相埒，又

① 杨天石主编：《钱玄同日记》，北京大学出版社 2014 年版，第 1191 页。按：陈独秀是否见证此事，仅见于此，未免孤证不信矣。

> 十余年昆弟交，徒以经术弗逮，退居弟子之列，人咸以为难。后，章君闻之曰：“季刚小学、文辞殆过申叔，何遽改从北面?”惟先生尝曰：“予于经术，得之刘先生者为多。”后数月，刘君卒。先生为文祭之。①

温楚珩②亦云，某日黄要温预订好酒席一桌，并备香烛。温不知所为何来，届时见黄拥刘上座，叩头如仪，即所谓拜师礼也。事后黄对温说，《三礼》为刘氏家学，今刘病肺将死，不如此不足以继绝学。③ 而刘师培外甥梅鹤孙《青溪旧屋仪征刘氏五世小记》所载又稍有不同：

> 黄侃，字季刚，湖北蕲县人。博极群书，他的年龄和舅氏差不多。我记得听见尹君石公谈过一段黄君拜门的故事。舅氏时在北大，专任文科教授。斋夫老陈，是专在课堂服务的。黄在先一日与老陈商谈，要拜刘先生为师，又恐刘先生不肯接受，明日等下课时，须如何如何。知道老陈好饮，赠以酒资，坚嘱明日临时协助，老陈允诺。次日下午，黄自携长线香一束，红烛一对，用一只竹篮提了香炉烛台，又挟了大红毡一条，预先躲在课堂旁边休息室内。不多一刻，老陈照例打过下课钟，舅氏从容出课堂入休息室。则见室内桌上，高烛双烧，香烟缭绕。正在愕然，则见老陈铺下红毡，牵曳舅氏坐在椅上不使动。季刚从旁闪出，急趋至前，跪在毡上三叩首，口中高叫弟子黄侃向先生行特敬礼。礼毕侍立。舅氏此时虽颇觉旁皇，然亦无法拒绝他。自是日起就正式著弟子籍了。季刚常向人说，我虽是章门，但经学的传受，是得之刘先生启发最多的，

---

① 按：此事又见黄焯《记先从父季刚先生师事余杭仪征两先生事》。

② 系黄侃妹夫。

③ 贺觉非：《辛亥武昌首义人物传》，中华书局 1982 年版，第 121 页。按：“《三礼》为刘氏家学”疑误。

所以不能不向先生北面了。①

汪东《题青溪旧屋仪征刘氏五世小记后》对此有所纠正：

其中亦间有传闻异词者，如所纪黄君拜门故事。余尝亲闻诸季刚。一日，诣申叔问疾。申叔独以学无传人为忧，季刚谓刘先生所教满天下，何言此。申叔言："惜不得如足下其人者。"季刚矍然起曰："信如是，刘先生不弃，侃愿执经受业。"申叔笑颔之。次日即备毡烛往行弟子礼，固不在庠序中，亦无他人参其事也。②

黄侃学业早成，何以一定要拜刘师培为师呢？徐复先生分析说："当时在北京大学，刘申叔先生以经学执牛耳，季刚先生虽以小学、文学著名，但小学当时仍为经学之附庸，文学地位又远不及经学地位高，这就是季刚先生要拜刘为师的真正原因。"③ 黄侃尝谓黄焯曰："清世经师如孔广森、戴望皆年三十有五而殁。刘先生年亦相若，所造尤为卓绝，此三君者，皆旷代奇才也。"黄侃对刘氏的经学成就至为敬佩，于是改从北面："我滞幽都，数得相见。敬佩之深，改从北面。夙好文字，经术诚疏。自值夫子，始辨津途。"尝告诫弟子："侃六七年前，每事好为新说，自事仪征而后，乃恍然于所尚之非，而已驷不及舌矣。因君恳挚，故不恤自露其情。若乃不守师承，多创异义，苟取盈卷，不顾重复，则禹域之大，何患无才，亦奚劳足下远来相问耶？"黄侃又曾以此诱导周汉南。④ 黄侃曾对杨伯峻等人说："我和刘申叔，本在师友之间，

---

① 梅鹤孙：《青溪旧屋仪征刘氏五世小记》，上海古籍出版社 2004 年版，第 45—46 页。

② 同上书，第 95—96 页。

③ 此为 2002 年 5 月 11 日笔者访问徐老时当面见告。

④ 杨树达云："汉南天资高迈，力学不倦。初颇逐时尚为新奇之说，黄季刚见其文字，召而戒之，遂幡然悔悟，发箧读书。近年专攻台湾史实及文官制度，著书数十万言，稽考详密。"见杨树达：《积微翁回忆录》，上海古籍出版社 1986 年版，第 235 页。

若太炎师在一起，三人无所不谈。但一谈到经学，有我在，申叔便不开口。他和太炎师能谈经学，为什么不愿和我谈呢？我猜想到了，他要我拜他为师，才肯传授经学给我。因此，在某次只有申叔师和我的时候，我便拿了拜师贽敬，向他磕头拜师。这样一来他便把他的经学一一传授给我。太炎师的小学胜过我。至于经学，我未必不如太炎师，或者还青出于蓝。我的学问是磕头得来的，所以我收弟子，一定要他们一一行拜师礼节。”黄侃严格区分拜门弟子与一般学生，没有行拜师礼节者一般来说是未被认可的。

第二章　黄侃的青少年时代
（1886—1911）

第一节　“庶孽”

一、神童

黄侃（1886—1935），字季刚，号量守居士，祖籍湖北蕲春，1886 年 4 月 3 日生于四川成都金玉街三道会馆。

就在黄侃周岁的时候，黄云鹄异常欣喜，口占二诗：

> 头颅如许尔方周，付与天公懒自谋。难得儿曹都抃跃，争携孺子共嬉游。乾坤莽荡生机满，老幼欢娱协气流。济美象贤庸敢望，好随吟杖晚登楼。
>
> 头颅如许尔方周，薄德惭无燕翼谋。瓮稿姑存休掷弃，楹书好读莫遨游。通经科第求原易，积善庭衢庆自流。无限天恩难报答，焚香午夜上高楼。①

为何反复说“头颅如许尔方周”，黄云鹄自注云：“性耻叹老。初春乞签武侯祠，乃得‘可叹头颅已如许’之句。”“争携孺子共嬉游”一句亦为写实：黄侃幼时颇乖巧，讨人喜爱，家中几个姐姐争抱不休，致时时相诟；二哥乔年闻得弟之喜，写来贺信，长达五六页纸，坐客争相传

① 黄云鹄：《祥人诗草》，《清代诗文集汇编》第 680 册，上海古籍出版社 2010 年版，第 608 页。

阅，为之泣下；三哥乔崧从蕲春老家写来贺信，情形也与二哥差不多。黄侃的出生，给黄家带来了极大的欢乐。他的老父亲兴奋不已，午夜时分独自登上高楼，焚香祷告，感戴天恩。

黄云鹄老年得子，对这位季子爱怜有加，亲自调教，出游也随时带在身边。一次带他出游武侯祠，过后考他："你还记得武侯祠的楹联吗?"他一口气背诵了好多首，乐得黄云鹄直捋胡子。旁边的人都夸奖他："这么小，就背得这么多，真是一个神童!"

黄云鹄特地聘请江瀚给黄侃当启蒙老师。黄焯《黄谱》云："江先生之父与翔云公有旧，时在蜀中候补，病将殁，以瀚托公，故尝居公家。"初授《论语》，每次才四五句，方一上口，即能背诵。江瀚对这位弟子也非常看好，他们师生之间的感情很好，保持了终生的师生之谊。

陈衍述、钱锺书记《石语》云："章太炎、黄季刚师弟，皆矜心好诋，而遇余均极厚。季刚不知在何处曾从学于江叔海，尝谓余曰：'叔海无所不知，而亦一无所知。'叔海倾心东洋人，好拾其说，讲古学。余语叔海云，此等事不如让梁卓如出头地。叔海不快。锺书对曰：'叔海《慎所立斋诗文集》有季刚与奚度青[①]题词，皆自居弟子。'"所谓"叔海无所不知，而亦一无所知"一语，谅黄侃不至于说出此等话来，十有八九是陈衍造作的。

1915年，黄侃曾为江瀚《慎所立斋诗文集》题词：

> 谨案先生之文，不尚过高之谈，不作专己之论，言皆有物，语不求奇，与廖季平、傅星槎二书足见择术之宽、衡古之允，与王壬秋书足见不阿流俗，不震虚声，称曰通人，夫岂溢美。侃幼曾受读，近荷传书，录稿既周，欢喜无量。乙卯四月弟子蕲春黄侃谨记。[②]

---

① 奚度青（1878—1939），原名侗，以字行，安徽当涂人。著有《庄子补注》《老子集解》。

② 江翰：《慎所立斋诗文集》，沈云龙主编《近代中国史料丛刊》第71辑，台北文海出版社1966年版。

后来黄侃随着父亲回到蕲春老家，告别了这位富有诗人气质的老师。九岁时，即每日读经千字，早慧，人呼为“圣童”。当时，翔云先生应江宁尊经书院山长之聘外出讲学，黄侃居家读书。某日，家中资用匮乏，母亲命他作书。黄侃于书中告知家事后，又于书末附录一诗，云：

父作盐梅令，家存淡泊风。调和天下计，杼轴任其空。

黄云鹄曾署四川盐茶道，故诗中称此。黄云鹄得书后置于案头。忽一日，黄云鹄密友原山西布政使王鼎丞先生过访，见诗，诧为奇才，即日以女许之，即黄侃原配夫人。

黄云鹄训导子女有方，他得知乡里人呼黄侃为圣童后，即作书诫之曰：“尔负圣童之誉，须时时策励自己，古人爱惜分阴，勿谓年少，转瞬即老矣。读经之外，或借诗文以活天趣，亦不可忽。”

二、“孽子”

弗洛伊德有一个代表性观点：“童年是成年之父。”他非常重视一个人的童年经历。他认为，如果一个人在童年时期，没有让“力比多”合理地发展，那么，就会留下很多“固着”行为、情结。这些问题会一直伴随着这个人的一生，直到已经意识并解决固着的行为、情结。例如，一个人在童年时期会出现与同性双亲争夺异性双亲的对抗：男孩会与父亲对抗争夺母亲，女孩会与母亲对抗争夺父亲。如果在这个过程中，个体得到了足够的异性双亲的爱，就会发展良好；缺失了这种爱，长大后，就有可能出现“恋母情结”“恋父情结”。

“世上最大的幸福应是人格的快乐！”这是歌德所写的一段诗节的最后一句，经常被人引用，但人们往往没有弄清其真正含义。这两句诗表达的一个观点是：所有人类的最终目标和最大愿望就是让生活中被称为人格的那个品质得到发展。

黄侃的童年人格的发展是扭曲的、变形的，不是歌德所说的“人格的快乐”，甚至可以说是不堪回首。

1932年7月16日，《黄侃日记》载：“晚食时与田言及先公诗集中《孽子叹》本事，感忆孤露时情况，不禁泫然。”

黄云鹄《孽子叹》云：

我从孝泉归，访旧龙威寺。寺中多僧雏，一雏年十二。不及群雏肥，神状独憔悴。问讯何因由，言之酸我鼻。雏貌虽单寒，其家实贵势。乃父畿辅宰，阿兄观察使。兄宦父归田，温老多姬侍。田原本丰饶，老寿逾八十。参差五男子，老幼颇悬异。兹雏所出微，强颜附为季。未周生母亡，老父亦见背。他母代抚之，辄称疾疢累。孤生偏不死，自啼自眠食。淹顿及垂髫，逐群强嬉戏。憨痴不自觉，见者若瘤赘。妇孺那能容，爪痕遍面臂。阿兄远宦归，见之挥老泪。此事古难言，思量鲜长计。闵默告先灵，逃生佛门寄。高僧旧知识，慈惠好行义。披剃作沙弥，频年劳抚字。寒有衲衣穿，饥有斋蔬饲。读书随众雏，师怜曲垂庇。呼来问父兄，不答但羞愧。孤儿古云苦，孽子苦尤至。雏兮幸自爱，只园真福地。寄语诸贵人，老宜抑情志。孽子曷如无，女妻实所忌。生稊虽自根，徒供人贱弃。太息作此篇，怜我平生契。(观察与予廿余年至契)①

黄云鹄怜悯朋友家的“孽子”，其实自己的儿子又何尝不是如此呢？黄侃由此回忆起自己孤露时种种受虐的情形，不禁热泪盈眶。

黄侃曾撰《徐姻伯母魏太夫人六十生日献寿文》：

行可尝为余自述其生平，知其少遭孤露，而教养之以至成立

① 黄云鹄：《孝泉游草》，《清代诗文集汇编》第680册，上海古籍出版社2010年版，第612页。

者，实继母魏太夫人之力。侃虽升堂修敬，亲瞻慈范，肫肫其仁，顾未得知德行之详。今年十一月，行可来江宁，就余赁居而征文于余，以开岁七日为太夫人六十生日也。于是侃始得受读行可所述太夫人事，益知行可笃学立名，其来有自。太夫人孝感魏氏，世为冠族，令誉远章。年二十一，来归于惠卿先生，为继妻。其时君舅星五先生尚存，家道鼎盛。太夫人恪修妇职，礼无违者。行可生甫逾期，恩勤鞠养，有若天性，斯固母德之常，而亦善俗所稀有已。既而惠卿先生以劬学早没，星五先生寻以寿终，行可年方十二，下惟一弟。太夫人抚此二孤，独支门户，其为劳苦，岂可胜言！清季士尚游学，行可亦奉母命，远适日本，俄以弟丧，废业而还。自此母子茕茕，相依为命。太夫人惧行可失学，又难于求师，乃为之出钱买书，恣其披览。至今入行可之居，门庭客次，触目皆书，所费已不訾。太夫人顾而乐之，初无靳惜也。行可子女众多，皆受太夫人教诲，厌近时庠序昌披，不令求学于外，女孙则讽诵余暇，必亲内事，衣皆自濯，履不市求，人谓太夫人严俭，不与世同，应之曰："近事内职日废，正如干宝所讥，吾诚不愿诸孙效之也。"徐氏故由积累起家，至太夫人以嫠居保守先业，无所省耗，视前转丰焉。行可自购书外，有所费，虽一钱之末，又咨于太夫人而后行，盖四十年如一日也。尝谓素门士族，中衰之家，能再振而复兴者，必由母德。如行可之能自树立，好学亲仁，固其天资卓踔常人，然使非太夫人覆焘之于童稚之年，则其成就与否，正未可必也。然则吾侪得与行可为友者，焉得不钦颂我太夫人也哉。侃不幸，十三而孤，幸得慈母田太夫人、生母周太夫人抚育成立，其间家难叠生，辛勤险阻，不忍备述，今则飘流转徙，问学无成。观行可尚居慈荫之下，而太夫人之德实与吾亲同其趣，其钦感之情更有非常言所能喻者。所愿太夫人颐神养性，至于百龄，俾伦党婚姻有所取法，行可则益砥行厉名，为世仪表，俾世之称行可者无不曰："非此母，不有此子！”则行可之所以报太夫人在是，太夫人之乐亦在是矣。①

黄侃在为行可之母撰文之际，他也联想到了自己苦难的童年时光，有“辛勤险阻，不忍备述”之叹。这些本事难以一一考证，但我们据此不难分析他的心灵创伤之深重。

黄侃的生母周氏是黄云鹄的侧室，在封建时代，非嫡出子女在旧家庭中的地位不难想见，而在蕲春一带，习俗相当轻视庶出子女。所以章太炎在《黄季刚墓志铭》中写道：“季刚生十三岁而孤，蕲春俗轻庶孽，几不逮学，故少时读书艰苦，其锐敏勤学亦绝人。”可以想见，黄云鹄在世时可以多少庇护周氏母子，而一旦奄然物化，黄侃险些连书都读不成，这种民间习俗与旧式家庭的双重压迫，对黄侃的性格向着极端的方向发展具有很强的影响力量。

据陆宗达回忆：“季刚先生孝母是有名的。他跟我聊起过，少年时，每天晚上吃过晚饭后，他弄头驴，让他母亲横坐在上头，他牵着，在他家的那个大花园里遛，称为孝顺。直到有一天他母亲实在受不了了，跟他说：‘儿呀，你别孝顺我了，你把我孝顺得受不了了。’我想黄侃的本意大概是相当于今天人的饭后散步、消食。不过一位老太太吃完饭就坐在毛驴背上来回颠，大概会不怎么舒坦。黄侃所以如此做，我猜想一是自以为这是孝顺，为母亲消食，二来是要在那个瞧不起他们母子的旧家庭里显示显示，带有某种示威的意思。”② 俞敏曾评论道：“像黄季刚这种庶出的子女，在旧家庭里一般是很受压迫的。所以庶出子女在那种压力下，常常会变作两种性格：一种是逆来顺受，唯唯诺诺，甘受压迫求一个温饱；另一种便是拼命反抗，桀骜不驯，使性任气处处叛逆。我觉着黄季刚反封建反得走火入魔了，因而有了那么多常人所不理解的行

---

① 《制言》1936年第11期，广陵书社影印本，第1105—1108页。中华书局本《黄季刚诗文集》第593—595页亦收此文，但讹字颇多，不足为据。

② 陆昕：《民国名人传记丛书·黄侃》，黄山书社2013年版，第5—6页。

为脾气。”[1] 俞敏的解释不无道理，但还是停留在感性的层次上。美籍德国精神病学家和精神分析专家、新弗洛伊德主义的主要代表人物卡伦·霍妮（Karen Horney，1885—1952）在《精神病理学》一书中进一步提出了关于人格形成的理论。她同意弗洛伊德的人格是在童年的早期发展起来的观点，但不同意弗洛伊德用原始性欲发展阶段的进展来解释人格的形成。霍妮强调社会环境，特别是家庭环境、双亲在对人格形成中的作用。她认为儿童的基本焦虑主要来源于家庭中父母对待儿童的态度和行为。假如儿童从家庭、父母那里得不到温暖和情爱，就可能产生各种不现实的焦虑，这种焦虑得不到及时清除，就可能发展成为神经性焦虑；反之，如果儿童从家庭、父母那里得到了温暖和情爱，就会感到安全和满足，就不会产生焦虑。因而她特别强调家庭教育的重要性。霍妮认为儿童为了获得安全和避免焦虑，不得不采取种种策略方式，她概括为三种指向性活动，长大后相应地形成了三种不同类型的人格和生活哲学：第一种是趋向他人，形成了依从性人格，用爱来化解对方的敌意，从而保护自己；第二种是避开他人，形成了分离性的人格，既不想归属，也不想反抗，而是离群索居，与世无争；第三种是反对他人，形成了攻击性人格，一心想要成为强者和战胜别人。霍妮认为，在正常人那里这三种态度是互为补充，达成一个协调的整体。而一旦单一行为模式僵化就会导致灵活性的丧失，从而加深焦虑，形成各种不同的精神疾病。准乎此，黄侃因为早年的遭遇，形成了攻击性人格。他性格中既有气壮如虎的一面，也有胆小如鼠的一面。小时候的心理阴影给他后来设置了重重障碍，如他怕兵、怕狗、怕蛇。据《黄侃日记》1928年9月23日记载：

日加未，孝焯、田出至北极房，晤伯弢及汪、二王君，同出游。初拟观大钟，未果，自小径步出丰润门。良久始得舟，七人分乘三艇，约为大圈子之游。先舣湖神祠下，垣毁矣，僧窜矣，壁朽

[1] 陆昕：《民国名人传记丛书·黄侃》，黄山书社2013年版，第6页。

矣，先题诗不可寻矣。咤叹久之。与诸人谈去年五祖戮尸事，因言三界无安，有为必坏，然情累未遣，亦何能远化成亏耶？还舟出后洲，至大漾。云阴不雨，西隅漏日，微风送爽，单衣不煊。残荷犹见一二花，莲房则丛立无数。水荭争发，密若繁星，钟阜翠色，连波迤靡，芊绵未知所际。覆舟斑驳，映水弥明，遥堞笼烟，平芜暖夕，徘徊瞻眺，颇动秋悲矣。登岸，以衣单亟还寓着衣，即至教育馆与诸人会食（焯为主人）。食已，仍至北极房小谈，从测量局后还。行至其西隅，田忽惊呼有蛇。予回顾，正见去足三四步许，一绿花蛇结蟠纠绕，如索委地，正从路侧趋草间，其首昂然向余。不知适来从蛇畔过，何由未误蹈之。然蛇方蠕动，遂与田狂奔。不意局门恶犬三四，群嗥而至。前犬后蛇，惊惧殆不可状，遂疑立号呼。幸局之司门兵为殴犬，乃踉跄还寓，田之内衣已为汗湿透矣。夜中僻巷草行，后当力戒。今日所历，前恬后惊，外境变更，心弗能御，推之一世所经，又宁殊此？“弭节安怀”①，谈何容易乎？

这真是惊心动魄的一天！前犬后蛇，惊惧不可名状，好像拍电影一般精彩。这也是《黄侃日记》中最能吸引眼球的一页。

黄侃尤其怕雷鸣。对巨大响声的恐惧，是人本能的一部分。初生婴儿很容易被突如其来的响声吓着。但对于一个正常的成年人来说，是不应该被电闪雷鸣吓得无法正常生活的。每次遇到电闪雷鸣的情况，黄侃就变得很慌张、恐惧，觉得自己很可能就会被闪电击中而身亡。所以，一有电闪雷鸣的天气，他就不敢自己一个人在一个房间里。如果旁边还有其他人，他就会移过去与别人待在一起。如果只有自己一个人，他会跑到床上去，用被子把自己蒙起来。黄侃在这些方面留下了不少笑话与趣闻，被各种笔记渲染。其实《黄侃日记》记载了许多真实的小故事：

---

① 语出陆机《叹逝赋》。

1922年2月10日：晨晴，郁蒸。禺中阴，正午雷作，有迅霆暴风雨，尚未交正月中，气候殊常乃尔……苏诗（《送范景仁》）："惊雷怯笑韩（注引《集古录》谓退之有所戒）。"余今日闻雷恐极，以被蒙首，泥[1]母、姊、子、女围绕余，殊可欲也。小时初无此事，稍长，阅《论衡·雷虚篇》，则渐有畏心，既又见地文学书，益畏，不可解。北京居四五年，每岁有迅霆。寓东沙滩时，四无屋舍，惟所居兀立。檐低室窄，雷雨将至，辄忧室耳无术。至今心悸之疾，即由此成。《山经》有不畏雷之药，《古地记》有无雷之国，此二者中，余倘获其一，足矣。

1922年2月23日：雨，有雷。晨匿首衾中，恶闻雷故也，既醒，觉头痛不堪。

1922年4月1日：出诣行可，适天将雨，电光矆闪[2]，惧有雷，乃匆匆还。过南楼养正小学，访刘君文卿，不值，遂拉行可乘车送余归。

1922年5月2日：今日午间以虑有雷雨，未赴讲席。

1928年7月5日：饭后雨，有雷，稍卧。

1930年2月20日：夜向晨，大雷雨，予怖畏甚，呼亦陶来伴，旋睡熟。

1930年4月10日：晨大雷雨，未升堂。夜，大雷（卧不适）。

1930年10月18日：夜，雷电大雨，可异。

1931年3月25日：謦夜，赴后湖孙铭少江之招，打牌至子夜，闻雷急还。

1931年4月28日：阴热，夜大雷雨。午后，根尘书来约打牌。遂挈二儿至蓝家庄觉生新居，遇蔡达生（汇东）[3]，辛丑同入

---

① 泥：软求。

② 矆闪：光闪烁貌。多指电光。清翟灏《通俗编·天文》："俗状电光之疾本无定字，用霍闪似不若矆睒古雅。"

③ 蔡达生，湖北蕲春人。1901年与黄侃同学。曾任国民政府司法院参事。

学，廿年不见矣。打牌中闻大雷，殊恐。吴木兰①女同志喧扰实甚，以至大输。夜中冒雨冲泥而归，无谓之至。

1931年7月4日：竟日雨，夜中复大雷雨，可厌。

1931年7月19日：晨阴。旭初、孟伦既来，不得不行。遂以六时赴下关。七时五十分车发后，忽微雨，望栖霞，崖色苍然，最畅意。四时抵沪，即呼汽车（敞篷无蔽），不意甫驰入市，冻雨骤至，暴风左右来往吹袭，上下沾湿，如立水中，通衢如溪涧，风拂流潦，粼粼作波。正彷徨间，汽车机坏，峙于道中。赤电一明，震霆随作，车中六人，莫不战悚。予生平畏雷，其危恐更非言语所能述矣。久之，始由车夫别雇一车至（稍大，有厢），乃得达同福里，巷中水深数寸，车夫负予以入章家，急易衣履，进白兰地数杯，汗下如蒸，冀不受湿耳。

1932年8月29日：夜半大雷，呼田坐榻前，与说回教种人来原，雷止乃寐。

1933年3月21日：点《御览》至九百九十五卷，将点毕之，忽电灯一断，继以雷声，急燃烛就寝。夜眠不适。

1933年5月17日：子明邀出食，畏雷不往……中夜大雷雨，轰隆至旦未已，殊骇人，竟不得眠。

1933年5月18日：雷雨，晨烈。未讲。

1933年6月13日：晡后大雷雨，令人惊悚。

1933年7月7日：晡讲，雷雨忽至，待雷止，乃讲毕。

1933年7月15日：夜寝于堂，忽雷电至，入室，雷止，雨亦不至，遂闷热达旦，乃出室小眠。

1933年8月29日：中夜又迅雷，可厌。

1934年6月12日：电灯、电门铃、风扇、防雷铁、电表、暂用家具（先）。

---

① 吴木兰，江西临川人。早年留学日本，加入同盟会，曾任女子同盟会会长。春妙曾经描写她50岁以后的形象：矮矮身材，胖胖体格，肚皮挺得很可以，一双三寸金莲，倒是受过改组派洗礼的。

1934 年 7 月 30 日：竟日理书，至晡闻雷而止。

1934 年 8 月 16 日：三伏之末。晴，尚热，午后大雷，狂飓涞雨，东面席棚吹欹，可骇。

1934 年 8 月 26 日：向晚大雷雨，久不止。头痛发热，罢夕食。

1935 年 4 月 13 日：中夜大风雨，向明有雷，呼妇来伴。

1935 年 5 月 11 日：晴和，午燥热，夜益甚，中夜迅风狂猛，地震屋摇，继以雷雨，将晓乃止。初夜以膈痛早眠，中夜为风所扰，移寝妇席，达晓乃眠。

1935 年 6 月 15 日：夜有电，呼四儿来伴。

1935 年 7 月 14 日：晴，热甚（夜有电无雷，微雨）。夜闭窗避雷，既而微雨，热不寐。

1935 年 8 月 18 日：午睡，鼎丞来，呼起与谈《尔雅》名物，假去手点《毛诗注疏》四册，旋出，同访旭初，将游后湖，闻轻雷，乃趋鼎丞家避雨。

从上面一个接一个的有趣镜头，有人可能会像吴木兰一样笑得晕死过去。假如拍成电影，阳光灿烂与电闪雷鸣交替出现，一会儿舌战群儒，一会儿钻桌底，一会儿高谈阔论，一会儿钻被子……丑态百出，可以想象到观众的反应。没有办法，我们面对的就是这样一位滑稽的传主！黄侃小时并不畏惧雷电，稍长，阅《论衡·雷虚篇》，受到刺激，渐有敬畏之心，后来又见地文学书，更加畏惧。至少自 1914 年秋天开始，黄侃就患上了“雷电恐惧症”，且异常强烈，几乎到了“迅雷烈风必变”的程度。不了解的人拼命地嘲笑他，搞得他更加狼狈不堪。在他迁入“量守庐”之前，第一批购物清单中就有“防雷铁”（即避雷针）。为了避免引发雷电事故，他非常在意楼房是否装有避雷针。尽管安上了避雷针，他还是诚惶诚恐的样子，一听到雷鸣，就要妻子儿女来救驾。日记中还有很多处“雷”的记载，每一条记录后面，都有一个电影特写镜头。白天闻雷，他会放下手中的活，躲进小楼成一团；夜间闻雷，他会紧闭门窗，躲进被子。他为何上课“三不来”？畏雷也。上课前闻雷，他只好旷课；上课时闻雷，他会钻入讲台之下。与朋友聚会，始则高声辩论，闻雷一响，又不知躲藏到何处去了。雷鸣电闪的天气就像是孙悟空头上戴的紧箍咒一样，让他异常烦忧，使得他无法正常生活。电闪雷鸣使他神经衰弱，因此度过了多少个不眠之夜。并不是真的因为雷电的声音过大，而是他内心的焦躁感过于强烈。但他并不是一出生就如此害怕雷雨天气，后来为何如此畏雷？事发必有因。黄侃自己没有解释清楚，我们也只能借助精神分析的方法予以解释。弗洛伊德认为，为了保持心理上的平衡，当受到外界的刺激时，人们会有各种各样的“防御机制”来重获心理平衡。其中的一种机制就是“反向形成”，即人们会从完全相反的角度来思考、行动，最典型的是当一个人悲伤至极反而会大笑。“反向形成”是人的一种正常防御机制。其实，多数人或多或少都会有反向形成的防御机制。他对电闪雷鸣的恐惧是由于幼时就存在的焦虑仍然没有消退。弗洛伊德的理论是否符合黄侃的实际情况呢？我们只有起黄侃于地下而质之。“遭雷打”，这是日常生活中最严厉的谴责。黄侃产生如此强烈的“雷电恐惧”，我们推测，这有两种可能，一是如弗洛伊德所说的童年时期的焦虑感所致，另外一种可能与在天津赵秉钧府中当幕僚长时的特殊经历有关。黄侃曾经亲眼看到赵秉钧毒杀南方要人，黄侃为之心惊胆战，魂不附体。刘成禺有诗记其事：

定策盘铭智贮囊，饮鸩壶亦汉鸳鸯。金縢未发出山誓，雷电先诛大道王。

项城巡抚山东时，赵智庵秉钧三人在洹上密谋定策，内事交赵秉钧，外事交段祺瑞。袁为第一任大总统，段为第二任，赵为第三任。铭盘设誓，乃入北京。故项城帝制，祺瑞、秉均二人反对最强，一罢一死，毁盟约也。项城常曰：“盘中宝有智囊，何事不成？”赵有智囊之目，实先（杨）杏城。项城组阁、议和……凡属奇正谋略，咸经秉钧手订……唐绍仪罢阁，秉钧摄之，先图组阁，

> 获有政望，为后日总统张目，佯与宋教仁友善，日对烟床，纵谈国是。教仁新进识浅，大发组阁之梦，侈谈策画，正中赵忌，北车站遇刺所由来。宋案出，秉钧退处直隶都督。当时南方要人来京者，沈秉堃、林述庆皆燕后暴死……蕲州黄季刚时为赵秘书长，赵宴客，季刚必在座，酒贮鸳鸯壶，一鸩一酒，秉钧美为汉器。季刚曰："予每宴心震，恐鸳鸯壶之错酌误伤也。"①

这种一般只有在影视中才能看到的镜头，却血淋淋地出现在黄侃的眼前！他所受到的刺激超过了他的心理承受能力。每天都要与魔鬼打交道，与死神玩游戏，沈秉堃、林述庆等人前仆后继，一个个暴死在他的面前，黄侃能够受得了吗？他不发疯才怪呢！与此同时，黄侃也存在"幽室恐惧"。所谓"幽室恐惧"，是指人处于狭小、昏暗的空间时，会产生强烈恐惧，甚至引起异常行为的心理现象。一般来说，有幽室恐惧症的人，多数有着某些创伤性的经历。黄侃在东京、上海、北京、武昌所居房屋大都属于"幽室"类型，一遇上雷电，更加强化了他的恐惧感。黄侃对他自己的行为不能解释，认为"不可解"，这是因为他无法分析自己潜意识中的东西。现在我们从精神分析的角度就可以做出比较合理的解释。

众所周知，一个人在童年期感受过的安全感、焦虑程度，会对其一生产生重要影响。如果一个人在童年时处于一个很有安全感、有关怀的环境中，他的心态会比较安宁、平静；相反，如果一个人在童年时总是处于焦虑、紧张、缺乏安全感的环境中，那么他在成年之后仍然会执着地追求安全感。族人的捉弄，乡人的藐视，都给他深深的伤害。黄侃在童年时总是处于焦虑、紧张、缺乏安全感的环境中，在成年后执着地追求安全感。可是在那万恶的旧社会，军阀混战，外寇入侵，内外交困，全中国都处在风雨飘摇之中，哪里有什么世外桃源呢？既没有不畏雷之药，也没有无雷之国，他就这样无处可逃。

---

①　刘成禺：《洪宪纪事诗本事簿注》卷 2，台北文海出版社 1966 年版，第 23—24 页。按：宋案迷雾重重，至今仍未破译。

第二节　秀才

一、苦读

黄侃童年苦读的情景，我们可以想象到——手捧一本线装书，拖着一根猪尾巴，摇头晃脑，咿咿呀呀，从“关关雎鸠，在河之洲，窈窕淑女，君子好逑”到“蒹葭苍苍，白露为霜，所谓伊人，在水一方”，从“隐公元年”到“绝笔于获麟”……

1924 年，黄侃在《听儿读英语》一诗中回忆了他早年读书的情形：

> 滥抃苦越语，伊缓隔吴声。虽觉猰吘牙，地共海内经。记我十五时，一卷日可程。其书多汉前，师谓是典刑。奇字义难定，古韵部未清。辛勤二十年，知否涉门庭？头颅渐斑白，口吻生棘荆。焉能从汝曹，共效百鸟赓？谷谷鸡浴沙，楂楂鹊集楹。赵歌阿得脂，王咏格当丁。铃语替戾冈，儿啼咿嚘婴。曲轧轧刺刺，经丁丁零零。有时觚不觚，作疏劳叔明。有时于则于，发注烦康成。雅眦刘暴乐，诗峭蒨葱青。闻声肖杪忽，讯义隔畦瀛。乍若奓笼铜，使我怯胆惊。又若石磅踉，宛若茶灶倾。本无客剥啄，了乌何由鸣？颇欲睡哈台，喀啾诚厌听。知公近无俚，以此代琴筝。岂惟舌欲挢，兼恐目亦瞠。咒以娑婆诃，嗒焉对长檠！①

据诗义推测，此诗写于 1924 年，长子念华生于 1909 年，是年行年十五。此诗与《恭录先君子世训寄念华后感赋一诗》内容上存在深刻关

① 黄侃：《黄季刚诗文集》，中华书局 2016 年版，第 269—270 页。《越人歌》是西汉刘向《说苑·善说》所载一首越国船夫之歌，是献与游湖的楚国王子以表仰慕之情的。原文记音是“滥兮抃草滥，予昌枑予昌州，州堪州焉乎秦胥胥，缦予乎昭澶秦逾，渗惿随河湖”31 字。楚国王子鄂君子皙当场召越译来翻译，译成优美的楚辞名篇：“今夕何夕兮搴舟中流，今日何日兮得与王子同舟。蒙羞被好兮不訾垢耻，心几顽而不绝兮得知王子。山有木兮木有枝，心悦君兮君不知！”黄侃以越歌吴声比拟英语。

联。“记我十五时，一卷日可程。其书多汉前，师谓是典刑。”念华天资甚高，黄侃对他也要求也很严格，试图按照自己的样子复制长子，嘱咐他日读《汉书》一卷。黄侃的父亲点过翰林，名满天下；他的远祖黄庭坚是宋代大文豪，是江西诗派的祖师之一。因此，传统读书人的“三立”（即立德、立功、立言）意识尤其是立言意识在黄侃的个人神话中占了相当大的比重。

黄侃在年轻时曾经苦心揣摩八股文。直到 1930 年 2 月 24 日，他才悟到时文之秘诀：“夜读‘思以一毫挫于人’薛球时文，悟此体大要。盖全句题必须阐发言中之理，不全句题必须诠明言中之界，用心宜细，用笔宜灵，撷传注、义疏之菁英，以经、传、子、史为根柢，亦非尽人所能为。以为取士之具，诚可不必尔。”可惜为时已晚，科举制早已废除了。八股文之猜想被成功破译，但状元梦却破灭了。

喻血轮《绮情楼杂记》“再谈黄季刚及其姊”条云：

黄季刚被称为国学泰斗，固成之于章太炎之薰陶，然得力于庭训之讲习居多。盖季刚尊翁黄云樵先生，为蕲春名翰林，博通群籍，教子甚严。季刚幼极聪颖，凡有讲授，辄过目不忘，故季刚未弱冠，即已寝馈经史百家矣。云樵先生于光绪庚子后，简放重庆道，季刚随侍入川，时才九岁。一日，有人携来蕲春绿毛龟一只，文案蔡某批示季刚，戏之曰：“此公子同乡也。”季刚曰：“是非我同乡，乃公同族也。”蔡某不解，季刚曰：“公检《论语》‘臧文仲居蔡’一节观之，当知。”盖是节注有“蔡，大龟也”。其幼时即放诞如此。与季刚同受庭训者尚有其姊氏，亦博学能文，长归予七舅梅南屏先生，先生为邑名诸生，博闻强记，无书不读。其家有藏书楼，典籍甚富，自姊氏来归，先生遂出诸藏书，与姊氏共研读，于是床榻几案之间，无非书籍，姊氏学问乃益博雅。顾当时风气未开，妇女不敢以才学示人，惟某岁邑初级女校毕业，约请姊氏讲国文两小时，探原《左》《国》，索隐柳、韩，滔滔不绝。在座诸耆旧硕学无不惊服！于是姊氏才名始大振。惜南屏先生早逝，姊氏亦于民国二十四年卒。生子三，俱能文。①

黄侃还是参加过最低级的科举考试的。有一回，他去考秀才，在考场里住着时，有一天他瞧见另一个考试的人弄只鸭子，架口锅在那里煮。黄侃一瞧，心里顿时来气了，心想，你是赶考来了还是吃鸭子来了。当时他没言声儿也没动作，在一旁冷眼瞧着，看那人忙着添柴烧火，一直等着鸭子熟了就要起锅了，他冷不丁过去，飞起一脚，把人家那鸭子锅给踹翻了，汤汤水水洒了一地。那人急眼了，揪着他要打。黄侃说："甭管你怎么样，反正今儿这鸭子你是吃不成了。"②

1901 年，黄侃成了末代秀才，替祖宗争了口气，也替自己争了口气。《黄谱》云："是年，应试入郡庠。先生尝曰：'得一秀才，原不足重，只此后不再为乡人所轻耳。'盖以旧俗轻庶孽，故有此感。"随着清朝的灭亡，黄侃又转变了观念。某次遇到一位前清举人，他把对方大骂一顿，认为该举人是清朝的走狗。与此形成鲜明对照的是，忠于清朝的经学家曹元弼曾经在汪东家大骂章太炎反清。这些趣闻都可编入《新世说》。

二、原配

1903 年农历十月十七日，秀才黄侃与王采蘅结婚。这是遵奉父母之命、媒妁之言而进行的一桩传统婚姻。王夫人亦为大家闺秀，籍贯湖北宜昌。结婚不久，黄侃就在外求学，继而东渡，团聚的时间非常有限。1910 年黄侃从日本归国，旋即赴河南任职，其间与黄绍兰产生恋情。辛亥首义之后，黄侃东下上海，与黄绍兰同居。直到 1915 年以后，全家才在北京团聚，1916 年 6 月，王夫人即驾鹤西去。可见，黄侃与王夫人在一起的时间屈指可数。

① 喻血轮：《绮情楼杂记》，中国长安出版社 2015 年版，第 98 页。按："季刚随侍入川，时才九岁"应该说错了，黄侃生于四川，9 岁之前即已出川了。

② 陆昕：《民国名人传记丛书·黄侃》，黄山书社 2013 年版，第 5 页。

黄侃在留学日本期间，也曾经给王夫人写过几首小诗，如《寄宜昌》：

凉风吹白露，故国已秋深。每念空房冷，难为天末心。长江连远海，落日隔层阴。若问相思意，君听别雁音。①

此诗当是写给王夫人的情诗。又有绝句二首：

秋风日夕起，海上客衣单。却恐深闺里，罗帷不耐寒。
桂树满山幽，王孙尚远游。天涯多景物，不似故园秋。②

此二首《黄季刚诗文钞》题作《无题》。又有《寄内》二首：

方丈蓬莱万里山，侧身西望几时还？匣中旧贮盘龙镜，寄语游人鬓欲班。

晓日新妆倚镜台，蛾眉颦后为谁开？此生愿化三青鸟，犹得将书去又来。

此二诗为王夫人而发，未标明作年。以上几首小诗写得也比较一般化，如果将它们与黄侃献给黄绍兰的诗词比较，差距实在太大。

1916年6月28日，王夫人病逝。熟读《庄子》的黄侃，没有学庄子鼓盆而歌，而是大发悲鸣之声。王夫人的死无疑成为一个转折点，一下子触发了黄侃的愧疚感。回想起糟糠之妻的患难之情，他无比地悔恨，仿佛自己成了一个不可饶恕的罪人（一说王夫人死于产褥热），为

① 黄侃：《黄季刚诗文钞》，湖北人民出版社1985年版，第147页。黄侃戊申之秋致书王夫人云："岛国早秋，独居岑寂。思子之念，如何可言。"见黄念容编：《量守居士遗墨》，1974年自印本，第129页。

② 黄侃：《黄季刚诗文钞》，湖北人民出版社1985年版，第245页。

此他写下很多忏悔的诗词，追悼亡妻，寄托哀思。在王夫人撒手之际，他一边哀嚎，一边在心中默默作《惜别暗记》：

检历逢张事不成，采蓝难得一襜盈。行云半出千重峡，遮雾全须几扇屏。孔雀孤飞伤劲翮，雌凰遥应送和声。枳篱开处通西曲，那有车将窈窕迎。①

“孔雀孤飞伤劲翮，雌凰遥应送和声”，黄侃以孤飞孔雀自比，而以雌凰喻王夫人。题作“惜别暗记”，确有深意寓焉。此惜别乃生离死别，饱含血泪，在心中默思成稿，事后补录下来的悼亡之作。

1916 年 8 月作《蝉》诗：

斜阳身世已凄然，几树疏梧动晚烟。漫把秋心向人诉，断肠风露自年年。②

时王夫人新逝，黄侃以蝉自喻。秋心即愁，斜阳亦愁，断肠更是愁上愁。同时又有《蝶》诗：

孤客愁闻子夜吟，画楼高处绣帘深。也知皓露终难避，更恐芳尘不易寻。风急未妨随柳絮，夜妍还得傍花心。阿娇衣借莺黄染，岂要轻途汉殿金。③

子夜吟，即“子夜歌”，乐府吴声曲名。《宋书·乐志一》：“《子夜哥》者，有女子名子夜，造此声。晋孝武太元中，琅琊王轲之家有鬼哥《子夜》。殷允为豫章时，豫章侨人庾僧度家亦有鬼哥《子夜》。殷允为豫

① 黄侃：《黄季刚诗文钞》，湖北人民出版社 1985 年版，第 201 页。枳篱：枳木篱笆。
② 同上书，第 275 页。
③ 同上书，第 197 页。

章，亦是太元中，则子夜是此时以前人也。”现存晋、宋、齐三代歌词42首，写爱情生活中的悲欢离合，多用双关隐语。南朝乐府又有《子夜四时歌》，系据《子夜歌》变化而成。黄侃以“孤客愁闻子夜吟”定调，又以蝶自况。自庄子梦蝶的典故生效以后，中国传统文人一般不以蝶自况，避花蝴蝶之嫌疑。黄侃为何反其道而行之？因为“更恐芳尘不易寻”。所寻之“芳尘”，实为王夫人王灵芳之仙踪。据此，此诗当作于王夫人去世之后，即1916年7月以后。黄焯先生手批本云“乙卯丙辰间作”，恐未得诗义。

1916年秋作《宫渠败莲》：

朱栏干外御渠前，秋意殷殷付渚莲。自有残香供客燕，漫持新恨与哀蝉。采荷舟去将风夜，饮莽人来欲暮天。千遍徘徊君不见，古坛深柏共凄然！①

此诗写于北京。又载《黄侃日记》1931年8月26日条下，题作《太社园瞑坐，偶忆昔居京师一诗，诵之凄怆（十六年矣）》。是日日记载：“偶忆昔居京师一诗，诵之凄怆（十六年矣）。”又自注曰：“此诗颇婉。”见败莲，闻哀蝉，无不联想到刚刚去世的王夫人。诗风哀婉，缠绵悱恻，不忍卒读。

又有《初秋夜坐》：

虚幌摇摇月半明，南谯疏鼓送残更。高梧叶下蝉休早，从此秋怀不易平。②

此诗写于1916年初秋，王夫人新逝，据诗义分析，当为悼亡佳作。

又有《秋雨》二首：

---

① 黄侃：《黄季刚诗文钞》，湖北人民出版社1985年版，第204页。

② 同上书，第275页。

骤雨生寒始识秋，虚房人静一灯幽。更长万念难安怗，梦短单衾且滞留。写恨竟无骑省句，为身深愧步兵谋！茫茫来日愁无限，暂醉安能百事休？

秋味居然一夕经，孤灯飐飐雨冥冥。西风鸣鸟原多恨，落叶哀蝉岂可听？每捡衣裳悲节序，却因纨素忆娉婷。空床寂寞罗裯冷，不待凝思泪已零！①

据诗义分析，“虚房”“单衾”“孤灯”“空床”无一不是悼亡语汇。骑省指潘岳，步兵指阮籍，皆为悼亡高手。此诗写得如此哀婉动人，催人泪下，亦为悼亡佳作。

黄侃自称喜欢咏秋，不料秋天的景色总是触发他对王夫人的思念。又有《秋海棠》：

深院秋寒身不支，高楼人去恨谁知？罗衣已换余香减，蜡炬初残别泪滋。明月有情蛩语咽，斜阳无恙雁飞迟。红颜损尽华年晏，只恐重来未可期。②

此诗未标明时间，可能写于1916年秋天，或为王夫人而发。此诗亦有李商隐的影子。

《感李夫人事》诗曰：

烛影遥帷望未真，招魂如此最伤神！桂枝秋气销何速？落叶哀蝉恨正新！续命可无仙掌露，筑坛应愧白茅人。死生总负倾城意，泪洒荒埏不忍陈！

---

① 黄侃：《黄季刚诗文钞》，湖北人民出版社1985年版，第181页。

② 同上书，第195页。

此首或作于1916年7月以后。全诗围绕“招魂”展开，当为王夫人而发。李夫人，即汉人李延年之妹。延年侍上起舞，歌曰：“北方有佳人，绝世而独立。一顾倾人城，再顾倾人国。宁不知倾城与倾国，佳人难再得。”上叹息曰：“善！世岂有此人乎？”平阳主因言延年有女弟，上乃召见之，实妙丽善舞，由是颇得汉武帝之宠幸。早卒，武帝乃图其形，悬于甘泉宫，思念不已。方士少翁言能致其神，夜张灯设帏，令帝坐他帐中遥望，见一妙龄女子如李夫人貌。清代汪应铨《雾中花》诗曰：“名花笼雾认难真，道是还非梦里身。仿佛汉家宫殿冷，隔帷遥见李夫人。”

在王夫人去世一周年之际，黄侃模仿义山笔调写下《无题》二首：

海上青钟去几时？人间无路寄愁思！可怜远道空相忆，正有离怀各自知。南国春归情化絮，北岑日暮泪如丝！神方驻景从君乞，悔向高楼再拜辞。

华年如水恨如烟，一度思君一惘然！明镜虚悬三五月，鬘云应隔几重天。玉床石阙还相似，渴凤鳏鱼总可怜！兰径佳期浑未定，愧将蜜意诉红笺。①

1917年秋又有《无题》二首：

幽幌秋寒梦未成，凄然夜籁起愁声！候蛩有恨知谁诉？断雁伤离解自鸣。愧以虚言酬挚意，誓将微命殉深情。莫嫌人事多圆缺，君看姮娥万古明。

折碎明珠玳瑁簪，九天难与正初心。山南已结繁钦恨，沟上犹劳卓女吟。预计他生终惝恍，偶思前事已侵寻。神山岂是无灵药？其奈波涛比旧深。②

① 黄侃：《黄季刚诗文钞》，湖北人民出版社1985年版，第198—199页。

② 同上书，第188页。

黄焯先生手批本引世扬案语云："丁巳作。"此为悼亡之作，姮娥、卓女皆为原配王夫人而发。1916 年 6 月 28 日王夫人去世，丁巳秋夜，孤雁伤离，繁钦添恨，偶思前事，如波涛翻滚，情何以堪。"誓将微命殉深情"，也是为了散发心中的愧疚。

同时又有《无题》：

移灯小曲夜阑干，凭仗犀心为避寒。锦被文鸳和孔雀，玉楼孤凤爱离鸾。乌栖月皎相留切，马滑霜浓欲去难。肠断三更书石阙，负情第一是侬欢。①

黄焯手批本云："此诗写作时间同上三绝句。"此为悼亡之作，为原配王夫人而发。以孤凤自拟，以离鸾喻亡妻，结句写忏悔之情，抒负疚之感。

戊午正月作《采若》②：

采若芳洲独自归，满堂人散忆荷衣。谁能彈日③齐夷羿，便拟乘云觅宓妃。翠帐层波光可接，琼筵六博坐成围。此情回首年华晏，欲赋同心事已非！④

"便拟乘云觅宓妃"，"欲赋同心事已非"，显为原配王夫人而发。又活用后羿彈日之典故，亦见其苦心。

在王夫人去世三周年之际，黄侃有《亡室生日设祭作》：

---

①④ 黄侃：《黄季刚诗文钞》，湖北人民出版社 1985 年版，第 201 页。

② 黄焯先生手批本引孙世扬案语云："此首戊午正月作。"

③ 彈日：射日。《楚辞·天问》："羿焉彈日？乌焉解羽？"《说文·弓部》："彈，射也。"

烛寒光不舒[1]，穷庐迫昏暮。之子久归泉，兹辰溯初度。酒肴陈几筵，儿女伸思慕。谁云情可忘？衰襟泪翻注。死别三改火，孤棺滞权厝。平生辛苦心，已矣更谁语。结发为弟兄，食贫非所恶。贱子好远游，春华竞驰骛；共处曾几何，忧患相撑拄。故山遂辞别，蓬梗从遭遇；旅食向幽都，眷属幸团聚。僦舍东高房，车来喜迎晤；提挈三男儿，长女知礼数。偿君黾勉劳，弛我晨昏虑。薄命多咎灾，安居鬼能妒；肺疾一侵缠，仓卒行冥路。劳生本同梦，恨子独先寤。世情多反侧，危国恒忧惧。锋镝纵横时，亦复羡朝露。回视诸藐孤，偶然得欢趣。稚子忽夭殇，肠断巫医误。所余两孩提，前后随趋步。一身兼父母，无恃犹堪怙。余年自矜惜，缠绵为群孺。少壮跌宕人，年来变衰臞。偕老既初心，寒盟嗟失据。灵台常薄责，尤悔笔难具。取醉托醇醪，何尝解愁苦？前月得乡书，兄子新物故。骨肉渐凋零，凄酸自回互。揽镜观鬓毛，几时杂以素？书卷纷陈前，神昏失章句。此心终郁抑，庶几为子诉。凄风飘帐帷。遗貌坐相顾。何能击缶歌，悲怀宜一赋。霜夜诚萧条，裴回候香炷。[2]

此首1919年写于武昌。1916年6月28日王夫人病逝，“死别三改火”，黄侃回到武昌不久，即写下了这首悼亡诗。情真意切，令人联想起苏轼的名句：“十年生死两茫茫，不思量，自难忘。”

丙辰（1916）春游江亭，祷于丛祠，得谶曰：“瑶台应有再来期，珠箔轻明拂玉墀。莫向尊前奏花落，残花犹发万年枝。”意甚喜之。今日偶检得，不胜凄然。大约在1921年，黄侃追忆往事，作《偶重检得谶》：

云飞雨散两无期，天路悠遐未有墀。花落重开知妄语，空将白发对余枝！[3]

---

① 烛寒光不舒，《黄季刚诗文集》作“烛光寒不舒”。

② 黄侃：《黄季刚诗文钞》，湖北人民出版社1985年版，第92—93页。

③ 同上书，第286页。

1916年春，王夫人病重，黄侃为之祈祷，得签诗甚善，未几，王夫人病逝。此诗即为悼亡之作。

又有《检旧札感题》二首：

燕台有客惜余春，独对遗编更怆神！旧事空留断肠句，此生长作负心人！鹍啼苦处芳菲歇，蝶梦醒时涕泪新！万一年尼容忏悔，不辞桃骨化香尘。

肺疾缠绵只自伤，知无扁鹊赠奇方。织成贝锦心徒苦，咏罢琼枝意争忘。珠斛量愁春浩荡，灯窗写影夜凄凉。泉台路近烦相待，不用神龙驻景光。①

两诗为悼亡之作，写忏悔之情，未标明作年，疑写于1921年。

有时黄侃在梦中与亡妻相见，如《清晨篇》云：

清晨步林樾，初日光未融。绡衣感微凉，淅淅花前风。云外出朱楼，高柳窥帘栊。银屏昨夜梦，未许灵犀通。与我期何许，郊原空翠中。新扫远山眉，脸色芙蕖红。共上七香车，绣鞅何珑璁！苍苔封御路，青岫当崇墉。澹澹昆明湖，蟾镜凝秋容。波底金碧光，楼殿明重重。危亭出林杪，四望皆葱茏。相将拾级来，积叶迷前踪。嘉会故难常，到此心憧憧。下有燕池水，上有苍苍穹。细语答幽泉，意密词难工。残阳助凄恋，薄暝生层峰。远堞动悲笳，催去何匆匆！一步几裴回，此会难再同。握手一为别，戚戚真无悰。生命辰安在？哀哉如转蓬。莫歌黄生曲，此恨何时终？②

黄焯先生手批本引孙世扬案语云："此篇作在丙辰、丁巳间。"据诗义推

① 黄侃：《黄季刚诗文钞》，湖北人民出版社1985年版，第193页。

② 同上书，第90页。

测，当为1917年早春时节。此似为悼亡之作。其时距离王夫人去世半年左右，因为昨夜梦中相会于昆明湖上，清晨出行寻觅梦境。结句“莫歌黄生曲，此恨何时终”，此诗颇有《长恨歌》“此恨绵绵无绝期，天上地下难相见”之风味。

他在1922年2月7日又作《记梦》一诗：

> 神山春秾，众真所封。居备妙饰，侍以姅容。朗朗修眉，月出寒空。已外形骸，犹有蔽蒙。灵台暂启，天衢未通。忘情实难，独居寡悰。谁奏九韶？音感玄宫。灵来迟迟，出入无踪。已觏复逝，阒然房栊。招我由敖，乘翳驾龙。九垓既极，楼观重重。金铺琁题，阁道玲珑。御风而反，非觉非梦。芳讯殷勤，雨绝难逢。悲忧何为？知敝永终。鄙哉世俗，猥碧凡红。畴能与我，游彼无穷？日嫔月仪，相望西东。①

此诗作于武昌，即为王夫人而发。天上人间来相逢，亦有《长恨歌》之风味。

久矣乎未梦见王夫人，在1931年8月20日他又写下《辛未七夕》：

> 节候吾犹记，兹宵感亦多。闲庭凛风露，积水动星河。尘世离堪惜，天人巧易讹。秋怀随岁变，无梦托云波。②

此诗原载《寄勤闲室日记》，诗题一作《七夕》，为怀念王夫人而作。“无梦托云波”，不无惆怅之感。

总之，黄侃对于原配充满愧疚感，只好借助诗词来抒发。多么漂亮的妻子！多么贤惠的妻子！王采蘅为他生育了7个儿女，赡养老母，默默地支持他。而他心不在焉，移情别恋。“蝶梦醒时涕泪新”，只有通过

---

① 黄侃：《黄季刚诗文集》，中华书局2016年版，第276页。
② 黄侃：《黄季刚诗文钞》，湖北人民出版社1985年版，第167页。

忏悔来减轻负罪感。这种负罪感，是通过深度解读其诗作，佐以精神分析的方法，倒逼出来的。多情才子伤离别。在生离死别之后，黄侃的负罪感与忏悔意识逐渐增强。他愧对原配王采蘅（当然也愧对黄绍兰、彭清缃等人），愧对儿子念华、念楚，愧对女儿念惠。据其家人说，在他人生最后十年，情绪极易失控，动不动就哀嚎不已。这种说法从日记中可以得到证实。过度的悲伤最后将他的生命能量提前消耗掉，留给后世的只有这些悼亡之戚与哭子之痛。正因为黄侃心中抱愧，他才不断地通过写诗填词来遣散内心深处的愧疚之情。赋得永久的悔，黄侃似乎心理稍微可以平衡一点。

第三节 “造反”

一、东渡

（一）东渡扶桑

黄侃是何年何月何日东渡日本的，至今没有找到准确的资料，我们只能从他的诗词中寻找相关信息。

他写过一首《念奴娇》：

> 海天如镜，暮烟施断缕，随风还灭。远舶微灯三四点，摇影才明仍歇。列宿光沉，潜虬睡稳，涌起波间月。琼田千顷，广寒深浸宫阙。　　遥指天际神州，念情凝望，惟有青余发。宿燕眠鸥惊醒后，怜我悲歌难彻。驾海楼船，回思应是，未抵舟如叶。江潭春夜，此时知更澄洁。①

这首词写于“月夜太平洋舟中”。黄侃就读于早稻田大学，但此期间我

① 黄侃：《黄季刚诗文钞》，湖北人民出版社1985年版，第345页。

们没有找到他的任何资料。

（二）向岛观樱

樱花是日本的国花，原产喜马拉雅山区，秦汉时期已在中国宫苑内栽培，唐朝时已普遍出现在私家庭院，日本遣唐使将樱花带回了东瀛。黄侃曾有四首绝句咏樱花，其一曰："几年飘泊到天涯，又向瀛洲度岁华。三月春风骀荡里，一时看遍异乡花。"其二曰："永巷樱花开复残，都人联袂竞来看。岂知赤县神州里，尚有花王号牡丹！"其三曰："万灯影里罩绯霞，酣艳风流擅一字。解趁韶光斗妍媚，堪怜只是女郎花。"其四曰："江户清川夹岸春，繁樱深处踏芳尘。日斜独向桥边望，惟有飞花送美人。"日本向岛的樱花特别有名，春风骀荡之时，黄侃诗情勃发，成了一名樱粉，曾经一再前往向岛赏樱。他挥笔写下四阕《浣溪沙》：

十里繁樱傍水开，韶光如共客徘徊。清波斜日画船来。　照影仙云飞不度，随潮红蕊去还回。置身何意在蓬莱。

悴叶惊秋不耐风，飞来闲砌伴吟蛩。萧条身世最相同。　尚有芙蓉能耐冷，幽情还向冷时浓。清波照影可怜红。①

才有微凉接簟波，罗屏无睡意如何？如今已自觉秋多。　最怕帘痕妨皓月，长劳镜影照明河。佳期仍是梦中过。②

谁信飘零是宿缘，萧萧客路夕阳天。又将离恨度今年。　流水有情长向海，西风吹梦总如烟。丝魂销尽在秋前。③

向岛是日本小笠原群岛母岛列岛。东与丸岛隔海相望，面积仅有1.45平方公里，无人居住。这里是观赏樱花的绝佳之地。繁樱似锦，游人如织，清波画船，仙云照影，仿佛置身蓬莱仙境。多情才子误入其中，又一下子穿越到桃花源中，佳期销魂，仿佛在梦中游。飘零也罢，

---

① 黄侃：《黄季刚诗文钞》，湖北人民出版社1985年版，第344页。

② 同上书，第375页。

③ 同上书，第330页。

离恨也罢，一切如烟似梦。黄侃又有《向岛观樱花》诗：

轻风被广堤，复直蛮花开。丹蘸映阳辉，媚此都人来。仙人既夷犹，修路清氛埃。客心畏纁黄，欲与春徘徊。灯繁花杳冥，霞漾波萦回。岂谓俄顷欢，能增羁思哀。故宇多芳草，何必栖蓬莱。①

赏樱之际又思故宇。又有《六丑·向岛观樱》：

对蛮花进酒，又恰是殊乡寒食。愿花散愁，愁多花未识。落去无力。问去年香梦，剩脂零粉，费几番追忆。斜阳染就娇红色，嫩蕊才舒，残英旋积。幽吟只成凄恻，怕莺痴蝶怨，休更攀折。
飞花仍急，向东风似泣。泪与芳流远，还暗滴。回头纵念孤客，怅浓华易尽，绿波无极。仙云渺已难踪迹，终不奈、一片华灯照晚，前枝岑寂。无聊处、复待谁惜？算断魂尽有相怜意，共凭夜汐。②

落樱无情，韶华易尽，香梦难追忆，唯有魂断向岛。据汪东《寄庵随笔》“生死肉骨有神医”条记载：

大森为看海名址，犹孤山、邓尉然。彼邦人士素善艺植，作盆景尤巧，其树施以人力，殊形诡状，丹砂粉绿，交缀其间，有若鸾翔凤翥，众仙俱集，诚伟观也。别有向岛、日光诸地，以樱花著，师曾、季刚辈均尝约游，惜竟未能往。③

黄侃还写了《摸鱼儿·吊江户樱花》：

① 黄侃：《黄季刚诗文钞》，湖北人民出版社1985年版，第84页。
② 黄侃：《黄季刚诗文集》，中华书局2016年版，第430页。
③ 汪东：《寄庵随笔》，上海书店出版社1987年版，第23页。

> 恨无端、送春风雨，繁樱零坠无数。辞枝还爱随流水，一片也无寻处。卿已误，愿莫把韶光，携往天涯路。为谁独苦，算只有啼莺，一般痴绝，尽日绕空树。　飘零恨，尽与卿卿对诉。人间谁解愁绪，他乡正拟长相聚，不奈子规能妒。卿识否？卿别后、绿阴千树都无主。伤离不语。知甚处重逢，他生未定，还恐化飞絮。①

樱花象征着热烈、纯洁、高尚。这种被普遍误解的“异乡花”原来产自中华，黄侃误解它为“女郎花”，拿牡丹、芙蓉来贬低它，又借落樱来抒发漂泊之感与飘零之恨。

（三）眷怀故国

1907 年秋天，黄侃填《踏莎行》：

> 远道秋还，高楼客去，天涯梦醒浑无绪。寒烟偏解趁西风，丝丝散尽归何处？　复堞藏云，遥山隐雾，闲情渺渺从伊误。斜阳却照断魂归，苔痕绿遍来时路。②

此阕写于东京，小序云：“丁未秋日，闲居东京，眷怀故国，怅然赋此。”

庚戌（1910），去国已将一年，故乡秋色，未知何似。登楼眺远，万感填胸。古人有言：“长歌当哭，望远当归。”无聊至极，黄侃又填《寿楼春》一阕：

> 看微阳西斜，倚层楼醉起，秋在天涯。怎奈乡关千里，断云犹遮。悲寄旅，思年华，问浪游何时还家？想故国衰芜，长亭旧柳，唯有数行鸦。　摧蓬鬓，惊尘沙。听寒风野哭，荒戍清笳。换尽人间何世，海桑堪嗟。凉露下，沧波遐，澹一江凄凄蒹葭。但遥想

---

① 黄侃：《黄季刚诗文钞》，湖北人民出版社 1985 年版，第 351 页。

② 同上书，第 314 页。

苍茫，招魂路赊，愁[1]转加。

此调创自史梅溪，首句定格用五平声，他句又多限用三平四平，名似寿词，调实呜咽，声家往往视为畏途。黄侃此作，语语妥帖，举重若轻，上阕远望当归，下阕长歌当哭。末句“招魂”乃招中华之国魂，为当时革命同志习用语，非泛常用典。

黄侃又填《高阳台》一阕赋春愁：

残雪梅销，新晴柳弱，郊原复见初春。海国归鸿，年年轻弃愁[2]人。如今但怕啼鹃到，劝人归，归又无因。更消他几曲清歌，几度佳辰。　　层楼定是怜芳草，望迢迢远道，费了眉颦。只惜朱颜，何时比似前新？娇红愿共春常聚，奈东风不肯相亲。待春归，懒化飞绵，拟化香尘。[3]

黄侃又填《兰陵王》一阕赋秋愁：

海波碧，天远垂空漾色。危阑外，仍见片帆，载了斜阳返乡国。帘前燕似客，还识，分飞可惜。江关去，应倩塞鸿，来与羁人伴岑寂。　　连宵梦难觅，况雨上高楼，风送凉汐，孤灯孤影摇长夕。将一枕清怨，数年悲感，哀音零乱付邻笛，怅然泪轻滴。
追忆，但凄恻。更独倚浮云，共羡归翮，寒烟袅娜秋[4]无力。似别恨萦绕，旧怀牵织。沧溟迢递，倦望眼，自叹息。[5]

---

① 黄侃：《黄季刚诗文集》，中华书局 2016 年版，第 381 页。
② 愁，或作“游”。
③ 黄侃：《黄季刚诗文钞》，湖北人民出版社 1985 年版，第 366—367 页。
④ 秋，或作“春”。
⑤ 黄侃：《黄季刚诗文钞》，湖北人民出版社 1985 年版，第 384 页。

碧海蓝天，斜阳故国，旧燕分飞，目送归鸿，写不尽的离愁别恨。在异国他乡，羌笛一声，秋烟四起，独上高楼，孤苦难诉，仿佛沦落天涯，顿时思念故乡，黄侃又提笔写下了《归国谣》：

思故国，万里沧溟归不得，秋来仍作天涯客！　　高楼此夜空相忆，一声笛，满城但见秋烟碧。①

二、革命

黄侃生长于乱世之中。自鸦片战争之后，内忧外患，战祸频仍，中国逐步沦落。1895年甲午战争使中国人猛然觉醒，其时黄侃已有10岁。黄侃13岁丧父，14岁明《春秋》大义，萌发“驱满攘夷”的念头。作于1909年的《上留田行》曰：

宣尼叹道衰，《春秋》终获麟。钧天奏广乐，金策畀强秦。唐虞尽汎扫，仁义将安陈？九夷旷来仪，伊郁怀先民。先民骨已槁，董道终无归。齐州竞蜩螗，载鬼占在《睽》。硕鼠亦已众，宁念烝人饥。黄神歇灵绪，黔首空悲欷。悲欷伤肺肝，慨然求息肩。篝火出丛祠，大泽揭长竿。鱼烂岂有心？择阴聊自完。宋钘信奇人，嵬哉华山冠！②

黄侃在序中说：“余年十四，始读《黄书》，由是以得《春秋》之大义，以为中夏虽衰，不遽剿绝，犹赖斯作。东游日本，所见哗世流宕之士，初或昌言卫族，及荣观在前，又不能终固执，相与拥护戎羯，假借新法以为蠹于国。十稔以还，政令益繁，民生益敝，谋士益众，民困益

① 黄侃：《黄季刚诗文钞》，湖北人民出版社1985年版，第312页。

② 同上书，第84页。《睽卦》上九：“载鬼一车。”

深。夫宗国既已沉沦，民生又复憔悴，是二痛也！驰说者方以救亡为言，不亦傎乎！自遭名捕，颇思括囊，一念同伦，日在水火，终不能噤而不言，因以幽忧之余，作为此曲。不敢比于国史之哀伤，亦庶几昔贤好吟《梁父》之意云尔。”黄侃表示他最早受明末清初思想家王夫之《黄书》严夷夏之防的影响而萌生“反满兴汉”思想。但他不是出于狭隘的民族主义，而是反抗清朝的腐朽统治，不仅痛“宗国既已沉沦”，更痛在清朝统治者的压迫使得“民生又复憔悴”。因此他在诗歌中大声疾呼“硕鼠亦已众”，号召人民“大泽揭长竿”，起来武装反抗，推翻清朝的腐朽统治。

乙未以前，孙中山先生号召党徒起义，皆以反清复明为辞，简称曰“造反”，闻者愕然。是岁九月，双门底失败后，孙先生与陈少白赴日本，道经神户，少白购日报阅之，有载长崎电一则，云：“支那革命党孙文、陈少白过港。”少白以示先生，曰：“我等以起义为造反，日人名曰‘革命’，何哉?”中山先生应声拊掌，曰：“好！好！好!”自今以后，但言“革命”，勿言“造反”。①

黄侃也是当年同盟会的一员，他的革命事迹却很少披露。1914 年 2 月，黄侃在天津作《初春得少黄青岛见寄诗，感念今昔，因成长歌一首，还寄》：

昔年受经东海滨，自惭后觉依天民。剥复之交巨儒出，欲持汉道清胡尘。贵阳平君素轻侠，弃家远游避官牒。翻然折节攻诗书，囊日阴符在行箧。与君同志兼同师，倾盖已恨相逢迟。惟怜逸气俱未尽，回看故土愁崩离。中原豪士何纷蔼，冥鸿各免罝罗害。僦屋皆依新小川②，占名咸入同盟会。曾云行远宜高文，一篇《民报》

---

① 田桐：《革命闲话》，王杰等主编《田桐集》，华中师范大学出版社 2011 年版，第 373—374 页。

② 即同盟会所在。

张吾军。老师为事诚殷勤，二汪刘胡俱策勋，[1] 同时我师驱胡檄，珷玞亦与玙璠群。孙黄玩愒众争怪，镇南一衄连三败。都言张楚失兵机，谁信衰周待天坏。我闻鼙鼓动武昌，君乘轺传经沅湘。南都枚卜得民主，北地移文风让王。乘时攫柄谁家客？漳滨决起来燕陌。运肘翻嫌九鼎轻，投鞭似惜一江窄。瞻言之子有良谋，鳅生一误在论都。空贻长策制中夏，不敢弯弓临北胡。革命奇功运而往，嗟君南北徒鞅掌。新旧相鏖祸有胎，弩末犹存国民党。宋生智计冠同侪，岂知大道忌阴谋。弹丸飞来谁所仇？苌弘碧血三年留。章君筹边羞碌碌，直言招过身将辱。竟能损印效虞卿，绝似临河叹鸣犊。顷之湖口兴南风，楼船漂梯下吴淞。白门收骨哭新鬼，丹穴熏君得老公。兴平再至伤重足，款言但感荣枯速。大索惊传逐客书，凯归竞唱南征曲。哲人防患亦多疏，可怜鱼服困余且。此日纳馇唯宁武，昔时载酒有侯铺。[2] 微躯苦受饥寒累，诎身戎幕儒为戏，枉将小技换钱刀，却望师门负恩义。君当出走防株连，自伤亡命如当年。唯将一语慰君意，庑下今有鸿妻贤。春来羁旅无人问，抚今怀往缠昆恨！忽闻岛上尺书来，伸纸低吟泪频抆！世态纷纷且莫陈，更须珍重百年身。朔方今岁解冻早，东风转眼千花新。鹔鹴裘在酒可贳，卓氏岂怨相如贫。花前对酌有好句，即付邮筒酬故人。[3]

此诗前半段主要回顾了黄侃的革命过程。他居日期间在《民报》上发表了几篇檄文，以大海潮音作狮子吼。

1906 年 12 月 2 日，田桐在《民报》纪元节庆祝大会上演说：

---

① 二汪，即汪兆铭、汪东；刘，指刘光汉；胡，即胡汉民。

② 黄侃自注："《新论》称侯芭曰侯铺子。"

③ 黄侃：《黄季刚诗文钞》，湖北人民出版社 1985 年版，第 125—126 页。

我想与人生最有密接关系不能离脱的有四个字，一是“时代”，二是“事业”。一个人生在什么样时代，必生出一个什么样事业。试问我们今天，所处的时代是个“亡国的时代”不是？（拍掌）知道国已经亡了，并且不安于亡，要想把这个国救转的一片心肠（表现）出来，是要做“革命的事业的”；（大拍掌）我们既要做革命的事业，万不能不讲究“革命的学问”；既讲究革命的学问，万不能不兴“革命的教育”；既要兴革命的教育，我们所住的学校，无论什么帝国大学、早稻田大学、明治大学、成城学校、振武学校，我都要把它当作“革命的学校”。我们所用的教科书，就是革命的教科书，时时刻刻莫忘记了我们是个亡国时代的人才好。（大拍掌）

…………

兄弟又想人人说要革命，但是这革命的一片心肠，是从何处发生出来的？我看是从两条心发生出来的。

第一就是“良心”。上是对于我先人的一片良心。想自我始祖黄帝费尽血汗，开疆扩土，将异族驱除，留这片土地给我们，系我们不但不能把这个家当再行扩充，并且将故有的家当，恭恭敬敬的是那个野蛮鞑子，送却送了，也不要紧，我只见我祖宗于九泉下的时候，两块脸皮无处可搁，我想到这来我的良心不死，所以不能不革命。下是对于子孙的一片良心。自从鞑子入关以来，穿我汉人的衣，吃我汉人的饭，挖我汉人的脑腿，喝我汉人的精血，到了如今，就算是金山银山，也要搬完了，也要花尽了，我看我们的子孙，一定要冻死饿死，继要出去讨饭，国不是我的，谁个把饭尔吃咧？看到儿啼子哭，性命难活，还不去救他，世上有这样狠心的人吗？我想到这来，我的良心又不能死，所以不能不革命。（拍掌）

第二就是“耻心”。人无廉耻，百事可为。我们是神灵的裔胄，应该要廉耻不要的咧？受人的支配是有廉耻的人吗？听人束缚是有廉耻的人吗？做异族政府的役，像犬羊贱种的奔走，是有廉耻的人吗？以兄弟看来，这种（的）人是个纯粹的奴隶，法律之上，不认承奴隶为有人格的人，既无人格，还算得人类不成了吗？既非人类，还不是禽兽不成了吗？同胞，同胞，由这看来，世界上的人，叫我们做强强（读上声）婆子，拖尾巴奴才、豚尾奴这些奇名字是应该不应该的咧？丑绝顶了没有咧？我们诚想一想，若想洗净这个大耻大辱，除了革命还有上好的方法吗？（拍掌）

同胞，同胞，亡国之惨，惨到了极处。我们至今撑眼一看，也是惨状，侧耳一听，也是惨声。我们所结的头发还是未亡国以前的头发吗？我们所戴的帽子还是未亡国以前的帽子吗？我们所穿的衣服还是未亡国以前的衣服吗？生在这个亡国时代，把良心不死，廉耻不丧，到底是做何事业的咧？兄弟有两句话讲得："男儿气节刚于剑，不灭清胡死不休。"愿我同胞兄弟牢牢谨记。（拍掌大喝彩）①

黄侃与田桐是好朋友，也许当时他就坐在台下听田桐演讲，和大家一道拍掌喝彩。黄侃当时也是同盟会中一名猛士，冲锋陷阵，慷慨激昂，壮怀激烈，指点江山。清季文士大都文能传檄，武能刺敌。

1910年秋，黄侃潜回国内，继续宣传革命。年底，他前往河南拜访恩师江瀚，并留在河南工作。1911年春，他自河南寄温楚蘅、刘仲蘧七首诗：

此别非常别，临分泪泗流！望君归故国，孤我向中州。冰雪经春解，川涂入眼修。随珠与和璧，到此总轻投。

我有无穷恨，难为挚友言。何当通梦寐，试与诉烦冤！白日青

① 王杰等主编：《田桐集》，华中师范大学出版社2011年版，第16—18页。

春急，荒斋客思繁。幽都非可托，请召未归魂。

危根诚自怵，愚意颇难移。口辩翻成吃，途穷解学痴。百年长梦梦，五夜递迟迟。不谓身如寄，空怜命似丝！

令适夸秦璧，衣冠假沐猴。未曾充隐士，还复愧庸流。一凤狂歌歇，群龙旧谶休。嗟余怀耿介，大地此累囚。

绝学真无累，多文亦自煎。可能遗外患，长此困残编。半解犹矜衒，千言肯弃捐。不如鶗鴂好，哀响度春天。

彼美弹清瑟，含情可具陈。本来宜善感，何止解伤春！芳婉三生愿，萧寒两地人。华年从损尽，此意总如尘。

灯焰昏宵馆，羁心夜渐长。无谁闻梦呓，有想度苍茫。万事催年鬓，孤吟仰屋梁。凭君知此意，慎莫笑颓唐。①

黄侃在河南待了半年多，发生了许多故事，既播下革命的火种，也擦出了浪漫的爱情火花，留待以后写传记时再细细叙说。总之，最后他被驱逐了。1911 年 7 月 25 日，黄侃自河南回到汉口，《大江报》社长詹大悲设宴为他接风洗尘。酒后，黄侃大骂立宪派，认为他们所提出的和平改革方案纯属欺骗，当下提笔为《大江报》撰写时评——《大乱者救中国之妙药也》：

中国情势，事事皆现死机，处处皆成死境；膏肓之疾，已不可为。然犹上下醉梦，不知死期之将至。长日如年，昏沉虚度；软痈一朵，人人病夫。此时非有极大之震动，极烈之改革，唤醒四万万人之沉梦，亡国奴之官衔，行见人人欢然自戴而不自知耳。和平改革，既为事理所必无，次之则无规则之大乱，予人民以深创巨痛，使至于绝地，而顿易其亡国之观念，是亦无可奈何之希望。故大乱者，实今日救中国之妙药也。呜呼！爱国之志士乎！救国之健儿

① 黄侃：《黄季刚诗文钞》，湖北人民出版社 1985 年版，第 147—148 页。

乎！和平已无可望矣。国危如是，男儿死耳！好自为之，毋令黄祖呼佞而已。①

时值全国各地掀起了轰轰烈烈的保路运动，反对清政府实行“铁路国有”，将铁路的修筑权拱手出卖给列强。黄侃此文吹响了武昌首义的“集结号”，民心震动，清廷恐慌，下令查处《大江报》，永禁发行，逮捕社长詹大悲、总编何海鸣。《大江报》是当时革命党人的机关报，非常受新军的欢迎。报社被封，舆论哗然，更激起新军的愤慨，成为武昌起义的导火索之一。

如此简短之文却具有如此巨大的冲击力，盖缘三点：一是公开鼓吹革命。黄侃对和平改革不抱幻想，此文更以激烈的言辞，公然指斥中国“膏肓之疾，已不可为”，“大乱者，实今日救中国之妙药也”，毅然高举起“革命”大旗。二是以激烈的言辞针砭国人痛处，“犹上下醉梦，不知死期之将至。长日如年，昏沉虚度；软痈一朵，人人病夫”“亡国奴之官衔，行见人人欢然自戴而不自知”，可谓当头棒喝，呼醒了国人的革命意识。最后以口号式标语鼓动民众，像“国危如是，男儿死耳！”这样悲壮的口号，怎能不令爱国志士热血沸腾、赴汤蹈火。与《讨满洲檄》一样，这也是讨清廷檄！它早已载入武昌首义之史册。

翌日，黄侃返回蕲春。詹大悲以为自己为报社主笔，不当卸责，并为掩护黄侃，便承以时评为自己所作。而何海鸣又为詹大悲担责，力言此文为己所作，言辞激烈，被打手板一百下。后二人均被收押，报馆封闭。《大江报》被封后，舆论大哗。自是而后，革命形势日益紧张，排满浪潮更加高涨。清廷严捕革命党人，革命党人亦加紧起义准备，至10月10日爆发了武昌起义。

武昌首义后，詹大悲、何海鸣出狱，发动新军光复汉口，成立汉口军政分府，黄侃亦至军政府参与其事。不久，清兵南下，革命军势单力

① 黄侃：《黄季刚诗文钞》，湖北人民出版社1985年版，第29页。

孤，詹大悲等赴上海招募军队，黄侃则回蕲春发动孝义会，以北上牵制清军。

1911年11月1日，汉口沦陷。翌年黄侃填《尉迟杯》追忆往事，小序云："九月十一夜，饮席早归，独留寓楼。忆去年此夜，与两友人自危城逸出，维舟江畔。感念兵戈，悲吟达曙。"有词为证：

> 沧江路，记一舸、夕舣依深树。愁闻战伐声悲，空忆危城何处？多情旧友，曾逐我寒宵宿前浦。有闲鸥自卧荒洲，任人将伴归去。　　如今浪迹天涯，还追念扁舟苇渚相聚。往日心情俱零落，难寄意清歌妙舞。何时更逢君水国？叹身世凄凉却共语。只空斋夜久焚香，梦来犹想吟侣。①

作为武昌起义的亲历者，黄侃回忆他于1911年11月1日夜"与两友人自危城逸出，维舟江畔，感念兵戈，悲吟达曙"的情景，留下了一份珍贵的历史场景。两友人者，詹大悲、温楚珩也。黄侃又偕温楚珩一道从汉口回到蕲春，起初，温楚珩不愿往，黄侃说："我把亲妹妹许配给你!"温一听可以抱得美人归，遂欣然一同前往。

黄侃回到蕲春，准备发动鄂东起义。蕲春孝义会重要成员方伯芸、汪翔云、陈楚香等见到黄侃后，都表示愿意加入革命军。当下大家议定，先集合会员攻打县城夺取枪械，然后联合各县会党北上，切断清军后路，以解武汉之围。第二天黄侃于边街湾黄家宗祠召开孝义会大会，宣传武昌起义后的革命形势。会后决定分四路集中，以县城为总会合点。但计划惊动了当地的豪绅。他们聚集了一百多人乘轿到黄家，以"不要蹂躏家乡"为名，劝阻黄侃，结果被黄侃一顿痛骂，狼狈而去。当夜，劣绅首领陈勉吾即派人持函至田家镇（位于蕲春之南，属今武穴市）请驻防清军前来捕人。据黄焯回忆："当时孝义会前锋约有数百人

① 黄侃：《黄季刚诗文集》，中华书局2016年版，第375页。

到达我家旧居笆第街附近时，驻田家镇清水师兵一营赶来镇压，向徒手群众开枪。当场打死数人，逮走数十人，余众溃散。先叔父刚刚离家出走，即有一群凶恶清军来追捕，将我家包围，楼上楼下到处搜查，甚至箱柜床下都用刺刀乱戳乱刺。”[①] 黄侃等人躲过清军围捕，辗转奔赴上海。

① 陆敬：《黄季刚先生革命事迹纪略》，程千帆等编《量守庐学记》，生活·读书·新知三联书店 1985 年版，第 16 页。又见黄焯《季刚先生生平及其著述》，《黄焯文集》，湖北教育出版社 1989 年版，第 147 页。

第三章　黄侃的壮年时代（1912—1926）

第一节　流动（1912—1914）

一、从武汉到上海

（一）行路难

1912年1月1日，中华民国临时政府在南京成立。

清朝虽然被推翻，中华民国刚刚建立，百废待举，而形势错综复杂，瞬息万变。初到上海，黄侃颇感世路艰辛，一再喟叹《行路难》：

君不见梁间燕，秋来夜夜闻长叹。绣户金堂异昔时，两地分飞君不见。请君莫问去年人，今年人比去年新。罗帏深夜延明月，只惜流光不照君。行路难，难更歌。年年秋色还相似，人事无常可奈何！①

金尊置酒为君欢，请君听我歌路难。人生盛衰在俄顷，逞志究欲须当年。昨逢旧人过都市，高车大马黄金鞍。声名既起意气好，遇我曾非畴昔颜。便欲当途策高足，何为坐愁复行叹。②

汉阳三月春未归，杨花漫漫渡江飞。江头丝管娱春日，焉能知我心中悲？去年辛苦与君别，转眼今年又三月。早知麟阁未成名，莫令化作空城血。东家少妇郁金堂，春深日日理明妆。夫婿新为二

---

①② 黄侃：《黄季刚诗文钞》，湖北人民出版社1985年版，第124页。

千石，归来鞍马何煌煌。①

莫邪不为利，繁弱不足弯。探丸报仇亦常事，快意何言行路难。横行侧视谁家子？挥鞭燕市黄尘起。千金利器常随身，青烟一扬仇人死。六合恢恢羿彀中，锥埋击刺尽英雄。不须更（便）著《养生论》，明朝好去事猿公。②

赵壹当年赋穷鸟，男儿有时亦潦倒。疾邪愤俗复何为？堂下伊嗄空自悲！西来不得见皇甫，从与阍人争是非。嵇康立议薄汤武，竖子纷纷何足数？晋文枉自号奸雄，误信狂生是卧龙。《养生》一论究何补，还令百世思清风。吾生落落不得意，顽疏自古招人忌。玩世无防效滑稽，失时且复羞蓬累。春风明月酒家楼，二八吴娃妙解讴。痛饮居然至夜半，期君不至使心愁！③

黄侃曾经告诉潘重规："民国初元，旅食沪渎，穷困特甚，举家赁居阁楼，几无容席地。"他工作非常繁重，偶然也有难得的闲暇。九月朔日，淞滨赛会，都人出游厂门，他独自躲进小楼，吟和"清真"《绮寮怨》：

万舞钧天沉醉，剧怜人尚醒。讶往日、玉树铜驼，兴亡感、便到新亭。迟迟残阳欲下，荒原外、一发山更青。但自伤、去国经年，雄心损、鬓额霜易盈。　　怅望故国几程？佳人信断，何须再报瑶琼。鼓急江清，掺挝在，有谁听？身闲羡人观赛，漫怪我、最多情。狂尘满城，黄昏独坐处、偏泪零。④

此阕作于1912年农历九月初一，即1912年10月10日，为中华民国的第一个国庆节，故有"万舞钧天""狂尘满城"。一段时间内，他约

① 黄侃：《黄季刚诗文钞》，湖北人民出版社1985年版，第124页。
②③ 同上书，第127—128页。
④ 同上书，第402页。

上汪东、刘瑗一道和清真词，刘瑗中途亡故，他与汪东坚持将清真词和了一遍，接着和后唐李中主、后主词。

民国初期，章太炎与孙中山失和。黄侃因为太炎的关系，与孙中山一派也格格不入，对民国当局颇为不满。后来对袁世凯以及其后的军阀皆极度蔑视，时常写诗加以讥讽，排遣心中的愤懑之气。他一度热衷赶场子，听京戏，喝花酒。1912 年 12 月 2 日，钱玄同路过上海，与黄侃、汪东等聚会。钱玄同在日记中发出如此感慨："晨八时许，偕尹默乘汽车至沪，午后二时到……访唐小平，招同饮于肆，并邀黄季刚、汪旭初来。黄、汪固好学之徒，而今日席中言不及义，所言不出戏剧，询之，则以原图糊口，不暇为学为辞，喧热中者日竞逐于议员、官吏之场，其名为自好者，又皆以醇酒、妇人消损其精神，民国盖真无人矣。"[①] 为何要"以醇酒、妇人消损其精神"，实则民国不过美名而已，黄侃早已看穿，他曾经大声告诉世界——"始知共和是美名"。他们那批同盟会会员推翻专制，走向共和，到头来发现革命的果实被袁世凯篡夺，一切重又变得又苦又涩，只好以醇酒与美人麻醉神经。

（二）痛失知音

刘瑗（？—1912），字仲蘧，湖北黄安（今红安）人，黄侃的同门好友。1911 年 11 月，他们在南京邂逅，于是一同结伴前往上海。黄侃出任《民声日报》主笔，刘瑗担任记者。此时，革命文人辐辏上海。正如姚鹓雏所述："辛亥，民国成立。余始以陈陶遗之介，入《太平洋报》佐叶楚伧事编辑，时沪上党报如林，因以多识豪俊，如于右任、邵力子、杨千里、朱宗良主《民立报》；宁太一、黄季刚主《民声报》；汪旭初主《大共和报》；邹亚云、陈布雷主《天铎报》；周浩、陈匪石主《民权报》；吕天民、陶望潮、邵元冲、沈道非等主《民国新闻》；而楚伧、柳亚子、李叔同、胡朴安、寄尘兄弟及余，则在《太平洋报》。不任事而时相往还者，则有苏曼殊、陈去病、刘三、高吹万、高剑公叔侄等。

① 杨天石主编：《钱玄同日记》，北京大学出版社 2014 年版，第 1177 页。

良宵佳日，时成文酒之会。”①

黄侃一度也加入了南社，参加了第六次雅集，但关系最为密切的，除了汪东、康宝忠，就是刘瑗。他们商榷文字，欣赏文艺，余暇时间一道出游，一道联句，极友朋切磋之乐。

1912 年黄侃作《偕汪旭初刘仲蘧游爱俪园》十首：

为访名僧去，同过爱俪园。池台分地阔，钟磬绝尘喧。看竹宁无主，闻香尚有言。从今邀胜侣，未厌往来繁。

径曲寻才入，山回望始舒。乱花依细草，嘉木荫清渠。阁静宜招燕，桥低可数鱼。只疑城市内，别有野人居。

名花来绝国，舒采独婵娟。人去春犹在，香空态自妍。维摩徒示疾，迦叶已通禅。莫叹西方远，移根是夙缘。

曲榭层层转，环洲面面通。竹深迷暗碧，花谢见残红。飘泊知何计，留连意未穷。只应辞世事，清福可相同。

池馆无同势，轩亭有定名。登楼瞻野色，引水听潮声。胜地藏人境，佳游却世情。多惭奉尊酒，未饮已先醒。

石密通云气，亭虚接水光。绿阴堪盖屋，翠筱自成墙。颇羡幽居美，能消夏日长。因君借高枕，暂得梦羲皇。

板屋倭奴制，移来作近游。淳风存海国，旧事说瀛洲。树色才窥牖，山光尽入楼。何须忆陈迹，即此可淹留。

林囿缘黄浦，群胡禁客来。有时思眺望，无处觅池台。得地成诗句，逢君倒酒杯。自惭非谢客，莲社亦追陪。

林际梵声静，龛边佛火青。高僧宜驻锡，倦客好闻经。沧海观难尽，尘途意未冥。诸天花雨歇，迷梦几时醒？

策杖宜常到，当关莫见呵。清游他日再，幽意此间多。乱世虞罝罔，空山负薜萝。林泉原自好，不奈旅怀何！②

① 杨纪璋编：《姚鹓雏剩墨》，社会科学文献出版社 1994 年版，第 117—118 页。

② 黄侃：《黄季刚诗文钞》，湖北人民出版社 1985 年版，第 150—151 页。

爱俪园，俗称“哈同花园”，是民国时期上海最大的私家花园，由犹太富商哈同（1851—1931）及夫人罗迦陵（1864—1941）兴建。该园原址位于原静安寺路（今南京西路）。哈同花园对革命文豪章太炎敞开了大门，章太炎与汤国梨的豪华婚宴就是在此举办的。太炎不胜酒力，当时黄侃与汪东轮流帮老师解围。黄侃居住的地方离此园甚近，也是这里的常客。

1912 年 8 月 26 日，刘瑗暴病而卒。黄侃痛失知音，悲痛万状，他一时无力提笔，三日之后，由他口述，汪东执笔撰写了《黄安刘君事略》一文：

> 君讳瑗，字昆孙，一字仲蘧，黄安人。家世仕宦。君生仅中资，而沉默好学问。始入京师译学馆，未卒业。丙午，留学日本东京，改习印刷，继又厌弃之。投身革命党，习造炸弹，镌刻符券，以此入居《民报》社，得从余杭章君问字。其时，章君专治方言之学，君多所启悟。戊申归国，明年以赀为清某部主事，居都郁郁无所聊，即以衣服车马宴游自遣，又不谐于众，恶之者致告密内务部，几死。革命军起，脱身归黄安。十月，与其友黄侃会于江宁，同至上海，寓屋褊陋，饘糊仅给，惟日以文辞相娱。未几，清帝逊位，南北争都，久而未决。君叹曰：“丧乱既极，缔造弘艰，又不戮力以捍边圉，所争者若此，隐忧殆未已也！”壬子五月，受《民声报》馆之聘，为记者，每日治事，自午向辰，达七八时始复寝，凡最录要闻，君总其责，间造评论，以纾感慨。犹有余暇，则为小说家言。君体中虚耗，貌为强实，又不乐摄生，勤劳既多，卒以致疾。八月十四日，猝患欧泄霍乱，明日舁入中国公立医院，西医执方，违其病本，疾愈笃。越十一日，八月二十六日夜半遂逝，年二十有七。君为人过沉静，与人交，疑其有城府，实则思虑深矣。家虽富饶，而所遇艰厄，不能自济，浮游觅食，以殒其生。性好读

书，能虚受善言，诸所述作，不愆规矩，顾志气衰槭，先见于言。今年春，忽为诗以示黄侃、汪东，其辞曰："少壮鄙章句，曾为汗漫游。世既无神仙，扬帆辞十州。归来独长叹，日昔多烦忧。美人如春华，春华难久留。为君歌山枢，謇吾法前修。慎莫效痴人，徒为身后谋。"君于侃、东、王邕三人交好，一日相戏谓君体貌魁梧，同俦中宜最后死，今乃反置，可唏也已！君死三日，黄侃为东道君平生，使序次以为事略，其详当俟异日述之。君所撰《黄安方言考》，曾为章君改定，其他诗词可存者犹数十首，大都哀时念乱之辞，亦不备著也。壬子八月二十八日，汪东撰。①

仲蘧亡后十余日，黄侃夜坐仍感悲伤，杂成四首以悼念亡友：

夜雨微灯黯不明，邻箫空作断肠声。可怜为客还伤逝，岂独悲秋始有情！

曾和红笺宛转词，飘零心事有君知。而今独自伤摇落，赋就招魂只费辞。②

秋雨萧萧叶乱飞。残灯深夜照车归。谁知一样斜桥路，独自经过泪满衣！③

苦向天涯忆旧乡，楚歌长是怨迷阳。羁魂倘入修门去，满目衰芜总可伤。④

后来黄侃又沉痛地写了《送仲蘧丧归》三首诗：

秋风江上急，生死忽分携。时命原相缪，彭殇岂可齐。高堂慈

① 薛玉坤整理：《汪东文集》，河南文艺出版社 2016 年版，第 330—331 页。

② 黄侃原注："仲蘧有《瑞龙吟》，至凄婉，余尝为题词，仲蘧引为知音。"

③ 黄侃原注："余寓舍在斜桥南，仲蘧编辑之暇，每从余深夜同归。仲蘧既殁，停棺于湖北会馆，更在余寓舍南。"

④ 黄侃：《黄季刚诗文钞》，湖北人民出版社 1985 年版，第 254 页。

母在，异地旅魂凄。此去烟波远，伤神日易西。

乱世同为客，深交幸有君。莺花春念国，风雨夜论文。形影差堪喻，幽明倏已分。凄凉邻笛响，此后不堪闻！

绝国昔嬉见，论交复数年。飘零犹与共，死去忍相捐。避患真徒尔，招魂倍惘然。楚江无限路，洒涕送归船。①

仲蘧生前曾经赠给黄侃一首《瑞龙吟》词：

摇鞭路，还见恋影斜阳。系魂云树。春山低幂遥青。最怜芳草，迷人旧处。小凝伫，应为袖单风冷，乍扃朱户，踟蹰拟说幽怀。寸肠自断，当时怨语。　　人事空烟都散，美人多感，情歌羞舞。端恐镜中朱颜，憔悴非故，纤腰瘦削，犹咏蘼芜句。休回溯文窗共倚，花阴微步，人与飞花去。凭君试问，频年意绪，难翦愁千缕，春夜永。更阑仍闻疏雨，怨怀化作，一天浓絮。②

刘氏题记曰：

右词一首为瑗近作。自经丧乱，意思萧瑟，海滨飘泊，时感前游。自惟情怀不深，材智庸下，执操浩荡，见弃知音。时命既乖，夙心终左，纵复微吟永叹，只以自怜。惟是劳苦之生，必须排遣之术。托想于绮罗香泽，未必遂为大雅所讥也。季刚先生天性耿介，不受世羁，投契以来，相忘形表。昨见此作，亦复击节称叹，矜我愚情。不图多感之辰，乃得同心之友。欢然以喜，愀然以悲，固知俗士讥评，必以吾两人为狂佚。然深隐之怀，既经共喻，世议琐琐，又何计焉。壬子三月刘瑗记。③

---

① 黄侃：《黄季刚诗文钞》，湖北人民出版社 1985 年版，第 151—152 页。

②③ 同上书，第 368—369 页。

是年秋寒，黄侃检得旧扇，见仲蘧所书《瑞龙吟》，纸墨犹新，睹物思人，悲吟而成《水龙吟》一阕，继续为亡友招魂，词曰：

最怜匣里孤弦，赏音去后凄无语。山阳怨笛，秋来思旧，深情待诉。人事萧条，故交零落，茫茫泉路。叹西风一夕，阑摧桂陨，哀蝉袅，天涯树。　　还忆花前同步，感年芳微吟自苦。青春别恨，红楼幽梦，断肠词句。写向蛮笺，芸香未冷，泪痕休蠹，想英华靡绝，楚歌重倚，当招魂赋。①

黄侃本是性情中人，对于刘瑗这位知音，他痛怛恸怀。

（三）长江之行

1912 年底，黄侃从上海回到湖北。1913 年正月，他又从汉口出发，途经南京，最后到达上海，期间与宋教仁同行。他写了一组诗纪行：

《汉口旅社》：谁从劫后问寒灰，南国依然大镇开。扑地闾阎非昔日，隔江云雾隐层台。空将八翼怜陶侃，漫遣千金致郭隗。自笑狂歌殊一凤，迷阳仍向此中来。

《黄鹤楼》：辽鹤归来忆旧游，兹楼无恙枕江头。残阳黯黯催悲角，流水溶溶送去舟。金策赐秦天早碎，琼縻辞楚夏为丘。坐谈西伯今谁是，四望苍茫起百忧。

《江上别李七》：沟水分流劳燕飞，重逢人事已全非。旧家乔木名犹在，故国青山梦竟违。落魄未应伤葛帔，远游还为制荷衣。与君好结风波侣，沧海横流任所归。

《江行赠宋生（癸丑二月）》：春风动波涛，复此仙舟会。高眄空冀州，逸气陵江介。伊昔时未康，与子俱颠沛。海隅一相聚，绸缪历年岁。朅来鄂渚游，围城瞻壮概。兵祸既潜销，君名益光大。

① 黄侃：《黄季刚诗文钞》，湖北人民出版社 1985 年版，第 369 页。

中国犹分崩，荃宰责谁贷？闻有非常志，庶拯斯民害。嗟余遘幽忧，消遥从所届。虽惭日月光，肯为尸祝代。缅怀庄惠交，忘言亮为贵。[1]

《雨夜书怀》：春夜寒兼雨，空斋有所思。全家辞旧国，多难畏危机。江汉流仍急，蓬莱望转迷。崎岖小园赋，怊怅下泉诗。

这组诗（还有《杂兴》《正月十六夜作》二首）载《独立周报》1913年2卷13期[2]，编者特加按语："此今岁春季刚与渔父同舟至沪时之作也。乌乎！斯故渔父最后之江行矣。"1913年3月22日，宋教仁被暗杀于上海车站，不治身亡。宋教仁在其遗嘱中叹道："我为调和南北事，费尽心力，造谣者及一班人民，不知原委，每多误解，我受痛苦，也是应当，死亦何悔。"[3] 宋教仁之死是20世纪中国影响颇大的公案之一，究竟宋氏为何人所杀，至今尚存争议。黄侃当时特撰《思旧辞》：

予以丁未始识钝初。钝初沉厚有大志，予则疏顽以不材自处，两人交莫逆也。其后予颠蹇益甚，独钝初犹时顾予。革命既成，钝初效力当途，无缘与常接近。今年春，予自鄂来沪，与钝初同舟，谈谐累日。予赠以诗，以庄惠前事为喻，且劝以深根宁极，救以横流，钝初亦以为知言也。违别几时，遽罹凶祸。生平已矣，怀旧何期？泫然不知涕之无从也。古人有言："游于其藩，而无感其名。入则鸣，不入则止。"以钝初之明智，岂不知此？卒以不忍国民涂炭，九服崩离之故，遗弃一身，以为之轩冕月榻，曾无容心于其间，将所谓弘毅之士者非也。有志不遂，伏恨黄墟，乌乎哀哉！[4]

---

① 黄侃：《黄季刚诗文钞》，湖北人民出版社1985年版，第85—86页。

② 除了《江行赠宋生（癸丑二月）》外，其他几首皆为佚诗，系笔者发掘出来。

③ 《中华民国史事纪要（初稿）》1913年1—3月册，江苏省社会科学院图书馆影印，第251页。尚小明教授新撰《宋案重审》，为最新研究成果，可资参考。

④ 徐血儿等编：《宋教仁血案》，岳麓书社1986年版，第178—179页。按：《思旧辞》与《江行赠宋生（癸丑二月）》结合起来，可以矫正许多谬说。

宋教仁此行是为竞选造势，而黄侃的目的至今没有完全弄清楚，除了回乡接家眷之外，是否也负有某种政治使命？宋教仁之死引发了“二次革命”，章太炎因此向袁世凯讨说法，结果反而被囚禁起来。

黄侃后来多次奔走在京津沪的路上，一度至天津出任赵秉钧的秘书长，徘徊在政治与学术之间，因为篇幅的关系，我们此处不作详述。

二、“孽缘”

黄侃与黄绍兰相识于河南，辛亥之后，经过了一场革命，他们又在上海相逢。黄侃乘势追击，以“李康”的假名与她办了一场假结婚。

黄侃起初也很投入。他写了不少的词，献给黄绍兰。黄侃有多首咏梅的词，《浣溪沙·题画梅》道出这是“暗因幽卉忆嘉名”①。在一首《点绛唇》的小序中，黄侃追忆“检匣得旧扇，尚未书字。扇为螭蝐骨，痴梅所赠也。感赋一阕，即题扇上”②，而这首写给“痴梅”的词，哀怨动人：

> 蠙甲玲珑，几年匣里愁轻展。聚头人远，辛苦知谁见？　　浓笑书空，曾傍柔荑腕。音尘断，忍吟班扇，泪与残蝉泫！③

“痴梅”不是别人，正是黄绍兰。另一首《摊破采桑子》“题旧藏时辰表中所嵌小象”云：

> 梅妆砚色无人学，只伴冰霜，合受凄凉，晚节还堪殿众芳。也啰！真个是意难忘。　　兰情蕙性谁能绍？种向都梁，恨满潇湘，好续离骚咏国香。也啰！真个是意难忘！④

---

① 黄侃：《黄季刚诗文钞》，湖北人民出版社1985年版，第404页。
②③ 同上书，第408页。
④ 同上书，第383页。

黄侃所珍藏相片中的心上人，正是黄绍兰。而且黄侃对她的感情十分深刻，“真个是意难忘”，黄侃还作有《南乡子》“重赞小象”：

> 见影已知愁，憔悴丰神镜里收。独立雕栏应有恨，迟留，只恐罗衣不耐秋。　　相对久凝眸，翻信离魂解见投。却买沉香熏小象，绸缪，也算重逢在画楼。①

将伊人的小像熏香设供，想象这“也算重逢在画楼”，可见黄侃的痴情和这段感情的无望。

黄绍兰，原名学梅，字梅生，1892 年生于湖北蕲春黄洼湾。早年崇拜秋瑾，易名绍兰，自比于花木兰。15 岁考入京师大学堂速成科。1910 年毕业，被聘为开封女子师范学堂国文教员。翌年武昌首义，黄绍兰投笔从戎，任上海女子军事团团长，后任辛亥革命烈士忠裔院院长。二次革命失败后她返回上海，被黄侃的“花言巧语”俘获。值得注意的是，在“题旧藏时辰表中所嵌小象”词中，除了上阕首句“梅妆砜色无人学”，下阕首句为“兰情蕙性谁能绍”，黄侃以藏头的形式在词中暗嵌意中人的名字。“兰”也是黄侃词中常咏之物，《木兰花慢》就是一首咏兰之词，其题记云：“因怜芳草，复忆嘉名。悱恻之怀，庶斯能喻。”② 与此可以相互印证的是，黄侃写于 1914 年的《北征集》中还有《床前梅花二盆，色兼赤白，华灯照映，发艳传芬。触忆嘉名，因成二首》：

> 檀匣朝争艳，兰盐夕罢熏。暖寒唯自觉，朱粉倩谁分？婺女窥银汉，瑶姬弄彩云。深窗兼密帐，动静定相闻。
>
> 琼树移栽近，瑶台属望初。白犀宜镂帖，赤凤且衔书。但使瑰

---

① 黄侃：《黄季刚诗文钞》，湖北人民出版社 1985 年版，第 394 页。

② 同上书，第 352 页。

姿在，宁嫌芳梦疏？绮衾春夜暖，烛灺意如何？

这二首诗之后附录了遥心见寄的《梅花》二首：

风雪空山独耐寒，却（自）将明月到回阑。神清爱伴华亭鹤，香远疑同楚泽兰。好借酒尊酬寂寞，更随驿使讯平安。翠（双）禽宿处苔枝稳，谁见黄昏缟袂单？①

垂幕香仍动，临窗影最真。东风留后约，明月记前身。已擅孤山（西湖）胜，曾（还）为逸（处）士邻。岁（夜）寒盟故在，长此伴松筠。②

“遥心”即黄绍兰。并且“梅”“兰”共现的情况不止上举一处，《江神子》题记曰：“案头以瓶供黄梅，幽兰伴之，水仙亦将花矣。晴日欣然为赋。”③《声声慢》题记曰：“友人画梅兰共一幅属题，用梦窗赋四香韵。”④《山花子》也云：

林际疏梅谷底兰，多情长是耐清寒。化作优昙何处觅？太无缘！　彩缕那长能续命？琼楼端合小游仙。萝带桂旗皆寂寞，下空山。⑤

这些细节都印证了黄侃词中的女主角正是黄绍兰。二人的情感经历也正像黄侃词中所写的《蝶恋花》“水远山长从间阻，人间遥作伤

---

① 《华国》月刊第7期。

② 《华国》月刊第5期。这两首《梅花》诗很可能是黄侃推荐给汪东发表的。括号内文字为异文。

③ 黄侃：《黄季刚诗文钞》，湖北人民出版社1985年版，第338页。

④ 同上书，第399页。

⑤ 同上书，第392—393页。

心侣”①。

《浣溪沙·赞小象》：

倩影亭亭意态真，世间何物比丰神？从知难得是佳人。空谷紫茎香耐雨，疏枝绿萼净无尘。不同群艳斗秾春。②

六曲阑干绕阁深，炉香初烬几沉吟。楼高长得接秋阴。四角盘周当日字，一枝钗寄此时心。彩云何事更难寻。③

此亦为黄绍兰而作。未标明作年，或作于1911年春天。

又为黄绍兰作《采桑子》：

青鸾漫报愁消息，侬已多愁，侬已多愁，分得愁多更不休。帘垂枕冷遥相忆，心上成秋。心上成秋，暗雨微灯共一楼。④

今生未必重相见，遥计他生，谁信他生？缥缈缠绵一种情！当时留恋诚何济？知有飘零，毕竟飘零，便是飘零也感卿！⑤

西风一夜凋庭树，灯照孤帏，远道魂归，心未成灰骨已灰！研丹擘石天难问，回首堪悲！奢望全非，化作孤鸾镜里飞。⑥

天涯不觉春将暮，孤负年光，无限思量，纵不登临也断肠。酒醒却上高台去，满目苍茫，独自凄凉，远堞平潮映夕阳。⑦

马嘶陌上秋尘重，行迹难寻，不奈萧森，蝉带斜阳过柳阴。帘波微美阑干曲，慵说登临，泪浥罗襟！昨夜孤帏有梦侵。⑧

无言自下香阶去，凉月徘徊，花影微筛，露浥苍苔湿锦鞋。含羞迎夜知谁俟？城漏频催，网户虚开，只有疏萤相伴来。⑨

---

① 黄侃：《黄季刚诗文钞》，湖北人民出版社1985年版，第387页。
② 同上书，第382页。
③ 同上书，第328页。
④⑤⑥ 同上书，第377页。
⑦⑧ 同上书，第378页。
⑨ 同上书，第326页。

双珰尺素知何处？梁燕空还，门掩重关，镜里眉痕月一弯。
有情何必长相聚？红泪阑干，两意如环，雾幌烟窗一例寒。①

当时谁信相逢误？赢得凄迷，慧绝成痴，诉与秋风总不知。
而今重订他生约，瘦骨成灰，红泪长垂！未必心坚愿总违！②

谁能零落随风雨？分付游丝，系上空枝，长作愁红也不辞。
明知断梦终难续，送得春归，强订来期，侬比啼鹃一倍痴！③

幽香静护清宵梦，梦觉高楼，月上帘钩，只有空床敌素秋。
关山此际同寥寂，河汉西流，更漏初休，一夜芙蓉泪点稠！④

杨花懒化浮萍去，凭仗轻风，吹堕帘栊，不逐芳流更向东。
那知人命如花薄，春尽无悰，有意怜侬。欲诉奇愁近更慵。⑤

1919 年 8 月 7 日，黄侃即将离开北京大学，扶病作《风入松》：

颓阳将恨到孤城，官道少人行。数丝病柳无生意，更堪消几度蝉声！疏草正和烟淡，微云欲与山平。 岁华箭激最堪惊，依旧叹伶俜！绮疏此日如天远，映心头历历文棂。秋眼无多哀泪、还途洒与飞轮！⑥

小序云："七月十二日，病少间，携筇出东郊展眺。忽忆六年前此际，正偕痴梅寄迹沪滨夷落中。岁月迁流，悲欢变幻，独行荒径，追感华年！衰柳寒蝉，似并助余凄抑也。"1913 年 8 月，黄侃与黄绍兰（即痴梅）寄迹沪滨夷落（即法租界）之中。

《唐多令》词曰：

①③ 黄侃：《黄季刚诗文钞》，湖北人民出版社 1985 年版，第 327 页。
② 同上书，第 328 页。
④⑤ 同上书，第 373 页。
⑥ 黄侃：《黄季刚诗文集》，中华书局 2016 年版，第 402 页。

高树早凉还，渠荷开又残。几分秋已是凄然。惟有夕阳红可爱，人去后，好凭阑。　楚泽忆幽兰，初心总未寒。对西风遥计平安。未必重逢真绝望，只不是，旧朱颜。①

“楚泽忆幽兰”，亦为黄绍兰而发。黄绍兰就是黄侃心中的一株“幽兰”。此一“幽兰情结”乃黄侃心中一个永远无法解开的死结。绝望之情，忏悔之情，挥之不去。

《恋绣衾》词曰：

春梦醒后休更寻，更寻时、白发已侵。争得似、对语双燕，镇年年相伴旧林。　凭谁再把前缘续，免一生、为你挂心。算是咱痴心了，向空床、还恋绣衾。②

此词载于《黄侃日记》1922 年 4 月 10 日条下，亦为黄绍兰而作。1922 年 4 月 4 日黄侃写《寄上海》四首寄黄绍兰：

举世谁亲我，吾心最说君。每怀听夜雨，不比赋朝云。江上春还到，花间日易曛。此时能执手，欣快更何云！

家计甘恬澹，年芳惜等闲。青芜思远道，明镜换衰颜。结爱千生上，伤离十载间。此愁无处说，暝色满江山。

寄迹犹无定，怀人不可禁。落花依树意，旅燕觅巢心。皓月宵宵缺，长江日日深。悬知同此恨，感激付微吟。

娇女③真堪咏，吾能拟左思。拂髦从姆教，守帙笑爷痴。远梦频相觌，归舟固已舣。将雏无限乐，正好及春时。④

① 黄侃：《黄季刚诗文钞》，湖北人民出版社 1985 年版，第 332 页。
② 黄侃：《黄季刚诗文集》，中华书局 2016 年版，第 442 页。
③ 娇女即黄侃与黄绍兰二人所生之女儿，名黄允中。
④ 黄侃：《黄季刚诗文集》，中华书局 2016 年版，第 323 页。

越一日，《黄侃日记》有“思梦”之记录，似梦见黄绍兰。词人说梦，欲说还休。越五日，复填此词，欲续前缘，重归于好。一年之后，黄侃迎娶黄菊英，黄绍兰则被遗弃。

《眼儿媚》词曰：

今生一误为知音，空说结同心。他生休误，情缘断续，还费沉吟。　行云朝暮长相接，犹自怅难寻。自从别后，缠绵憔悴，又到而今。①

《眼儿媚·赞梅》曰：

天教冰雪护姿容，幽意冷边浓。孤芳无语，自然高洁，不爱春风。　一弯蛾月来相照，瘦影为谁慵？最怜遥夜，寒香飞尽，烟重庭空。②

《眼儿媚》曰：

秋清人静掩孤帏，萝碧见依稀。金环结愿，玉箫吹恨，枉是分携。　人间桑海须臾变，遗恨更谁知？累他肠断，霜寒别早，花好归迟。③

亦为黄绍兰而发。

又有《解语花》一阕，词曰：

晴漪漾碧，夜汐流红，摇散文鸳影。泪珠沾镜。芙蓉老，谁遣怨魂轻醒？鲛宫正冷。收情网、断珊慵整。空自怜、填海冤禽，此

①② 黄侃：《黄季刚诗文钞》，湖北人民出版社1985年版，第331页。

③ 同上书，第331—332页。

恨随年永。　　渠涨愁澜无定，送虚舟何处？奇兴难并。碎萍漂梗。乘潮远，似与阿侬同命。娇郎更病，算往事殷勤犹省。招桂旗，岩畔相逢，终是凄凉境。①

此阕原载《南社》1912年。小序曰："英吉利人哈葛德撰小说曰《红礁画桨录》，叙一女子情死事。闽县林纾译以华言，亦复委曲哀艳。往在汉上，从秋华得是书。既美归荑，复哀同病。常日玩诵，未尝或离。近以线帙脱坏，重为缀装。书首有《解语花》一首，未知谁作，律韵皆有微误。因依调别制，聊咏其事。秋华见此，当为凄咽也。"秋华即黄绍兰。"既美归荑"，源自《诗经·静女》："自牧归荑，洵美且异。匪女之为美，美人之贻。"《红礁画桨录》，英国哈葛德著，林纾、魏易合译(1906)。书首有《解语花》二阕，一为畏庐居士自撰，另外还有十万护花铃谒者所撰之《解语花》：

礁钟漱雪，桨鼓揉香，荡得秋魂醒。翦愁筛恨，文波腻，依媚一双鸳影。珠沉玉陨。堕情网、万丝偷引。最销凝，捣麝拗莲，慧绝翻成纯。　　林下风来忒劲，甚云霄平地。鸿毛飞迅。凤灵鸾蠢，破花恼，一味杨梅忍俊。奇酸骨沁，怕绮梦逡巡难稳。任嫩凉，冰透琉璃，粉碎犹胜整。

十万护花铃谒者究为何人，不得而知。

黄侃还为黄绍兰留下了最为重要的十首《洞仙歌》：

汉皋台下，是重逢佳地。窈窕无双好年纪。讶丰趺不约，参发犹编，论装束、宛似丰标公子。　　弄梅骑竹马，梧树门前，记否移居作乡里。同姓可怜人，除是天孙，更莫把凡人相比。叹才叙微情又分携，向十里江堤，送侬九里。

① 黄侃：《黄季刚诗文钞》，湖北人民出版社1985年版，第356页。

燕南赵北，计邮程无限。已是三秋盼征雁。想蓝衫卸了，更画蛾眉，京辇下、争说临邛仙掾。　解围绫障里，林下风流，天壤王郎合相羡。憔悴转蓬身，一去神山，又谁冀今生重见。只小字私书未曾抛，爱妙格簪花，临摹千遍。

游梁宾客，数相如工赋，最喜佳人慰迟暮。但幽兰白雪，静抚清弦，原未料、同列邹阳谗诉。　者回真懊恼，月堕怀中，梦里惊飙又吹去。遇合总由天，再见飞琼，要多谢江头鼙鼓。纵尘海飘零也无妨，且图向萍根，暂时团聚。

秦淮唤渡，有殷勤桃叶。更有桃根不烦接。喜白门杨柳，月节堪攀，烟水上、屡鼓莫愁双楫。　往来虽不定，花底为生，自笑蒙庄化蝴蝶。相见不相亲，拟诉衷情，第一怕赩生梨颊。便试唱骊驹竭而归，累境上轻邮，致书稠迭。

珠帘暮卷，看蕃街灯火。一片红云半空堕。算良期二七，子亥还周，休更对、风里楝花虚坐。　同心初绾就，媚眼羞开，并覆纹衾要伊可。相见已销魂，何况相偎，再莫说不曾真个。问何物、拳拳表深情，报约指金彄，美鬈缄裹。

大江西上，趁飞云舟稳。便借秦楼合匏卺。纵运期更姓，蚕室名妻，尘埃外、早办青山偕隐。　玉房招彩女，看凤将雏，阿阁营巢尚无准。多事怪封姨，吹散秾华，更不任游丝牵引。望咫尺琼楼隔天涯，怕织素娇婴，无谁怜悯。

小草何处？想罗衣心字。也似春衫泪痕渍。怪娟娟红粉，却胜须眉。池水皱、毕竟干卿底事。　鱼书经岁少，无限猜疑。那识阑心蓄深意。辛苦五流连，侠骨柔肠，只赢得凄凉身世。叹捣尽玄霜见云英，又仙路崎岖，玉京难至。

火晶燥露，踏红尘相访。北马南船路迂枉。奈桃人未饰，荄攺无凭，横术畔、白昼愁逢夔罔。　空桑三宿处，恋意弥增，强把欢悰慰凄怆。归路望夫山，心事相关，恨雨散云飞一晌。问再到瑶台是何时，待花谢重开，月残重朗。

莲花玳瑁，诧无端摧折。玉虎牵绳更轻绝。记上邪辞里，多少精诚，真怪事、竟有冬雷夏雪。　　绛绡空系臂，铸错因谁，费浪人间六州铁。便合礼蒲龛，经卷香炉，忏千劫缠绵痴业。待后日俱生世尊前，已了悟空华，更无言说。

御沟蹀躞，料文君意冷。消渴谁人问园令。便金茎取露，琼蕊和餐，总不及、琴畔长看鬓影。　　芙蓉花已散，黄檗成林，苦况新来也分领。秋雨夜萧萧，泪洒孤檠。镇相伴寒蛩凄哽。叹燕足如今更无书，尽薄幸任宗，恨随年永。[1]

此十阕为黄绍兰一人而作，但不是成于一时。《黄侃日记》1933年1月9日载："金缘眼镜，用之二十载有余，忽堕地碎之。无成与亏，此昭氏之不鼓琴也。[2] 眼镜因是已。""莲花玳瑁，诧无端摧折"即指金缘眼镜堕地摔碎之事。由此可知，此组词作于1933年1月9日以后。段凌辰藏第一首残稿手稿："汉皋台下，是重逢佳地。窈窕无双好年纪。讶迷离扑朔，未辨……"见《进德月刊》1937年2卷5期，此阕初稿写于1920年左右。黄侃在诗词中一直表示要忏悔，他为谁忏悔？为什么要忏悔？这里面有太多的故事。黄侃的事迹足以写成多卷本的传记。关于此十阕的解读就足以演绎成一部题为《洞仙歌》的长篇小说，我们暂且点到为止，不作深度诠释。

黄绍兰是黄侃真正的初恋。"吾心最说君"，"今生一误为知音"，"只有初恋是爱别人，其他都是爱自己"。初恋的那个人，似乎总会给人"曾经沧海难为水，除却巫山不是云"的感慨。这种浪漫情调，也只有在初恋之中才会出现。美国心理学家斯滕伯格认为，爱情有三种成分：激情，浪漫，承诺。不同成分的组合就会有不同的爱情模式。激情会随着时光的流逝而归于平淡，浪漫能使爱更甜蜜，承诺使爱更能持久。黄侃与黄绍兰之间有过激情与浪漫，但海枯石烂的承诺没有兑现，后来分

---

[1] 据稿本录入。《黄季刚诗文集》中华书局2016年版，第404—406页仅收9阕，删去"小草何处"一阕。

[2] 《庄子·齐物论》："有成与亏，故昭氏之鼓琴也；无成与亏，故昭氏之不鼓琴也。"

道扬镳，令人扼腕。

黄绍兰与黄侃的遇合绝对是一个悲剧。黄绍兰虽不是国色天香，但她是那个时代一位非常出色的新女性，是一位书法家、教育家，还是诗人、学者，是章太炎门下唯一的女弟子，晚年先后出任太炎文学院、中山大学教授。她的书法自成一格。她可以跟黄侃谈论诗词，也可以与黄侃争论音韵训诂，易学造诣亦精深。可见她在20世纪前期是一位多么杰出的女性。她创办的博文学校为中国共产党一大会议提供了场所，成为红色革命的起点。① 仅此一点就足以让她名垂青史。这样一位卓越的女性却在年轻时与我们的传主有过一段伤心往事。黄侃在处理与黄绍兰的关系上表现出言行不一，一会儿写词赞美，一会儿翻脸不认人，异哉！

第二节　在北京大学（1914—1919）

一、黄侃与陈独秀

（一）狭路相逢

1914年初秋，黄侃告别黄绍兰，从上海滩来到北京沙滩，以章太炎大弟子的身份就任北京大学国学门教授，成为当时最叫座的教授，他的“黄调”一时间成为北大校园的一道亮丽的风景。② 1917年陈独秀出任北京大学文科学长。这是一个转折点——中国文化的转折点。黄侃与这位故人再次狭路相逢，展开了一场影响深远的新旧之争。

陈独秀（1879—1942），字仲甫，号实庵，安徽怀宁人。1915年创办《青年杂志》，提倡新文化。后来成为中国共产党的创始人，并长期担任总书记职务。1932年10月16日，被捕入狱。1938年被诬陷为日

---

① 参见王金声《黄绍兰和中共一大代表宿舍博文女校》，《星火：〈世纪〉杂志党史专题选编》，上海人民出版社2021年版。此篇又以《黄朴君和中共一大代表宿舍女校》为题，载《世纪》2021年第3期。

② 冯友兰：《冯友兰自述》，中国人民大学出版社2011年版，第37页。

本间谍。1942 年 5 月 27 日，陈独秀在四川江津病逝。

梁漱溟对陈独秀有过比较准确的判断："陈是反封建的一位闯将，是新文化运动的急先锋。其为人圭角毕露，其言论锋芒逼人，恰与蔡先生的为人态度不相似而极相反。人人皆知蔡先生长北大，于新旧各派人物兼收并蓄，盛极一时。然其内心倾向坚持在新的一面，我们从其用陈见之，尤于其后一力支持陈氏见之。校外固然把陈当作洪水猛兽来反对，校内亦有不少人对他有反感，因为他往往说话得罪人（例如在会议席上当面给理科学长夏元瑮以难堪之类），而且他细行不检，更予人以口实。然以有蔡先生自己出面对外承担一切，对内包容不疑不摇，故卒能俾陈发挥其作用。"① 蔡元培本为翰林出身，后来转习西学，黄侃戏称之为"曲学阿世"，新派因此也称蔡元培为"曲"，上校长室则称"阿曲"。假如没有蔡元培的袒护，陈独秀等人根本就翻不起浪来。蔡元培才是新文化运动的真正的"托塔天王"。

以最决绝的姿态激烈反叛中国传统文化，猛烈攻击儒家文化，是新文化运动时期新派文人的共同选择。陈独秀、胡适、钱玄同、刘半农、鲁迅、吴虞等人，在中国几千年历史上第一次对传统文化进行全面而决绝的批判，"打倒孔家店"成为纲领性文化口号，不留任何余地。陈独秀是新文化运动的发起人，他的文化姿态代表了当时激进的历史潮流：

> 要拥护那德先生，便不得不反对孔教、礼法、贞节、旧伦理、旧政治；要拥护那赛先生，便不得不反对旧艺术、旧宗教；要拥护德先生又要拥护赛先生，便不得不反对国粹和旧文学。②
>
> 对于此与新社会、新国家、新信仰不可相容之孔教，不可不有彻底之觉悟，猛勇之决心，否则不塞不流，不止不行！③

---

① 梁漱溟：《忆往谈旧录》，北京联合出版公司 2012 年版，第 47 页。

② 陈独秀：《本志罪案之答辩书》，《新青年》第 6 卷第 1 期。

③ 陈独秀：《宪法与孔教》，《新青年》第 2 卷第 3 期。

从陈独秀1915年创办《青年杂志》标志着新文化运动启动，迄今已有一百余年。一百余年来，中国最大的文化事件之一，就是以儒家为代表的传统文化从百年前的被全面摧毁，到今天的全面复兴。这是两种截然相反的文化选择。中国传统文化现代命运的历史性反差是如此鲜明，如此巨大，我们若用“惊天大逆转”来描述这一文化事件，是毫不夸张的。需要回答的问题是，中国传统文化的现代命运为什么会发生如此重大的历史性逆转？这是偶然的还是必然的，是合理的还是不合理的？如果是必然的和合理的，其历史依据和内在逻辑又是什么？现代学者已经发出了如下追问：

> 从纯粹的学术立场来看，这些对中国传统文化的表态都是偏激的，站不住脚的，也是经不起追问的。不加区别地打倒国粹和旧文学，欲置孔、孟、老、庄、司马迁、陶渊明、李白、杜甫、苏东坡、辛弃疾、朱熹、王阳明、曹雪芹于何地？中国的文明真的是人肉的筵宴吗？汉文真的要废弃社会才能进步吗？这种种表达，我们今天看来是近于疯狂，是无论如何也不能接受，甚至难以理解的。当代也几乎没有学者用这样一种义无反顾地决绝对待中国传统文化。那么，难道这些中国一流的知识分子丧失了理性，犯下了不可饶恕的历史性错误？①

论者从历史要求决定文化选择的角度对这一问题做出了解释：

> 作为一个现代的中国知识分子，我欣慰地看到了历史提供了一种可能性，即现代性和民族性可能兼容，使我们不必在价值选择上执此一端，用现代性反对民族性，或者用民族性反对现代性。陈

① 阎真：《历史要求决定文化选择——论中国传统文化现代命运之逆转》，《阎真文集》（五），人民文学出版社2012年版，第4页。

独秀当年说，孔教与新社会不相容，这一判断已经过时。中国传统文化的优劣是可以分解的，也就是说，取其精华、去其糟粕是可能的，这使我们可以在坚持民主、科学、人权、人道观念，抛弃三纲五常、男尊女卑、家族制度的同时，从孔孟直到曹雪芹那里汲取太多的精神和情感养料。民主、科学、人道等普适价值，既不能解决国家之间的利益分野问题，也不能解决人类，特别是中国人面临的所有价值和意义问题。在这种普适价值的视域之外，还有很多问题，比如民族自信自尊问题、心灵和精神问题，需要我们从传统文化中汲取面对的力量，寻求情感的归宿。当然，民族性在任何时候都不能成为压抑现代性的理由，反之亦然。这样，我们既是中国的现代知识分子，又是现代的中国知识分子。对于一个中国知识分子来说，现代的立场和民族的立场都是绝对必需的。①

陈独秀被公认为“新文化运动的旗手”“五四运动的总司令”。他于1917年2月在《新青年》第2卷第6期上发表《文学革命论》，提出“三大主义”，即“推倒雕琢的阿谀的贵族文学，建设平易的抒情的国民文学；推倒陈腐的铺张的古典文学，建设新鲜的立诚的写实文学；推倒迂晦的艰涩的山林文学，建设明了的通俗的社会文学”。同时宣称“际兹文学革新之时代，凡属贵族文学、古典文学、山林文学，均在排斥之列”。陈独秀以新的“狮子王”的身份重新制订了一套新的“丛林法则”。黄侃在陈独秀之前三年就进入北京大学，以章太炎的大弟子身份也一度自命为“狮子王”。往时北京文坛耆宿，有所谓“林黄二马”者，即林损、黄侃、马叙伦、马幼渔四人简称也。四人以古典文学相标榜，胡适、陈独秀等疾之如仇。② 两派的文学主张完全相反，黄侃所信奉的

① 阎真：《历史要求决定文化选择——论中国传统文化现代命运之逆转》，《阎真文集》（五），人民文学出版社2012年版，第10页。

② 朱祖延：《闻见录》之“林黄二马”条，《朱祖延集》，崇文书局2011年版，第596页。

正是陈独秀要打倒的。在北京大学这片丛林，一山不容二虎，新旧两头狮子王展开了一番较量。天时、地利、人和等诸多因素都对新的一方有利，蔡元培始终袒护新派一方，胜利的天平自然向着新派倾斜，黄侃很快选择了沉默与逃遁。时移世易，事过境迁，现在还有必要重新认识陈独秀的“三大主义”。对旧文学采取极端排斥的态度，这本身就是不明智的。殊不知贵族文学之中也有平易的抒情的成分，古典文学之中也有新鲜的立诚的成分，山林文学之中也有明了的通俗的成分。更何况数千年积累起来的优秀文学成果本身就是中国文化的重要组成部分，不仅具有文学价值，同时也具有文化价值。古典文学确实有其高贵的文化品行，属于雅文化的范畴。为了俗文学，就非得要牺牲雅文学？为了白话文，就非得要牺牲文言文？他将古代文学尤其是明清文学“妖魔化”，在文中点了明代前后七子与八家文派之归有光、方苞、刘大櫆、姚鼐，凑成“十八妖魔”之数。大声开问：“有不顾迂儒之毁誉，明目张胆以与十八妖魔宣战者乎？予愿拖四十二生的大炮，为之前驱！”他大大地丑化了传统文学，也大大地矮化了传统文化。黄侃对此极为不齿。旧文学并不是死文学，而新文学也不是他们所说的活文学。陈独秀在读了胡适的《文学改良刍议》后大为感慨地说：“余恒谓中国近代文学史，施（耐庵）、曹（雪芹）价值，远在归（有光）、姚（鼐）之上。闻者咸大惊疑。今得胡君之论，窃喜所见不孤。”黄侃对此也是质疑者之一，他后来在日记里为此反复辩难，指责陈的“陈说”、胡的“胡说”。在历史已经逆转的今天，我们可以看出，黄侃当年的守旧也并非意气用事。学海狂澜挽不回，黄侃当时徒唤奈何而已！

作为“侠儒经师”的黄侃与这位“绿林好汉”式的颍川氏很早就有过交锋。据周作人《知堂回想录·北大感旧录二》记载：

> 要想讲北大名人的故事，这似乎断不可缺少黄季刚，因为他不但是章太炎门下的大弟子，乃是我们的大师兄，他的国学是数一数二的；可是他的脾气乖僻，和他的学问成正比例，说起有些事情

来，着实令人不能恭维。而且上文我说与刘申叔只见过一面，已经很是稀奇了，但与黄季刚却一面都没有见过；关于他的事情只是听人传说，所以我现在觉得单凭了听来的话，不好就来说他的短长。这怎么办才好呢？如不是利用这些传说，那么我便没有直接的材料可用了，所以只得来经过一番筛，择取可以用得的来充数吧。

这话须还得说回去，大概是前清光绪末年的事情吧，约略估计年岁当是戊申的左右，还在陈独秀办《新青年》，进北大的十年前，章太炎在东京民报社里来的一位客人，名叫陈仲甫，这人便是后来的独秀，那时也是搞汉学、写隶书的人。这时候适值钱玄同（其时名叫钱夏，字德潜）、黄季刚在座，听见客来，只好躲入隔壁的房里去，可是只隔着两扇纸糊的拉门，所以什么都听得清清楚楚的。主客谈起清朝汉学的发达，列举戴、段、王诸人，多出在安徽、江苏，后来不晓得怎么一转，陈仲甫忽而提起湖北，说那里没有出过什么大学者，主人也敷衍着说，是呀，没有出什么人。这时黄季刚大声答应道："湖北固然没有学者，然而这不就是区区，安徽固然多有学者，然而这也未必就是足下。"主客闻之索然扫兴，随即别去。十年之后黄季刚在北大拥皋比了，可是陈仲甫也赶了来任文科学长，且办《新青年》，搞起新文学运动来，风靡一世了。这两者的旗帜分明，冲突是免不了的了，当时在北大的章门的同学做柏梁台体的诗分咏校内的名人，关于他们的两句恰巧都还记得，陈仲甫的一句是"毁孔子庙罢其祀"，说得很得要领，黄季刚的一句则是"八部书外皆狗屁"，也是很能传达他的精神的。所谓八部书者，是他所信奉的经典，即是《毛诗》《左传》《周礼》《说文解字》《广韵》《史记》《汉书》和《文选》，不过还有一部《文心雕龙》，似乎也应该加了上去才对。他的攻击异己者的方法完全利用谩骂，便是在讲堂上的骂街，它的骚扰力很不少，但是只能够煽动几个听他的讲的人，讲到实际的蛊惑力量没有及得后来专说闲话的"正人君子”的十一号[1]了。

周作人的回忆虽是道听途说，但大多来源于钱玄同，不能说全是空穴来风。至于“毁孔子庙罢其祀”者应该是蔡元培，陈独秀当时人微言轻，哪里有这个实力？“八部书外皆狗屁”虽然颇为传神，但也不是黄侃的原话。黄侃学贯四部，哪里只是八部书所能范围得了？黄侃“狗屁”论的对象是白话文、注音字母、新文学。平心而论，这种看似玩笑的评论也不是完全没有道理。在那样的历史文化语境下，难道只许新派宣布旧文化的死刑（还要打上“天经地义”的旗号），不许旧派回手反击一下？我们以为，黄侃的“狗屁”[2]论也是一家之言，虽然有点黑色幽默之感，也不乏急中生智的意味。阿弥陀佛，善哉善哉！

（二）殊途同归

在生活方面，黄侃与陈独秀倒是有一些相似之处，都适合从精神分析的角度加以分析。周作人《知堂回想录·北大感旧录十二》载：

> 此外还有一个人，这人便是陈仲甫，他是北京大学的文科学长，也是在改革时期的重要角色。但是仲甫的行为不大检点，有时涉足于花柳场中，这在旧派的教员是常有的，人家认为当然的事，可是在新派便不同了，报上时常揭发，载陈老二抓伤妓女等事，这在高调进德会的蔡子民，实在是很伤脑筋的事。

黄侃自命风流，玩世不恭，始终拒绝加入蔡元培主导的“进德会”。而陈独秀作为新文化的领袖，他也喜欢北里之游，还要抓伤妓女下体。作为“进德会”的甲等会员，这就坏了蔡老板立下的“三不”规矩——不嫖娼、不赌博、不纳妾。有个叫张元奇的国会议员在1919年3月间

---

① 指胡适。

② 这是一种地方特色的语言，湖北人喜欢在否定事物时说“狗屁”。

甚至还向国会提出对教育部部长傅增湘和北大校长的弹劾，材料之一就是陈独秀的私生活情况。受此影响，原先向蔡元培竭力推荐陈独秀出任北大文科学长的汤尔和与沈尹默，转而要求蔡元培撤销陈独秀的文科学长之职。而这种要求在客观上与当时的守旧势力欲革除陈独秀，并驱逐出校进而整顿北大的意图相吻合。据此可知，张厚载当时称“北京大学文科学长近有辞职之说”亦并非完全是谣言。过早地向外界透露了北大内部的信息，以此向陈独秀乃至起初并不赞同此议题的蔡元培等人施加压力。

黄侃对陈独秀这种激进派大不以为然，他在读了某过激派的书后，写过一首《偶见过激派书感题》表示疑惑：

> 民力凋残硕鼠多，哀鸿满野欲如何？舆人尽解均贫富，岂独青神王小波？

黄侃当时到底读的是一本什么书？作者为谁？内容如何？现在这些细节已无从得知。在陈独秀第五次被捕时，蔡元培、胡适之、柳亚子等人多方营救，而黄侃在1932年10月31日的日记中对这位故人发表了自己的看法：

> 见报载故人颍川氏，侜张一生，以国命、民生、学术、文化尽供其博取名势之用。十余年来，死者以泽量，而国亦奄奄待尽矣！其“土老婆”（三字报纸所称）今亦捐弃之。其二子皆已先彼而死。纵能生出狴门，亦不胜潦倒矣。是真炯戒也！

颍川氏即颍川陈氏，以汉末大名士身份起家，成为当时的巨姓望族，世代传袭，名重魏晋。此处暗指陈独秀。陈独秀共有6个子女，即长子延年、次子乔年、三子松年、四子鹤年（后改名陈哲民）、长女玉莹、次女子美（其中，延年、乔年、松年、玉莹为陈独秀和“土老婆”

高晓岚所生，鹤年、子美为陈独秀与高曼君所生）。其中延年、乔年同是中共早期领导人，英勇捐躯。黄侃比较早地退出政治舞台，最后在学术的舞台上大展身手。黄侃与陈独秀选择了不同的人生道路，对于陈氏的悲剧人生他没有丝毫的同情，而是从国命、民生、学术、文化、政治等多维角度予以无情批判与彻底否定，并引以为炯戒。黄侃成功地预见了陈独秀的晚年结局——“纵能生出狴门，亦不胜潦倒矣”。作为文化对手、学术论敌，黄侃没有给予陈独秀同情之理解与理解之同情，甚至不无幸灾乐祸的味道。这完全符合黄侃的个性，但他通过自身长期近距离的观察与思考，得出的结论一定是经过深思熟虑的，绝非那种脱离具体的历史语境而随意推导出来的肤浅空廓之论。显而易见，黄侃把“十余年来死者以泽量”的罪过全部记在了陈独秀的身上，未免意气用事，对陈独秀有点不公平。李达在《陈独秀与新思想》中认为：“陈先生是一个极端反对顽固守旧思想的急先锋。”[①] 陈独秀的这种极端性导致他的诸多论点根本站不住脚，但黄侃是从另一极端对他发难。

黄侃与陈独秀虽然分属于完全不同的营垒，但是他们也有若干相似之处。胡适说陈独秀是“终生的反对派”，即反清、反袁、反军阀、反蒋，批孔、批党、批“国际”。在反清、反袁、反军阀等方面，黄侃比陈独秀做得有过之而无不及。对于孔子，黄侃是绝对尊崇的。作为古文经学的正宗传人，黄侃遵循“原道”“征圣”“宗经”三位一体的信条，是地地道道的尊孔派。这既与其师章太炎前期反孔、后期尊孔不同，也与陈独秀始终反孔大异其趣。

在蔡元培死后，陈独秀发表感言：“自戊戌政变以来，蔡先生自己常常倾向于新的进步的运动，然而他在任北大校长时，对于守旧的陈汉章、黄侃，甚至主张清帝复辟的辜鸿铭，参与洪宪运动的刘师培，都因为他们学问可为人师而和胡适、钱玄同、陈独秀容纳在一校；这样容纳异己的雅量，尊重学校思想自由的卓见，在习于专制好同恶异的东方人

---

① 《民国日报》副刊《觉悟》，1919 年 6 月 24 日。

中实所罕有；这是他老先生更可令人佩服的第二点。”① 他又说：

> 凡是一个像样的民族，都有他的文化，或者说他的国粹；在全世界文化的洪炉中，各民族有价值的文化，即是可称为国“粹”而不是国“渣”的，都不容易被熔毁，甚至那一民族灭亡，他的文化生命比民族生命还要长，问题是在一民族的文化，是否保存在自己民族手中，若一民族灭亡了，甚至还未灭亡，他的文化即国粹乃由别的民族来保存，那便糟透了，“保存国粹”之说，在这点是有意义的。如果有人把民族文化离开全世界文化孤独地来看待，把国粹离开全世界学术孤独地来看待，在抱残守缺的旗帜之下，闭着眼睛自大排外，拒绝域外学术之输入，甚至拒绝用外国科学方法来做整理本国学问的工具，一切学术失了比较研究的机会，便不会择精语详，只有抱着国“渣”当作国“粹”，甚至于高喊读经的人，自己于经书的训诂义理毫无所知，这样的国粹家实在太糟了！②

从这番感言不难看出，陈独秀晚年对传统文化的态度已经有所转变，认为“文化生命比民族生命还要长”，并倾向“用外国科学方法来做整理本国学问的工具”，这与黄侃的观点虽还有一些差异，但已经不是绝对对立的了。平心而论，陈独秀的这种态度是值得肯定的。

二、黄侃与钱玄同

（一）东京订交

1935 年 12 月 5 日，钱玄同与潘景郑书云：“季刚兄作古，闻之心痛。弟与季刚自己酉年订交，至今已廿有六载。”③

己酉年即 1909 年。是年《钱玄同日记》有二人交往记录。

---

①② 陈独秀：《蔡孑民先生逝世后感言》，重庆《中央日报》1940 年 3 月 24 日。

③ 王元化主编：《学术集林》卷 14，上海远东出版社 1998 年版，第 2 页。

3月1日，黄侃乘船途经长崎给钱玄同等人写信。《钱玄同日记》云："晨偕逖先同至［太］炎处，拟同往ヨコハマ接季刚，云已知未生去探听，知船尚未到……晚又得季刚长崎片，知明日或后日可到横滨。"①

翌日，黄侃又自神户给钱玄同等人写信。《钱玄同日记》载："午后又得季刚神户来信，知明日到ヨコハマ。晚收到禺生来信，内附季刚信，托我转交，知彼近今略治经学、小学云。"②

3月3日，黄侃到达东京，与钱玄同初次见面，谈论学问。黄侃论字重声而轻形，钱玄同认为他是高邮王氏父子之流亚。《钱玄同日记》载："因季刚今日到，故至炎处，促未生速至ヨユハマ去接，而季刚早至中村馆。午后与逖先同来炎处……季刚论字重声而轻形，盖高邮王氏之□□也。"③

3月18日，黄侃借《燕子笺》给钱玄同。《钱玄同日记》载："是日《文心雕龙》讲了九篇（九至十八）。在炎师处午餐。傍晚时归。与季刚同行，彼走得甚快，余追不上，不知其去向……季刚有阮胡子《燕子笺》一部，借来于枕上看，一夜看完。"④

以上是黄侃与钱玄同订交的最初情形。不久，钱玄同发现黄侃的种种劣迹，如与日本妓女厮混，于10月19日写信给汪东告状："季刚则两月以来仅遘一次，争之一字，万不致怨。以学而论，我亦远不逮彼，因所遇难堪，而寡所喜，此人情之常。夏以早年孤露，不谙世情，比年以来，尤遭嫉忌，汪容甫所云：'笑长啼短，尽成罪状；跬步才蹈，荆棘已生。'我实深尝其味者，故居恒郁郁寡欢，特终不敢盛气凌人耳。若夫身遭母丧，兼亡命异域，犹且不耐寂寞，游于女闾，此则稍有知识

①② 杨天石主编：《钱玄同日记》，北京大学出版社2014年版，第148页。按：注释2中未生姓龚，后为章太炎之婿。又，ヨコハマ，即横滨之片假名。

③ 北京鲁迅博物馆编：《钱玄同日记》，福建教育出版社2002年版，第669页。按：影印版钱氏日记字迹太模糊，难以辨认处，暂以"□"表示，下同。据文义推测，似为"流亚"二字。北京大学本作"类"，似不确。

④ 杨天石主编：《钱玄同日记》，北京大学出版社2014年版，第150页。

者尚不为，而学佛者为之乎?”① 黄侃的另外一位同门朋友黄际遇也曾经提到，黄侃在日本时有两大特点：一喜御夷妇，二喜打架，因此常常惹得太炎先生不悦。

尽管如此，他们后来还是保持联系，书信不断，如：1913 年 1 月 1 日，钱玄同有《复季刚书》。② 1913 年 1 月 2 日，钱玄同来信。《钱玄同日记》：“作书致季刚、心孚、幼渔诸人。”③ 1913 年 4 月 13 日，钱玄同有《上季刚书》。④ 1913 年 4 月 25 日，钱玄同有《上季刚书》。⑤ 1913 年 6 月 30 日，黄侃收到钱玄同来信。

(二) 北京论学

1914 年 1 月 6 日，黄侃与钱玄同讨论音韵。钱玄同亦云：

> 黄君又谓音均阴声有入阴声，变歌之入即泰，有入变，当从王念孙说。《对转图》当从孔广森之式，缉、盍亦阴声，缉宜附幽，盍宜附宵。余于前二说均谓然，惟缉、盍必宜与侵、谈同列，此实阳声也。广东人读侵、谈、缉、盍皆有收音，与其他入声□可证。⑥

1914 年 1 月 7 日，与钱玄同讨论音韵。钱玄同云：“黄君又谓□（师）之于音韵太欲求其整齐，是其一病。此说我亦表同情。而廿三部，黄君必谓其决不可□（复）少。此则余以为音韵分部当考古与审音并重，□（戴）氏之说最精。侯、幽、谆、真，我实主张合，但现在不敢说。”⑦

---

① 杨天石主编：《钱玄同日记》，北京大学出版社 2014 年版，第 184 页。
② 北京鲁迅博物馆编：《钱玄同日记》，福建教育出版社 2002 年版，第 1313 页。
③ 杨天石主编：《钱玄同日记》，北京大学出版社 2014 年版，第 252 页。
④ 北京鲁迅博物馆编：《钱玄同日记》，福建教育出版社 2002 年版，第 1323 页。
⑤ 同上书，第 1324 页。
⑥ 同上书，第 1339 页。
⑦ 同上书，第 1340 页。

1914年1月8日，与钱玄同讨论音韵。钱玄同云："黄君又谓《广均》一书吾人当与《说文》并视，不可妄加增删，盖最古言音韵者惟此而已。此说夏尤以谓然。"①

1914年9月18日，《钱玄同日记》载章门巨子讨论学问的情形：

晚在尹默处并晤季刚。季刚谓六书象形、指事宜从王筍说。逖先亦云然。逖先谓象形许氏界说明说画成其物，可见动静诸词不等谓之象形。夏思此说甚是。坚士谓古人事物不别言，此说诚是，但散文虽通，而对文则异。象形云画成其物，指事言事，则不能改为画成其事，云指物矣。惟王筍之例分得太烦，大界当从而分例仍以简单为宜。又王氏以省文、倒文、反文等谓之会意，愚意仍宜以为指事变例为宜。至如丰□诸文，王氏谓之会意，则尤非矣。黄君又谓音韵，阴声有入，阳声无入，歌之入即泰，有入无入，当从王念孙说，对转图当从孔广森之式，缉、盍亦阴声，缉宜附幽，盍宜附宵。余于前二说均谓然，惟缉、盍必宜与侵、谈同列。此实阳声也，广东人读侵、谈、缉、盍，皆有收音，与其他入声异可证。黄君又谓，师之于音韵太欲求其整齐，是其一病。此说我亦极表同情。而廿三部，黄君必谓其决不可复少。此则余以为音韵分部当考古与审音为并重，戴氏之说最精，侯、幽、谆、真，我实主张合，但现在不敢说。黄君又谓《广韵》一书吾人当与《说文》并视，不可妄加增删，盖最古音韵者惟此而已。此说夏尤以谓然。②

1914年9月20日，与钱玄同讨论文字、书法问题。钱玄同云：

---

① 北京鲁迅博物馆编：《钱玄同日记》，福建教育出版社2002年版，第1341页。按：《广均》即《广韵》。

② 杨天石主编：《钱玄同日记》，北京大学出版社2014年版，第274—275页。按：是日所讨论的观点与同年1月7日所论相同，黄侃可能忘记8个月前已经将此类结论传授给弟子钱玄同了。

晨崔君来，尹默、逖先均来。今日心孚邀午餐，在便宜坊吃鸭子，凡九人：我、康、黄、曾、二沈、朱、马，又陈绳武其人也。季刚今日又为余言，凡字中有一二笔象形者即当入诸象形（指事同），如爨字亦宜入诸象形。此说余不敢谓然。季刚又谓今隶止可依唐石经及宋本《玉篇》《广韵》为凭。此说亦是。然吾意究竟另作一体尔，雅者固不得谓我写《小学答问》之体，亦不得便以唐石经为尽善尽美也。①

1914年9月27日，钱玄同记有“心孚明日将行，今日予与朱、马、二沈宴之于瑞记。同座者为季刚、通一、豫才，请季茀而未来”②。

1915年1月1日《钱玄同日记》有载：

归点《文选》中沈约《宋书·谢灵运传赞》一篇，季刚谓其中△△△△四字为不辞。今案，此四字或别有解，若果如李善注所谓“△△”，真是成何说话！③

春，黄侃以十九纽二十八部之说授钱玄同。钱玄同云：

乙卯仲春，黄君季子来都中，语余曰：顷紬绎声均，有所著录。知守温卅六字纽未足据信，当从陈氏《切韵考》，区喻纽为二，照、穿、床、审四纽为八，而明、微分二，则从守温。又古韵即在《广韵》之中，凡舍《广韵》而别求古音者，皆妄也。又曰，古纽止十有九，古韵则阴声、阳声以外，入声当别立。顾、江、段、孔诸公皆以入声散归阴声各部中，未为审谛。谓宜准戴氏分阴声、阳

① 杨天石主编：《钱玄同日记》，北京大学出版社2014年版，第275页。

② 同上书，第276页。此处记黄侃与钱玄同、朱希祖、马幼渔、沈尹默、沈兼士、刘通一、周豫才（即鲁迅）等聚会。

③ 同上书，第277页。

声、入声为三部之说，爰就余杭师所分古韵二十三部益为二十八部。余闻其论而韪之，因假取其稿，移著是册。其中颇有未定之论，季子谓此乃草创，它日尚须修正云。①

假如钱玄同1914年春没有拜黄侃为师，黄侃是绝不可能将其新发见毫无保留地传授给他的。钱玄同后来反戈一去，背叛师门，可谓至毒矣。

（三）新旧之争

1914年至1916年是黄侃与钱玄同友好交往期。钱玄同此期拜黄侃为师，得其真传。1917年钱玄同奔向新文化大本营，成为陈、胡的盟友，自此二人关系转疏。

1917年1月1日，胡适在《新青年》第2卷第5期上发表《文学改良刍议》。文章提出了改良文学的“八不主义”。《钱玄同日记》是日载：“余自1907年（丁未）以来，持保存国粹文论，盖当时从太炎□□□问学，师邃于国学，又丁满洲政府伪言维新改革之时，举国不见汉仪，满街尽是洋奴，师因昌国粹之说，冀国人发思古之幽情，振大汉之天声，光复旧物……往访尹默，与谈应用文字改革之法。余谓文学之文，当世哲人如陈仲甫、胡适之二君，均倡改良之论。二君邃于欧西文学，必能为中国文学界开新纪元。”② 胡适在晚年的口述自传中说，《文学改良刍议》发表后，“在中国文化界引起了一场极大的反应。北京大学一校之内便有两位教授对之极为重视。其一则为陈独秀本人，另一位则是古典音韵学教授钱玄同。钱氏原为国学大师章太炎（炳麟）的门人。他对这篇由一位留学生执笔讨论中国文学改良问题的文章大为赏识，倒使我受宠若惊”，钱玄同“向独秀和我写了些小批评大捧场的长信，支持我们的观点……钱教授是位古文大家。他居然也对我们有如此同情的反

① 黄侃：《黄侃声韵学未刊稿》（上），武汉大学出版社1985年版，第353—354页。

② 杨天石主编：《钱玄同日记》，北京大学出版社2014年版，第296页。

应，实在使我们声势一振”。[1] 钱玄同的倒戈确实帮了新派的大忙。与陈独秀《文学革命论》同时发表的还有钱玄同的信，钱氏称："顷见六号《新青年》胡适之先生《文学改良刍议》，极为佩服。其斥骈文不通之句及主张白话体文学，说极精辟，进而言改良文艺，其结果必传无疑，惟'选学妖孽''桐城谬种'，又不知若何咒骂。"[2] 公开咒骂黄侃为"选学妖孽"。

1917 年 1 月 3 日，黄侃所编《文心雕龙章句篇札记》，钱玄同从沈尹默处借观，他认为无甚精彩，且立说过于陈旧，不但《马氏文通》分句、读、顿为三之说，彼不谓然，即自来句读之说亦所不取，谓句读一义二名，皆源于"丶"字，故不可析而为二。钱玄同认为此说已不免胶柱鼓瑟。黄侃又谓句读有系于文义与系于音节之异，故如《关雎》首章，论文义止二句，而毛公以为四句，据此以为句读不分之证。钱玄同则认为："句读之学本非中国古人所知，伪毛亨以《关雎》首章为四句，本不足讥，今乃引此等陈腐之论，以图打消句读有分之说，不亦异乎！"又进而断定："黄君此说，与胡适之之《论文字句读及符号》直不可同年而语。"[3]

1917 年 1 月 4 日，蔡元培就任北京大学校长，决定采取"兼蓄并包"的办学方针。他在就职演说中指出："大学者，研究高深学问者也。""大学生当以研究学术为天职，不当以大学为升官发财之阶梯。"

1917 年 1 月 9 日，钱玄同批评章太炎："本师章君常以法家自命，卒不免于刻薄寡恩，此即误认申、商之法为卢、孟之法也。"[4] 严师出高徒，也往往容易导致师生反目。验之章黄学派，信然！

1917 年 1 月 11 日，钱玄同自己招供："至国粹、欧化之争，吾自受洪宪天子之教训以来，弃保存国粹之心理已有大半年矣。"[5] 从 1916 年

---

① 胡适口述，唐德刚译注：《胡适口述自传》，传记文学出版社 1983 年版，第 154—155 页。

② 北京鲁迅博物馆等编：《疑古玄同——钱玄同文物图录》，大象出版社 2016 年版，第 184 页。

③ 杨天石主编：《钱玄同日记》，北京大学出版社 2014 年版，第 297 页。

④⑤ 同上书，第 300 页。

上半年开始钱玄同已放弃保存国粹之心理，后来被清理出章门也不无道理。

1917年1月15日，陈独秀被蔡元培校长聘任为北京大学文科学长。[①]

1917年1月20日，《钱玄同日记》载："大凡学术之事，非知识极丰富，立论必多拘墟，前此闭关时代，苦于无域外事可参照，识见拘墟，原非得已。今幸五洲交通，学子正宜多求域外智识，以与本国参照。域外智识愈丰富者，其对于本国学问之观察亦愈见精美。乃年老者深闭固拒，不肯虚心研求，此尚不足怪，独怪青年诸公，亦以保存国粹者自标，抱残守缺，不屑与域外智识相印证，岂非至可惜之事？其实欲倡明本国学术，当从积极着想，不当从消极着想。旁搜博采域外之智识，与本国学术相发明，此所谓积极着想也，抱残守缺，深闭固拒，此所谓消极着想也。独秀今晚宴客于庆华春，同座者为沈尹默、高一涵、李大钊、刘三诸公。"[②] 钱玄同所谓"旁搜博采域外之智识，与本国学术相发明"的积极设想是很好的一条中西沟通融合之路，可惜他自己没有坚持下来，很快就走上极端之路。惜哉！

1917年1月23日，《钱玄同日记》载：

> 日前独秀谓我，近人中如吴趼人、李伯元二君，其文学价值实远在吴挚甫之上。吾谓就文学美文之价值而言，独秀此论诚当矣！吾更就应用之文字言之，则梁任公之文，人皆讥其以东瀛文体破坏国风，吴稚晖之文，诙谐百出，无论若何俚俗之语，皆可入文，在岸然道貌、以"文以载道"之腐臭语装点门面者，必极诟梁、吴，然吾谓梁、吴文之有用，断非吴挚甫所能望其项背（稚晖是挚甫弟子，吾为此言，似觉失偏，然就稚晖个人分际言之，此论固足令其

① 钱玄同1月6日日记云："陈独秀已任文科学长，足庆得人，第陈君不久将往上海，专办《新青年》杂志，及经营群益书社事业，至多不过担任三月。颇闻陈君去后，蔡君拟自兼文科学长，此亦可慰之事。"见杨天石主编《钱玄同日记》，北京大学出版社2014年版，第296页。

② 同上书，第303页。

不安，然自吾侪第三者之眼光观察，此论固不得谓其不平矣）。总之，搭起架子作无病呻吟之丑文，犹欲老老脸皮向人道："我之文中某句神似昌黎，某句脱胎六一。"是何异东施捧心效颦，而觅薄子告之曰："吾之肤肖西子之如凝脂也，吾之手肖西子之如柔荑也。"丑态百出，令人肉麻，今之桐城派人何以异是！①

1917年2月1日，陈独秀在《新青年》第2卷第6期上发表《文学革命论》，提出了文学革命的三大主张。

1917年6月，钱玄同发表《寄陈独秀关于文学革命问题》。1917年8月，在《新青年》第3卷第6期通信栏中，发表了钱玄同7月20日写给胡适的信。他再次向"选学妖孽""桐城谬种"开炮："对于迂谬不化之选学妖孽与桐城谬种……尚有何种商量文学之话可说乎！"如此口诛笔伐，反戈一击，焉能不扇起黄侃心头的怒火，令他五内俱焚，七窍生烟？

1917年10月10日，《钱玄同日记》载："至尹默处并晤独秀，知大学中此届选国文、英文主任教员，英文拟属适之，国文则陈、沈诸君皆属意于我。我非不肯负责任者，果然选到，决不推辞，但常须与季刚周旋，殊嫌无味耳。"② 至此黄、钱几近反目。

1917年，黄侃"抨击白话文不遗余力，每次上课必定对白话文谩骂一番，然后才开始讲课。五十分钟上课时间，大约有三十分钟要用在骂白话文上面。他骂的对象为胡适、沈尹默、钱玄同几位先生"③。黄侃还只是在课堂上骂胡适、沈尹默、钱玄同，而胡适、沈尹默、钱玄同等人则是公开在报刊上讨伐旧派。

1918年1月2日，《钱玄同日记》载："独秀、叔雅二人皆谓中国文化已成僵死之物，诚欲保种救国，非废灭汉文及中国历史不可。此说与豫才所主张相同，吾亦甚然之。我意现在中国止有用杂种文字之一法，

① 杨天石主编：《钱玄同日记》，北京大学出版社2014年版，第304页。

② 同上书，第321—322页。

③ 杨亮功：《早期三十年的教学生活》，《杨亮功先生丛著》，台北商务印书馆1988年版。

对于自己的历史，旧有的学术及普通之常语仍用汉文，但改文言为白话，至于新事、新物、新理，老实用西人名字、西字，以 Esperanto 为标准，因 E 为改良进化之西文，比专用某一国之西文或用拉丁文实在好得多，断不必白费心思，闹什么译音、译义。”① 于此可见新派仇视中国文化达到极点，妄图废除汉文与中国历史。毋庸讳言，必须重新评估他们的历史作用。陈独秀、刘文典、周树人、钱玄同等人的激进观念对中国传统文化产生了一定的破坏作用！

1918 年 3 月钱玄同化名王敬轩在《新青年》第 4 卷第 3 期上发表来信，刘半农同时发表《复王敬轩书》。这是一出苦肉计！

1918 年 11 月 13 日，章太炎与吴承仕书，有云：“天地闭，贤人隐，诚如来旨，乱世恐亦无涉学者。颇闻宛平大学又有新文学、旧文学之争，往者季刚辈与桐城诸子争辩骈散，仆甚谓不宜。老成攘臂未终，而浮薄子又从旁出，无异元祐党人之召章、蔡也。佛法义解非难，要有亲证。如是下则近之，季刚恐如谢康乐耳。”章太炎对黄侃此时的表现不够满意，认为黄侃没有骂新文化，也并不符合历史事实。

1918 年，钱玄同编成《文字学音篇》。② 钱氏说：“与季刚自己酉年订交，至今二十有六载，平日固性情不合，时有违言。惟民国四五年间商量音韵，最为契合。”过去的学术界有一些关于黄、钱不和，彼此相轻的传说。周作人《钱玄同的复古与反复古》中提到的便是其中一例：

> ……其次则是黄季刚在讲堂上的谩骂。这事大概发生很早，不过在报上发表则是在黄死后罢了。这在《立报》上登载，总名《黄侃遗事》。第一则副题云《钱玄同讲义是他一泡尿》，原文云：“黄

① 杨天石主编：《钱玄同日记》，北京大学出版社 2014 年版，第 326 页。按：Esperanto 即世界语，是波兰籍犹太人柴门霍夫博士于 1887 年创立的一种语言，旨在消除国际交往中的语言障碍。

② 按：《文字学音篇》是钱氏的代表作，关于古代音韵基本上采用黄侃之说。

以国学名海内，亦以骂人名海内，举世文人除章太炎先生，均不在其目也。名教授钱玄同先生与黄同师章氏，同在北大国文系教书，而黄亦最瞧不起，尝于课堂上对学生曰，‘尔等知钱某一册文字学讲义从何而来？盖由余溲一泡尿得之也。当日钱与余居东京时，时相过从。一日彼至余处，余因小便离室，回则一册笔记不见。余料必钱携去。询之钱不认可。今其讲义，则完全系余笔记中文字，尚能赖乎？是余一尿，大有造于钱某也。’此语北大国文系多知之，可谓刻毒之至。”我当时曾经将遗事全文寄给他看，复信里说：“披翁（按黄侃在旧同门中，别号为披肩公）轶事颇有趣，我也觉得这不是伪造的，虽然有些不甚符合，总是事出有因吧。例如他说拙著是撒尿时偷他的笔记所成的，我知道他说过，是我拜了他的门而得到的，夫拜门之与撒尿，盖亦差不多的说法也。”[①]

钱玄同本名“师黄”，取师法黄庭坚之义。[②] 他最初与黄侃同门，后来为了学习黄侃的绝学，转而叩头称弟子，与其本名“师黄”正相符合，盖有天意存焉。

钱玄同拜过黄侃的门，黄焯先生生前曾经多次讲到过，绝非虚构之事。只是钱玄同不讲义气，后来自己不敢公开承认，这样反而将自己推上了尴尬的两难境地——若承认拜门，《文字学音篇》是传承师说；否则，《文字学音篇》就存在严重的剽窃嫌疑。钱玄同进退失据，百口莫辩啊！

1919 年 1 月 5 日，《钱玄同日记》载：“六时顷，士远与我同到中兴茶楼吃晚饭，同席者尚有尹默及徐森玉。森玉说现有陈衍、林纾等人

---

① 周作人：《钱玄同的复古与反复古》，《文史资料选辑》第 94 辑，文史资料出版社 1984 年版，第 115—116 页。

② 本书前两版误作“黄宗羲”。据《钱德潜先生之年谱稿》自称：“公名师黄，字德潜，先子命也。因先子晚年处境多逆，欲使勉为诗人。黄，黄庭坚也。德潜，沈德潜也。公后以睹青年之无爱国心，咸务变夏于夷。毅然以明种姓为己任，因更名曰夏。以诸兄妹中己最稚，因改字季（或以一字不便呼，故或曰子季、季子）。”

为大学革新事求徐世昌来干涉。因此徐世昌便和傅增湘商量，要驱逐独秀，并有改换学长，整顿文科之说。哈哈！你们也知道世界上有个北京大学！大学里有了文科学长吗？恐怕是京师大学堂的文科监督大人罢！这几天徐世昌在那里下什么‘祈天永命’，什么‘股肱以膂’，什么‘吏治’，什么‘孔道’的狗屁上谕！这才是你们的原形真相呢！”① 嬉笑怒骂，不成文章，不及鲁迅远甚。

1919年1月7日，《钱玄同日记》载：“午后到大学，半农、尹默都在那里，听说蔡先生已经回京了。关于所谓‘整顿文科’的事，蔡君之意以为他们如其好好地来说，自然有个商量，或者竟实行去冬新定的大学改革计划，废除学长，请独秀做教授。如其他们竟以无道行之，则等他下上谕革职，到那时候当将两年来办学之情形和革职的理由撰成英、法、德文，通告世界文明国。这个办法我想很不错。半农同访周氏兄弟，豫才说：如其大东海国大皇帝竟下了吃孔教的上谕，我们惟有逃入耶稣教之一法。豫才主张用耶教来排除中国旧儒。我本来是不赞成的，但彼等若竟要叫大家吃孔教来研究那狗屁的‘三纲五常’，则我们为自卫计，惟有此法而已。颂平说：他人耶稣教全为反对丧礼，这是和豫才一样的意思。”②

1919年2月10日，《钱玄同日记》载：“蓬仙今日在大学中和我大大辩论。他不以我做《新青年》为然，又不以我排斥纲常为然，我和他十多年的老友，也不和他使气的多辩。总之，人各有志，各行其是便了。”③ 朱蓬仙公开与钱玄同辩论，与黄侃同调。

1919年3月15日，钱玄同在《新青年》第6卷第3期上发表《随感录》“倍师变学”，不点名地批评他的老师黄侃：

昨天在一本上，看见某先生填的一首词，起头几句道：

---

① 杨天石主编：《钱玄同日记》，北京大学出版社2014年版，第338—339页。
② 同上书，第339页。
③ 同上书，第346页。

“故国颓阳，坏宫芳草，秋燕似客谁依？笳咽严城，漏停高阁，何年翠辇重归？”

我是不研究文学的，这首词里有没有什么深远的意思，我却不管。不过照字面看来，这“故国颓阳，坏宫芳草”两句，有点像“遗老”的口吻；“何年翠辇重归”一句，似乎有希望“复辟”的意思。我和几个朋友谈起这话，他们进行谈判我没有猜错。照这样看来，填这首词的人，大概总是“遗老”“遗少”一流人物了。可是这话说得很不对；因为我认得填这首词的某先生；某先生的确不是“遗老”“遗少”，并且还是同盟会里的老革命党。我还记得距今十一年前，这位某先生做过一篇①，其中有几句道：“借使皇天右汉，俾其克缵旧服，斯为吾曹莫大欣。”当初希望“缵旧服”，现在又来希望“翠辇重归”，无论如何说法，这前后的议论，总该算是矛盾罢。有人说：“大约这位某先生今昔的见解不同了。”我说：这话也不对。我知道这位某先生当初做革命党，的确是真心的；他现在的确没有变节。不过他的眼界很高，对于一般创造民国的人，总不能满意，常常要讽刺他们。他自己对于“选学”工夫又用得很深，因此对于我们这般主张国语文学的人，更是嫉之如仇。去年春天，我看他有几句文章道：“今世妄人，耻其不学。己既生而无目，遂乃憎人之明；己则陷于横溷，因复援人入水；谓文以不典为宗，词以通俗为贵；假于殊俗之论，以陵前古之师；无愧无惭，如羹如沸。此真庾子山所以为‘驴鸣吠’，颜介所以为‘强事饰辞’者也。”但是这种嬉笑怒骂，都不过是名士应有的派头。他决非因为眷念清廷，才来讥刺创民国的人；他更非附和林纾、樊增祥这班“文理不通的大文豪”，才来骂主张国语文学的人。我深晓得他近来的状况，我敢保证他现在的确是民国的国民，决不是想做“遗老”，也决不是抱住“遗老”的腿想做“遗少”。那么，何以这首词里有这样的

① 指黄侃所撰《专一之驱满主义》一文。

口气呢？这并不难懂。这个理由，简单几句就说得明白的，就是中国旧文学的格局和用字之类，据说都有一定的“谱”的。做某派的文章，做某体的文章，必有按“谱”填写，才能做得。相像了，就好了。要是不像，那就凭你文情深厚，用字得当，声调铿锵，不是不行，总以“旁门左道”“野狐禅”论。所谓像者，是像什么呢？原来是像这派文章的祖师。比如做骈文，一定要像《文选》；做桐城派的古文，一定要像唐宋八大家；学周秦诸子，一定要有几个不认得的字，和佶屈聱牙委难读的句子。要是做桐城派古文的人用上几句《文选》的句调，或做骈文的用上几句九家的句调，那就不像了，不像，就不对了。这位某先生就是很守这戒律的。他看见从前填写的人对于古迹，总几句感慨怀旧的话；他这首词意的说明，是“晚经玉蛛桥……因和梦窗‘西湖先贤堂感旧’韵，以写伤今怀往之情”，即当然要用“故国”……这些字样才能像啊！有人说：“像虽像了，但是和他所抱的宗旨不是相反对吗？”我说：这是新文学和旧文学旨趣不同的缘故：新文学以真为要义，旧文学以像为要义。既然以像为要义，那便除了取消自己，求像古人，是没有别的办法了。比如现在有人要做钟鼎，自非照那真钟鼎上的古文“依样葫芦”不可。要是把现行的楷书、行书、草书刻上去，不是不像个钟鼎了吗？

如此兵戎相见，黄侃自然免不了勃然大怒。黎锦熙《钱玄同先生传》亦云：“钱先生和黄侃先生的吵架问题，其远因实起于民七八间的新文学运动，《新青年》中常骂旧体诗词，曾批评黄先生《北海怀古》的词中一句：‘何年翠辇重归？’说是希望复辟的意思，黄先生大怒，骂为看词都看不通。”

黄侃《西平乐》词曰：

晚经玉蛛桥，见团城以北，宫观渐荒，岸柳渚荷，无复生意。

西风乍过，觱篥吹愁。因和梦窗《西湖先贤堂词》韵，以写感今伤往之怀。

故国颓阳，坏宫芳草，秋燕似客谁依？笳咽严城，漏停高阁，何年翠辇重归？看殿角孤云覆苑，林杪轻烟漾晚，疏灯数点，波间替却余晖。还爱西山暮色，苍翠处，散影入杨丝。　坠梧背井，漂花暗水，一夕西风，人事潜移。空漫想，楼延宝月，桥压金鳌，剩有深苔碎蟀，丛竹残萤，犹伴惊鸦认旧枝。凭吊废兴，铜盘再徙，沧海三尘，树老台平，尽划琼华，孤篷更逐沙飞。[1]

此阕用难调，“凭吊废兴”，令人黯然销魂。以格律言，下阕句多韵少，异于长调恒蹊，苟无黄侃之才情魄力，健笔直下，潜气内转，则未有不陷于重叠堆垛者也。钱玄同怀疑黄侃一向主张种族革命，而出“何年翠辇重归”之句，是否有违素志？殊不知北京故宫建于大明永乐盛世，一切规模悉遵南京旧制，乃属我国整个文化结晶，固非爱新觉罗氏所能独据。“翠辇”句本意，指当时国家无主，为发端句“故国颓阳”，作进一步之推衍，若徒摘字面非议之，误矣！词牌下有原注“丁巳”，乃民国六年（1917）之作。“铜盘再徙”指国都自南京再移北京。“沧海二尘”指辛亥革命失败，袁世凯称帝失败，张勋复辟失败。含义皆甚明晰。[2] 钱玄同故意曲解，胡乱诠释，自讨没趣。

1919 年 3 月 20 日，黄侃于《国故》第 1 期发表《国故题辞》。这是一篇宣言书，正式公开了自己的文化立场，新旧之争拉开序幕。

1919 年 3 月 24 日，新旧两派之争引起社会各界注意。《北京大学日刊》是日载：“《国故》月刊社纯由学生发起，其初议定简章，即送呈校长阅览，当蒙极端赞成，并允垫给经费。本社遂以成立。”《公言报》在刊登林纾给蔡元培的公开信时，将《请看北京学界思潮变迁之现况》

---

① 黄侃：《黄季刚诗文集》，中华书局 2016 年版，第 383—384 页。

② 此处从吴伯匋先生之说。

一文作为附录同时发表，其文如下：

北京近日教育虽不甚发达，而大学教师各人所鼓吹之各式学说则五花八门，颇有足纪者。国立北京大学自蔡子民氏任校长后，气象为之一变，尤以文科为甚。文科学长陈独秀氏，以新派首领自居，平昔主张新文学甚力。教员中与陈氏沆瀣一气者，有胡适、钱玄同、刘半农、沈尹默等。学生闻风兴起，服膺师说、张大其辞者亦不乏人。其主张以为文学须顺应世界思潮之趋势，若吾中国历代相传者，乃为雕琢的阿谀的贵族文学，陈腐的铺张的古典文学，迂晦的艰涩的山林文学，应根本推翻，代以平民的抒情的国民文学，新鲜的立诚的写实文学，明了的通俗的社会文学。此文学革命之主旨也。自胡适氏主讲文科哲学门后，旗鼓大张，新文学之思潮亦澎湃而不可遏。既前后抒其议论于《新青年》杂志，而于其所教授之哲学讲义亦且改用白话文体裁。近又由其同派之学生组织一种杂志曰《新潮》者，以张皇其学说。《新潮》之外，更有《每周评论》之印刷物发行。其思想议论之所及，不仅反对旧派文学，冀收摧残廓清之功，即于社会所传留之思想，亦直接间接发见其不适合之点而加以抨击。盖以人类社会之组织与文学本有密切之关系，人类之思想更为文学实质之所存，既反对旧文学，自不能不反对旧思想也。

顾同时与之对峙者，有旧文学一派。旧派中以刘师培氏为之首。其他如黄侃、马叙伦等，则与刘氏结合，互为声援者也。加以国史馆之耆老先生，如屠敬山、张相文之流，亦复而深表同情于刘、黄。刘、黄之学，以研究音韵、《说文》、训诂为一切学问之根，以综博考据、讲究古代制度接迹汉代经师轨。文章则重视八代而轻唐宋，目介甫、子瞻为浅陋寡学。其于清代所谓桐城派之古文家则深致不满，谓彼辈学无所根，而徒斤斤于声调，更借文以载道之说，假义理为文章之面具，殊不值通人一笑。从前大学讲坛为桐城派古文家所占领者，迨入民国，章太炎学派代之以兴。在姚叔节、林琴南辈，目击刘、黄诸后生之皋比坐拥，已不免有文艺衰微之感；然若视新文学派之所主张，更当认为怪诞不经，似为其祸之及于人群，直无异于洪水猛兽；转顾太炎新派，反若途轨之犹能接近矣。顷者刘、黄诸氏，以陈、胡等与学生结合，有种种印刷物发行也，乃亦组织一种杂志，曰《国故》。组织之名义出于学生，而主笔政之健将，教员实居其多数。盖学生中固亦分新旧两派，而各主其师说者也。二派杂志，旗鼓相当，互相争辩，当然有裨于文化；第不言忘其辩论之范围，纯任意气，各以恶声相报复耳。

《公言报》报道北大新旧派之争，不仅指出陈独秀是新派首领，而且说旧派以刘师培为首。刘师培立即给《公言报》写声明信：

《公言报》主笔大鉴：读十八日贵报《北京学界思潮变迁》一则，多与事实不符。鄙人虽主大学讲席，然抱疾岁余，闭门谢客，于校中教员素鲜接洽，安有结合之事？又《国故》月刊由文科学员发起，虽以保存国粹为宗旨，亦非与《新潮》诸杂志互相争辩也。祈即查明更正，是为至荷。

《北京大学日刊》发表了此信，同时还刊登了《国故月刊社致公言报函》：

主笔先生大鉴：阅本校日刊，得悉十八日贵报有论北京大学新旧学派一条，所云《国故》月刊情形与真象不符。特将敝社事实略为陈述，请详览焉。《国故》月刊纯由学生发起，其初议定简章，即送呈校长阅览，当蒙极端赞成，并允垫给经费，本社遂以成立。嗣以社中尽属同学，于稿件去取未便决定；又因同学才识简陋，恐贻陨越，箴规纠正，端赖师资；故敦请本校教员及国史馆职员为总编辑及特别编辑，而社中编辑十人，则全为学生。由此以观，则学生为主体，教员亦不过负赞助上之职务耳。而贵报所谓“顷者刘、黄诸氏以陈、胡等与学生结合，有种种印刷物发行也，故组织一种杂志，曰《国故》。组织之名义出于学生，而主笔政之健将，教员居其多数”，毋乃全背事实，而蹈捕风捉影之讥乎？至于本社成立之初，同人尝立一规律，以研究学术，实事求是，不得肆击他人，亦不得妄涉讪骂，至今恪守，罔敢逾越。盖以学术大同，百科并重，各尊所闻，各行所是，只求学理之是非，而无意见之争执。而贵报不察，既未明本社真象，复故猜测其词，以为且轶范围而涉意气。荧惑观听之责，贵报岂其能辞？要之，同人组织《国故》，其宗旨在昌明国学，而以发挥新义、刮垢磨光为急务，并非抱残守缺、姝姝奉一先生之言，亦非故步自封、驳难新说。时至今日，学无新旧，唯其真之为是。故信口吹求，逞词抵巇，在一般机关报纸，或诚所不免，而以昌明国学、实事求是如本社者，乃亦来私臆影响之谈，其他则又何说？（下略）

自从1917年以后，钱玄同为《新青年》写稿，与胡适、陈独秀等通信，开始为新文化运动大唱赞歌，并以最激烈的态度对传统文化进行攻击和批判，甚至提出“应烧毁中国书籍”“废除汉文”。在新文化运动时期，钱玄同在文学革命、思想启蒙、汉字革命、疑古辨伪、学习西方等方面都提出一系列的主张。[①] 1923年6月，钱玄同在《国

① 可参见刘贵福《钱玄同思想研究》，北京师范大学出版社2011年版，第46—113页。鲁迅在《无声的中国》一文中指出：“刚刚提起文学革新，就有反动了。不过白话文却渐渐风行起来，不大受阻碍。这是怎么一回事呢？就因为当时又有钱玄同先生提倡废止汉字，用罗马字母来代替。这本也不过是一种文学革新，很平常的，但被不喜欢改革的中国人听见，就大得不得了了，于是便放过了比较平和的文学革命，而竭力来骂钱玄同。白话文乘了这一个机会，居然减去了许多敌人，反而没有阻碍，能够流行了。”（见《鲁迅全集·三闲集》）如果当时真的废止汉字，决不会像鲁迅说得这么轻松平常，中国文化必将招致致命性打击。只要看看周边汉字文化圈废止汉字就可推知一二了。

语月刊》“汉字改革”号发表了《汉字改革》。这些过激派狂妄不可一世的观点，令视国学为瑰宝的黄侃大为反感，故常称钱玄同为“钱二疯子”。

1922年1月23日，《钱玄同日记》载：“郑介石借给我一本《国学卮林》第1期。此杂志系九年夏间武昌高师所出版，编辑主任是黄季刚。在浴室中翻阅，其中竟有提倡君臣之说，可谓荒谬绝伦。汪旭初寿某管带‘诗举人’及自炫之语，看了令人肌肤起栗。其中自然还是季刚的文章稍微好些。然彼所撰之《音略》，说声之发音几无一语不谬，彼自以为订正江永之说，实在其误甚于江永。我常主张国学必须受新文化洗礼之人，才能讲得明白，今观此志，而益坚吾说矣。”① 黄之视钱，亦犹钱之视汪，必令人肌肤起栗。

1922年11月6日，《钱玄同日记》载：“一周以来常常翻阅顾、江、段、钱、孔、王、章诸家论古音之书。我近来对于信仰了七年的黄季刚之古音说根本怀疑。又对转、旁转之说亦觉难信，以为讲古音最闳通者，韵为顾氏，声则钱氏。顾氏以为古人四声△△△△△△及钱氏《古今音说》(《潜研堂文集》卷3）一篇所论最有特色。总而言之，韵创古无四声之分，尤其无入声之可言，声则塞通二声古音皆有清无浊。惟顾氏对于韵部定得太疏，此因其不明时代转变，将汉魏音与周秦音并为一谈之故。此则当取后来诸家（江永、戴、段、孔、王、江有诰、章）之说补正之者也。兹假定古声十类，古韵二十类如左……”②

(四) 黄、钱反目

1932年3月2日，黄侃与吴承仕、马幼渔、钱玄同、朱希祖从章太炎游南海，食于大陆春，饭后送章太炎回寓。太炎从容谈及受学俞樾、谭献往事及其学术文章大要。《钱玄同日记》亦云：“午回家，饭毕，即访幼渔，与同至花园饭店访老夫子，别来十六年矣。近来态度如

---

① 杨天石主编：《钱玄同日记》，北京大学出版社2014年版，第389页。
② 同上书，第471—472页。

旧，益为和蔼，背颇驼，惟发剪极短，与当年披发大不相同。季刚亦在，检斋亦在。政客一大帮，与辛亥冬在哈同花园时颇相像。询知师实避沪难而来也。四时许，朱、马、钱、黄、吴、师六人乘汽车逛中南海公园。六时雅于大陆春，将食，忽得噩耗，谓沪十九路军总退却。噫！晚九时散。”① 十天之后，黄侃与钱玄同公开闹翻。《黄侃日记》1932年3月12日载，中午至章太炎处，共宴酒食。饭后，钱玄同来访，黄侃询问他近年有何收获，钱玄同刚开口说“新文学”三字②，当即面红耳赤，他突然转变话题，责怪不应称他为“二疯”，应该称姓名。黄侃说：“二疯之谑，诚属非宜。以子平生专为人取诨名，聊示惩儆尔！常人宜称姓字，子之姓为钱耶？为疑古耶？”钱玄同闻言，益发咆哮，其实钱畏章太炎之指责，故示威于黄侃。③ 黄侃的推测不无道理。《钱玄同日记》是日亦载：

大风竟日。午回家，即至幼渔家，他约叔平与我同访太炎也。三时往，又是宾客满堂。我忽与季刚龃龉，因他称我为“二疯”，问我近治音韵有何心得，我答以无（我们的新方法，审音，实事求是而不主宗主，皆与季刚不合者，如何可以对他说！）。他忽然不耐烦地说：“新文学，注音字母，白话文，屁话！”我闻“屁话”二字大怒，告之曰：“这是天经地义！我们道不同不相为谋，不必谈。”

---

① 杨天石主编：《钱玄同日记》，北京大学出版社2014年版，第849页。

② 陈独秀在一篇通信后面的复语中说：“以（钱玄同）先生之声韵训诂学大家而提倡通俗的新文学，何忧全国之不景从也。可为文学界浮一大白。”胡适后来在《新文学的建设理论》一文中说：“这时候，独秀、玄同、半农诸人都和我站在一条路线上，我们的自信心更强了。”钱玄同当时在学术界的地位远在陈独秀、胡适诸人之上，他亦曾列名“函夏考文苑”，他转向新文学阵营，自然受到陈独秀、胡适的欢迎。

③ 钱玄同《挽季刚》亦云：“于余杭座中一言不合，竟至斗口。”（《制言》第7期）汤志钧编《章太炎年谱长编》（中华书局2013年版，第933页）误将此事编入1933年。太炎被袁世凯软禁期间曾以陆象山语录赠玄同：“激厉奋迅，决破罗网，焚烧荆棘，荡夷污泽。”此次太炎北游，玄同又请求章氏替他书此四句以自勉，太炎认为这四句话太激烈，不肯重写。此事见吴锐：《钱玄同评传》，百花洲文艺出版社2015年版，第14页。

喧哗了一场，殊可笑。移时溥泉来，七时顷去。季刚一怒而睡，睡醒即与张同走。至晚八时客始散，钱、马、马、吴四人共师谈学甚乐，知师近著有关于《春秋经说》五万余言，又定本《三体石经考》，拟再为之写了石印，如昔年写《小学答问》故事，惜乎其稿已入季刚之手，恐不可复拿出矣。十一时顷始散。忽拟移书章师，说明十六年来之情形，起笔自一时顷至四时顷，不能再写了，睡。①

新派动辄称“天经地义”，仿佛有如神权天授。黄侃妙语惊人，仿佛禅宗的当头棒喝。可惜钱玄同迷复不返，从此二人老死不相往来。

黄侃与钱玄同分属于文化的两极，一为极右，一为极左。两个疯子②，因为对待文化的态度完全不同，最后分道扬镳。尽管如此，钱玄同在学问方面还是对黄侃给予较多的肯定。如 1934 年《古韵二十八部音读之假定》还是肯定黄侃的成就：“黄氏承章君之学，又参戴氏之说，将入声完全独立，故较章君多五部。玄同梼昧不学，籀读前贤之遗著，聆听师友之绪论，以为截至现在为止，当以黄氏二十八部之说为最当。但黄氏之分部，尚有应修正者二点：（1）黄氏‘萧’部之入声尚应分出，独立为一部。关于此点，其弟子黄永镇作《古韵学源流》，既修正之矣（分‘萧’部之入声字为‘肃’部矣）。（2）黄氏‘豪’部，实无入声，此为段氏所考明者，黄氏则分出入声‘沃’部。愚对于古韵部分，用黄氏之二十八部，而分‘萧’部为二，今称‘幽’部与‘觉’部，合‘豪’部‘沃’部为一，今称‘宵’部。”③ 分萧部为二是对的，合豪部、沃部为一则是错误的。1935 年 10 月 10 日钱玄同日记载：“今日报载，季刚忽于十月八日逝世，年五十岁（1886—1935），清光绪十二—

① 杨天石主编：《钱玄同日记》，北京大学出版社 2014 年版，第 851 页。

② 对钱玄同需要从精神分析的角度加以研究，他是实实在在得过“脑病”的。玄同少遭纲伦之厄，因此拼命反对纲常伦理。

③ 钱玄同遗著，曹述敬选编：《钱玄同音学论著选辑》，山西人民出版社 1988 年版，第 70 页。

民廿四，丙戌—乙亥，因之感伤。我与季刚相识在戊申之岁（查旧日记），自来因性情不相投合，论学亦多不相合，故多睽，然民四五间，论古今纽韵，得益甚多。平心而论，余杭门下才士太少，季刚与逖先，实为最表表者。若吴处士辈，腐恶兼具，何足算哉！”[①] 1935 年 10 月 26 日，钱玄同又撰挽词云：“小学本师传，更紬绎纽韵源流，黾勉求之，于古音独明其真谛；文章宗六代，专致力沉思翰藻，如何不淑，吾同门遽丧此隽才。”[②] 高度肯定了黄侃的学问与文章。后来他给林尹《中国声韵学通论》一书作序时亦云：“黄君邃于小学，声韵尤其所专长，《广韵》一书，最所精究，日必数检，韦编三绝，故于其中义蕴阐发无遗，不独能诠其名词，释其类例，且由是以稽先秦旧音，明其声韵演变之迹，考许君训诂，得其文字孳乳之由；盖不仅限于《广韵》，且不仅限于声韵学，以遍及于小学全部矣。”可谓平允之论。

三、黄侃与胡适

（一）胡适的“八不主义”

陈独秀、胡适二人在新文化运动中自然形成一种分工，在文化道统、哲学兴替、社会伦理方面有共同的斗争方向之外，胡适更多用力在白话文，在新诗，在新伦理和新哲学，在戏剧改良和译介外国文学；陈独秀更多的则在反孔，在阐释道德变迁，在批国粹，批“东方文化”上。[③] 章清在《胡适评传》一书的结尾处写道：“20 世纪中国学术思想的发展是一个多元的复合的运动，单纯的学术研究几乎是难以持续的。内在的与外在的矛盾与冲突，很大程度制约、规定着学术思想发展的方向和水准，因之，给胡适这位近代中国学术思想史上的中心人物定位，

① 杨天石主编：《钱玄同日记》，北京大学出版社 2014 年版，第 1144 页。按：吴处士，即吴承仕。

② 同上书，第 1148 页。

③ 胡明：《正误交织陈独秀》，人民文学出版社 2004 年版，第 119 页。

对他作出恰当的评价，不是一件容易的事。”① 在胡适闪亮登场之前，黄侃早已是北京大学的中心人物，黄、胡之间的新旧之争是无法避免的。

胡适《文学改良刍议》是新文学的第一发炮弹，我们看看它到底是些什么内容：

> 吾以为今日而言文学改良，须从八事入手。八事者何？一曰须言之有物；二曰不摹仿古人；三曰须讲文法；四曰不作无病之呻吟；五曰务去烂调套语；六曰不用典；七曰不讲对仗；八曰不避俗语俗字。②

其实古典文学历来就强调“须言之有物”，“须讲求文法”，“不作无病之呻吟”，“务去烂调套语”，这四条并非胡适的新主张！但是前人一般不反对摹仿古人，甚至提倡摹仿，如同初学写字的人要描红、临帖一样，初学写作者也是从模拟前人的名作开始的，拟议以成其变化，最后自成一格，这本来无可厚非。至于用典、讲对仗、避俗字俗语，也是古典诗文的传统做法。不能因为“用典之拙”就将用典之法废除，正如不能因噎就废食一样。试问作近体诗不讲对仗还能称之为近体诗吗？不用典能写好古文古诗吗？古典诗文都是使用高雅的语言，尽量避免使用脏字俗语。胡适颠倒文章成规，自我作古，究有何益?！废除下学功夫，也就断绝了进学路径，胡适可谓用心良苦。

要之，“八不主义”也好，“三大主义”也罢，都是那个特殊时期的产物。胡适制定的这些白话文游戏规则，起初他心中也没有谱，所以在致陈独秀的信中说：“此事之是非，非一朝一夕所能定，并非一二人所能定。甚愿国中人士能平心静气与吾辈同力研究此问题！讨论既熟，是非自明。吾辈已张革命之旗，虽不容退缩，然亦决不敢以吾辈所主张为必是而不容他人之匡正也。”陈独秀斩钉截铁地回答胡适：“天经地义，

---

① 章清：《胡适评传》，百花洲文艺出版社2015年版，第298页。

② 胡适：《文学改良刍议》，《新青年》第2卷第5期。

尚有何种疑义必待讨论乎？”“是非甚明，必不容反对者有讨论之余地，必以吾辈所主张者为绝对之是，而不容他人之匡正也。”如此狂妄，怪哉！

“老虎总长”章士钊当时曾对白话文痛下针砭：“今之贤豪长者，图开文运，披沙拣金，百无所择，而惟白话文学是揭。如饮狂泉，举国共一。”当时简直是以“适之为大帝，绩溪为上京”[①]。陈独秀为之辩白：“常有人说，白话文的局面是胡适之、陈独秀一班人闹出来的。其实，这是对我们的不虞之誉。中国近来产业发达，人口集中，白话文完全是应这个需要而发生而存在。适之等，若在三十年前提倡白话文，只需章行严一篇文章，便驳得烟消灰灭，此时章行严的崇论宏议有谁肯听？”[②]

白话文学不等于新文学，汪东早已指出这一点，其后学衡派也发起了责难，可惜这些声音没有压过陈胡派。新文学一路狂飙，白话文、白话诗、白话词、白话戏剧成为新文艺主潮流[③]，进而引出了废汉字、废汉语、汉字罗马化以及后来世界语的推行问题，越跑越偏离中国传统文化的正道。

（二）黄侃对胡适的嘲讽

新文学的巨子成为新青年的导师，思想也越来越激进，对于传统文化则弃若敝屣。在一片烧书声中，黄侃写了一些书愤之作。对于胡适的白话文、白话诗，黄侃大加嘲讽，他看到胡适的《尝试集》中有“两只黄蝴蝶，双双飞上天”的诗句，便给胡适起了个“黄蝴蝶”的外号。说

① 章士钊：《评新文化运动》，赵家璧主编《中国新文学大系·文学论争集》，上海良友图书公司1936年版，第195—201页。

② 陈独秀：《答适之》，《胡适文存》第2集第2卷，中央编译出版社2014年版，第50页。

③ 章太炎先生尝曰：“今人作白话诗，句法不整，声韵不协，极似散文。乃不曰散文而曰诗，此命名之失也。譬如日本僧人，食肉娶妇，曷不谓之居士耶？”其意偏激，然其言甚趣。见朱祖延《闻见录》之“太炎论白话诗”条，《朱祖延集》，崇文书局2011年版，第581页。

胡适是北大校长蔡元培身边的“黄蝴蝶”。[①] 有趣的是，黄侃也在《转应曲》中写过蝴蝶：

> 蝴蝶，蝴蝶，飞上罗裙双帖。便教迭入空箱，差胜分飞断肠！肠断，肠断，忍向别枝重见。

与胡适的白话诗一比，高下立判。黄侃由胡适的那些浅露无比的打油诗，马上又联想到写“江上一笼统，井上黑窟窿。黄狗身上白，白狗身上肿”的打油诗鼻祖——胡钉铰[②]，故将胡适命名为“胡钉铰”，或戏称为“钉铰后人”。每次见到胡适，黄侃就要戏弄他一番。黄侃对胡适还有更难堪的事。有一次，黄侃对胡适说：“你口口声声要推广白话文，为什么名称偏叫‘胡适’？而不叫‘往哪里去’？”胡适一时语塞。又一次在宴会上，胡适大谈其墨学，黄侃在一旁骂道：“现在讲墨学的人，都是些混账王八！”胡适嚇然。一会儿黄侃又骂道：“便是胡适之尊翁，也是些混账王八。”胡适忍无可忍，正欲发作，黄侃却大笑道：“且息怒，我是试试你。墨子兼爱是无父也。你今有父，何足以谈论墨子？我不是骂你，聊试之耳！”胡适气得一时说不出话来。有一次，黄侃赞美文言文的高明，他举例说：“比如胡的太太死了，他的家人用白话文打电报，一定会说：‘你的太太死了，赶快回来啊！’要用十一字，如用文言，则需‘丧妻速归’四字即可。”黄侃还在课堂上戏弄胡适《中国

---

① 那时北京大学哲学系的学生也把胡适“两只黄蝴蝶，双双飞上天”的新诗作为嘲笑资料。

② 明杨慎《丹铅续录》卷5评文云：“张打油、胡钉铰亦浅而露，论文者当辨其美恶，而不当以繁简难易也。”清陈廷灿《续茶经》卷下之三云：“有胡生者，失其名，以钉铰为业，居雪溪，而近白苹洲，去厥居十余步，有古坟，胡生每瀹茗必奠酹之，尝梦一人谓之曰：‘吾性柳，平生善为诗，而嗜茗，及死，葬室在子今居之侧，常衔子之惠，无以为报，欲教子为诗。’胡生辞以不能，柳强之曰：‘但率子言之，当有致矣。’既寤，试构思，果若有冥助者，厥后遂工焉，时人谓之‘胡钉铰诗’。柳当是柳恽也。”

哲学史大纲》仅有上半部[①]，全书未完。他对学生说："昔者谢灵运可谓秘书监，今日胡适可谓著作监矣！"学生们不解其意，问其原因，黄侃说道："监者，太监也。太监者，下面没有也。"听者大笑不已。[②] 又有一次，胡适在黄侃面前自诩其对声韵有研究，欲撰《入声考》一文。言谈间，胡适谈起《诗经·周南》，将"为絺为绤"之"絺"与"绤"读成"希谷"，絺音痴，绤音细，黄侃听之忍俊不禁。后来章太炎知道此事，在苏州讲学时，曾举此事大加嘲讽。陈汉章于1917年对年仅27岁进北大的胡适，也取嘲笑的态度。有一天，汉章先生给冯友兰（1915年进北大哲学门）他们上课。他一进教室，"拿着胡适的讲义笑不可抑，他说：'我说胡适不通，就是不通！只看他的讲义名字就知道不通。哲学史就是哲学大纲，现在又有哲学史大纲，岂不成了大纲的大纲？不通之至！'"[③] 谭延闿尝为胡适之题扇面，录诗一首。适之每持以示人曰："谭公题吾扇极措意，写作俱佳，真上品也。"一日，林公铎见之，笑曰："此唐人高骈诗也，何云谭公作乎？"适之大惊，从此遂不语人。[④]

（三）伪古、伪学之争

1923年2月，胡适在《申报》50周年纪念刊《最近之五十年》中发表《五十年来中国之文学》：

---

① 梁漱溟认为："胡适先生功劳很大，提倡语体文，促进新文化运动，这是他的功劳。他的才能是擅长写文章，讲演浅而明，对社会很有启发性。他的缺陷是不能深入；他写的《中国哲学史大纲》只有上卷，下卷就写不出来。因为他对佛教找不见门径，对佛教的禅宗就更无法动笔，只得做一些考证；他想研究佛法，但著名的六祖慧能不识字，在寺里砍柴、舂米，是个卖力气的人，禅宗不立语言文字，胡先生对此就无办法。"见梁漱溟：《忆往谈旧录》，北京联合出版公司2012年版，第81—82页。

② 朱祖延《闻见录》之"宦寺之书"条亦云："胡适著《中国哲学史大纲》，仅成上卷，至周秦诸子而止。黄季刚先生讥为宦寺之书，人多不解。先生笑曰：'下部阙如，非宦寺而何？'"见《朱祖延集》，崇文书局2011年版，第585页。

③ 冯友兰：《三松堂自序》，人民出版社1989年版，第200页。

④ 朱祖延：《闻见录》之"唐高骈诗"条，《朱祖延集》，崇文书局2011年版，第596页。

> 总而言之，章炳麟的古文学是五十年来的第一作家，这是无可疑的。但他的成绩只够替古文学做一个很光荣的下场，仍旧不能救古文学的必死之症，仍旧不能做到那“取千年朽蠹之余，反之正则”的盛业。他的弟子也不少，但他的文章却没有传人。有一个黄侃学得他的一点形式，但没有他那“先豫之以学”的内容，故终究只成了一种假古董。章炳麟的文学，我们不能不说他及身而绝了。①

黄门弟子郑际旦写信给黄侃，以胡适所谓“假古董”之辞见告，黄侃当即复郑际旦信，与胡适展开伪古伪新之争。函云：

> 郑生大弟：昨示仆以胡适之在《申报》论近日文学涉及于仆之辞，怪仆何以遂默默。年来闭户息纷，不观杂报，即以近日时事言之，除孙文死去，举国汹汹，仆无容不晓外，实一无所闻。借非足下语我，虽使白首不闻胡君之教可也。胡君起自孤生，以致盛誉，久游外国，尚知读中国书，仆固未尝不称道之；而品核古今，裁量人物，殆非所任。正使讥仆，亦何伤乎？而以默默为病耶？少违严父之教，幸为慈母、因母、嫡兄、寡姊所怜，得至成立。性气浮躁，不能潜心学问，徒恃灵明，弄笔骋辞，恭承师说，无所裨益。授书黉序，鲜有发明。斯不学之征，胡君论仆，自为知之不谬耳。人固有晚命，而仆自失供养以来，心事凄苦，无意问学。偶欲究声音训诂之条例，求汉世经师之家法，而闻见苦于未广，窃恐此生遂终废弃，上负在三之恩，胡君虽欲刻厉仆，其如驽蹇之乘，无志千里何哉！仆闻衒鬻叫呼，悬旌自表者，非随和之宝。仆之为文，诚“不豫之以学”，何可讳言！抑胡君以文变天下之俗，其自视学问果居何等耶？猥以“假古董”为诮，盖伪古伪新，其事均等。仆与胡

① 胡适：《五十年来中国之文学》，上海科学技术文献出版社2014年版（据1924年申报馆本影印），第48页。

君分据两途，各事百年，不亦可乎！仆非不能以恶声反诸胡君，窃见今之学者，为学穷乎诟骂，博物止于斗争，故耻之不为也。[①]

陈子展云："他写这封信，表面上似乎矜平躁释，不与人争；实则大有'心愤涌，笔手扰'之概。他说'伪古伪新，其事均等，分据两涂，各事百年'，这是他与胡适不相菲薄不相师的一种表示。"[②] 陈子展其时学问还没有成熟，明显站在胡适一边，假如他早点弄古典学问，成就绝不止于那两部《直解》。胡适彻底打破了士大夫和下层民众在语言上延续已久的领域，并直截了当地把白话文提升到文学正宗的地位。[③] 应该说这场新旧之争至今还远远没有终结。

四、黄侃与沈尹默

（一）诗词酬唱

沈尹默（1883—1971），原名君默，浙江湖州人。早年留学日本，后任北京大学教授。以书法闻名。

1917 年 11 月 30 日《北京大学日刊》公布的专任教员题名为：

文科本科教授
黄　侃　朱希祖　陈大齐　陈汉章　马叙伦　徐仁铸
康宝忠　钱玄同　黄　节　周作人
胡　适　章士钊　吴　梅　叶浩吾　徐宝璜　贺之才
顾兆熊　张相文　辜汤生
文科预科教授
周思敬　马裕藻　朱宗莱　沈尹默　杨敏曾　田北湖　沈兼士

① 黄侃：《黄季刚诗文集》，中华书局 2016 年版，第 512—513 页。
② 陈子展：《中国近代文学之变迁　最近三十年中国文学史》，上海古籍出版社 2000 年版，第 204 页。
③ 章清：《胡适评传》，百花洲文艺出版社 2015 年版，第 79 页。

黄侃排在文科本科教授的第一位，而沈尹默排在文科预科教授的第四位。但沈尹默的活动能量很大，在当时是一位重要人物，是蔡元培身边的军师。据周作人《知堂回想录》一二四《三沈二马》（上）记载：

> 沈尹默与马幼渔很早就进了北大，还在蔡孑民长北大之前，所以资格较老，势力也比较的大，实际上两个人有些不同，马君年纪要大几岁，人却很是老实，容易发脾气，沈君则更沉着有思虑，因此虽凡事退后，实在却很起带头作用。朋友们送他一个徽号叫“鬼谷子”，他也便欣然承受，钱玄同尝在背地批评，说这混名起得不妙，鬼谷子是阴谋大家，现在这样的说，这岂不是自己去找骂么？但就是不这样说，人家也总是觉得北大的中国文学系里是浙江人专权，因为沈是吴兴人，马是宁波人，所以有“某籍某系”的谣言，虽是“查无实据”，却也是“事出有因”，但是这经过闲话大家陈源的运用，移转过来说绍兴人，可以说是不虞之誉了。我们绍兴人在“正人君子”看来，虽然都是绍兴师爷一流人，性好舞文弄墨，但是在国文系里我们是实在毫不足轻重的。

周作人前边的话大体属实，后面的解释不免走样，故意为“某籍某系”开脱，为绍兴师爷漂白。新文化运动的主要人员来自浙江与安徽两地，内部又相互排斥，耐人寻味。

1915年秋，黄侃用白石韵填了一阕《惜红衣》词寄给沈尹默：

> 别意惊秋，离程计日，遣愁无力。罢倚层楼，沉沉暮天碧。瑶华岁晚，谁寄与殊方羁客。凄寂。帘外燕归，阙江关消息。　　狂尘广陌，纵有芳菲，经寒易狼藉。行谣苦恨去国。滞天北。浪说海桑难遇，偏遣一身亲历。但五噫歌就，空羡越中山色。①

---

① 黄侃：《黄季刚诗文钞》，湖北人民出版社1985年版，第355页。

抄本小序作："君默南去盈旬，尚无书至，音缺斋寂，感时伤遇，因倚此调寄之，用石帚韵。"君默，即沈尹默。词写得相当动情。可在黄侃读了沈尹默的诗集之后，大摇脑袋，写了一首讽刺诗，即《题沈尹默诗集》：

细字珠联纸墨新，清词何碍古为邻。今人只解咿优哑，笑杀名倡郭舍人。

侃。罪过罪过。

陆昕《民国名人传记丛书·黄侃》称：

我家藏有两册《秋明集》，乃名书家、文学家沈尹默先生自著诗集，赠季刚先生者。季刚先生将此又赠给我祖父，并于其首册封面题一七绝云……祖父说，黄侃当时还嘱咐他，道："你若见着尹默，不可提这诗。"我问缘故，祖父说："无非是他觉得沈先生诗作得不高明，所以题诗开玩笑，不然怎么称'罪过罪过'呢？"

沈尹默的诗品调不高，不入黄侃的法眼。

沈尹默的诗集中保留了 10 首赠给黄侃的诗，如《春日遣兴简季刚》：

杨柳依依春水生，桃花灼灼满春城。风光自与游人便，到处相看眼尽明。①

又如《赠季刚》：

---

① 沈尹默：《秋明集》，《民国诗集丛刊》第 1 编第 105 册，台中文听阁图书公司 2009 年版，第 57 页。

中巧才高见楚贤，缁豪馨逸尽堪传。偶吟策马升皇语，痛绝春归叫杜鹃。

不薄儒林爱翰林，戴（子高）诗汪（容甫）笔重南金。文章闲业成虚语，得失终关一寸心。

风尘局促堪谁语，把卷高吟意自回。若论文章千古事，能如李杜岂凡材。

知音久服丁生语，润色终推子建能。竟使输君才八斗，不辞饮我墨三升。

从来名士多于鲫，炙毂雕龙稷下看。自笑未携行卷子，敢云居易是长安。①

又如《答季刚》：

愁中卧病曾非恶，乱里离乡尚有家。若使此安安稳过。不辞谈笑送年华。

天心民意本难明，物我相看岂有情。多少东山携妓客，何曾挥涕为苍生。

凛凛寒冰意自伤，由来才命恐相妨。山阳一赋千秋恨，不比寻常话断肠。

木落天高感易深，更兼冷雨滴愁心。山妻有意怜残菊，留与萧斋伴苦吟。②

---

① 沈尹默：《秋明集》，《民国诗集丛刊》第1编第105册，台中文听阁图书公司2009年版，第65—66页。

② 同上书，第70—71页。

（二）分道扬镳

在1914年秋至1916年冬，前后大约两年半，黄侃与沈尹默的关系还比较友好，他们之间还有不少唱和。但1917年绝对是一个分水岭。随着陈独秀、胡适先后进入北京大学，沈尹默与钱玄同等人迅速倒向陈、胡一边，成为《新青年》的重要成员。但在新旧两派看来，沈尹默里外都是一个“阴谋家”，就像蝙蝠一样，一会儿是鸟类，一会儿是兽类，最后两派都把他看作是反复无常的“小人”。黄侃后来很讨厌他，后来胡适也特别讨厌他。请看《北京大学日刊》1917年12月14日的一则“文科教务处告白”：

> 本科教员黄季刚先生来函，自本星期二至星期六因事请假五天。此白。

再请看《北京大学日刊》1917年12月15日“国文教授会第一次开会纪事”：

> 十二日下午四时开第一次国文教授会，到会者：刘师培、吴梅、钱玄同、朱希祖、朱宗莱、马裕藻、刘三、刘文典、伦明、林损、沈尹默、沈颐、魏友枋、程演生、刘复。选举主任票数如下：沈尹默12票，刘师培1票，刘三1票，钱玄同1票。沈尹默君以得票最多数当选为主任。

两者联系起来看，就不难发现，黄侃为何要请假5天？因为他公开表明不与沈尹默合作。胡适也曾经公开地咒骂沈尹默为“小人”，据沈尹默之孙沈长庆《沈尹默家族往事》叙述：

> 胡适狂呼他“阴谋（尹默之谐音）家”“小人”……可就是这么个“阴谋家”“小人”，当50年代大陆猛批胡适，上海各文艺单

位大会小会口诛笔伐胡适，有人要熟悉胡适的沈尹默发言。沈尹默慢慢悠悠起来说，他有一天去胡适家里，看见他桌上书堆得像柴火一样高，胡适埋首其中，抄写不息。轻轻说完这几句，沈尹默猛作控诉状，有力地喊道："难道这是做学问的样子吗?"这不正是诗人沈尹默一种黑色幽默，一种宽大胸襟的表现吗？反观此时正在美国的胡适，本来流亡者的心情就不好，1952 年 1 月 5 日，收到来自香港的一封信。看后，他在日记中气急败坏地写道："胡家健从香港寄来《大公报》，有 12 月 2 日《大公报》在上海开的'胡适思想批判座谈会'的记载与资料……沈尹默的一篇则是全篇扯谎!""这人是一个小人，但这样的下流扯谎倒是罕见的!"①

沈尹默的黑色幽默是不是一种宽大胸襟的表现？我们暂且不作评论。胡适的叫嚣与其绅士风度不类，一定是在发泄他多年淤积于心的愤恨与不满，这倒符合精神分析的原理。

《黄侃日记》1928 年 6 月 27 日载：

沈尹默为河北委员矣。尹默昔年有诗，其首句云："天上一个鸽子。"② 今日之谶也。

黄侃与陈独秀都先后为其所卖。他像"天上一个鸽子"，更准确地说，他像"天上一个蝙蝠"。沈尹默最初与太炎门生打成一片，后来又与陈、胡搅在一起，冒来冒去，最后两边都不讨好，胡适至死都没有原谅他。

五、黄侃与傅斯年

1916 年夏秋之交，傅斯年学完北京大学预科课程，顺利升入本科

① 沈长庆：《沈尹默家族往事》，中国文史出版社 2013 年版，第 139—140 页。

② 此诗未见原始出处，当为佚句。

国文门，很快得到黄侃的青睐。1917 年 9 月，胡适进入北大讲授中国哲学史，哲学系学生认为胡适想绞断中国哲学史，不配讲授这门课。正是得到傅斯年等人的支持，农学出身的胡适才能站稳脚跟。

(一) 师生反目

周作人《知堂回想录》一二八《每周评论》（上）云：

> 《北大生活》的大事记上有这几项记录：
>
> “民国七年十二月三日，《新潮》杂志成立。”
>
> “八年一月，《新潮》杂志出版。”
>
> “同月，国故月刊社成立。”这样，《公言报》所夸张的新旧学派对立的情形已经开始，刚到两个月便兴起了那武力干涉的阴谋，但是其实那异军突起的却并不是每月一回的月刊，乃是七年十一月廿七日成立，而于十二月廿一日创刊的《每周评论》。所谓新旧派的论争实在也争不出什么来，新派纯凭文章攻击敌方的据点，不涉及个人，旧派的刘申叔则只顾做他的考据文章，别无主张，另一位黄季刚乃专门泼妇式的骂街，特别是在讲堂上尤其大放厥词，这位国学大师的做法实是不足为训。这手法传给了及门弟子，所以当时说某人是“黄门侍郎”（即是说是黄季刚的得意门生），谁也感到头痛，觉得不敢请教的。《新潮》的主干是傅斯年，罗家伦只是副手，才力也较差，傅在研究所也单认了一种黄侃的文章组的“文”，可以想见在一年之前还是黄派的中坚，但到七年十二月便完全转变了，所以陈独秀虽自己在编《新青年》，却不自信有这样大的法力，在那时候曾经问过我，“他们可不是派来做细作的么？”我虽然教过他们这一班，但实在不知底细，只好成人之美说些好话，说他们既然有意学好，想是可靠的吧。结果仲甫的怀疑到底是不错的，他们并不是做细作，却实在是投机，“五四”以后罗家伦在学生会办事也颇出力，及至得到学校的重视，资送出洋，便得到高飞的机会了。他们这种做法实在要比旧派来得高明，虽然其动机与旧派一流

原是一样的。

傅斯年在北京大学曾经从黄侃执经问学，黄侃欲将道统传给他，他应该非常清楚章黄的学术路数——“治《文始》与治《说文》固无二术”，自他反戈一击，投靠新主，反过来欺师灭祖，怎么不叫黄侃对傅恨之入骨？

王汎森《傅斯年：中国近代历史与政治中的个体生命》称：

> 这些新派教授的活动严重地威胁着保守派。保守派大部分是考据学者，乃章炳麟的门生故旧。1915年，这些新派教授与清朝时期形成的、更为保守的文人学派桐城派发生了争论，结果是最保守的教员被驱逐出北大。在北大，章炳麟的圈子分为三个集团：黄侃（1886—1935）等保守派；钱玄同（1887—1939）和沈兼士（1886—1947）等激进派；马裕藻（1878—1945）等温和派。胡适与激进派结盟。然而，傅斯年当时却对黄侃和钱玄同讲授的课极有兴趣。
>
> 黄侃和刘师培（1884—1919）在1900—1909年间曾极端激进，但在1917年左右，他们看起来变得相当保守。其详细原因至今仍待研究。事实上，他们并没有想象的那么保守，没有全身投入旧文化的实践，也不是最严格意义上的“儒家”。他们是真理的绝对追求者，献身于学术研究。他们严谨地从事经典和小学研究，并不墨守传统的价值观。但是，他们也确实抵制用白话文代替文言文。除了这一团体的年轻斗士如张煊（张煊是一个名不见经传的人，根据张煊中学同学钱穆的看法，张煊是一个热情的民族主义者，新文化运动结束后不久就去世了。见《八十忆双亲　师友杂忆》，页57—59。刘师培也在这场运动结束后很快就去世了）外，他们一般不宣扬旧道德，而是对中国文化的道德观持相对通融调和的态度。他们之所为正如其杂志名称所揭示的那样——研究“国故”。

起初，黄侃和刘师培将傅斯年看作最有前途的学生，将会在发扬光大传统学术方面起带头作用。然而，到1918年，傅斯年很快被争取到新文化群体一边。由于缺乏历史数据，尚难解释他的转变。事实上，因为他的转变太快，加入新文化团体时，人们会怀疑他是保守派的奸细。也因为他是国文系唯一一个加入新团体的成员，常常受到同学的威胁。

大体上，两个因素促成了傅斯年的转变：一方面，保守派在意识形态上已经成为一个“空壳”；清代考据学的毁灭性力量，尤其是康有为和章炳麟所代表的考据学，已经颠覆了许多传统的观念。傅斯年非常欣赏康有为和章炳麟的著作，他在转向新文化团体之后，即敏感地指出他们对儒家思想的覆灭起了重大作用。他宣称，到他的时代为止，清代学术已经变得繁琐无用，儒学已经成为空壳。他说，章对儒家和先秦的各种思想流派一视同仁，他在多种著作中严厉地批了儒家。当时的北大教员许之衡写道，自章炳麟“以孔子下歆，而孔子遂大失其价值，一时群言多攻孔子矣”。至于康有为，傅斯年认为，虽然他因尊崇孔子而著名，但实际上他的一些著作对儒家权威地位危害最大。康有为指出，六经大部分是孔子为了改制和将儒教确立为国教而伪造的。这表明孔子是一个大胆的造伪者，儒家传统的主要文本六经是伪造的文本。在康有为和章炳麟著作的强烈影响下，傅斯年对传统观念的信仰彻底动摇了。因此，五四运动前夕，傅斯年断言，儒家已经毫无希望，并即将崩溃。①

傅斯年“空壳论”是否成立，我们暂且不加评论。他何以从黄侃这边转向新文化的营垒？有两种说法，其一曰：

---

① 王汎森：《傅斯年：中国近代历史与政治中的个体生命》，王晓冰译，台北联经出版事业公司2013年版，第30—32页。

> 这里有一段轶事或许可以解释为什么傅斯年最终决定加入这一团体。一天，傅斯年被导师黄侃叫去清理痰盂，傅斯年清理得不干净，于是黄侃打了他一耳光，傅斯年对此感到再也不能忍受，决定离开。这段轶事得自台湾师范大学的教授陈新雄，他的导师林尹是黄侃的弟子。①

如果此说成立，黄侃的这一记耳光打得太不是时候。另外还有一种说法：

> 傅斯年先生，初慕黄季刚名，请侍门墙。季刚虽许诺，惟日命以厮笺之役，不与言学也。斯年惑甚。他日问诸季刚，季刚但教以熟读《通鉴》，亦无他言。斯年怒绝去，遂为新文学巨子。②

(二)“整理国故而国故亡”

1918 年 11 月 18 日，大约 20 个新文化运动的年轻学生领袖决定组建新潮社。这些学生受到胡适、李大钊、周作人的感召和影响。《新潮》以《新青年》为样板。1919 年 1 月，傅斯年任主编的第 1 期杂志顺利出版。这本杂志希望向国内介绍西方思潮。《新潮》在批判中国传统方面有时比《新青年》更激进。

新潮社对中国传统和价值观发起了负面进攻。按照他们的立场，任何有助于增强国力的西方观念和学说的输入，都是可以接受的。这种姿态使许多学者感到震惊，正如徐复观所说：“19 世纪中叶民族主义正式

---

① 王汎森：《傅斯年：中国近代历史与政治中的个体生命》，王晓冰译，台北联经出版事业公司 2013 年版，第 30—32 页。

② 朱祖延：《闻见录》之“黄季刚教人”条，《朱祖延集》，崇文书局 2011 年版，第 595—596 页。按：朱祖延此条不知闻诸何人，据情理推测，真实性可能比前一种说法更小。一代有一代之学问，五四那一代学生放弃传统、拥抱现代，乃大势所趋。

出现以来，世界绝没有一笔勾销自己历史文化的民族主义，而胡氏们偏偏要一笔勾销自己的历史文化，这便说明五四运动自身所包含的矛盾势必激成反对力量的出现。”①

新潮社和国故社之间的对抗最具戏剧性。两者都由学生主持，都受到蔡元培的资助，并且安排在相邻的房间中。两者之间的对抗冲突非常激烈，以至于社员们为了应付意外的争执常常将刀子带身上。② 在这种对抗中，大多数的“保守派”成员实际上是妥协更甚于保守：他们不愿去反驳敌人。相反，新潮社成员是好战的，随时准备排除异己的思想。傅斯年所“抱怨”的新文化运动一边倒的胜利是因为旧派没有能力进行平等的斗争。殊不知，正是这种一边倒的所谓胜利一定程度上“害苦”了中国文化！

自今视之，傅斯年对中国传统文化的批判是过于尖锐的，而这种批判中所表现出的片面性和虚无主义色彩，也同样毋庸置疑。如被他判定为“牛鬼蛇神”的汉字，仍有极强的生命力。再如，以京剧为代表的中国传统戏剧，在悠久的历史中发展出了一套完整的戏剧程式，这种程式本身即含蕴着一种韵律美。它那富于象征性的表现方式、写意性的情感表达及跳跃式的时空变换不仅葆有长久的艺术魅力，还曾给西方非现实主义的现代派戏剧家留下深刻的印象和重要的启发。今天，傅斯年的片面性是显而易见的，但当年却因此而振聋发聩，使一代青年的心灵受到强烈的震撼。其实，包括傅斯年在内的五四先锋本不是在平心静气地进行学术研究和纯文化讨论，而是在进行一种愤怒的社会批判，具有急迫的现实功利意义。③

新文化运动期间，傅斯年毕竟还是一个心智不全、知识结构严重不

---

① 徐复观：《三十年来中国的文化思想问题》，《学术与政治之间》，华东师范大学出版社 2009 年版，第 209 页。

② 萧超然等：《北京大学校史（1898—1949）》，北京大学出版社 1988 年版，第 79 页。

③ 雷颐：《孤寂百年：中国现代知识分子十二论》，广西师范大学出版社 2015 年版，第 209 页。

足的在读大学生，他的学问观与世界观还没有完全成型，思想也缺少原创性，一部分从黄侃那里“偷”来（他那时从学问上还无法撇开黄侃的影响），一部分从胡适、陈独秀那里“借用”来，综合新旧两派的看法，加以折中。连黄侃都说，太便宜这小子了！

傅斯年自述：“我上个月恍然大悟，觉得我近中求学的心境，乃远不如在大学预科时之‘国故时代’。我在‘国故时代’，念书只为爱他……后来‘国故’的见识牢笼不着我，于是旧信仰心根本坠落。后来所学不如以前之不切今世……但因此总很难和学问生深切的交情。”①

傅斯年为何要摒弃“文人”文化？是因为他的“旧信仰心根本坠落”。如此一个倔强的叛逆者，后来在国外留学多年，竟然一事无成，连胡适都叹息不已。他的《东北史纲》错误百出，甫一问世即被人驳得体无完肤。黄侃听说后还特地将此事写进日记。然而后来他竟然成为许多现代学术机构的掌门人，还被后来者吹捧为“天才”！有人甚至宣称他是“孔子之后最伟大的人”！傅斯年后来长期徘徊于学术与政治之间，四面出击，最后沦为一个时代的悲剧人物。诚如论者所言：

> 作为一个在学术与政治间徘徊不定、“亦学亦官”的知识分子，他的思想极其复杂、充满矛盾。他激烈地全盘否定传统文化，却又倾全力于国学研究；他力论应“为学术而学术”，却又一再以历史研究来宣扬民族抗战；他公开抨击国民党的腐败无能，却又不相信所谓的共产主义理想；他信奉英美式的自由主义，却又尖锐地揭露其虚伪性，明确表示向往社会主义经济制度；他虽然赞同社会主义经济制度，却又极端反对阶级斗争学说，敌视无产阶级暴力革命。

---

① 傅斯年：《留英纪行（续）》，《晨报》1920 年 8 月 7 日。

这种种难以缓解的矛盾，与其说反映了他的思维混乱，毋宁更深刻些说，这是社会的大动荡、中西文化的猛烈碰撞、新旧矛盾的尖锐冲突、阶级斗争的激烈残酷、民族存亡的生死搏斗等在他内心深处的矛盾反映。①

黄侃在武昌时期最欣赏的一位弟子徐复观曾经一针见血地指出：

胡氏们的另一工作是“整理国故”。他们整理国故的目的乃在证明“国故”之一钱不值，使国人不再想到“国故”，因而扫除科学的障碍，以便为科学开路。此一工作，除胡氏自己写了若干文献考证性的文章外，正面担当此一重任的是傅斯年氏及他所领导的历史语言研究所。他们采取最狭隘的实证方法，首先否定文化中的价值观念，所以认为仁义礼智等是人造的名词，在研究过程中要与它们绝缘。名词——概念，都是人造的。人类文化的成就，总是要通过概念而表现出来。傅氏既否定人造的名词，于是他自然只承认“材料就是史学”。在傅氏这一方针之下，历史语言研究所除了考古学及语言学有相当的成就外，其他的工作，大体上只好停顿在文献校勘之上。以校勘之学来否定中国文化，当然很难达到他们原先的目的。并且胡、傅两氏既不承认文化中的价值观念，但要否定中国文化，这依然是人的一种价值活动。在否定价值观念中的价值活动，只有通过半生不熟的考据上的武断结论来满足自己的要求。像这样的整理国故工作，其无补于全盘西化的积极目标，几乎可以说是自明之理。至于此一时期为疑古而疑古的“古史辨”派，他们的业绩虽然印成了七大厚本的论集，但只要一读缪凤林氏《与某君论

① 雷颐：《孤寂百年：中国现代知识分子十二论》，广西师范大学出版社 2015 年版，第 205 页。

古史书》一篇文章（见《学原》1卷1期），其凿空臆断的情形已昭然若揭，更不足致论了。①

徐复观的批评入木三分，击中要害。1949年以后大陆学者从政治的角度对“整理国故”进行了根本否定，未免过激，随后又出现反弹。有论者指出，百年前胡适提倡“整理国故”，其主旨是想为现代“科学”在中国“寻根”，证明中国并非自外于世界普适价值，或者说，是为中国文化与世界文化“接轨”而努力。百年后的“国学热”，其主旨是强调、证明中国文明、文化的“特殊性”。同为“国学”，二者指向正相反对，“能指”（signifier）相同，但“所指”（signified）完全相反。②

六、离开北大

黄侃为何离开北京大学？有几种不同的说法。

1919年9月，素有“狂士”之称的黄侃，因与北大“文科教授沈尹默等不协”③，愤而辞职离京。陈汉章说：“为其同门某某所排挤，不安于讲习，辞回武昌。”④钱英才说：“汉章先生说黄侃‘为其同门所排挤’，他是谁呢？是文科学长陈独秀，还是国文门主任朱希祖，还是胡适？笔者在拙作《国学大师陈汉章》一书中认为是胡适，后又

① 徐复观：《三十年来中国的文化思想问题》，《学术与政治之间》，华东师范大学出版社2009年版，第207—208页。按：胡适提出“整理国故”后，当时即被某些理论家批判为“倒退”“落后”“复古”。见雷颐《孤寂百年：中国现代知识分子十二论》，广西师范大学出版社2015年版，第135页。

② 雷颐：《孤寂百年：中国现代知识分子十二论》，广西师范大学出版社2015年版，第161页。

③ 吴虞：《吴虞日记》（上册），四川人民出版社1984年版，第493页。

④ 陈汉章：《复徐行可书》，《陈汉章全集》第19册，浙江古籍出版社2014年版，第674页。

觉得是钱玄同。陈独秀、胡适均不是‘同门’，朱希祖虽是同门，但朱大胡子当时应属中间派，只有疑古的钱玄同，和一个‘八部书外皆狗屁’的黄侃，才会水火不相容。”① 马叙伦说：“忆其将离开北京大学时，其同门者皆厌与往来。唯钱玄同犹时过之……及其后为同门者所排挤，而胡适之因利用而去季刚。季刚不善积，得束脩即尽，至是无以为行。复依余为周旋于蒋梦麟，乃得离北京也。”② 汪辟疆说：“五四前后，胡适、陈独秀等倡文学革命，蔡孑民左右之，先生始而与争，继乃愤而去职。”③ 陆敬在《黄季刚先生革命事迹纪略》一文中说：“五四运动后，胡适在北京大学大出风头。黄季刚鄙其人，遂离开北京大学。”

另一种说法是“奉母南下”，这是黄侃自己说的。不过并不完全，他在《与友人书》中这样写道：

> 判襼遂已八年，音问阔疏，只萦念忆。弟萍浮南北，羸病侵寻。糊口上庠，惟惭素食。前得谈君聘函，喜此身获旋故里。嗣悉尊兄先在其校，主讲国文，既庆盍簪，亟思奉手。惟弟赋性迂疏，自别师门，学亦不进。所望于尊兄匡直辅翼者正未有量。或者消渴余生，尚克自奋，以答良朋之惠。
>
> 即今国学衰苓，琦说充塞于域内。窃谓吾侪之责，不徒抱残守缺，必须启路通津。而孤响难彰，独弦不韵，然则丽泽讲习，宁可少乎？此又弟所以喜与尊兄相聚之情也。伏想雅怀，当同鄙意。顷炎暑已往，西风送凉。现在检点家居，拟于日内奉母南下。虽此主者挽留甚切，无以弭弟思乡之情。且《传》不云乎：“色斯举矣。”

① 钱英才：《大师侧影——陈汉章与周围的人们》，宁波出版社2014年版，第209页。

② 马叙伦：《石屋余沈》，上海书店出版社1984年版，第51—52页。

③ 汪辟疆：《悼黄季刚先生》，程千帆等编《量守庐学记》，生活·读书·新知三联书店1985年版，第97页。

兹遣门人，奉此书于左右，聊致拳拳。至于频年别绪，非至亲觌光辉时不能倾泻也。①

在黄侃南下武昌前已向老友表明心迹：“吾侪之责，不徒抱残守缺，必须启路通津。”时人将他视为抱残守缺之信古派或复古派，完全忽视他的“启路通津”的开创之功。

喻血轮《绮情楼杂记》“黄季刚之狂放”条提出“白昼宣淫”说：

季刚生性狂放，不事边幅，民国八九年间，任北京大学讲师，教《说文》，对中国字学讲解精辟，但学生心得甚少，故每次考试，多不及格，学生苦之！后侦知季刚好作狭邪游，年考时，特醵资于妓寮置酒以劳季刚，季刚欣然莅止。是届学生竟一律及格，然试卷谬误仍多。校长蔡孑民探知其故，责让季刚，季刚笑曰：“彼等尚知尊师重道，故我不欲苛求。”蔡闻语，太息而已！当时旧都中央公园水榭对面一角，芦苇尚未尽除，有小桥通焉。一日，季刚竟挟一女子，于芦苇间白昼宣淫，为警察擒获，通知北大，遂因是去职。②

在回故乡武昌之前，黄侃与林纾有过一次历史性会晤，并执后生礼甚谨。后在林纾诗册上题写过这样几句话：“侃以己未秋，初见先生于京师酒楼。时先生方腾书攻击妄庸子之居国学而创邪说者，侃亦用是故，弃国学讲席南还。先生见侃，所以奖掖慰荐之良厚。每心佛自北

---

① 黄侃：《黄季刚诗文集》，中华书局 2016 年版，第 507—508 页。按：谈君指谈锡恩，1919 年 9 月至 1922 年 1 月任国立武昌高等师范学校校长。友人当为辛亥时期之朋友，究为何人，尚待考证。

② 喻血轮：《绮情楼杂记》，中国长安出版社 2011 年版，第 97 页。整理者眉睫加按曰：“喻血轮之父喻次溪在江汉书院读书时，曾为黄侃之父黄云鹄的学生。”

来，必寄声垂询，侃感焉。”① 1924 年 10 月 9 日，林纾在北京的寓所溘然长逝，享年 73 岁。黄侃挽之曰：

小说与文章关键相通，著书满家，博雅直过洪野处；
匹夫以天下兴亡为责，谒陵九次，忠贞可肖顾亭林。②

总而言之，以上各种说法皆有道理，且互相支持，形成证据链，黄侃是在内外合力的推动下，才不得不离开北京大学的。在新文化的策源地，他早已成为眼中钉、肉中刺，即使他规规矩矩，没有落下任何把柄，也会被边缘化，迟早也得离开。随着黄侃等人的离开，蔡元培的“兼容并包”沦为空壳。

---

① 朱羲胄述编：《贞文先生年谱》卷 2，世界书局 1949 年版，第 38 页；朱羲胄述编：《贞文先生学行记》卷 1，世界书局 1949 年版，第 14 页。林纾作为“桐城谬种”的代表，深感“人心丧敝，已在无可挽救之时”，在 1919 年 2 月 17 日、18 日《新申报》上发表题为《荆生》的小说，文中以皖人田其美影射陈独秀，以浙人金心异影射钱玄同，以狄莫影射胡适。值三人结盟撞击孔子之时，一伟丈夫手按田生之首，足践狄莫之腰，取金心异眼镜而掷之，斥之曰：“尔之发狂似李贽，直人间之怪物。”又做小说《妖梦》，文中以元绪影射蔡元培，以田恒影射陈独秀，以秦二世影射胡适，攻击他们提倡白话文。林纾借小说发他对新文化运动的仇恨。黄侃曾经也反对过“桐城谬种”，但在新文化巨子看来，他这个“选学妖孽”与“桐城谬种”是同类项，在这种特殊的时期他们倒成了难兄难弟。刘半农《初期白话诗稿序目》称：“黄侃先生还只是空口闹闹而已，卫道的林纾先生都要于做文章之外借助于实力——就是他的‘荆生将军’，而我称之为小徐的徐树铮，这样，文字之狱的黑影，就渐渐向我们头上压迫而来，我们就无时无日不在危惧中过活。”见《中国新文学大系·史料集》，上海文艺出版社 1989 年版，第 260 页。由钱玄同、刘半农二人合作演出的“双簧戏”向来被新派视为文学革命史上的佳话，自今视之，也应该重新审查，他们对传统文化的肆意谩骂与全盘否定也在历史上留下了污点，他们对文选派与桐城派的评价也完全经不起历史的检验。

② 朱羲胄述编：《贞文先生学行记》卷 3，世界书局 1949 年版，第 9 页。

第三节　在武昌（1919—1926）

一、书缘

（一）以书会友

黄侃从北京大学来到武昌高师，好像云中君一下子从云端掉到地上。当时的武昌基本上还是文化沙漠，高师的校长石瑛对他睚眦必报，曾经下令将他开除。

黄侃在武昌期间也相当落寞，仅仅结交了一个好朋友徐行可。徐行可原名徐恕，以字行，本为武汉书商，一边卖书，一边藏书，家里收藏了不少好书。以书会友，黄侃从徐家借阅了大量的古书。例如：

> 1921年12月2日：徐行可来。诣行可，借《十三经音略》[①]三本、《金石全例》[②] 廿四本。
>
> 1922年1月13日：饭后，徐行可来，邀余至其家晚饭，余不欲往，彼坚曳余同行，且假《经学通论》中《春秋》一卷去。至后，与陈勉公及一蔡姓手谈，炉无煴火，足寒欲跔，遂归。出，则道无行车，雨着物辄凝，路滑如蜡，寒不可忍。此经所谓“雨而木冰”者也。借得岱南阁本孙星衍《周易集解》十册，郑氏佚书（袁

① 《十三经音略》，周春撰。是书以陆氏《释文》为权舆，参以《说文》《玉篇》《广韵》《五经文字》诸书，而审定古今异同，一以字母为主。秦瀛《小岘山人集》文集卷3有此书序，称其考据精博，殚精覃思，积数十年而后成。此书有《丛书集成初编》本。

② 《金石全例》，朱记荣汇编前人有关金石例著作，凡10种：潘苍崖辑《金石例》10卷、王止仲辑《墓铭举例》4卷、黄梨洲辑《金石要例》1卷、梁玉绳辑《志铭广例》2卷、郭祥伯辑《金石例补》2卷、刘宝楠辑《汉石例》6卷、李富孙辑《汉魏六朝墓铭纂例》4卷、冯登府辑《金石综例》4卷（附金石跋文）、梁廷枏辑《金石称例》4卷（附续篇）、王念丰辑《碑板广例》10卷。

钧辑）《易注》一册、吴汝纶《深州风土记》六册（吴书《物产篇》有一节论深州文化之衰，归咎于考证之学，此亦奇论也）。

1922年1月22日：行可来，属作一研铭。作成而屡以为不安，求窜易；又持山西图书馆员田君刻郝懿行《颜氏家训》校语去；又云将以上年余手点之《樊南文集补编》赠余。

1922年1月26日：行可持丁母魏夫人状，属作挽联（仁和魏锡曾字稼孙女，撰《绩语堂碑录》者）。家有八千卷楼藏书，后归南京图书馆（夫人有《静寄轩吟草》，钱恂妻单氏选《闺秀正始集再续》，选入其诗）。又有仿宋活字版，后归中华书局。行可复借《经学通论》诗一卷去（并前借二册），云以王益吾《尚书孔传参正》见借（是书曾为《经学通论》所称，谓其兼采古今，至为详备）。

1922年1月27日：行可还《经学通论》、《诗》、《春秋》二册来，复借余三册去。

一来二去，二人慢慢成了无话不谈的好朋友，甚至还相约结为亲家①。他们时常在一起交换书籍，谈学论道，打打麻将，喝喝小酒，情好日密。黄侃帮他写过《徐氏研铭》，还写过《徐氏通鉴厨铭》，更多的时候是向他借书。这样，徐氏基本上成为黄侃的特别资料员。徐行可也偶尔向黄侃请教治学之方法、为学之纲要。黄侃告诉他："宜及此盛年，专治一学，上可攀汪小米辈，下亦不失为钮玉樵。"并指导他治经之术。

1922年3月2日，徐行可来，久谈，黄侃以杨守敬所辑《古诗存》目录六册（少三国一册）见示。杨书即据冯惟讷《古诗纪》为底本，而疏其出处（亦不完全）。涂改纠错，殊不可理（此其第二次本）。昔年杨欲端尚书为之刊木，端方②辞之，盖知其书未佳。黄侃劝徐行可据此以

---

①　据徐氏孙女徐力文女士见告，婚约后来没有兑现。

②　端方（1861—1911），托忒克氏，字午桥，号陶斋，满洲正白旗人，官至直隶总督、北洋大臣。

作《诗纪校勘记》，不必于冯外更著一书。《诗纪》有遗，为补苴而别成一编可也。

1922年3月21日，徐行可以《学衡》二册示黄侃，内有黄侃门人张文澍①、钟歆②二人之作。梅光迪③有二文讥弹今世新学狂人，多中肯綮。而梅又留学美洲，与谭若夔略相方物。文中时用英字，杂以彼土智者之格言。黄侃以为此可以关儇子④之喙。《法言》曰："灵场之威，宜夜矣乎？"如梅之为，其于污俗，可谓照之以天光者矣。惜于狂人利用异说，博名弋利，而不顾贼夫人子之隐衷，未能显豁标楬，而文笔又少部勒。此亦一疵瑕也。然而风雨如晦，鸡鸣不已，并世亦何幸得有此人乎！⑤ 梅光迪对胡适的"文学革命"满怀忧虑，决意招兵买马，联合同志，拟回国对胡适作一全盘之大战。1918年8月初。梅光迪与吴宓

---

① 张文澍，字馥哉，新仓名门张氏之后。早年毕业于北京大学。师承黄侃。在《学衡》第1期发表《论艺文部署》。

② 钟歆，字骏臣。早年毕业于北京大学。师承黄侃。在《学衡》第1期发表《老子旧说》。

③ 梅光迪（1890—1945），字迪生、觐庄，安徽宣城人。中国首位留美文学博士。1911年赴美留学，先在西北大学，后到哈佛大学专攻文学。1920年回国任南开大学英文系主任。1921年任东南大学洋文系主任。《学衡》杂志的创办人之一。1924年去美国讲学。1927年回国后任中央大学代理文学院院长。后又去美国哈佛大学工作。1936年任浙江大学文理学院副院长兼外国文学系主任。1939年文理学院分开，任文学院院长。1945年在贵阳去世。梅光迪是民国时期著名的文化保守主义者，以不屈不挠地与胡适论争而著称。

④ 儇子，指轻薄刁巧的男子。此处特指胡适之流。

⑤ 此段日记又载《华国月刊》1924年第2卷第2期。按：胡适《四十自述》载，1915年夏，"这时候我已承认白话是活文字，古文是半死的文字。那个夏天，任叔永（鸿隽）、梅觐庄（光迪）、杨杏佛（铨）、唐擘黄（钺）都在绮色佳（Ithaca），我们常常讨论中国文学的问题。从中国文字问题转到中国文学问题，这是一个大转变。这一班人中，最守旧的梅觐庄，他绝对不承认中国古文是半死或全死的文字。因为他的反驳，我不能不细细想过我自己的立场。他越驳越守旧，我倒渐渐变得更激烈了。我那时常提到中国文学必须经过一场革命，'文学革命'的口号，就是那个夏天我们乱读出来的。1916年，我们的争辩最激烈，也最有效果"（安徽教育出版社2006年版，第100页）。经过针锋相对的辩论，胡适成了新文化运动的马前卒，梅光迪成为文化保守主义的护法。敌人的敌人是朋友 。黄侃与梅光迪相遇了，国故派与学衡派殊途同归，共同守护中国传统文化。

密谋，“梅君慷慨流涕，极言我中国文化之可宝贵，历代圣贤、儒者思想之高深，中国旧礼俗、旧制度之优点。今彼胡适等所言所行之可痛恨。昔伍员自诩‘我能覆楚’，申包胥曰：‘我必复之。’我辈今者但当勉为中国文化之申包胥而已”①。陈独秀、胡适之欲覆灭中国传统文化，梅光迪、黄季刚皆立志效法历史上的申包胥。诚如陈文新先生所指出的，个人恩怨并不重要，重要的是价值理想的对立。② 这种逆新文化运动之主潮，“勉为中国文化之申包胥”的悲壮情结，也正是我们理解黄侃的一个切入点。黄侃本来准备效法田巴，目睹《学衡》，欢欣鼓舞。风雨如晦，鸡鸣不已。既见君子，云胡不喜！

（二）以友辅仁

1928年12月27日，徐行可母亲六十大寿，黄侃撰写《徐姻伯母魏太夫人六十生日献寿文》：

> 岁在己未，侃自京师还教武昌，始得交徐行可氏。书籍有无，互相通假。浸与论学术之细微，商文章之利钝，如响斯应，罔弗余同。由是饮食燕游，一月中恒有数聚，绸缪款至，申以婚姻，于今订交，盈十载矣。武昌虽吾省会，徒以地居绾毂，市易浩穰，故多商贩而少士人。偶有学者，亦鲜藏书。大抵石印坊刊，已为秘册，经子要籍，多未闻名。惟吾行可，家富藏书，且购且读。盖自文字训故之埒，名物制度之琐，书画雕瑑之微，无不周悉。而又谦恭密栗，温厚近人，以是声气广通，所交多当世知名士，过武昌者，辄思访行可而窥其所藏，显誉日升，年华未艾，诚可羡也。③

是夜，又与徐行可书，求代购《铁云藏龟藏匋》《殷虚书契》《书契精华》及他金石书。

---

① 吴宓：《吴宓自编年谱》，生活·读书·新知三联书店1995年版，第177页。

② 陈文新等：《刘永济评传》，湖北人民出版社2017年版，第61页。

③ 《制言》1936年第11期，广陵书社影印本，第1105—1108页。

黄侃与徐行可书云：

行可姻家老弟大人阁下：舍侄焯还自汉上，询知兴居稠适，至慰，至慰！承惠假刘氏印龟书一部，尤觉欣鼻！昔与阁下同居武昌，首尾八载，知予贫窭，每值人间秘籍，无不借观。涂污不以为愠，久假不以为嫌，即此一层，交谊已厚如山岳矣。近日闲居，深念平生虽好许书，而于数百年所出之古文字，所见未宏。夫山川鼎彝，洨长所信；今不信其所信，徒执木版传刻之篆书，以为足以羽翼《说文》，抑何隘耶！然处今日而为此学，有较古为易，亦有较古为难者。石印法行，一日顿见无数真迹，此易之说也；一书之值，几可倾家，此难之说也。侃居此每月差有所余，尽以购书，数月来，乃非有篆文之书不购，节减衣食，尚有不能致者，其若之何？以告阁下，必为之一叹耳！向见黄丕烈藏书题跋，有以五十元易一《鱼玄机集》之事，尚自称豪。又见陈簠斋尺牍，其所收古金石，亦绝无惊人之价，彼何生之优渥哉？阁下近日研讨何书？新得何籍？有如去年所得《孙氏春秋长编》者比否？焉得趁舟西上，住宿清斋，尽见阁下所新得者耶？暇希草示数行，以慰怀想。①

1926年1月22日，黄侃致徐行可信云：

岁月如流，新年又过八日。雨窗孤坐，念所业不知何日可成？殊自惆惘！世乱如麻，而吾与兄独邀天恩先泽，得以安心诵肄，岂可易得？然兄积书连屋，鲜翻寻之功；弟妄念纷纭，无贯彻之望。此宜互相督过者也。常人每自尊大，至于吾辈，见事略多，辄自谓比之古人，曾无其足垢之一层。前路遥远，我劳如何乎？《集韵》粗已毕功，颇需孙氏《孟子音义》、宋氏《国语补音》，兄前已持去，

① 黄侃：《黄季刚诗文钞》，湖北人民出版社1985年版，第76页。按：黄徐交谊确实深厚，“涂污不以为愠，久假不以为嫌”，黄侃的大量手批本正是徐恕提供的。

不审再能检出否？极所企待也。《尔雅匡名》劳校颇嫌凌悴，然亦不得不过录一番。此月中誓不出户，兄如相思，惟有枉过耳。①

1926年9月23日，黄侃将赴北京师范大学，离开武昌前夕，题行可研：

南来七载廑交君，又作征蓬惨欲分。此研好为吾辈谶，相从终得似龙云。②

1927年，黄侃自北京给徐行可写信：

行可道兄姻家侍右：去岁遭值兵戎，人情危骇。我曹亦拂乱常性，遗弃硕交。至今思之，疚如疾首！然兄以老亲幼子，闭阂危城，忧恐缠心，四旬乃解。正使语言偶失轻重，不足致讥。弟则全家寄庑，实蒙剪纸招魂之恩；孤侄望门，复受涸鱼沟沫之惠。每怀此谊，镌在胸膺。不但数载谈经，绸缪缱绻，为不可弭忘也。即今板荡未宁，故园蓁棘，想赁庐奉母，粗保平安。此间名士若森玉、子干、慎之、奭公诸人，每见侃辄询兄动定，意甚殷勤。偶过厂肆，忽见奇书，又不禁联想及于尊府收藏之富，惜目前通假书籍之无人也！侃羁泊京华，劣能自活，客腊一病，几至损年，现惟杜门养疴，闲读书籍，黄墨精谨，无改畴昔耳。③

1929年9月，黄侃致徐行可信：

---

① 黄侃：《黄季刚诗文钞》，湖北人民出版社1985年版，第77—78页。按：黄徐互相督过，洵为益友。

② 黄侃：《黄季刚诗文集》，中华书局2016年版，第241页。

③ 黄侃：《黄季刚诗文钞》，湖北人民出版社1985年版，第77页。按：此信大有奥义。

侃顷者博治古书，计所探讨，粗毕经部，其于诸纬，近始开篇。方知端门受命，确有明征；悠纬图书，不同诬说。此是平生所未研习，徒以心闲虑简，无故得之，诚可庆也！因思昔人学术，有所未观，无所非难。爰本此意，更治古文。夫汲长之书，岂非要籍？枣木传刻，盖已失真。是用勤探金石之书，冀获壤流之助。近世洹上发得古龟，断缺之余，亦有瑰宝。惜搜寻未遍，难以详言。倘于此追索变易之情，以正谬悠之说，实所愿也。人生飘忽，成业实难，期与阁下共勉之也。①

在武昌的这几年，是黄侃的困学期，正是通过徐行可，黄侃才得以源源不断地读到了许多想看的书籍，为他的问学提供了可靠的书籍保障。黄侃还从他那里获得了不少学术界的信息，因为徐家聘请了几位高水平的家庭教师（如向宗鲁等人），他们的国学功底都非常深厚。徐行可还与杨树达、余嘉锡、陈汉章、张元济等学术界、出版界的人士保持密切联系。黄侃通过这条线，获取了不少学术资源。

二、兵变

1921 年 6 月 4 日，时传湖北督军王占元自天津会议回鄂后，携有 200 万大宗款项，不肯发放，湖北宜昌第二十一混成旅王都庆部一团哗变，大肆抢掠烧杀，人民死亡千余，并波及日、英、美洋行住宅。6 月 7 日，王占元直辖部队武昌第二师第七团因欠饷未发，受宜昌兵变影响哗变，王占元避入军舰，8 日变兵回营，被诱缴械押至孝感，以机关枪扫杀，10 日湖北沙市第八师王汝勤部一部哗变。

由于王占元贪财好货，克扣士兵饷项过多，因而引起湖北境内多次兵变，其中发生于 1921 年阴历五月二日的武昌兵变最为惨烈。北洋政府成立之后，由于筹措军饷困难，政府开始逐步裁撤军队。王占元看上

① 黄侃：《黄季刚诗文钞》，湖北人民出版社 1985 年版，第 76—77 页。

了老兵的丰厚军饷，提出裁减第二师的3 000名老兵。当时北洋政府规定，对被裁军队官兵应发恩饷3个月，并发清以前几个月的欠饷，但他后来不但欠饷不补，恩饷也减为只发1个月。被裁的士兵，愤怒异常，酝酿兵变。兵变之前，就有些军士班长秘密集会。兵变前一日，第八班班长韩精武向连长陈润清密告，当日晚12时由该连发动兵变，开城门放南湖的骑兵、炮兵入城。陈润清极为惊骇，决定在连内自行处理。他召集全体正副班长会议，拖延行动，并检查防务，发现一切正常。本来以为已经无事，陈润清全连换班回营房。不想，到了晚上11时，忽然听见左右旗之间轰隆一声，各班士兵尚未完全脱衣就寝，急忙起来扎皮带、上刺刀，准备出动。这时外面枪声乱响，前后营房的子弹飞来。士兵涌向库房索取子弹。陈润清召集各班长谈话，试图阻止兵变，却被士兵威胁，持枪欲刺。班长们将陈润清强拉到办公室躲避。士兵们自行到库房取子弹，冲出营去。不久，哗变士兵回营后，放下抢劫的物品，一个个洗脸更衣，恢复了原样。天亮后，陈润清奉营部命令，带领全连整队查街。经过一夜骚乱，枪声虽已停止，而山前山后，火光尚未尽熄，如黄土坡、紫阳桥、横街头、粮道街等处，仍然烟气蒸腾，残垣断壁，随处可见，这次抢劫的重点为官钱局、造币厂、钱庄、金店，许多大小商店、富户亦被洗劫。凄凉满目，不忍卒睹！这次参加哗变的，除驻扎在城内的步兵，城外的骑兵团、炮兵团、辎重营均闯入城内，杀人放火，抢劫钱财，先至者搜索司门口、长大朝街等繁富之区；后至者，虽背街小巷，亦皆洗劫一空。而王占元的财产有其亲信卫队保护，未曾损失分毫。兵变发生时，湖北官钱局是遭劫重灾区。

1921年6—7月，黄侃目睹了武昌之乱，写了很多诗揭露其事。如《武昌乱》曰：

武昌之名虽属楚，楚为客兮畴为主？城中民多兵亦多，民如羊兮兵如虎！我亦羊群一跛牂，不知何幸逃吞咀。追怀磨牙吮血时，一一言之告羔羜。呜呼江汉称南纲，十载颠连非乐土。偶缘外貌夸雄富，谁识剥床以肤苦。更迎寇盗为渠率。讴颂居然出肝腑。议郎几辈作义儿！其他黔首恶足数。廛市连绵来北客，直恐此邦是齐鲁。民虽易慑固有心，歼逐前规宜可取。谁知天心佑非类，一夕妖氛起伏莽。此际城中无数兵，尽傅两翼加长距。弹丸虵飞穿屋脊，天固无情不能雨。火热长街不计家，财币空空妇遭侮。天明舁物各归营，长吏叩门来煦妪。吁嗟吾人本易欺，不论威胁或恩抚！沐猴之诮君无惭，今日非猴直是鼠。①

此诗又题《五月初二夕九时武昌城内驻军哗变》。程颂万《五月二日武昌书事》亦咏其事：

月黑满城声爆栗，卧听方疏起逾密。低藏有阁不敢登，赤熛已射窗棂入。须臾幽隐不待烛，高下火乌争力力。彻宵山北与山南，是处穿墉走鸣镝。逆知骄兵事必尔，孰意移巢身便及。虱居穷巷倘复来，拼掷琴书与衣舄。破晓家僮诇告我，瑰货中衢尚狼藉。诸曹饱载点兵还，市上驱人墙岌岌。东家哭妇西家儿，刃血骈污新产席。胠箧官私五百万，破门贫富十六七。军府迟为诡道诛，城门日哄流亡急。乌乎！法不胜民兵胜律，悔祸在民兵始戢。道旁车裂几何人，并是将军仓廪实。谁其食余天正甘，我独为天长太息。②

1921年6月10日，黄侃又有《五月五日作》：

人好生，胡为发杀机？天好生，胡为降大戾？生斯国土为此民，无可如何但流泪！举家十口三遇兵，所忧此世无宁岁！却顾街衢十空九，令节良辰总虚置。暗雾愁云欲厌城，此中冤气兼兵气。

① 黄侃：《黄季刚诗文钞》，湖北人民出版社1985年版，第140—141页。
② 程颂万：《鹿川诗集》卷12，《民国诗集丛刊》第1编第63册，台中文听阁图书公司2009年版，第329—330页。

吁嗟乎！华山之冠空自高，天下安宁不可冀。①

又有《偶成》：

佳兵戒好还，戎首将受咎。鱼腹书成大楚兴，夥涉为王亦非久。坐令天下骨成丘，秦法虽苛恐非偶。苍生好乱终自残，发难微功何足狃。神州纷乱且十年，楚中士女日颠连。不须共效穷途哭，请诘当时首事贤。②

此诗载《华国》月刊1924年第1卷第6期，未标明作年。从“神州纷乱且十年，楚中士女日颠连”来看，此诗可能作于1921年6月武昌之乱之后。

1921年8月3日有《还寓作》（辛酉六月）：

寝兵救斗愿终虚，养母全生乐有余。莫怨十年三避地，应欣屡徙复还居。笑看孺子捎蛛网，闲督门生检蠹书。炎暑如斯浑欲忘，曾从委巷寄蘧庐。③

此诗未标明作年，据《留审伯》黄侃自注“辛酉六月晦还寓后作”一语推测而得。

1921年7月24日有《六月廿日又将迁夏口将发作》：

谓人宜相亲，胡为脊脊乱？谓人皆相弃，忍死不肯叛，民彝本未泯，激者罪难逭。我躬屡遭兵，老弱随奔窜。门下数高生，服劳迄无倦。烈日运行装，夜息犹未饭。徒增此心赧，未睹君颜慢。致

① 黄侃：《黄季刚诗文钞》，湖北人民出版社1985年版，第140页。
② 同上书，第126页。
③ 同上书，第215页。

此岂偶然？遗教所恚慢。人灵赋美德，即此深可见。因叹元二灾，初非阳九患。国乱竟为恶，斯民遂涂炭。财微思独据，官少思先宦。帑充思敌国，名大思孤擅。如风相扇发，如水相污漫。造因自收果，临事仍嗟叹！流离及我辈，有天不敢怨。正言告我友，古道存一线。清晨就神占，示我以剥象。硕果必不食，勉旃济危难！①

又有《感事》二首：

谁信炁人发杀机？栋倾舟覆欲何依。触蛮胜负无优劣，凡楚存亡②有是非。经乱衰亲添白发，哀时词客惜斜晖。萍浮南北吾良惫，独立苍茫泪满衣！

十年害气满神乡，祸乱相寻一国狂。栲漆樗樗尽相类，沙虫猿鹤总堪伤！运逢水火民何罪？星判参辰帝不臧。亦有登楼王粲恨，河清无日意旁皇。③

此诗未标明作年，应为1921年武昌之乱而发。

又有《闻兵兴感愤而作，仍用汪逸韵》：

小人专国柄，不败盖亦偶。专己必失人，宁分敌与友。夷羿竟遭烹，弯弧空距后。华臣欲乱宋，见逐缘猘狗。吁嗟贪乱夫，死权惟恐后。众人苦焚和，盈廷愁执咎。机械习益精，翻笑汉阴叟。汰侈不知裁，仍媅窖谷酒。鞭长岂及腹？柯失还攘手。嗟余值觋颓，无暇畏尾首！龛拼固道情，深热譬躬受。鲁戈拟独挥，虞泉无坠否？大武在戢兵，正邦当获丑。鲸鲵一封筑，黎庶息奔走。何人同此怀，定能济阳九。纪纲若获存，纷扰亦何有。自从宝鼎沦，灾患

① 黄侃：《黄季刚诗文钞》，湖北人民出版社1985年版，第106页。
② 亡，《黄季刚诗文钞》误作“忘”。
③ 黄侃：《黄季刚诗文钞》，湖北人民出版社1985年版，第218页。

历时久。巨憨互斗争，荐瘥困惇厚。无生咏苕华，大耋思鼓缶。谁能代蒸人，一启呼天口？谁能把耰锄，尽去伤苗莠？神乡免龙战，华域安鳌负。从此协埙篪，蚩氓诚易牖。伫看歌杕杜，不待零蒲柳。鍪铠竟何施？信顺人天佑。禹功在庇民，能纂即不朽。①

此诗载《制言》第16期，题为《兵兴感愤而作，仍用经五韵》。此诗未标明作年，似为1921年武昌之乱而发。

又有《过望山门有感》四首：

时来取次求高位，兵败仓皇觅去舟。积得黄金堪送老，不应仍作厩前驺。

域内蜩螗不可闻，山头檀槷本难分。苍生忿欲谁能洗，莫以颠连独咎君。

熏鼠谁知便溃神，决瘤何意更灾身。老奴万死非逾分，最痛炎蒸转斗人。

乐国何方逃硕鼠？中庭是处见悬貆。迎来送往吾民倦，真悔人皇浪设官。②

此诗未标明作年，疑作于1921年。望山门，在武汉市武昌区，西枕长江，北邻蛇山。此组诗似为军阀王占元而发。1921年1月3日，蓝天蔚、黎天才等因川军压迫，自夔巫退驻鄂西，与王占元军相战，到2月14日，蓝天蔚、黎天才、吴醒汉军均为王占元部孙传芳等所消灭。2月16日晋授“壮威上将军”名号。3月1日，湖北督军王占元召川滇黔桂湘赣等省代表会议，订立“联防条约”，时传为七省联盟，他在任时横征暴敛，克扣军饷，湖北连续发生兵变，湖北“倒王运动”迅猛高涨。4月23日应邀北上参加“四巨头会议”，25日国务总理靳云鹏在天

① 黄侃：《黄季刚诗文钞》，湖北人民出版社1985年版，第108—109页。

② 同上书，第288页。

津召开会议，曹锟、张作霖均在会，4 月 27 日参与通电反对广州选举孙中山为非常大总统。5 月 4 日会议结束，商改组内阁、分配地盘及财政等事，确定长江流域及川滇黔湘归王占元，王占元在会上吹嘘“湘川黔滇不日北附”。5 月 6 日应徐世昌之邀，自天津至北京，10 日徐世昌授王占元以勋一位，旋回鄂。6 月 1 日，王占元派大批军警，镇压了武汉学联领袖恽代英、汪洋等领导的学生反帝爱国运动，制造了“六一惨案”。王占元是个贪鄙之徒、专横武夫。他自称“白虎精投胎”，才干平庸，善于搜刮，手段有倒运铜元、垄断军装生产、开设银号贩卖黄金、设立信诚公司售皮件、大肆采购军需，解甲归田后在北京、天津、大连、保定、济南、馆陶等地购有大宗地产和私人住宅，在天津万德庄、东马路、估衣街、南市、河东、旧英租界等地有出租房产 3 000 多间；并投资纺织、面粉、金融、电力、煤矿等企业。如在中国、交通、盐业、金城等银行均有巨额投资；在天津东亚毛呢纺织公司、庆丰面粉公司、三星面粉公司、保定乾义面粉公司、华北制冰厂以及敬记、永顺兴、乾祥厚等茶庄也拥有股份。他到底占有多少财富，实难细数，时人估计达 3 000 万银元。6 月 11 日，汉口领事团向王占元抗议宜昌、武昌兵变，质问有无保卫能力，否则各国将调军舰来汉口自卫，19 日湖北富池也发生兵变。6 月 21 日汉口领事团以宜昌、武昌兵变外侨损失，向王占元提出三点要求，在北京的鄂人向国务院请愿撤免王占元职，28 日再度请愿。7 月 18 日，王占元又在武昌召集鄂、赣、桂、湘、黔、蜀、滇七省联防会议。1921 年 7 月 20 日，在“倒王运动”主持人李书城等联络下，湖南督军赵恒惕任援鄂总司令，以湘军第一师宋鹤庚为援鄂总指挥，21 日湘军两个师由岳州进攻湖北，王占元急令第十八师师长孙传芳为中路前敌司令、刘跃龙为左路司令、王都庆为右路司令，25 日王占元调鄂西军往蒲圻布防组织防御，情况危急，乃向吴佩孚求救，第八混成旅靳云鹗部亦自豫往援。7 月 29 日湘鄂战事开始，湘军第二师鲁涤平部败鄂军朱大霈旅于羊楼洞，吴佩孚令第二十五师师长萧耀南为援鄂总司令率兵入湘，30 日萧耀南率军抵汉口，再不前进，坐山观虎斗，准备鹊巢鸠占，联合湘军赶王占元下台，31 日湘军第二师鲁涤平攻占赵李桥，败第十八师孙传芳部。8 月 3 日孙传芳督第二师夺回赵李桥，败湘军；4 日王占元杀湖北国会议员国民党人刘英；5 日湘军右翼败蒲通镇守使刘跃龙，占领通城；6 日湘军再占赵李桥，孙传芳部退蒲圻。8 月 7 日，王占元被迫通电辞职，第二十五师萧耀南部立即入驻武昌，9 日王占元被北洋政府免职，11 日王占元离武昌东去，携带他在湖北搜刮的大批财物逃往天津。

黄侃畏兵，躲进汉口陋巷以避难。兵变期间还遭到王占元的通缉。难定之后，他在门人龙榆生的陪同下前往扬州等地游历。据龙榆生自传《苜蓿生涯过廿年》载：

> 我在高小毕业之后，便抱着一种雄心，想不经过中学和大学预科的阶段，一直跳到北大本科国文系去。那时我有一个堂兄名叫沐光的，在北大国文系肄业，一个胞兄名叫沐棠的，在北大法科肄业。他们两个，都和北大那时最有权威的教授黄季刚先生很要好。每次暑假回家，总是把黄先生编的讲义，如《文字学》《广韵学》《文心雕龙札记》之类，带给我看。我最初治学的门径，间接是从北大国文系得来，这是无庸否认的。我那堂兄还把我的文章带给黄先生看，黄先生加了一些奖诱的好评，寄还给我，并且答应帮忙我，直接往入北大本科。后来我在十七岁的那一年，生了一场大病，几乎一命呜呼。我另有一个堂兄名叫沐仁的，就靠黄先生的介绍，不曾经过预科的阶段，直接进了北大国文系。等我病体回复健康，黄先生在北大，也被人家排挤，脱离他往了。我的父亲因为供给三个子侄的学费和几十口的大家庭生活，积年薪俸所入，也消耗得差不多了。我只好打消这升学北大的念头，努力在家自修，梦想做一个高尚的“名士”……后来终于得了父亲的允许，勉强凑了些费用，由堂兄沐光的介绍，到了武昌，拜在黄先生的门下，学些音韵学。那时黄先生在武昌高等师范学校（后来改称武昌师范大学，

再改武汉大学）教书，我也偶然跟着他去旁听，一方面教他的第二个儿子名叫念田的读《论语》。黄先生除声韵文字之学致力最深外，对于作诗填词，也是喜欢的。他替我特地评点过一本《梦窗四稿》。我后来到上海，得着朱彊村先生的鼓励，专从词的一方面努力，这动机还是由黄先生触发的。我在黄先生家里，住了不到半年，一面做学生，一面做先生，也颇觉着称心如意。我还记得，我在过二十岁生日的那一天，正是暮春天气。悄悄地一个人，跑到黄鹤楼上，泡了一壶清茶，望着黄流滚滚的长江，隔着人烟稠密的汉阳、汉口，风帆如织，烟树低迷，不觉胸襟为之开展，慨然有澄清之志。照了一张纪念相，做了几首歪诗，现在早已不知散在哪里去了！过了不久，不幸王占元的部下，在武昌闹起兵变来，我跟着黄先生和高师的同学们，逃奔到城外的长春观，再转到汉口。这次兵变平息，恰好我家仅余的些少资本，做点夏布生意，又被驻到汉口的经理人耗蚀完了！那时恰值暑假，黄先生带着我到苏、扬各地玩了一番，我就卷了铺盖，挟着几本用过苦功的书籍，回到家乡吃老米饭去。①

三、“孽债”

（一）第三任妻子

从扬州返回武昌不久，黄侃又摊上大事了——与彭清缃发生离婚纠纷。

彭清缃何许人也？她是黄侃的第三任妻子。这个普普通通的名字已

① 张晖编：《忍寒庐学记：龙榆生的生平与学术》，生活·读书·新知三联书店2014年版，第7—8页。龙顺宜云：“黄先生是名教授，据说性情还很怪僻，但看了父亲的写作后，爱才之心促使他不仅为父亲批改习作，后来还在生活上给父亲以无微不至的关怀。父亲能够在短短的十年里，从被小学生赶出校门的老师而成为国立大学的教授，黄教授和父亲后来结识的老一辈学者对人才的爱护与提拔，是起着一定作用的。”（同上书，第109页）

经很少有人知道了，只在梁漱溟的《忆往叹旧录》中出现过一次。刘成禺《世载堂杂忆》也间接提及其人："民国十一年，中山先生归上海，予亦归武昌，与黄季刚同执教国立师范。季刚以与北京彭翼仲女离婚事，问计于先母卧榻上，候予归。先母曰：'季刚，汝心中难过，可取予鞋柜中小说阅之，消汝闷。'季刚展卷神往，久乃告辞曰：'请借我此书，缓日奉还。'"①

1902 年，黄侃与原配王夫人结婚。1916 年 6 月王夫人病逝，留下三子一女。1911 年春天黄侃与黄绍兰在河南相遇，民国初年"只为移情来海上"，二人同居，并产下一女。在王夫人逝世不久，又与彭氏草率结合，后长期分居，到 1922 年分手。1924 年，黄侃又与女学生黄菊英在武昌闹出一段情感风波，为第四次姻缘。

黄侃的第八个儿子黄念平在《忆父亲》一文中说："父亲第二次②婚姻是 1913 年以后，王氏母亲已故。父亲只身任教北大。很多人劝他续弦。那时风气渐开。婚姻之事经媒人说媒，介绍双方情况生辰八字后还在特定环境下先相上一面，再行定笃。媒人对父亲说女方彭欣③缃出身名门，外祖父还中过状元。父亲依约从预订茶楼下缓缓而过，看见了茶楼上媒人旁的一个女子，同意了这头亲事。哪知洞房之夜，揭开盖头，新妇却不是那日茶楼上所见女子。佛然弃室而去。经过几年的官司与调解，彭氏最后索要了三千大洋才同意办了离婚。"④

彭清缃虽然知名度不高，但她曾经与黄侃连接在一起，多多少少对

---

① 按：鞋柜中小说乃柳敬可《柳下说书》八本，为清初柳麻子所据以登场者，乃天下第一孤本奇书，确为艺林珍秘之册，黄侃久借不还，后来据为已有。

② 应为第三次。

③ 欣，应为"清"。

④ 湖北人民政府文史馆编：《黄季刚先生逝世五十周年诞生一百周年纪念集》(1986)，第 158 页。按：旧社会小报记者说黄侃结过九次婚，黄念平认为"胡说"，只肯定了三次。但子为父讳，同样也不是真实情况。至少黄侃与黄绍兰结婚见于《黄氏宗谱》。刘成禺云："季刚少溺女色，晚更沉湎于酒，垂危呕血盈盆，仍举酒不已。醉中狂骂，人不能堪。予常规之曰：'学者变化气质，何子学问愈精，脾气愈坏，不必学汪容甫也。'季刚曰：'予乃章句之儒。'……使能早年绝嗜欲，平意气，其所得必有大过人者。"章太炎挽联称"误尽一生惟有酒"。

一代宗师黄季刚产生过影响，她也成为黄侃研究中不可或缺的一块“拼图”。因此，我们有必要“打捞”这种历史上的失踪者，以便更加深入地理解黄侃的人际关系与精神世界。

彭清缃（1883—?），字静恒，祖籍江苏苏州，生于北京。彭翼仲之女。彭翼仲（1864—1921），名诒孙，是中国近代民间报业界的先驱，20世纪初期在北京城里他可是大名鼎鼎的人物，他创办的《京话日报》《中华报》《启蒙画报》皆产生过较大的社会影响。彭家的祖上更是苏州著名的世家望族。近年由苏州地方志编纂委员会编纂的《苏州名门望族》中写道，有清近三百年间，彭氏是吴门第一家书香仕宦人家，为远近所称道。左近街道因其宅第而得名“尚书里”“彭义里”，又因门前高竖八根旗杆而获名“旗杆里”。郑逸梅在《逸梅杂札》之“吴中彭氏科甲之盛”条中指出：

> 清代东南科甲之盛，首推吴中彭氏……总计清代三百年科甲，定求、启丰均由会元而状元，启丰为定求孙，时称祖孙会状……定求族兄宁求，以第三人及第，三鼎甲所缺唯榜眼，余则进士十四名，举人三十一，副榜七，附贡生则一百三十余，可谓盛矣。故宅在葑门十全街，厅事联云：“人间文福无双品，昭代科名第一家。”在前清时，其族人每逢喜庆，大都用四扇衔牌，一武英殿大学士，二军机大臣，三五子登科，四祖孙会状。人见仪仗，无不知为世家第一之彭氏也。①

郑逸梅提到的彭定求是康熙十五年（1676）状元，授翰林院修撰，以理学名世；彭宁求是康熙二十一年（1682）进士第三人，即探花，授翰林院侍讲；彭启丰是雍正五年（1727）状元，官至乾隆朝兵部尚书。定求与其孙启丰均连中会元、状元，二人留下“祖孙状元”佳话。此

① 郑逸梅：《逸梅杂札》，齐鲁书社1985年版，第11—12页。

外，还需提到与彭翼仲亲近的二人：祖父彭蕴章，道光进士，咸丰朝军机大臣上行走，又任文渊阁大学士、武英殿大学士。四伯父彭祖贤，官至光绪朝都察院右副都御史衔湖北巡抚，一度曾署湖广总督。

据彭翼仲之孙彭望苏所编《彭翼仲生平大事记》：

> 1864年11月25日（清同治三年十月二十七日）亥时，生于北京，谱名诒孙，字翼仲，后以字行。
>
> 1880年，17岁。娶江苏甘泉人董宜香。
>
> 1889年，26岁。夫人董氏去世。董氏生一男二女，男殇，女为清绮、清缃。
>
> 1905年，长女清绮适梁焕鼐，从此与梁巨川结为姻亲。①

彭清缃的姐姐彭清绮是梁漱溟的长嫂，梁漱溟《忆往谈旧录》提供了一条重要信息：

> 当我将要撰写此文，我先邀请彭先生的子女们会谈。这就是一位七十二岁的老姐姐彭清缃，还有清杰、清颐两弟兄，亦各六十岁了。向他们征集些材料并请其帮助作些回忆。②

清杰生于1894年，清颐生于1895年，据此可知，此文《记彭翼仲先生》应写于1955年之后，彭清缃生于1883年。可见，彭氏比黄侃大3岁，1919年时已有36岁，这在旧时代已经是高龄剩女了，黄季刚喜欢的是年轻漂亮的美人，对她弃若敝屣也符合黄侃狂放不羁的性格特点。

① 彭望苏：《北京报界先声》，商务印书馆2013年版，第279—281页。

② 梁漱溟：《忆往谈旧录》，北京联合出版公司2012年版，第51页。

（二）债务纠纷

1922 年彭氏将近 40 岁，黄侃与之离婚，赔偿三千大洋。其后彭氏为了索债展开了一场长达十年的持久战，仅从现存的《黄侃日记》中我们就可以钩稽出所存债务往来及相关记录：

1921 年 11 月 19 日：致静恒快函，云拟北上迎彼，求其同意。书自发。

1922 年 1 月 3 日：得彭氏讣及哀启。①

1922 年 1 月 18 日：致彭氏②书，询其意向，或须余往迓，或竟不欲归，望明白答复。

1922 年 7 月 13 日：母没后，予即令李甥以快信告彭氏于天津，次日复以电告，乃竟不归，仅以一信相慰而已。闰月十九日遂以书告绝，中云："念与君分离，既经三载，大事不获与同，此后会合同居之期，竟在何日？兴怀及此，不禁怆然。"此真人伦之奇事，藐躬之异遭已。

1925 年 1 月 2 日：晨，得析木氏③双挂书。

1927 年 11 月 24 日：晚，得鋟氏双挂号书索债。又失眠。

1927 年 11 月 29 日：复鋟氏书（常信）。

1927 年 12 月 15 日：致书鋟氏，乞缓债期（先偿三百）。④

1928 年 6 月 2 日：在颖民处写一信与鹰若，属其催书，并求唐选唐诗八种，又言将偿彼鋟及托致人钱。

---

① 1921 年 12 月 15 日，彭翼仲病故。

② 彭氏，即黄侃当时的妻子。此与前面黄侃致静恒快函"云拟北上迎彼，求其同意"相关联。

③ 析木氏，指黄侃前妻彭氏。析木，古代幽燕地域的代称。古代以析木次为燕的分野，属幽州。《晋书·天文志上》："自尾十度至南斗十一度为析木……燕之分野，属幽州。"《文选·木华〈海赋〉》："东演析木，西薄青徐。"李善注："言流至析木之境。"

④ 此处言偿还黄侃前妻彭清缃离婚费用。

1929年5月10日：寄北平彭氏钱百十四元。

1929年6月3日：得彭氏复书。

1929年8月7日：出至北门桥上海银行，寄银百元与大归①彭氏。

1929年11月4日：得彭氏书索欠。②

1929年11月5日：复彭氏书，言下月定偿利，今年偿所欠五百元之一部。③

1929年12月23日：晨起，寒至卅三度。令田出寄钱偿钱利④。

1929年12月25日：与钱君一信，告以寄息往矣。

1930年8月10日：寄彭清缃快书。别由上海银行寄银三十五元以偿本年七个月之利子。

1931年7月10日：忽得钱后人⑤北平书索钱，可诧。

1931年8月1日：钱后人又来书索钱。

1931年8月3日：与钱后人书。

1931年8月11日：寄彭清缃偿息六十元（托上海银行）。得其八日书（外信），有已收去年利息之说。

1932年1月9日：得钱后人索债书。

1932年1月10日：复钱后人书（言岁杪还二百或三百）。

1932年5月13日：南京转来钱后人书。

---

① 大归：谓妇人被夫家遗弃，永归母家。《左传·文公十八年》："夫人姜氏归于齐，大归也。"《诗·邶风·燕燕序》："卫庄姜送归妾也。"汉郑玄笺："庄姜无子，陈女戴妫生子名完，庄姜以为己子。庄公薨，完立，而州吁杀之，戴妫于是大归。"孔颖达疏："言大归者，不反之辞。故文十八年夫人姜氏归于齐。《左传》曰：'大归也。'以归宁者有时而反，此即归不复来，故谓之大归也。"

②③ 中华书局本《黄侃日记》删去。

④ 偿钱利：指偿还黄侃前妻彭氏利息钱。

⑤ 钱后人：即黄侃大归之前妻彭清缃。

1932年5月25日：晨，陆生持篯后人踪迹予之信见示。

1932年5月27日：以五百五十元付陆宗达，托交彭清缃了宿债。

1932年6月8日：得颖民五号书（内附彭收予托陆代交本百元、利五十元收据一纸），即复，甚详。

1932年6月24日：得颖民与田书，说三事。即复之，于说老彭①条，示之尤详。

《通志·氏族五》："篯氏。《姓苑》云：'彭祖，姓篯名铿。'"篯氏即彭氏。《黄侃日记》中只有少数几处直呼其名，大多数采用了隐语，这也是经过反复排比钩稽之后才破译出来的。

应该说，这笔"孽债"在相对长的时期一直是黄侃头上的紧箍咒。黄侃生活得也不太舒畅，他四处碰壁，奔走四方，时而武昌，时而太原，时而北京，时而南京，一大家人靠他一人的薪水过活。衣食住行之外，他还有各种额外的开支。于是，他在讲课之外，还要拿出相当一部分时间给各色人等撰写各种应酬文字以换取一点润笔费。1932年7月11日下午，他接到陆宗达挂号信内所附的彭清缃字据，郑重其事地将它锁进衣笥中，与其他重要票据皮藏在一处，特别标明"锁用二钥者"。至此，令他头疼的"孽债"才走进他的家庭历史博物馆。尽管这笔"孽债"还上了，但它给女方造成的伤害永远无法弥补。彭氏毕竟是一个大家闺秀，从她与黄侃的拉锯战中我们可以感觉得到她绝非等闲之辈，这个黄侃挥之不去的"影子"也是一个不可忽略的存在。彭清缃，字静恒，名如其人，她是一个清静之人，也是一个以柔克刚的高手。她以超乎寻常的恒心，震慑了风流才子黄季刚。黄侃的最后岁月表面上很风光，其实家庭情感生活也是相当不如意。假如黄侃当年与彭氏相敬如宾，琴瑟友之，或许黄侃可以得到更大的内助，他的后半生就要重新改

① 老彭，指彭清缃。

写。当然，历史无法假设。黄侃复杂多变的感情生活宛如结构复杂的多幕剧，既有喜剧，也有闹剧，更有悲剧，一波三折，戏味甚足，一场游戏一场梦，他留给后人的唯有无尽的感慨与喟叹。

四、"孽冤"

（一）惊世风波

刚刚与彭清缃这边离完婚，黄侃马上又与他女儿黄念容的同学黄菊英发生了黄昏恋，这在当时可是惊世骇俗之事。

黄菊英（1903—1984），字亦陶，湖北汉川人。黄侃或称之为"汉川君"。1923 年二人初识，随后闹出一段风波。这段风波被当时的媒体炒作得沸沸扬扬，我们暂且避而不谈。

（二）家庭摩擦

1924 年 1 月 2 日，黄侃与黄菊英结婚。[①] 客观地说，黄侃选择黄菊英并非上策，也留下了诸多的遗憾与悔恨。《黄侃日记》如是记载：

1925 年 1 月 9 日：晡出，为亦陶君买狐裘面。

1928 年 1 月 26 日：诟谇。

1928 年 6 月 14 日：寝屡厌而悸呼，亦陶来卧于侧始安。服金几那一圆。

1928 年 6 月 21 日：晨间有诟谇。

1928 年 7 月 8 日：念祥无故好啼，挞之，因与陶诟谇。其意若曰钱，钱何难得也。

1928 年 8 月 11 日：晨起，即有诟谇，可厌之极！附骨疽竟何时愈乎？

---

① 《黄侃日记》1929 年 1 月 6 日载："癸亥以是日（十一月廿六日）与亦陶结婚。"据此推出结婚时间。

1928年8月14日：诟谇叫呼，令人不胜其忿，至午少衰，犹无饭吃，携两儿食于快活岭。

1928年8月16日：亦陶出就医，以前日相扑伤臂云。

1928年9月4日：晨起诟谇。

1929年2月14日：携亦陶及三儿出至亚洲馆共照相一纸，乃呼马车游鸡鸣寺，登豁蒙楼，久坐，饮荈，食水引饼，乃还。亦陶将临月，腹大，不便行，予与田分抱二幼，登陟殊劳。然风日美和，山水清嘉，入岁第一快游也。

1929年2月26日：亦陶延医来诊，云胎盘有移动。

1929年3月9日：挈亦陶及二子至梅庵看梅。慈、祥闻洋琴声，喜之，久留不肯归。

1929年4月7日：午前十一点八分，亦陶举一女，大小平安，予心慰甚，此女生日先予一日，亦可谓与吾同物也。九姊字静仪，行为女师，冀此女能效法，爰名之曰念仪。

1929年5月5日：是夕，与亦陶燕语游事，甚欢昵。

1929年11月29日：食后大诟谇。

1929年10月4日：是日为妇亦陶生日，生二十七年矣。午间，焯邀予等至岭南楼为亦陶称寿，儿女皆往，醉饱而归。

1929年10月5日：夜，过小石，闻述北京教痞谤予与陈伯弢争傅弱妹[①]事。人之善谤人也！归，与亦陶述之，以为欢笑尔。

1930年2月20日：夜向晨，大雷雨，予怖畏甚，呼亦陶来伴，旋睡熟。

1930年3月10日：亦陶怀子二月余，于下午两点小产。

1930年6月20日：大遭诟谇，遂无食，出食于民生馆。

1930年7月14日：十九日乙丑（七月十四号　礼拜一）　阴凉。迓婿、女归，筵之于美的馆。举室皆往，饮馔俱美。食后，冒

---

① 傅弱妹，即一代名妓傅彩云（赛金花）。

雨以汽车出游，先至孝陵，次至后湖，余与亦陶照相于竹间，予着短衣。

1930年8月10日：亦陶又小产。

1930年9月14日：夜呻吟，昼诟谇，予劳甚矣。

1930年10月28日：以姊事与妇大诟谇。①

1931年9月13日：周荫棠②来，适值与妇诟谇。

1932年4月3日：念仪生日（有人诟谇）。

1932年5月21日：午后，群儿喧哗，闺人诟谇，益令心烦。

1932年6月21日：中夜闻枭。③

1932年8月7日：昼复闻枭。

1932年8月17日：念祥倾墨污书（《宝颜堂秘笈》《通鉴长编》），可恼！况闻高厚④，尤令人烦！

1932年10月20日：连日疲于讲授，犹闻诟谇，益令心烦。

1933年7月24日：口腹累人，屡致诟谇。今后并此微细烦恼亦当伏之。

1933年7月25日：家事益见纷纭，令人无言。

1933年8月22日：夜，仍觉微热，枭声大作，不能眠。

1934年1月4日：夜闻枭。

1934年1月11日：晡，刘熙来，因事诲斥之。适枭鸱发声，

---

① 黄菊英在《我的丈夫——国学大师黄季刚》中谈道："季刚对他的七姊、十一妹友爱备至。七姊丧偶，寡居我家，季刚不仅为她养生送死，还亲自教育培养她的后代。"

② 周荫棠（1906—1947），字汉南，安徽桐城人。1929年考入南京金陵大学。毕业后，留校任教。曾兼蒋介石家庭教师。后任湖南大学历史系教授。著有《台湾郡县建置志》等书。

③ 此处似以枭声状其妻之骂声。黄菊英喜欢吵闹，黄侃在日记中多有怨恨之词，甚至拟以枭、狗。

④ 南朝梁元帝《金楼子·杂记上》："何僧智者，尝于任昉坐赋诗，而言其诗不类。任云：'卿诗可谓高厚。'何大怒曰：'遂以我为狗号！'"此处似以"高厚"状其妻之骂声。

遂至大怒，竟日烦恼，真孽冤也（齿摇）！

1934年1月18日：夜又闻枭，遂不能览诵。

1934年11月23日：后枭鸣，避之焯所，见其日记及新买影印俞理初自校《癸巳类稿》，近人王立中（理初邑子）所撰理初年谱。同诣公铎小坐，复同出，食于聚庆楼。

1934年12月13日：夜枭大鸣。①

偶然也秀秀恩爱，但更多的是诟谇之声。白纸黑字，证据确凿，也用不着过多诠释，列位看官自己消化理解。

（三）并非美满的婚姻

黄侃与黄菊英之婚姻生活大致经过了如此步骤：始则其乐融融，甜甜蜜蜜，继而磕磕绊绊，吵吵嚷嚷，最后黄侃撒手而去，黄菊英寡居数十年。应该说，这一老少配组合固然也有过浪漫时刻，但黄侃后来对她也心怀愤恨，甚至不断加以咒骂！1928年6月25日日记载："读敬通文，凄怆伤怀！至如《与任武达书》《与宣孟书》，尤可愤惋也。"请看冯衍《与任武达书》如是说：

天地之性，人有喜怒。夫妇之道，义有离合。先圣之礼，士有妻妾，虽宗之眇微尚欲逾制，年衰岁暮，恨入黄泉，遭遇嫉妒，家道崩坏。五子之母，足尚在门，五年已来，日甚岁剧。以白为黑，以非为是，造作端末，妄生首尾，无罪无辜，谗口嗷嗷，乱匪降天，生自妇人。青蝇之心，不重破国。嫉妒之情，不惮丧身。牝鸡之晨，维家之索。古之大患，今始于衍。醉饱过差，辄为桀纣。房中调戏，布散海外，张目抵掌，以有为无，痛彻苍天，毒流五脏，愁令人不赖生，忿令人不顾祸。入门着床，继嗣不育，纺绩织纴，了无女工。家贫无僮，贱为匹夫，故旧见之，莫不凄怆。曾无悯惜

① 夜枭，即猫头鹰，影射其妻黄菊英。老夫少妻，家庭不睦。

之恩。惟一婢，武达所见，头无钗珥，面无脂泽，形骸不蔽，手足抱土，不原其穷，不揆其情，跳梁大叫，呼若入冥，贩糖之妾，不忍其态，计妇当去久矣，念儿曹小家，无宅使哀怜。姜豹常为奴婢，恻恻焦心，事事腐肠，汹汹籍籍，不可听闻。暴虐此婢，不死如发，半年之间，脓血横流，婢病之后，姜竟舂炊豹，又触冒泥涂，心为怆然，缣谷放散，冬衣不补，端坐化乱，一缕不贯，既无妇道，又无母仪。忿见侵犯，恨见狼藉。依倚郑令，如居天上，持质相劫，词语百车，剑戟在门，何暇有让？百弩环舍，何可强复？举宗达人解说，词如循环，口如布谷，县幡竟天，击鼓动地，心不为恶，身不为摇，耳宜详居，错且自为，计无以上书，告诉相恐狗吠，不惊自信其情。不去此妇则家不宁，不去此妇则家不清，不去此妇则福不生，不去此妇则身不荣，不去此妇则事不成。吾数奇命薄，端相逢遭，自恨以华盛时不早自定，至于垂白，家贫身贱之日，养痈长疽，自生祸殃。衍以室家纷然之故，损弃衣冠，侧身山野，绝交游之路，杜仕宦之门，阖门不出，心专耕耘，以求衣食，何敢有功名之路哉！

再看冯衍《与宣孟书》如是说：

居室之义，人之大伦。思厚欢和之节，乐定金石之固。又自伤前遭不良，此有去两妇之名，事诚不得不然，岂中心之所好哉？

“不去此妇则家不宁，不去此妇则家不清，不去此妇则福不生，不去此妇则身不荣，不去此妇则事不成”，其意至为显豁。由此可见，黄侃曾经萌生过休妻的念头。自1924年以后，国家处于危难之秋，黄侃漂泊四方，缺少一个大的外部治学环境，其家庭小环境也不够安静，因此，黄侃晚年无法集中精力写一部大书。总而言之，我们可以感觉到，黄侃最后一桩婚姻并非美满，而是充满戾气与怨恨。

1929年4月28日，黄侃填《浣溪沙·春晚示内》：

钟阜双鬟画怎如，当窗照镜笑窥书。绿阴纸阁一符居。　临砌爱看花结子，卷帘喜迓燕将雏。始知春晚胜春初。

此词以鬟喻山形，前人用之甚多，如宋杨万里《惠山云开复合》诗："只嫌雨里不仔细，仿佛隔帘青山鬟。"元虞集《子昂秋山图》诗："世外空青秋一色，窗中远黛晓千鬟。"清姚燮《水调歌头·五湖渔庄图》词："山浮四面窗户，七十二湘鬟。"又可以鬟喻妇女的环形发髻，汉辛延年《羽林郎》诗："头上蓝田玉，耳后大秦珠。两鬟何窈窕，一世良所无。"唐杜甫《月夜》诗："香雾云鬟湿，清辉玉臂寒。"黄侃此处一语双关。黄侃当年看上的是黄菊英的美貌，但相处日久，性格不合，矛盾渐起，摩擦不断，至死方休。

第四章　黄侃的最后岁月（1926—1935）

第一节　在北京师范大学（1926—1927）

一、避乱居京

（一）避兵北上

1926年9月，北伐军攻打武昌，黄侃携全家逃离至北京。

10月15日，岁次丙寅，时序重九，北京城里天气晴暖，秋高气爽，黄侃一早起来，端坐书室，萧闲无事，开始追忆前一段发生的惊天大事，动笔补写日记：

> 今年夏热殊甚，闭门避暑，惟以校《类篇》为事，暇则饮醇酒、调稚儿，自谓安宁，无复他患。不意湘战忽起，遂逼巴丘。中元节（8月14日）后，北人之侨居鄂垣者，日运箱箧出城，汉阳门为之填咽，而予杜门不出，竟未闻之也。既而吴佩孚大败于贺胜桥，奔还武昌，予犹无迁意，以为北军必不守此孤城也。二十三日（8月30日）正午，卞氏姊自汉遣仆梁增来予马家巷八号寓探予迁否，予乃挈余妻及男女六人并七姊之孙女随梁增渡江，先将皮箱二口寄存昙花林第一中学教员公寓外舅黄养莹先生处，仅携包袱四五个以行。寓中什器书籍悉委堂侄耀先看守。出城时、登小轮时，斛挤不可言状。幸达姊寓，已迫暮矣。是夜，迁居特别区（旧城租界）华新里十号广东人谭姓楼上，次晨方拟渡江取锅罐被褥，并呼耀先同出。行至英租界，闻过江小轮已停，怅怏而返，自是耀先遂

> 不得出矣。二十九（9月5日）夕，彻夜闻汉阳枪炮声杂于度岁之爆竹，凌晨即悉汉阳亦陷，吴佩孚将逃。私虑汉口不免蹂藉，遂自华新里迁于法租界华实里四号徐恕寓中，自是蛰居十余日，日盼武昌开城，而南军竟无攻城之械，北军转富守城之能。仍迁还华新里，此八月十七日（9月23日）事也。借楼板而坐，无被无褥，不饮不食，妻怨儿啼，其苦甚于在危城之内。适吴检斋有信来邀予入京，乃决计先行赴沪，趁海舶北上，以十八（9月24日）夕登太古公司之黄埔船官舱。十九日（9月25日）晨，晤张仲仁先生①于舟中，始悉汪旭初正在南京，遂改计至下关登岸，谋由津浦路行。二十（9月26日）夕，达金陵，寓下关瀛洲旅社。旭初及省长陈公皆欲余迁入城中为久居之计，予以已允检斋，不可爽约辞。廿四（9月30日）夕，趁车如沪谒师，廿五（10月1日）晨到，其夕偕孙鹰若复趁车过宁。廿七（10月3日）正午，渡江趁车北上。廿八（10月4日）夕，至津。廿九（10月5日）晨，复趁车入京，正午抵正阳门，径赴校场下四条廿七号检斋宅，其夕以吴居逼隘，不可容余家七人（念华亦自内城出），乃迁至西河沿燕台馆暂住，九月初三日（10月9日），始定居于椿树上二条衢衙九号宅。计四十日中十三迁而后获安居。是日闻武昌已于初四日（10月10日）启城，假令予迟半月后行，则计当辍矣。②

有《七月晦移居汉口法租界华实里四号徐行可寓中苦热感事》一诗为证：

---

① 张一麐（1868—1943），字仲仁，号公绂，别署民庸、大圜居士，江苏吴县（今江苏苏州）人。曾长期任袁世凯幕僚。民国初任总统府秘书长、机要局长、教育总长等职，后反对袁世凯称帝，离京南下。“九一八”事变后，投身抗日救国，任国民参政会参政员。平时主张文字改革，提倡汉字拼音，并组织新文字学会。黄炎培为撰《张仲仁先生传》。

② 黄侃：《黄侃日记》，江苏教育出版社2001年版，第268—269页。按：括号内日期为引者注。

南国秋深未戒寒，乘时行令属炎官。龙门喋血兵争苦，鼠穴藏身将略殚。心闵苍生罹害气，眼看赤县倒狂澜。故山咫尺归无路，愧向蕃阶得暂安。①

（二）京城交游

10月16日12时，黄侃应郑奠、李仲衎之约，赴西长安街芳湖春②，座有吴检斋、钱中季（即疑古玄同）、朱逖先、马幼渔、沈尹默。③ 饭后，黄侃至午门历史博物馆参观。归寓后，杨树达、孙蜀丞、骆绍宾来访，同出，又邀检斋至五道庙街春华楼④，树达作主人。复偕检斋、蜀丞归，谈至一时乃散。各位新朋老友盛情款待，他颇受感动，第二天下午，他回访朱逖先、钱玄同、马幼渔，均未晤；又访朱少滨，晤谈甚欢。

18日下午，黄侃至中国大学授《说文》二时、《诗经》一时。前段时期一路逃难，失音半月，又精神委顿，夜间作热，不知是肺病复发，还是劳碌所致。

19日，黄侃约吴检斋、谭若夔共进晚餐，饭后又与检斋一道外出

---

① 《制言》第17期。按：七月晦，即1926年9月6日。

② 芳湖春："北京八家春"之一，其他七家大饭店为东亚春、庆林春、淮阳春、新陆春、大陆春、春园、同春园。这八家大饭店均设在西长安街一带。其中，东亚春为广东风味；新陆春、大陆春、庆林春为四川风味；淮阳春为淮阳风味；春园、芳湖春、同春园为江苏风味。

③ 《钱玄同日记》是日载："午郑、李两侍郎宴披肩于芳湖春，请逖、幼、尹、检、玄五人光陪。食毕，至部，晤赵。'水'。""郑、李两侍郎"即郑介石、李仲衎，均为"黄门侍郎"（即黄侃入门弟子）。"披肩"即钱玄同给黄侃所取之外号"披肩公"之缩写。"逖、幼、尹、检、玄"即朱逖先、马幼渔、沈尹默、检斋、钱中季（即疑古玄同）。同一事实，记载详略不同，排名顺序不同，互称外号，黄侃与钱玄同的关系此时已经很微妙了，新旧之争，相煎何急，于此可窥消息。《钱玄同日记》又载一"水"字，未解其意。《钱玄同日记》也是一部"天书"，也需要做详细的注释。

④ 春华楼：清末京城八大楼之一，位于西城区和平门五道庙，开业于民国初期，为八大楼中唯一经营江浙菜的饭庄，相传名菜有锅贴鸡、松鼠鳜鱼等。

听曲。是日，收到初八日侄儿黄焯自武昌寄给念华的书信，详细讲述武昌危城故事及处置书物等事，他悬着的心终于像一块石头一下子落地了。第二天，黄侃给黄焯发了一封快信：

> 得侄九月初六日自马家巷寄念华书，阅之喜极。至述危城苦况，不禁内愧且悲也。然烽火之下，竟获生全，皆世父府君及嫂氏积德芘荫所致，侄经此劫难，愈宜自爱也。余寄居汉上二十六日，薅恼亦不可胜言。适得检斋自京见招之书，遂决计北上。东行舟上晤张仲仁（名一麟），乃知旭初在苏省长陈公（陶遗）所，遂于南京登岸，留滞八日，荷陈公赆余五百圆，旭初推让代章师作一富人墓铭，润笔三百圆，而陈公又特为余封轺以头等包房，驰津浦道北上，廿九日正午抵正阳门，友朋门人迎者甚伙。此月三日，赁居前门外椿树上二条胡同九号一宅，什器悉由临时置备，今则居然似一家人矣。回思浩劫将临时，安然脱险，驱车北上，又适在浙事未发之先，南北朋侪无不以厚待我，遂得安居京邑，复理旧文，而且危城之中，书物无损，记上年作字署款曰“小幸民”，一何幸耶？①

24日，早访徐子明（即佩铣）。据《钱玄同日记》1917年1月20日载：“徐君佩铣者，在大学中教西洋文学史，向未交谈，今日与我谈欲研究中国音韵之学。我亦正因改良旧韵，欲觅一精通西洋数国语言之人，审定用罗马字切音事，谈顷，知徐君通英、法、德三国语言文字，并谙腊丁文，颇拟此后常常与谈，以成此事。徐君于改良华文事，主张刊刻用篆文，书写用草书，而废去隶、楷。此余于一九〇八、九年间所曾主张者，嗣因过于骇俗，恐难实行，遂寝此议。不图今日徐君忽同此论，苟能实行，宁非美事！余又以复用本字之说告之，徐君亦极谓然。徐君精于西文，而又极有志于研究本国文字，立论迥非时流所可比伦。”晚上又约吴检斋、谭若夔、徐子明、汪采白手谈，留饭。

---

① 黄侃、黄焯：《蕲春黄氏文存》，武汉大学出版社1993年版，第175—176页。

居京期间，宴请不断，黄侃与学界名流黄晦闻、陈匪石、洪泽丞、成舍我等人友好往来。由于这一段时间的日记基本上没有保存下来，我们对他的其他情况知之甚少。文献不足征，徒唤奈何。

此间，他有一首《寄怀旭初、鹰若》：

迢迢吴楚绝音书，世乱良朋定忆余。得脱危城欣有命，欲还旧里苦无居。装囊尽失秋迟冷，妻子相随恨少纾。便里东航挂帆席，可能海上寄蘧庐。①

二、黄侃与吴承仕

（一）南黄北吴

吴承仕（1884—1939），字䌹斋、检斋、桥斋，号展成，又号济安，安徽歙县人。清末举人，23岁参加举贡会考，殿试一等第一名，即末代状元是也。辛亥革命后任司法部佥事。1913年以后受业于章太炎门下，研究小学与经学，尤邃三礼之学。曾在北京大学、中国大学任教。在北京师范大学国文系任教授、系主任多年。与黄侃齐名，有“南黄北吴”之称，又被章太炎封为北王。

黄侃此次就是应吴承仕之邀出任北京师范大学教授的。1926年上半年，黄侃为吴承仕之父撰《印廷先生六十生日献寿文》，于皖派大师颇为推崇，认为：“学术之隆，足以使举世从风。其始恒由一二人处艰屯之世，持特立独行之操，抱残守缺而不悔，其人必辄为天所相，假之以甚长之岁月，使得从容传其学于后之人。盖秦、汉之际，有伏生、申公、高堂生、张丞相。王莽之时，有杜子春。隋、唐间有曹宪。五季之扰攘，而有隋同文。故曰人能弘道，非虚言也。清世儒学所成就，过于前世甚远。然唯皖南之儒者为最甚。溯其初由婺源江君，一身自奋于末

① 《制言》1936年第17期。

流，得东原、易畴、辅之诸君为之羽翼，不数十年，卒令天下之士无不彬彬然向于学。盛衰循环，至于今日痟矣。”吴承仕与黄侃的关系一度比较密切。黄侃与吴承仕的交往要追到1917年。1922年1月9日《瑜伽师地论》跋语称：“昔在丁未，师太炎。师以日本刻本见赐，仅阙一卷，余奉以归国。以其书浩瀚，未能遍观，时复翻寻，不得要领，因循多稔。至于丁巳（1917）之冬，始从同门友歙吴承仕检斋处更乞得上海印本，百卷无俄空焉。每卷之末，皆有检斋题阅书月日，归敬本尊。”黄侃认识他当在更早时候。

1923年，吴承仕《经籍旧音辨证》出版，黄侃为驳正四十二事。[①]黄侃在写给黄焯的信中说：

> 吴检斋《经籍旧音辨证》，纰缪孔多，我所发正者四十二事。彼乃云：“毕、顾、孙、卢未足与此。”[②] 夸言究何益乎？侄如精神尚好，可即入省来。虽无学校，吾父子朝夕讲肄，岂非乐事耶？健民于五月五日在庐山化去，我一昨始得知，此真可痛。人间世究何事慰心？虚斋独坐，每为惘惘也。

(二) 高师风波

1924年10月14日，章太炎致吴承仕信。函云：“得六日书，知已为季刚谋一炊地。京师官学多停，而华北、民国辈尚能办事。其获此，亦幸矣。”[③]

1924年10月23日，章太炎致吴承仕信，云：“得书为之喷饭。季刚四语，正可入《新世说》，于事实无与也。然揣季刚生平，敢于侮同

---

① 黄侃：《量守庐群书笺识》。

② 毕、顾、孙、卢分别指清代学者毕沅、顾千里、孙星衍、卢文弨。健民即张四维，为黄侃弟子。

③ 马勇编：《章太炎书信集》，河北人民出版社2003年版，第335页。

类，而不敢排异己。昔年与桐城派人争骈散，然不骂新文化。”①

1925年8月10日，黄侃与武昌师范大学校长石瑛②冲突。章太炎致书吴承仕云：“得书及与鹰若书，悉季刚在鄂，乃与校长石瑛冲突，其实不过口舌之争（季刚呼石为阁下，石云不应作此腐败口吻，季刚云如称汝为王八蛋如何）。石之徒党，欲去季刚而不能，乃登报称将请吴稚晖为国文主任以示威。其实吴未必能赴，季刚亦有土著徒党，未易改也。闻季刚在鄂薪水三百圆，萧又别有赠遗，约共五百圆。若在北京，必不能满其望。兼鄂中本有党羽不易攻破，而京师则飘摇无定。足下似应劝季刚暂留，不必逾淮化枳也。”③ 黄侃与校长石瑛发生冲突后遭到辞退，此事在教育界引起震动。1928年6月，相传吴稚晖④拟出任中央大学校长，将再次与黄侃狭路相逢。吴稚晖为新派首领，黄侃“自问学术与彼异宜，色斯高举，致身名于安处，决不宜恋惜禄糈，致同在武昌时受党人石瑛侮辱故事也”。

1925年8月21日，章太炎致书吴承仕，谈黄侃近况：“季刚事，黄百新（人望）来道其详。据云，同事四人相约辞职，其意盖以反抗石、吴。石瑛无以奈何，至北京设法云云。吴之到鄂，亦不过掩人不

---

① 马勇编：《章太炎书信集》，河北人民出版社2003年版，第335—336页。按：黄侃何尝不骂新文化？

② 石瑛（1879—1943），字蘅青。湖北阳新人。1924年被推为国立武昌师范大学校长，1925年1月18日就职。石瑛是个新派人物，早在北京大学任教时就与黄侃思想相左，石瑛不讲情面，敢说敢为，黄侃又固执己见，于是发生激烈争论，并引起风潮，石瑛于1925年12月辞职。

③ 马勇编：《章太炎书信集》，河北人民出版社2003年版，第346页。按：黄侃与校长石瑛冲突，另外一种说法更有戏剧性。石瑛对黄侃说：“听说你对校务有所干预。”黄侃对石瑛骂道：“你的妈妈偷人！”隔了一会儿，黄侃解释说：“我也是听说的。”石瑛受此侮辱，哭笑不得。后来二人为此闹得一塌糊涂，石瑛竟然下令开除黄侃，引发风潮，结果石瑛反而被迫离开学校。又按：此种说法可能更为真实，也更能看出黄侃的攻击性之强，也更符合精神分析之理。

④ 吴稚晖（1865—1953），即吴敬恒，字稚晖。江苏武进人。早年加入同盟会，后主持国语注音工作。著有《吴稚晖先生全集》。

备，其实鄂人恶吴者多，必有反对者（刘禺生即季刚奥援）。不知季刚何以惶恐如是，宜稍慰解之。中国大学是老革命党所设，经费宜少，健秋既在彼任教务长，果欲聘请季刚，谋一兼差，想非难事，但恐不足满季刚之壑尔。”①

章太炎致书吴承仕，谈及黄侃近况：“季刚因与石瑛不合，石延吴稚晖以拒之。当时，刘禺生来，谓稚晖如到武昌，已能力抗，故鄙意亦谓季刚宜少待。乃稚晖到鄂，禺生竟不能拒，则外强中干之故也。乃来书言，王正廷辈亦力拒季刚，案王本与季刚无怨，恐他人异议，王亦不得不从同尔。闻广东大学延请季刚，季刚亦愿往教。彼学乃赤化中坚。季刚不得于王正廷辈，而反得于赤化，为赤化之吴稚晖所拒，而又为赤化之广东大学所取，是诚不可知其故矣。”②

1925 年 9 月 26 日，离开武昌师范大学，就武昌中华大学之聘。章太炎致书吴承仕云：“季刚在鄂，就中华大学之聘，曾有书来，欲仆转致萧督，为谋一兼职，已致书刘禺生矣。今来书又云曾可就中国大学，不知其人趣向究竟若何，俟得彼复书，再与定夺也。”③

（三）丁丁友声

1927 年 2 月 19 日，黄侃和吴承仕作《赤熛怒颂》诗。小序曰：“检斋去年作《赤熛怒颂》以示侃，尔时未以为然也，今则不敢不随例献谀于炎帝，故作诗一章，正前者不附和检斋之失，兼以示公铎尊兄。丁卯正月十八日，侃。”④

1927 年，黄侃作《赤熛怒赞》：

---

① 马勇编：《章太炎书信集》，河北人民出版社 2003 年版，第 346—347 页。按：中国大学，1913 年 4 月由宋教仁、黄兴等奉孙中山之命，在北京创办的私立大学，初名国民大学，1915 年改名中国大学。

② 同上书，第 347 页。按：此书未标日期。

③ 同上书，第 350 页。

④ 《制言》第 17 期，孙世扬录，总题为《量守庐遗诗》。此诗后又有孙世扬识语：“右一首林景伊兄寄示。”按：丁卯正月十八日，即 1927 年 2 月 19 日。

四时递代，反则无功。当冬而燠，实产蝗螽。炎德虽威，有时而杀。如火燎原，亦孔之害。隆隆者灭，炎炎者诛。冬留煴火，春发根株。民怨祁寒，亦谤苛残。阳消阴息，敢告炎官。

此诗载《制言》第36期，李英复抄，总题《石桥集》。末有孙世扬识语："此下四首世扬用师手稿校录。"此诗作于1927年，《黄季刚诗文钞》失收。吴承仕致孙世扬书云："阅《制言》第36期，《石桥集》中，前录旭初寒食诗，篇末有'赤熛何须怒'句，次即录季刚《赤熛怒赞》，似此二事有连者，不审为何人所编。民国十五六年间，仕与季刚同讲学于师范大学，时值丙丁之际，火德常王，故有《丁丁集》之作。时仕又为《赤熛怒颂》一首示季刚，彼适独酌，阅之，意不谓然，遂更作赞，一挥而就，即《制言》所录四时递代云云是也。此稿何时为足下所保有，今不可知。仕思之，则犹昨日事耳。拙作奉阅，并颂撰安。四月四日，吴承仕顿首。"

黄侃与吴承仕这段时间诗酒唱和，留下了《丁丁集》，黄侃诗曰：

《奉赠检斋》：斯世纷纭日，吾侪守一经。伤今悲垫厄，怀古美沉冥。论欲排黄聿，心偏颂赤灵。良朋堪皓首，不用叹零丁。

《酬检斋》：治病诸丹药，销愁十博经。只知逃阒寂，无意觉颠冥。懒怯春台陟，谗疑昼鬼灵。养生吾恨晚，及此慕庖丁。

《示检斋》：感帝宜熛怒，何妨纬补经。阳精临北陆，阴火起南冥。目电瞋千里，血池醉众灵。近传严卯利，盛德况逢丁。

《示检斋》：羁泊无他乐，相依讨六经。党枯从我好，挫锐与时冥。詈鬼文宜谑，呵天语不灵。桑榆容易忍，丧乱未妨丁。

《以易义为隐语仍用丁韵示检斋》：群龙无首日，秘谶验羲经。漫谓孚方革，深愁豫欲冥。乾坤真可毁，原筮更难灵。寄语当途者，毋忘甲后丁。

《释奥日有感呈检斋》：缁帷人去后，千载溯遗经。郑注嫌三统，周图惜半冥。礼家常有讼，心学亦无灵。此道终榛塞，临风忆五丁。

吴承仕诗曰：

《酬季刚》：度世无仙药，归心托古经。从容探丘索，寂寞度玄冥。缮性心为圣，知言鬼不灵。更无余子在，祝女老还丁。

《季刚荐更忧患，有退藏于密之意，因推本〈易〉义，成诗二章，仍用其见赠之韵》：之子东南美，精研上下经。括囊辞辨讼，丰沉即沉冥。且自依金柅，无妨含玉灵。得时宜禴祭，不必用柔丁。

上圣有忧患，兹辰非所经。贯鱼看罩罩，即鹿恐冥冥。战野龙多血，盈车鬼大灵。天心渺难见，何处诉零丁。

《答季刚》：伐罪从民望，攘夷本圣经。大常开夆白，高谊薄青冥。金火真相革，鱼鸟肯效灵。炎炎终弗戢，斯意最宁丁。

《赠季刚二首》：淮南九师训，邯郸三体经。遗文搜阙逸，奇象起微冥。历数推三统，郊丘辨五灵。吾侪有同好，切直听丁丁。

登高能作赋，重席善谈经。穆穆思玄素，胶胶乱晦冥。意诚终格物，仁积更为灵。间字从杨子，何必数董丁。

《和季刚中春舍采感怀之作》：往矣新王业，空传十二经。略窥文隐约，无救世盲冥。群盗残民命，陪臣窃国灵。微辞定哀际，大息我躬丁。

《连日雨雪甚寒感而有作呈季刚》：大陵尸气盛，斡连失常经。霰集春犹厉，云低昼欲冥。佳兵终有咎，攻社恐无灵。厄会须消复，当来日丙丁。

载《中大季刊》1927年1卷4期，又载《制言》第40期，又载《制言》第42期。

1927年4月2日，吴承仕为《丁丁集》写了一段跋语：

> 丁卯正月十日[①]，季刚过访，语及诗，因口占一首见赠。承仕素不为近体，试赓之，自尔酬酢往复，章首遂多。拘牵押韵，交谓少惬心者，遂止斯事。今简汰其不可存者，缮写一通，用志友朋谈艺之乐。以岁直于丁，又窃取伐木之义，名之曰《丁丁集》。二读今有殊，古则同。三月朔日，承仕记。

这些“用志友朋谈艺之乐”的诗近乎玄言诗，读起来味同嚼蜡，但尚有哲理在焉。

（四）腐心赤舌

1927年5月7日，黄侃与吴承仕关系破裂。杨树达日记是日载：

> 检斋招余至芳湖春饭庄午饭。告余黄季刚对渠种种误会，使之难堪，日前竟大决裂。今日黄招渠饮，渠故不往，并作俳体三首示之，有“腐心遭赤舌，哑口吃黄连”等语。检斋为人近笃实，以季刚有学问，事之甚谨；种种委曲，见者或以为太过。而季刚则愈益横肆，视检斋若无物。致令检斋无可再忍，遂致如此。以此知交友处世之未太易也。[②]

黄侃与吴承仕关系为什么会破裂？一说黄侃在课堂上不尊重女生，说了一些不中听的话，被告到系主任吴承仕那里，吴婉言相劝，引起黄

---

① 即1927年2月11日。

② 杨树达：《积微翁回忆录》，北京大学出版社2007年版，第22页。

侃大怒。另外还有一种说法，黄侃在上课前没有做好准备，课堂上讲得忘乎所以，忽然内急，就在教室里当众小便。这是黄侃的老毛病，他在认识太炎先生时就是如此行事的。我们推测，这事可能还要推到他童年时期的压抑，可能在那些族人的恶作剧面前，黄侃经常性的被吓得尿裤子，成人以后这毛病不但没有改正，反而变本加厉。这样的行为只能从精神分析的角度加以探究。可惜黄侃自己当时没有解释清楚，吴承仕当年也不懂弗洛伊德的精神分析理论，只好据常人常规理解黄侃的反常行为，难免“腐心遭赤舌，哑口吃黄连”。

不唯如此，黄侃随后还上演了更加疯狂的举动。冯友兰在《三松堂自序》中回忆说：

> 黄侃自命为风流人物，玩世不恭，在当时及后来的北大中传说着他的逸闻逸事，我也不知道是真是假。比如说，他在北京，住在吴承仕（检斋）的一所房子中，他们都是章太炎的学生，本来是很好的朋友。后来不知怎么闹翻了，吴承仕叫他搬家。黄侃在搬家的时候，爬到房梁上写了一行大字：“天下第一凶宅。”

郑逸梅亦云：

> （季刚）赁其友吴承绶①屋，携眷以居。季刚以不善居积，常处窘乡，致负租金无以偿，既而爱子以病殇。季刚痛惜，归咎于屋之不吉，尽室以迁。临行，揭字条于大门曰：“天下第一凶宅。”承绶以既不付值，又肆诅咒，诘责之。季刚曰：“再饶舌，须先赔我儿子来。”承绶目之为书呆，无如何也。

萧劳《六十年前我在北大的几点回忆》亦云：

---

① 承绶，即承仕，下同。

黄侃先生的脾气古怪，他本来住在一位朋友家中，不知什么缘故和这位朋友闹翻了，搬走的时候，用毛笔蘸浓墨在房间的墙壁上写满了带鬼字旁的大字。众人看字满壁皆“鬼”，黄先生才得意而去。

上述说法存在一些差异，但大体契合。章太炎听说后，专门写信安慰吴承仕。函云：

季刚性情乖戾，人所素谂。去岁曾以“忠信笃敬”勉之，彼甚不服。来书所说事状，先已从季刚弟子某君闻其概略，彼亦云吴先生是，而先生非也。在都与诸交游断绝，欲来上海，就暨南学校教员，适诸校党争激烈，有暗杀校长教员者。友人或告以畏途，遂止不来。来书云，季刚已去，是否往关东耶？……季刚性行，恐难免于乱世，是则深可忧耳。①

《章炳麟论学集》将此信系于1926年，马勇编《章太炎书信集》亦沿用其说，均误。黄侃与吴承仕决裂、在都与诸交游断绝之事均发生在1927年，前往东北大学任教亦在1927年。姚奠中、董国炎《章太炎学术年谱》云：“该年5月25日信中说‘得本月十八日书’，而此信开头就说‘不得书逾九月’，时间显然不合。此信内容也是1927年事。一为黄侃离京前往东北大学；二为吴承仕辞去司法部职务，是1927年4月29日事；三为信中所说……”所辨极是。太炎先生以“忠信笃敬”勉之常人可也，对此时近乎“丧心病狂”的黄侃来说，不免对牛弹琴。

① 马勇编：《章太炎书信集》，河北人民出版社2003年版，第351页。

(五) 和好如初

1932 年“一·二八”事变之后，章黄北游。[①] 3 月 4 日，吴检斋来访，黄侃相逢一笑，起与久谈，遂一同造访太炎先生。检斋在新陆春宴请太炎先生，黄侃与林损作陪。饭罢久谈，他们又陪同太炎还寓，从容谈及明儒之学，太炎盛赞王时槐、林春。刘文典坚邀太炎食于同和居，黄侃陪同前往，又送太炎还寓，深夜始告辞。3 月 9 日，吴检斋来访，邀请黄侃到中国学院演讲。3 月 14 日，吴检斋陪同黄侃赴中国学院讲授小学。3 月 24 日，中国学院送酬金三百元，黄侃以五十元犒劳吴检斋。3 月 26 日中午，黄侃与吴检斋共食于东亚春，深谈。5 月 14 日，吴检斋来访，说《清史稿·礼志》之谬。5 月 18 日，黄侃抵太炎下榻处，问所以宿留之故，且讽劝他回上海。吴检斋在座，于是讨论经学、理学，子夜呼车同归。检斋新作一文，题为《清史稿礼志丧服章书后》，属持归为之细勘。可见，黄侃此时与吴承仕又和好如初了。

三、西河之痛

(一) 念楚之死

1915 年，三子念楚生。1917 年 10 月 14 日，三子念楚不幸夭折。越三日，黄侃作《念楚哀辞》：

> 亡妻王氏，生子女七人，迨其死时，仅存三男一女。幼儿念楚，周晬未几，初无疾病，托之佣妇，调护不肯用心，曾未浃旬，忽患寒泄，舁入医馆，经月略痊。自是饥饱失节，寒燠失时。余每夕与长者两儿同眠，辄闻此子中夜而啼，而同眠两儿眉声相应。孤灯在

---

① 朱祖延《闻见录》之“鱼翅赎罪”条：“‘一·二八’沪变起，黄季刚先生自金陵仓皇赴北平避乱。时驻日大使汪荣宝先生亦在平，因设宴为季刚洗尘。席间，季刚目荣宝而数之曰：‘汝辈身为大使，不能折冲樽俎之间，致令强敌压境，万众流离，今日之会，岂一鱼翅可以赎罪耶？’荣宝惟赔笑而已。”见《朱祖延集》，崇文书局 2011 年版，第 596—597 页。

儿，遗挂在椸，凄然茫然，不知涕之既陨也！入岁以来，儿复患耳，左瘥右剧，曾无闲时。五月下旬，城中骤有战斗，弹丸虵飞于庭际，蔺石横掠于屋瓦。余以先期未行，举室匍伏地下，冀以墙壁御烽火。此儿湿寝终日，寒疾暴增。乱定，始从倭医求药，医云："耳疡不割，疾不可为。"念割之或尚可生，遂令施术。奏刀深寸，闷绝愈时，耳则向痊，寒泄又作。余视其肤枯骨露，如俑人形，知无生望矣。计初病至殇，历月十四，淹困既久，而后澌绝。倘令其母不亡，鞠育以道，虽无恙以至成立可也。自亡妻之殁，余尝抚诸子而泣曰："人生早岁偏孤，无母之苦，剧于无父。我昔十三，即倾严荫，何尝不酸楚零丁？而形骸无丝毫不适，则有母之为也。何谓汝曹命更逊我，乃令汝母先我而亡！"由今思之，诸子中唯此儿最不幸耳。潘岳曰："赤子何辜，罪我之尤。"嗟乎，嗟乎，尚何言哉！儿殇以丁巳八月二十九日，即日瘗于法源寺前湖广义园沔阳金开榜墓之左。越三日，乃为辞以伤之曰：

噫！弱子兮丧慈母，人实为之兮，微汝不寿。有形皆乐兮，汝苦何厚！生不三龄兮，何灾蔑有？病与命争兮，一以久，我欲哭兮，枚在口。不可问天兮，我之咎，从母于冥兮，永相守。汝母哀汝兮，宜我诟，呜呼奈何兮，悲来如痗！①

王夫人与黄侃结婚 14 年，共生子女 7 人，迨其死时，仅存三男一女，王夫人去世一年之后，念楚夭折，诸子中唯此儿最为不幸。就在三天之前，黄侃还带着弟子孙世扬、曾慎言到大通桥泛舟，哪料到幼子这么快就死了，愧疚感向他袭来，他一边痛哭，一边撰写哀辞，撕心裂肺，痛彻心肝，真是愧对念楚，愧对王夫人啊！

（二）念华之死

更让黄侃伤心的是长子念华之死。1908 年 2 月，生母周孺人病危，

---

① 黄侃：《黄季刚诗文钞》，湖北人民出版社 1985 年版，第 63 页。

慈母田氏电召还家侍疾。未几，王夫人怀子，次年1月20日[①]，长子念华生。2月底，念华才满月，黄侃被迫离开家乡，东渡日本继续留学。

1922年2月20日，黄侃致陈济博书：

本拟以长子念华从君东迈，此儿忽生依恋，至于流涕。亡妻早没，子女无多。侃又中年早衰，弥增舐犊之爱，只宜任彼胸怀，不加督迫。至提挈之雅意，固当永矢弗谖耳。

念华天分很高，能读父书，黄侃曾经想把他送往日本留学，未能成行。黄侃对长子念华要求极为严厉，除了读正经正史之外，还训练他写古诗。1922年8月4日，念华拟陈子昂《感遇》作了十首诗，黄侃亲自为之改定，诗曰：

丹渊出明月，阳景方西颓。存亡若递代，怊怅胡为哉？环中应无穷，万化皆浮埃。惟有至人心，澹乎如如咳。荣观既超然，宁为摇落衰？

秋菊迫露霜，当风自芳洁。不愿附离骚，宁求隐者悦。仰谢东园松，甘就蓬藜列。摇落竟何嗟，受形当此节。

云中有一雁，来自沙幕间。志在慕中土，非徒避严寒。胡弓虽不强，颇解向天弯。还乘射雁暇，来近五原关。愿告中黄土，君曹未可闲。

神仙本虚妄，举世亦深知。羡欲自难制，还为妄说欺。五石开神明，散发不可医。丹经凡几帙，未足起虚羸。薤露为君歌，意同蒿里辞。贫贱保天年，转代贵人悕。

子云信命世，执戟困奇英。解嘲亦何必，千古太玄经。瞀儒自何来，责之以忠贞。请勿等甄邯，吾方思晏婴。毁誉悉如此，青史

① 农历戊申年十二月廿九日。

焉足荣。

世本无自治，非唯我不辰。禽争与蛙斗，终日苦纷纭。闾巷竞锥刀，原野竞矛矜。吾尝规厥元，不过为存身。饥寒不易免，风俗安能淳。

结交果何心，因依似寒鸟。栖宿偶同柯，其实殊饥饱。不见尉罗张，逃遁皆求早。他日或裴回，患难愧难保。感此慕贞孤，归来以终老。

孤云附天宇，行止初无心。澄江写我影，人意与之深。飘风适来会，吹我归旧岑。此归亦度外，不用羡为霖。

阅世渐已深，始知贵老寿。富贵可力营，功名可籍手。独有智所穷，不知殇与耉。乱世多暴兴，所恨不能久。赴书月一束，大半当路旧。勿羡要津客，甘为穷独叟。

微阳下乔木，悲风起荒野。万物入幽昏，谁为独明者？端居阅群类，沉忧不可写。愿偕吾大夫，阆风朝绁马。①

念华模拟陈子昂时还是13岁的少年郎，黄侃为之窜易润色，结果弄得老气横秋，弄巧成拙。

1925年秋，念华写了一篇《重九登高记》，全文如次：

岁乙丑，重九之日，为时虽已逼近寒冬，然北风未凉，黄菊初发，虽皋壤之摇落，亦天高而气清。友人谓予曰："今日为重九日，吾侪何不效法古人，一登临山水，追寻往迹，借此一消胸中之块垒耶？"予亦久苦城市之嚣哗，遂欣然诺之。移时毕聚。或以洪山与黄鹤楼两地为吾鄂名胜，究以何往为宜。予曰："鹤楼固为名胜，然以在城内繁盛之区，而今日又属佳节，游人必众，殊非吾辈清游之雅致也。"以是遂取道出忠孝门，熟五斗米，顷即至洪山麓，入时少憩，寺僧出茶果供予等，略事寒暄，遂由彼引道至寺后，拾级

① 黄侃：《黄季刚诗文集》，中华书局2013年版，第324—325页。

登山。山故不高，少时即达山巅，于亭中少憩。亭之上即昔人所建浮屠在焉。于是遂循级而登浮屠，凡七层。既至最上层，引首回望，则武汉全胜尽入眼帘。四山枫叶燃红，松枝耸翠，长江东去，汉水西来。高观翼际，二山对峙于大江之左右。俯视则见乡村田野，历历井然。因忆古诗有云："天苍苍，野茫茫，风吹草低见牛羊。"此虽描写漠北景物，然就今日之所见，亦颇相仿佛也。眺望既久，遂循塔而下。既至山麓，见荒冢累累，半沦没于荒烟蔓草中，予心不禁为之凄然。于时日已西沉，炊烟四起，啅雀争飞，时达林际。予等遂循途而返。①

其师评之曰："一尘不染。"念华能文，可谓有其父必有其子。

1926年1月1日，黄侃作《重访江汉书院》。序曰："乙丑十一月十七日，携焯、念华、念田闲步寻江汉书院。侃以丁酉岁从大人居此中者数月，距今二十九年，孤露亦二十八年。虽讲舍久虚，改为公邸，门庭客次及大人燕息之地尚历历可寻，惟孔殿隳废，石刻吴道子画宣尼行道像，亦不知移置何处。裴回久之而去，悲感成诗。"诗曰：

哲人萎丧后，讲舍亦荒芜。世事频烦改，儒风取次渝。松楸悲岁远，馆宇忆庭趋。不尽邦家恨，临风百念纡。②

其时念华17岁，即将完成中学学业。不久，念华北上报考北京大学。这年夏天，黄侃作《恭录先君子世训寄念华后感赋一诗》：

家训殷勤赫尚存，抚衷长觉负隆恩。立身已是惭堂构，洒泪常难到墓门。惠入邛崃遗爱远，名高荆楚古文尊。孤儿窃誉还叨禄，尽道仁贤比子孙。③

① 黄念容编：《量守居士遗墨》，1974年自印本，第157页。
② 黄侃：《黄季刚诗文集》，中华书局2013年版，第254页。
③ 同上书，第265页。

此诗未标明作年。“惠入邛崃遗爱远，名高荆楚古文尊”是黄侃对其父的高度评价，前句颂道德，后句赞文章。从“寄念华”三字可以推断此诗写于1926年初夏。念华此前在武昌就读，是时赴京赶考。据杨伯峻《黄季刚先生杂忆》称：

> 我向黄季刚（侃）拜师以前六年，便和他的长子念华结交。那是1926年夏，我从长沙来北京，住先叔遇夫（树达）先生家，准备应北京大学招收预科生考试。念华也来到北京，奉他父亲之命来谒见我先叔父。先叔叫我同他相识，因为他也是来应北大招考的。我住在西城，他却和北大的一些教师，如范仲沄（文澜）同志，郑石君（奠）先生等住在北大红楼对过的西老胡同（或是中老胡同）一个四合院。范老和郑石君先生都是季刚师的学生，因此季刚师把长子嘱托他们。当时，北京各大专院、校，都各自招生，我和念华都仅报考北大。不约而同作一个打算，今年考不上，明年再来；充分准备一年，估计录取可能性大。北大的招考，当时分二次，第一次考国文、数学和英文，叫“初试”。初试录取后，再复试。文法科复试生物、历史、地理，理科复试生物、物理、化学。录取的标准是，初试，国、算、英每科及格，便榜上有名；复试不要各科都及格，只要平均在六十分以上，即总分在一百八十分以上便正式录取，不限名额。当时，大专院校聚集在北京，许多省市没有大学，所以全国青年，除上海外，大都奔赴北京，正好比清朝各省举人麇集京师会试、殿试一般。我两次都侥幸录取，念华也登了龙门（当时叫考取北大为登龙门）。榜一张出，念华首先得信，急忙用电话告诉我叔父，我叔父等我回家便告诉我。我一次也没有去看榜，至今也不晓得名列第几，只要考上了便行。考前准备工作极其紧张，考后便觉一身轻松，于是每天找几个朋友同去游公园，逛名胜。念华呢，还是守在西（或中）老胡同四合院里，拖也拖不出来。季刚师嘱他每天点读《汉书》一卷，就是开学上课也不例外，他便也老

老实实遵行父命，从不偷懒。我当时觉得季刚师教子未免过于严厉，念华也真是循规蹈矩。不到一年，念华便因肺结核而少年夭折，听说季刚师极为痛心，还因此搬了家。①

黄侃在《听儿读英语》诗中说“记我十五时，一卷日可程。其书多汉前，师谓是典刑”，与杨伯峻所言“季刚师嘱他每天点读《汉书》一卷”吻合。

念华卅一日参加完北大考试，马上给姐姐报告考试经过：“北大复试已于今早完毕。昨日早考史地，我之卷子很完全。下物考博物，亦未大错。今早考物理四题，化学四题，每门对了三个。想不妨也。发榜大约在三号，结果如何，即当奉告也。师大在二十九号报的名，下午检查体格，往还之途极远，而一方面要预备北大功课，故这几日可谓忙极矣。师大考试在三号举行，如北大已取，则考不考亦不要紧，不取则尚有退步路也。”初十日又复姊书：“弟十三号接大人电报，当即电复，随后又有信去。而顷接吴老伯电话，谓大人于寒日又来电，谓丰月未接去信，此真令人百思不得其解，岂三十号电报还未收到耶？如未收到，可往电报局问。北大已取，此间甚安。弟身体亦无恙。请转禀大人，勿以为念，至盼至盼。”9月16日又致念容书：“昨早接大人来谕（廿九）及姊书（初三）敬悉，此乃以京汉路十九号始通车，故同时到也。初五、初七二书想先后收到，则此间情形自明，可释念矣。京中甚安静，日来未闻炮声，南口已于十四号被奉军攻下矣。师大未考，前信已言之。弟近日未尝外出，在寓读书，到还清闲，惟思家情切耳。饮食寒暑，弟自知留心。寓中食米饭，亦如南中。接大人谕，知鄂中酷热，此间则尚好，雨亦不多也。知家中自大人以下皆安，两弟疮已就好，至慰。姊欲下乡一行，弟极赞成。倘弟不北来，则暑中亦当返乡也。”②

1927年8月15日，长子念华卒于肺病。

---

① 杨伯峻：《黄季刚先生杂忆》，程千帆等编《量守庐学记》，生活·读书·新知三联书店1985年版，第161—162页。

② 黄念容编：《量守居士遗墨》，1974年自印本，第156—157页。

念华性行和厚，能读父书。黄侃后来在写给黄焯的信中说："吾以萍浮乱世，百苦备尝，何意舋祸所钟，不于其躬，而于其子？自去年七月十八日加卯后，我便已自等入冥。念欲通书懿亲，诉其哀苦，又奚能得。九月初挈眷出关，亦不知何由有此一行。"

黄侃曾于徐行可处见仁和劳氏手校《尔雅匡名》，方欲借校，而徐行可已属刘静晦移录，录毕即还之某氏。丙寅（1926）正月，黄侃取刘静晦移录之本来校，竭数月之力，始及《释水》而乱作，群书尽委弃武昌马家巷寓中，独抱《十三经》《说文》《尔雅义疏》校本以出危城。城围解，徐行可径从架上取回所借之书，刘静晦移录之本亦在其中。丁卯（1927）四月，黄侃写信求静晦本邮送北京，书到即续校。至七月初，仅至《释鸟》，而长子念华病卒。惨痛于心，废书数月。后虽翻群书，仍不忍翻阅《尔雅》。

黄侃为何如此伤心？在念华上京赶考之际，黄侃交给他一百块大洋，非常严厉地对念华说道："小子，你给我听好了——考上大学，这就是你的学费；考不上大学，这就是你买棺材的钱！"念华受此刺激，发愤图强，一下子就考上了北京大学。念华死后，黄侃一想到这句话，就无法原谅自己，谁叫你夸下如此毒口？自己对儿子过于严厉，令他心如刀绞。念华天赋甚高，黄侃对他寄予莫大的期望，他无法接受念华的死，心理出现毛病，接近崩盘。正好前一段时间在北京师范大学与吴承仕等人闹翻，才做出了种种近似疯狂的举动，在吴家墙壁上写满鬼字，甚至莫名其妙地对吴承仕嚷道："还我儿子来！"我们现在从精神分析的角度是不难理解这种状况的。肺结核在现在早已不是什么绝症，在20世纪前期确实为一大杀手。刘师培死于肺结核，王夫人死于肺结核，念华也死于肺结核。黄侃得过肺结核，黄焯也得过。但黄侃错误地认为念华死于手淫，也许念华在病痛折磨之际为了减轻痛苦有过手淫，但绝非因此毙命。黄侃早年在性生活上非常放纵，自此之后在这方面更加放纵，甚至对念田以下的孩子也大大放松了管教，要求他不要压抑性欲。

（三）念惠之死

一波未平，一波又起。过了一年，黄侃又经历了第三次丧子之痛。

1928年10月31日日记载，念惠股间生一脲核，黄侃给她吃了三粒六神丸，不意狂泻不止。11月5日五时许，念惠不幸夭折。黄侃在日记中写道："生于丁卯八月四日卯时，在世甫十四月又二旬，乃父母杀之，非彼当死也。"黄侃当时产生了一种强烈的犯罪感——是他亲手杀死了自己14个月大的婴儿！这次的打击可能比前两次还要来得更加猛烈，11月6日晨7时葬念惠，黄侃"竟日愦乱"，精神出现错乱。11月7日，他在回复陆宗达的信中说："二十四日（即五日晚）得弟手示，其时即小女念惠殇逝之时也。次日接得书二种，皆无误。书皆好书，惜我更无心看矣。心绪愦乱，未知在世更得几时。""心绪愦乱"，精神更加错乱。随后的几天他写了几首诗，我们可以据此推测他的精神状况。黄侃作《惠殇》二首：

鸡笼山下石桥西，举室欢娱变惨凄。垂老日先伤短折，无情天亦解悲啼（数月不雨，惠殇之夕忽雨，次夕乃大雷雨）。金环绣葆刑犹在，古陌荒途事已迷。拼得微躯从尔去，不教鬼伯慑婴娩。

在母先怜畏死丧（去年七月十八日，长子念华殇于医院；八月四日惠生），未孩却已历冰霜（重九挈之赴沈阳）。舟车屡徙偏无恙，药饵微疏即致亡。弱女慰情空昔咏，残生遗恨少良方。中宵啼哭声俱寂，只剩孤灯照病床。①

11月8日作《惠冢》：

细雨萧萧丛冢间，暮寒虽劲不知还。高冥大块诚何意，断碣新阡若是班。谁料幽明分跬步，却怜人鬼共尘寰。赁庐路近非无谓，日日销魂对此山。②

11月11日作《改葬念惠于小仓山》：

①② 黄侃：《黄季刚诗文集》，中华书局2016年版，第200页。

黄垆一闭竟何知，改葬高原意更痴。圹阖真无重见面，碣成不忍再镌辞。恩深父子还今日，魄返乡园定几时。痛绝小仓山畔路，萧晨寒雨益凄其。①

11月13日薄暮，省念惠家于随园，雨甚大，作《二日雨中省惠家于随园作》：

不见娇婴倏浃旬，改攒高阜又三晨。韶颜争遣污泥尽，老泪翻劳雨和匀。风送寒声归败叶，天笼暮色到穷尘。情知顾恋终无补，欲去荒埏尚怆神。②

11月20日又作《小仓山哭念惠家》：

峨峨小仓山，其上有我骨。我身殊未亡，我泪犹能出。呜呼父母恩，畜我既不卒。同气十一人，其八获终没。所生十儿女，六者为异物。嗟汝亦已微，夭折乃同律。生已值悲辛（惠生时，华殁甫半月耳），死复怜仓卒。汝死或逍遥，我生良壹郁。壹郁能几时，早晚归幽窟。③

11月13日，“夜大醉”。14日，“午归，大醉”。15日，“甚怫郁。午，大醉，扶醉诣旭初，遂寐于其榻下，醒后觉寒，已曛暮。焯请食于教育馆，又致醉”。22日，“午，伯弢邀陪公铎于大中华楼，大醉”“夜，泄泻污衾”。23日，“午，醉卧”。24日，日记载：“午后，偕亦陶、奉七姊、挈两儿游后湖，先看菊于故湖神祠址，旋泛湖绕后洲至大漾。风日清美，俨如春初，人意为之一爽，然终如有所失。哀乐之来，

① 黄侃：《黄季刚诗文集》，中华书局2016年版，第200页。
②③ 同上书，第201页。

吾不能御，其去不能止，悲夫!”12 月 3 日，“夜坐，悲从中来，遂罢读”。5 日，“出诣随园，至惠儿冢上，坟已筑成，裴回其旁，痛哭而返，拥被眠”。12 月 25 日，“归见穷人卖子，其子甫数日，冻甚，以念惠遗衣施之，为之悲戚”。1929 年 1 月 2 日，“始见痰中有血缕”。5 日，“晨，又见嗽血，意绪棼如”。“棼如”在《周易》中与“死如、弃如、灭如”连用，可见黄侃的精神到了何等危险的状态。念惠之死，给黄侃带来了持久的悲伤，几乎将他的精神压垮。

第二节 在东北大学（1927 — 1928）

一、出关

我们把时间调到 1927 年 10 月 4 日。这天，黄侃决定就东北大学之聘，前往讲授《诗经》《易经》等课程。临行前，友人陈映璜教授持扇索书，黄侃即兴书五言律诗一首：

> 故里成荒楚，微生任转蓬。无心来冀北，何意适辽东。豺构王犹叹，麟伤孔亦穷。望思新恨结，行迈旧忧重。身世黄尘内，关山夕照中。青山萦旅梦，华发对西风。哭彼唐生拙，遥怜赵至工。雄心如未戢，又复问昭融。①

此诗语语沉痛，愁苦哀伤，据陆宗达回忆，这都是黄侃心情凄怆的反映：

> 1927 年 9 月，北京中国大学哲学系教授陈映璜先生拿来一幅扇面，求季刚先生近作。当时我是知道季刚先生并无近作的，因为

① 陆宗达：《我所见到的黄季刚先生》，程千帆等编《量守庐学记》，生活·读书·新知三联书店 1985 年版，第 113 页。

他的心情是很凄怆的。他在北京师范大学受到排挤，正准备辞别北京的朋友到东北去。加上那一年，他的长子念华因肺病夭亡，更使他无限哀伤。但朋友之请又不可却，遂于行簏齐备即将登程之际，令我研墨，先生构思，墨成，先生即将扇铺开，飞笔书成下面这首诗……①

东北大学与上海暨南大学同时向他发出了邀请。黄侃最初准备到上海应暨南大学之聘，后来听说该校的一些内幕，他便改变主意，自己前往东北大学任职，推荐得意门生骆鸿凯到暨南大学。暨南大学在招生简章与课程表上都预先排好了黄侃的课程，这些没有成为真实历史的“历史材料”被一位赵姓博士加以利用，向拙撰《黄侃年谱》提出了质疑。当时我们做出了回应，最近又发现一条铁证，黄侃当时写给骆鸿凯的一首五言古诗，即《别绍宾》：

仲尼思乘桴，伯阳竟出关。中原乱无象，宁得惮夷蛮。余生值害气，蓬转不惶安。一载寄广阳，辛苦事糊饘。邦家已幅裂，畴得顾田园。重痛克家子，夭折归幽泉。世业一朝空，万事安足言？营魄未离体，敢辞行路难。秋风起广陌，别子泪汍澜。子去沧江湄，余指无闾山。南朔益相远，会合知何缘。死宜时见思，生当厉岁寒。②

骆鸿凯在1936年写了一则跋语：“丁卯夏，先生客北平，有西河之痛，辽、沪两校交聘先生，先生已定往辽，而以沪席命凯，时南北阻塞，海筏又虞风涛，凯怀安不欲行，先生因作此诗示之，故有营魂之语，摧痛之中，词尤危苦。迄今展诵，不禁潸焉出涕已。丙子孟夏，弟

① 陆宗达：《我所见到的黄季刚先生》，程千帆等编《量守庐学记》，生活·读书·新知三联书店1985年版，第117页。

② 《制言》第19期。

子骆鸿凯谨识。”以仲尼乘桴比绍宾，而以老子出关自比。“重痛克家子，夭折归幽泉。世业一朝空，万事安足言”，这是他对念华之死的自我诠释。黄侃的传世意识极其强烈，那是黄侃的人生主题与个人神话。他曾经书联赠给弟子管雄：“盖世功名棋一局，藏山文字纸千张。”① 痛失克家之子，“世业”之梦破灭，他已经失魂落魄，“自等入冥”，仿佛变为了一具行尸走肉。“哀莫大于心死。”黄侃此际的心已经死了。黄侃一直体弱多病，又不善于养生，纵欲，酗酒，熬夜，过度透支生命，但他有过强烈的生命焦虑感，他一直对预测学感兴趣，总是喜欢找高手帮他预测寿命。利东北？还是利东南？他预先打听到上海不能去，只好转向东北大学。一场本来平常的师生离别，在黄侃笔下变得如此沉重，因为他此刻还没有走出丧子之痛的心理阴影。诗中所谓害气，即邪气，指有害之气。黄侃为了远离害气，携带全家，踏上冰霜之路，恓恓惶惶地走向关外。

二、黄侃与曾运乾、陈鼎忠

（一）黄侃与曾运乾

章太炎向来轻视湖湘之学，曾经嘲讽“三王”不识字，“三王”指王安石、王夫之、王闿运，其中“二王”为湘士。黄侃受乃师影响，也很轻视王闿运的学问与文章。他认为：“王氏说经，只事穿凿，浇风一扇，流毒无穷。所作文辞，皆摹虚调，非无古色，真宰不存焉。”“闿运说字形、训诂、名物、礼制，往往可笑。去年在京师，常与检斋谈说及之，辄相与拊掌大笑。检斋至云：‘不知闿运何以有经学之名，又不知蜀士何以化之也。’”“王叟说经，自言不用宋以后法，而经之训诂文句，必用今日语言傅合之，经之名物，必用今之名物拟度之，又臆造礼

① 张伯伟《绕溪师的“藏”与“默”》解释说：“功名富贵，乃人所追求者，其实不过如古人所云——‘世事如棋局局新’，不可凭亦不足求。而‘藏之名山’的著述，却能够保证学术文化的薪火相传，具有永恒的价值。”见张伯伟《读南大中文系的人》，南京大学出版社 2014 年版，第 1 页。

制，妄释名物，宋学亦无如是之恣睢也。”在论及晚清学风之流变时也谈到王闿运：“清之将亡，学风亦变。南皮、吴县之徒，则以目录、金石眩人；李慈铭、王闿运之党，则以大言浮词惑世；至端方辈，则清客而居大位者也；康有为辈，则奸民而饕盛誉者也。不独纪、阮之淹博，惠、戴之精纯，去人已远，即姚、曾辈亦何可几及哉?”[①] 总之，因为家学、师承、学派等关系，黄侃对湖湘大师王闿运以一“陋”字括之。

黄侃对湖南籍学者杨树达、余嘉锡二人比较肯定，认为20世纪30年代的北京，也只有他们与吴承仕、钱玄同不愧为教授。1927年，黄侃来到东北大学，与曾运乾相遇。罗常培《周秦古音研究述略》云：“周秦古音之研究导源于宋，昌明于清，至章炳麟、黄侃乃总集前人之大成。清代之考证周秦古音，自顾炎武、江永、戴震、段玉裁、钱大昕、以迄孔广森、王念孙、江有诰、邹汉勋等，对于韵部之分合，声之异同，声转之条理，已十得八九。至章炳麟、黄侃、钱夏、曾运乾诸氏更集各家之大成，续有补匡。持旧术、因旧材以研究古音者，至此殆已臻极。”

曾运乾（1884—1945），字星笠，湖南益阳人。著有《尚书正读》《音韵学讲义》等。曾氏既是经学家，在音韵学方面也与黄侃如出一辙，甚或后来居上。棋逢对手，将遇良才，黄侃遇上了一位真正的知“音”之士，他们在一起讨论起古音学。据陆宗达回忆：

> 记得1927年冬天，他从沈阳回到北平，竟于当夜即由次子念田陪同来到我家，急的是及时告我在东北大学的一大收获。先生对我说：“我和曾运乾谈了三夜，他在古声纽的考订上，认为喻纽四

---

① 南皮指张之洞，以《书目答问》名世；吴县指吴大澂，著有《说文古籀补》等；纪指纪昀，为《四库全书总目》总纂官之一；阮指阮元，曾召集文人、学者编纂《十三经注疏》《经籍纂诂》《皇清经解》等书；惠指惠栋，戴指戴震，均为乾嘉考据学之大宗师；姚指姚鼐，以《古文辞》名；曾指曾国藩，亦为桐城派中兴人物。值得注意的是，黄侃对于纪昀的评价完全不同于章太炎、疑古玄同，后者认为纪昀没有什么学问。黄侃的评价无疑要客观得多。

等古归定纽，喻母三等古读匣纽，这是很正确的。我的古声十九纽说，应当吸收这一点。”他当时是那样兴奋，只是为这个科学的新成就而高兴并极乐意接受，并不计较这成就是何人所作。①

1927年冬天黄侃是否从沈阳回到北平？陆宗达的这一段事后回忆缺少佐证，有点孤证不信的味道，既无法证真，也无法证伪。因为黄侃过于自负，对于不同意见向来是不轻易表态的。如他的弟子黄永镇发现了一个“肃部”，书稿写好之后送给他看，他看了半天，最后不置可否。后来证明黄永镇的发现是对的。黄侃和曾运乾的交往迄今为止没有找到其他任何证明材料。黄侃在古音学的研究方面时作时辍，他最后的结论如何，是如何推导出来的，这些问题始终像谜一样令人困惑不解，连他的嫡系弟子都无人知晓。经过研究，曾运乾的古音学与黄侃高度吻合，且有所发展。据杨树达说：“曾星笠来谈，谓拟定古韵为三十部。于黄季刚二十八部外，取其豪、萧部分出入声一部，此与黄永镇、钱玄同相同者也。其他一部，则取微部分为二：一为齐部，开口之字如衣、伊等属之，以与屑、真为一组；其余合口之字则仍分为微部。《诗经》中齐、微二部虽偶有交错，大致划分云。”② 杨树达与曾运乾为金石交，所言当不误。可见曾运乾在古韵研究方面又受到黄侃的启发，其古韵三十部建立在黄侃二十八部基础之上。杨树达所记日期为1938年3月31日。王力称：“我早年是考古派，把古韵分为二十三部（脂微分立，冬侵合并），后来是审音派，把古韵分为二十九部。最近我又认为：《诗经》的韵部应分二十九部，但战国时代古韵应分为三十部。我和黄侃的不同点是：（1）从黄氏的脂部（他叫作投‘灰部’）分出微部；（2）从黄氏的屋部分出觉部。”③ 可见，王力的三十部与曾运乾的三十部完全

① 陆宗达：《季刚先生二三事》，程千帆等编《量守庐学记》，生活·读书·新知三联书店1985年版，第132—133页。

② 杨树达：《积微翁回忆录》，北京大学出版社2007年版，第99页。

③ 王力：《诗经韵读》，上海古籍出版社1980年版，第8页。

一致，但是时间远在曾运乾之后，其首创权显然应归于曾运乾。黄侃因为前有章太炎、刘师培二位大师为之揄扬，后有众多弟子传业，在国学界无人不知无人不晓。而曾运乾既无师承，传业弟子也寡，生前的知名度远远不能与黄侃相比。

（二）黄侃与陈鼎忠

当时曾运乾的好友陈鼎忠也在东北大学任教。陈鼎忠，字天倪，湖南益阳人。早年得到章太炎的提携，一举成名。陈天倪在章黄二人逝世之后撰写了《两经师挽辞》，其一为“章大师太炎”，其二为“黄教授季刚”，后者如下：

> 滔滔江汉流，炳灵世载英。如何逮胜朝，不闻汉宋争。光气宁终秘，摩荡出精莹。贯通形声义，三楚一黄生。本师章余杭，源出俞德清。妙义析高邮，余绪集南菁。亭林倡古韵，段孔抉其精。五声穷正变，钱陈最有名。吹律差一黍，未协凤凰鸣。惟君合众流，沙汰得清泓。古纽即古韵，千载此正声。行文综两晋，作赋陋二京。阳湖与江都，未敢并乡行。群儿秉爝火，欲以斗大明。环攻七校尉，莫动细柳营。三月主辽雍，说经声铿铿。余为乡曲误，未解乔木嘤。一去五千里，南北阻行程。睥睨藐侪辈，长啸傲公卿。独举岭头泷，谓同大河横。始识表海量，不同曲士情。含章陨自天，大道失长城。空传投木桃，未得报瑶琼。念此泪如渖，北向拜铭旌。

陈天倪虽与黄侃在东北大学同事，当时没有交往。后来陈氏听说黄侃与汪旭初信中赞其诗文，非常感动，并对黄侃之学问文章作了很高评价：“黄侃精研小学，诗亦可传。”又云：“余言小学、经学、文学，与章、黄两先生合。”近代以后出现了一个“两湖学派”，代表人物正是黄侃与曾运乾、杨树达、余嘉锡等人。

三、黄侃与金毓黻

金毓黻是黄侃在北京大学的弟子之一，他毕业之后长期在东北任职。黄侃来到东北大学，与他联系较多。1928 年 1 月 7 日，黄侃致金毓黻信。函云：

前承损诗，诵玩无斁，课事茫遽，赓和稽迟，殊自惭也。岁杪料检装囊，欲及休假中南还，一视故山景象，而女婴感寒，啼呼喧聒，方知稚弱不便舟车。用此戢止遐心，复为留计，虽妻孥姗笑，臧获惊猜，亦听之矣。蒙贶温泉之蛙，松瓦之鳗，先后递到，并已饫餮。日来天气暄和，凄风不作，拥炉闲坐，时复温理旧书，惟念仁弟同居一州，尚阻言笑，不禁引领北望，朔风长怀耳。中原糜沸，仅此一隅尚为乐郊，此禹域人士所当共为爱惜。而交会滥行，百货踊贵，民生惨促，井里萧条，彼昏壹醉，庸独利乎？徒令宾萌，方食三叹而已。近日何所述作，能否赐观，想包蕴九流，沉浸六籍。前示《辽东文献征略》一书，特其一斑耳，企羡何似！顺时摄卫。暇盼通书不宣。①

1928 年 1 月 23 日，即戊辰年元日，黄侃写了《金缕曲》：

丧乱何时了？叹无端羁栖辽海，新年又到。半世厄穷仍不闵，哪有福祥堪祷。拼辛苦，长餐虞蓼，何限故交。无酒酹，算菜根纵淡犹能咬。公自爱，锡难老。　　百年毕竟分彭夭。喜芳春，依然入眼，且宽怀抱。悼物哀时皆妄耳，鬓发几人能皓？又何贵，苍蝇来吊。仰屋著书尤谬计，覆酱瓿，宁要玄亭稿？料唯有，醉吟好。②

---

① 金毓黻：《静晤室日记》，辽沈书社 1993 年版，第 1999 页。

② 据《量守居士遗墨》。

戊辰人日即正月初七，1928年1月29日，黄侃独坐寓屋，适有佳绢，写示静庵仁弟子长春。金毓黻所录之本为：

丧乱何时了？叹无端羁栖辽海，新年又到。半世厄穷曾不闵，哪有福祥堪祷。拼辛苦，长餐虞蓼，何限故交。无酒酹，笑菜根纵淡犹能咬。公自爱，锡难老。　　百龄毕竟分彭夭。喜芳春，依然入眼，且宽怀抱。悼俗忧天皆早计，鬓发几人能皓？又何贵，苍蝇来吊。仰屋著书尤妄语，覆酱瓿，岂少玄亭稿？算唯有，醉吟好。

文字略有修改润色。金毓黻云："先师黄季刚先生曾于戊辰岁首写《金缕曲》一首贻余，亡命江南，展转入蜀，未将写件携去。还里以来，在书箧中搜得之。原用素绢写成，已付装池，兹录存其词如下……按余受业于先生之门凡二年，时为民国三年秋至五年夏，肄业北京大学文科之顷。及十六年秋先生来沈，膺东北大学之聘。翌年春去沈，转就南京中央大学之聘。所谓戊辰元日，即十七年旧历正月初一日也。当先生在沈，余自长春来谒，旋即别去。二十四年秋，先生病逝于南京新居量居庐。翌年夏，余至南京，数造其庐，曾参同门之周年祭。又明年秋中日战事发，余由安庆入川，与其公子念田偕行至汉口，又在重庆、成都与之数数相晤。"①

2月5日，黄侃收到金毓黻来信，论《越缦堂日记》。函云：

昨午先生欲行复止，使绂惘惘若有所失，久之乃定。因思古人有雪夜访友至门而返者，先生毋乃类是。绂方读王右丞诗，诵"归燕识故巢，旧人看新历，临觞忽不御，惆怅远行客"四句，尤有无涯之感，不知先生读之，其感慨为何如？近十年来，瓣香容甫、莼客两氏，得其只字片楮，必珍重葆藏之，而昨日先生忽指莼客之妄，为之震掉失据。盖往日读《越缦堂日记》，皆滑口读过，依违

① 金毓黻：《静晤室日记》，辽沈书社1993年版，第6384—6385页。

其间，深信不疑，不知其尚有不读本经之失，今承指示，始豁然矣。归后当将所举周人立尸、吴子寿梦两事，条记于简，以见一斑。从此读前人书，再不敢轻为异同，而颜黄门妄下雌黄之戒，亦自此而笃守益谨矣。莼客先生尝自谓："所学于史为稍通，而已所得意者莫如诗。"据此所言，则其所长惟史与诗，至经说、小学、骈文、词曲，则以余事为之，非精力之所寄也。细绎《日记》中论诗各条，颇多独到之论，如谓明诗实胜于宋，空同、大复，夙所取法，似皆未经人道；明季史事，亦所究心，刺取各事，足补正史之阙。惟绂于此道致力甚浅，涉猎日记一过，又未尝核以原书，是否有类似上举二事之误，尚待商定。若其交友不终，好事谩骂，亦其一短……今闻先生言，尚有甚于此者，毋乃有自取之咎乎？往在都门，先生尝赞莼客不容口，而昨日所论，于其诗文亦有微词，不知伊人之学问文章究视容甫何若？乞先生有以开示之，俾作读书稽古之准。至企，切望。先生前书有云，同居一州，尚阻言笑，居尝诵之，其惘惘难申之情，不仅昨日然也。后七八日，绂有事于辽阳，归途再往奉谒，拟住一宵。先生如肯重作柳边之游，是则绂所切望而不敢请者耳。①

2月8日，黄侃复金毓黻信，继续谈论《越缦堂日记》。函云：

前日从君为柳边之行，乃未出城闉而反，作止无恒，亦良自笑。缘第五儿断乳以后，竟夕啼呼，闺人提携三幼，性不能堪烦辱，我若出游自写，适以召其责言。与君深交，故以实告。长春驿程便捷，它时奉诣，未必无会可图耳。损书具见爱我之笃，感曷能已。侃寓居承德，绝无交游，亦唯时时眷怀仁弟而已。李爱伯日记，辛酉岁在太原阅之匝月，去年来此后行箧少书，独借此以遣日，通阅者计已五过，抽阅殆不能记其番数。其人流览殊广，考经

① 金毓黻：《静晤室日记》，辽沈书社 1993 年版，第 2018—2019 页。

订史，时有善言，其经学自近儒之书入，往往忽忘本经，不检唐疏释文。盖经中训故、义理、典制、条例，必须潜心体玩，钩稽参决，非摭拾一条，翻阅一书，即可率下评议也。前日偶举其言夏殷不见有尸、《春秋》不书吴子乘卒二条以视弟，其实纰缪正多，小学亦复浅率，唯不信钟鼎差为有定识尔。大抵爱伯之学，多法其乡毛、全、朱、杭，胸中常悬一鸿博之见，毕生矻矻趋于此途，非经生朴学面目，其尊扬汉学亦悬牛头卖马脯耳。爱伯论诗，仍是尊唐抑宋之意。所标举者，无过范山模水，嘲风弄月，刻雕秀句，放佛陈言，其所自为视此为准。尝谓近人日记以王、李二家为可观。王之论学弥不逮李，李之论文转逊于王。假令取李之书为之依类编录，虽不能上睎王（伯厚）、顾（宁人），近比陈（兰甫）、俞；以视《郑堂读书记》固为过之。其日记生前不肯示人，没后乃流布天下，不但利钝毕陈，等之武库，论文偏见，足眴来人；即其褊心客气，薄行狂谈，骨肉之情，交友之道，综其终始，未可亡讥。又况结固党援，交通台谏，舌锋所指，动欲杀人之身，怨毒所钟，不惜毁人之实。金武祥述周星誉之言，谓人宁为名士，勿为才子，所谓才子正指爱伯耳。今举其日记尽付影传，是近世印书之便，而非爱伯之幸也。潘伯寅应奉文字，大都倩李，李亦乞丐无厌，致来马料之诮。要之，两人皆可笑悼，未可独责伯寅也。容甫学术文章，均非爱伯所能比，即其操行或非醇懿，亦不致猖狂愎戾如爱伯之为。持以并谈，盖未可也。昔在燕都誉爱伯之学，固由其时未见全书，亦缘汉学、骈文、唐诗种种门户畛域之见未能销融，深喜爱伯之论，足供称说。近则年事差深，见闻略广，矜心既化，成见可捐。又尝反复全书，寻其真指，故辄为弟一论之，非有所憾于爱伯而诋苛之也。“多闻阙疑，慎言其余”，圣师之明训。“好学深思，心知其意”，史公之所怀。自惟衰落，望道未见，庶以暇日博睹全书，平心以求其真，巽词以商其失，若李公之气象，窃以为未可则也。仁弟潜心稽古，谓宜追踪汉、唐，而于清儒之说，必须反复详辨而后信，正不必以汪、李之学为指途之资也……

爱伯日记末册弥可观，盖处境既裕，心气转平，詈人之词自少，故尝谓近世考据之学宜于生计饶裕人为之，弟以为信否？①

2月15日，黄侃写信辞别金毓黻。函云：

前寄一书论李慈铭日记，并示三诗，想已收到。兄以苦寒，兼之岑寂，今已挈眷遄反故都。此后觌瞻复在何日，思之良惘惘也。辽海近状诚有可欣，但疽食浸淫，亦堪悲恻。居贤善俗，我则未能。远想幼安，只令神往耳。余俟达所届后奉白。此书告辞。②

1928年2月16日，离开东北大学。17日，至大连，乘天津丸前往上海。20日晨，抵达上海。1928年2月21日，黄侃在南京收到金毓黻来信，称赞所谓“胸中悬一鸿博之见，非经生朴学面目”之论。函云：

接吾师论李爱伯日记函不十日，即往辽阳句当，归途到奉天，始知先生先一日行，不及晤矣。早知先生有思归之念，特南中方苦兵革，汉皋秩序未复，阻碍尚多，一时恐难成行耳。何意翩然而去若神鹤焉？后读片谕“疽食浸淫，亦堪悲恻，居贤善俗，我则未能”数语，知先生之去志决矣。自师旌出关，吾乡群彦交相庆慰。以绂所知，有若董萝石者流，忘其高年，凑附讲席，思尝一脔者，颇不乏人，真不异幼安之居辽，彦方之化俗也。奚止大学诸子喜于得师如饥求食而已乎？即如绂者，别师十年，学不加进，一旦重觏，翳障为空。半载以还，温理故业，诵识前言，不无分寸之益。且先生之论学也，理必穷原究委，事必殚见洽闻，实足以辟下学之荆榛，道边氓之先路。倘得随侍左右，期以十年，薄殖晚学，当有

---

① 金毓黻：《静晤室日记》，辽沈书社1993年版，第2027—2028页。信后附拟王维、孟浩然、储光羲诗各一首。按：此信述及黄侃进学历程，极为珍贵。

② 同上书，第2029页。

> 小小成就。今兹远隔，宿愿已虚，引领南疆，只有神魂飞越耳。往读越漫①遗书，掉以轻心，如师所论，都未梦见，第惊其诗之依傍一空，文之清隽可诵，手摹心追，以为难及。今得裁正，始为憭然。自维②年满四十，精力渐衰，专门绝学，乏人指授，惟有就乡邦文献一事，殚心考索，以为严阵自守之计。近次渤海旧闻，辽、金故事，粗有条理，渐有所入，更觉前此所陈，多涉粗迹，待刊犹多，甚矣著述之不可轻言也！先生书云："胸中悬一鸿博之见，非经生朴学面目。"伟哉斯言！颇中鄙病，敢不引为切戒乎？汉阳徐氏有手辑《辽东故实》之书，近拟函请赐观，并乞驰书为助。顷在南中，寓居何处，建业大学之聘已否往就？伏乞风便一谕及之。此间大学主政，意趣颇异于前，旧识诸君俱已引去。将见讲学谈艺之地一变为竞名角利之场，往岁黾勉教学循循善诱之风恐难再睹，又不能不佩先生见机之早也。③

"九一八"事变之后，黄侃还一直勉励金毓黻保持本色，不做汉奸。黄门侍郎甚多，可能只有金氏保留的信息较多一点。受篇幅之限制，黄侃与其他黄门侍郎的交往只好另外再写一本书了。

第三节 在中央大学（1928—1935）

一、最后的吼声

1928年2月，黄侃从东北大学来到中央大学。④ 随着时局的急遽变

---

① 漫，应为"缦"。

② 维，应为"惟"。

③ 金毓黻：《静晤室日记》，辽沈书社1993年版，第2074—2075页。

④ 朱祖延《闻见录》之"误中副车"条："黄季刚先生为北大教授有年，及来中大为副教授，笑语人曰：'吾误中副车。'"见《朱祖延集》，崇文书局2011年版，第582页。按：当时中央大学、武汉大学等名校把教授名位看得很重，认为只有国际水准的大师才配称教授，故不设教授之席，黄侃、汪东、汪辟疆、吴梅、胡小石等人皆为副教授。

化，特别是1931年“九一八”事变之后，他从花天酒地的迷梦中惊醒过来，逐渐成为时代的鼓手、民族的诗人，他像一头猛狮，向着侵略者与卖国贼发出了怒吼。

早在1928年5月21日，黄侃就写下了《勉国人歌》：

嗟我兄弟邦人诸友兮，急起逐倭奴！
前进有尺后却无寸兮，存亡决于此区。
四百兆人宁斗而死兮，不忍见华夏之为墟！
寒心孤立兮，谁助予！
神道不足凭兮，公理亦已诬。
雪我失琉球以来之深耻兮，舍力战岂有他途？
赫赫先圣在天临睨兮，嘉我众有若貔貙。
行行各努力兮，一何壮乎！
行行各努力兮，一何壮乎！

这首高亢之歌曾经由著名作曲家程与松作曲，广为传唱。

1931年9月20日，黄侃万分悲痛地写下《闻警》：

早知国将亡，不谓身真遇。辽海云万重，无翼难飞赴。

1931年9月18日，日本发动“九一八”事变，越二日，黄侃得闻此事，义愤填膺，愤而写下此诗。他在诗前特别注明：“自此作诗不用○○二字。”对日本侵略者恨之入骨，至死反日之志气未有丝毫懈怠。

“九一八”，“九一八”，从那个时候起，黄侃的血一直在沸腾。国家不幸诗人幸，他写下大量的爱国诗篇，由个人之“离骚”提升至民族之“国殇”，他的诗歌主题发生了重大转变，风格也变得灵活多样，亦歌亦哭，时而高亢，时而低沉，诗歌之鹄开始由魏晋下降至唐宋，写出了一批惊天地泣鬼神的爱国诗篇。

1931年9月28日，作《八月十五夜月食》：

江国冥冥水接天，关山处处起烽烟。秋光纵好知何益？明月多情不忍圆！①

1931年农历八月十五日为9月26日，越二日，黄侃始作此诗。28日，南京中央大学学生冒雨赴中央党部及外交部请愿，殴伤外交部部长王正廷。《中央日报》28日载："国联限日本即日撤兵。"又载《反日歌》："马革裹尸姓名扬，战死有荣光。手持刀，肩负枪，四万万同胞，大家赴战场。前进前进，大家前进，我等不怕死，倭奴休猖狂！"

1931年10月18日，黄侃作《寄居正》：

愁听哀鸣集泽鸿，又惊豺虎遍辽东。荐绅都有妻孥念，铸鼎难铭魍魉衷。沧海波涛真震荡，钟山云气益冥蒙。残生忧国殊堪笑，君正居幽我转蓬！②

此诗载《黄侃日记》。黄侃自注曰："此番辽事真状，有不能言者，思之痛恨！"

同日，黄侃又作《八日寄童第德》：

此岁秋怀倍不禁，佳辰黄菊未须簪。云山北望皆愁色，鸿雁南来无好音。匹士敢言匡国分，早年虚抱济时心。想君与我同寥寂，各对空庭倚树吟！③

"匹士敢言匡国分，早年虚抱济时心"二句有宋人风味。如宋陆游《剑南诗稿》卷4："羁魂憔悴远相寻，髭断肩寒带苦吟。归校药方缘底事，知君死抱济时心。"宋高斯得《耻堂存稿》卷5《跋赵忠简公诗帖》："（赵）忠肃当靖康建炎间有诗云：'四海已无容足地，百年空抱济时

① 黄侃：《黄季刚诗文钞》，湖北人民出版社1985年版，第299页。
②③ 同上书，第230页。

心。’当时诵之。”童第德即童第周之兄，是黄侃在北京大学的黄门侍郎之一。

1932 年元旦作《辛未岁暮书感》二首：

杀节凋年惨惨过，唯将涕泪对关河！沧溟鳌抃移山疾，武库鱼飞弃甲多。一国尽狂应及我，群儿相贵且由他。贤愚此日同蒿里，只恐无人作挽歌！

弧张弧说事何如？载鬼仍惊满一车。北斗挹浆空有象，东郊种树尚存书。失巢伫吊依林燕，聚糁先怜在沼鱼。[①] 病肺愁时逢止酒，那能因梦到华胥？[②]

此二诗亦为东北沦陷区而发。前一日日记载“锦州又退”，指张学良部队开始从锦州撤退后，12 月 30 日国民政府还急电令其“无论如何，必积极抵抗”，但已经无济于事，继续撤退。1932 年 1 月 1 日，驻锦州之东北军全部西撤，辽宁省政府移滦州。

1932 年 9 月 18 日黄侃作《书愤》：

恸哭秋风忽一年，谁令辽海陷腥膻？力微难挽沉渊日，劫尽真逢倚杵天。此夜苍涛掀大地，今时碣石抵穷边。受生何苦依兹土，欲向蒲龛问宿缘！[③]

“九一八”周年日，也是国耻日，黄侃悲愤难平，再一次发出严厉的质问：“谁令辽海陷腥膻？”

1933 年 1 月 3 日，黄侃作《哀渝关》：

① 黄侃原注：“辽民颇感煦煦之仁愚矣。”
② 黄侃：《黄季刚诗文钞》，湖北人民出版社 1985 年版，第 231 页。
③ 同上书，第 240 页。

辽东已失碣石沦，穷冬杀气连高旻。夔国岂须论百里？压军曾不待侵晨。临渝枉自夸天险，荷戟从来在有人。九域藩篱何所恃？休将巢苇诮边民。乌呼！履霜早识坚冰至，他日剥肤寻灭鼻。中夏蜩螗虏虎狼，赐秦何怪天心醉！疽蚀浸淫不暇防，二十年来事堪喟！本图宛转避刀砧，毕竟藏身且无地。雨雪纷纷朔雁来，北人南渡敢裴回！岂知呜咽秦淮水，持比滦河倍可哀！①

1933 年 1 月 14 日，黄侃作《不得平州消息》：

平滦犹力战，边报恐非真。雪已寒南国，天应闵北人。穷山号冻雀，旷野走惊麇。诸夏方颠蹇，征夫倍苦辛。②

1933 年 1 月 16 日，黄侃作《牡亡》：

牡亡谁为守关门？激矢虵飞昼亦昏。羞与深仇同日月，不妨孤注掷乾坤。狐裘谋国三公哄，鼠穴容身四海奔。太息神州倾覆后，犹持党局付儿孙。③

此诗载《黄侃日记》，为山海关失守而发，何其沉痛！

1933 年 1 月 26 日，黄侃作《癸酉元日》：

邹大令谁纪？吾犹念此辰。辛盘先供祖，彩树伫迎春。边塞通爟火，关河有冻人。旧愁浑未释，又逐岁华新。④

---

① 黄侃：《黄季刚诗文集》，中华书局 2016 年版，第 260 页。
② 黄侃：《黄季刚诗文钞》，湖北人民出版社 1985 年版，第 168 页。
③ 同上书，第 239 页。
④ 同上书，第 169 页。

大年初一，黄侃念叨的不仅有家人与先祖，还关怀东北的难民。

1933年2月24日，黄侃作《又报》：

又报匈奴有嫚书，横行樊哙定何如？北门已讶关飞牡，南国空言巷出车。择荫穷山驰急鹿，跳波沧海起神鱼。楼船失计资徐市，追咎秦人恨有余！①

“匈奴”，代指日本。徐市，即徐福，秦方士，齐人。所谓“匈奴有嫚书”，1933年2月23日，日本向国民政府外交部提出节略，谓进攻热河系根据“日满议定书”，要求中国军队撤退。

1933年3月6日，黄侃作《兴州》：

将逃师溃冀非真，谁遣兴州堕虏尘？目送塞鸿犹北度，始知微物胜于人。②

此诗载《黄侃日记》。前一日日记载：“报载，汤玉麟承德昨日失守。早知有此，其奈言之不从何？竟日忧愤。”《钱玄同日记》载：“在会中见报，知汤玉麟昨日逃，承德遂陷落。计日人攻热以来，不及十日，不战而叛而降或逃。噫！昨日之抓洋车，系日前汤玉麟要二百余辆军用汽车，比送去，彼即运其家具私产之故。”胡适日记亦载：“昨日进承德的日本先锋队只有一百廿八人，从平泉冲来，如入无人之境！到后援会，人人皆感觉奇惨。心绪极恶，开始写一文，拟题为《全国震惊以后》。在君写了一篇《给张学良将军的公开信》。”③

1933年3月14日，黄侃作《古北口》：

---

① 黄侃：《黄季刚诗文钞》，湖北人民出版社1985年版，第235页。

② 同上书，第301页。

③ 胡适著，曹伯言整理：《胡适日记全编》（六），安徽教育出版社2001年版，第202页。

碣石西来尽举烽，惟凭虎北保尧封。雄关又见成瓯脱，回首辽阳路万重。①

此诗载《黄侃日记》。是日日记载：“古北口昨陷。”《钱玄同日记》是日亦载：“古北口又失守了。”日军占领承德后，即以第八师主力向古北口方向追击。东北军第一〇七师王以哲部，在古北口外的老虎山和黄土梁一带，与追击日军两昼夜激战后，不得已于3月9日撤至关内。第一一二师按照王以哲调令，沿长城以北布防，准备与中央军第十七军共同防御古北口，而日军第一〇七师已尾追到长城附近。于3月10日4时关麟征部第十七军第二十五师也抵达古北口。10日15时，在炮火掩护下，日军第八师一部试探性地作宽正面进攻，几小时后退回原线。11日拂晓，在炮兵火力掩护下，日军第八师主力开始进攻守军。第一一二师未尽力抵抗古北口正面的日军进攻，第一线阵地迅速沦陷，日军迅速占领古北关口，并乘胜包围追击守军第二十五师右翼龙儿峪阵地。驻守该地的第七十三旅严重伤亡，中断联络。第七十五旅主力在师长关麟征指挥支持下将敌击退。12日晨5时许，在飞机和火炮支持下，日军再次向龙儿峪阵地发起攻击，而大部兵力延伸包围右翼，战争愈演愈烈。至15时，守军大部不支，无奈后撤。12日夜，重新整理后的第二十五师部队，占领南天门及其左右阵地。13日，第十六军令第二师接替第二十五师防务，第二十五师撤至密云整补。日军占领古北口。此次战役，中国军队4 000余人伤亡，2 000余日军被击毙。

1933年4月5日，黄侃作《清明感事》二首：

江上风花未减春，滦阳羽檄乍惊人。气衰且欲师蛙怒，境蹙空言待蠖伸。拔宅升天疑有术，乘桴浮海恐无津。倾觞野哭知谁听，只恨征夫独匪民。

飘零岁月去侵寻，正为崎岖忆故林。芳草自然堪下泪，游丝何

① 黄侃：《黄季刚诗文钞》，湖北人民出版社1985年版，第301页。

事苦萦心！操泥归燕营巢拙，弄蕊游蜂作计深。白日遣忧唯故纸，《苕华》读罢益沾衿！①

黄侃晚年并非宁静的书斋学者，面对国家的兴亡，人民的苦难，他无时无刻不是忧心如焚。偌大一个中国居然摆不下一张平静的书桌，黄侃为了遣忧，只好诵读经典，可他翻到《诗经·小雅·苕之华》这一篇，是这样写的："苕之华，芸其黄矣。心之忧矣，维其伤矣。苕之华，其叶青青。知我如此，不如无生。牂羊坟首，三星在罶。人可以食，鲜可以饱。"一篇读罢，已是老泪纵横。对于一个早年写过《哀贫民》的诗人，他是多么希望中国早日走向繁荣富强！

1933 年 4 月 8 日《杂感》四首之三：

直北关山逐雪消，春原胡骑态仍骄。长江且可称天堑，空置将军号度辽。②

"空置将军号度辽"是对"不抵抗将军"张学良之流的无情嘲讽与全盘否定。"春原胡骑态仍骄"，日本侵略者如狼似虎，铁蹄蹂躏，黄侃对此不免忧心忡忡。

1933 年 4 月 10 日，黄侃作《咏二花》二首：

邪马台边佐久良，③ 自夸绝艳占年芳。移来禹域知何等？合与烟支作雁行。(倭国花樱花)

故书稷粟未差讹，芦穄何曾是木禾。唤作国花浑不辨，教人顿忆黍离歌。(伪满国花高粱花)④

---

① 黄侃：《黄季刚诗文钞》，湖北人民出版社 1985 年版，第 241—242 页。

② 同上书，第 301 页。

③ 黄侃原注："中国本无此花，故宜名从主人。"

④ 黄侃：《黄季刚诗文钞》，湖北人民出版社 1985 年版，第 302 页。

所谓二花，指日本国花樱花、伪满洲国国花高粱花。讥讽日本国花不过如同妓女的口红而已，伪满国花高粱花倒是让人顿生黍离之悲、亡国之恨。本来黄侃早年留学日本期间也是一个“樱粉”，曾经非常欣赏樱花，写过多首诗词歌赋，一路狂热地追踪到向岛。中年以后，他的反日情结与日俱增，从中可见其爱国保种之赤心。

1932 年夏天，黄侃作《蝉》：

> 槐阴蚁国已喧阗，更耐高枝著乱蝉。蜃蜕久知亏本质，善鸣所惜在秋天。陪貂作饰非真贵，待雀还冤亦可怜。落叶满庭霜渐重，临风为尔一凄然。①

此诗未标明作年。从“槐阴蚁国”来看，似讽刺伪满洲国，而伪满洲国于 1932 年 3 月 1 日成立，则此诗可能写于 1932 年夏天。“槐阴蚁国”用槐安国之典故。唐李公佐《南柯太守传》载，淳于棼饮酒古槐树下，醉后入梦，见一城楼题大槐安国。槐安国王招其为驸马，任南柯太守 30 年，享尽富贵荣华。醒后见槐下有一大蚁穴，南枝又有一小穴，即梦中的槐安国和南柯郡。后因用“槐安梦”比喻人生如梦，富贵得失无常。此处黄侃借指伪满洲国，可谓绝妙之比喻，后来伪满洲国的历史也证实了黄侃的卓越预见。

1933 年 4 月 13 日，黄侃作《三月十九日吊明思宗》：

> 运丁百六苦支持，终见颓阳下崦嵫。败讳言和存国体，亡能身殉系民思。鹃啼蜀道仍前日，鹿走秦关又此时。想象寿皇亭下路，棠梨花落雨如丝！②

此诗载《黄侃日记》。是日日记载：“明思宗殉国之辰也。”明思宗名朱

① 黄侃：《黄季刚诗文集》，中华书局 2016 年版，第 266 页。
② 黄侃：《黄季刚诗文钞》，湖北人民出版社 1985 年版，第 242 页。

由检（1611—1644），明朝第十六位皇帝，后世称为崇祯帝。清陈作霖《可园文存》卷3《明思宗论》："明思宗励精图治，无荒淫暴虐之迹，终以亡国，世多悯之，而谓亡国之罪不在思宗。予以为，思宗特无荒淫暴虐之迹耳，乌得非亡国之君？古者置相，君臣一德，或十年，或数十年，甚者历相数世，是以政事有常，社稷永赖，岂有十七年间易五十余相而能为治者乎？且承逆珰煽祸，老成凋丧之后，一二谏臣如黄刘熊姜华立宜维持调护，导之使言，而乃好谀恶直，斥逐靡遗，复蹈思宗之弊，信任宦官，以为可恃，他日偾事，封疆开门延敌，皆帝启之也。疑大臣则政乱，塞言路则志荒，用奄人则谗进，有一于此，未或不亡，而思宗兼有之，故虽不至如荒淫暴虐者，称为亡国之君，而卒与荒淫暴虐者同为亡国之君也与？"此诗名为"吊明思宗"，实则吊蒋介石也。蒋介石非常重视《明史》，在软禁张学良之后，令张氏读《明史》以悔过，殊不知自己的做法也是自觉不自觉地在效法明思宗。黄侃此诗的高明之处就在于无意之中准确预测了蒋介石、张学良以后的命运。《汉书·谷永传》云："遭无妄之卦运，直百六之灾厄。"运丁百六者不止于明思宗一人。

1933年4月14日，黄侃作《六言六句》：

> 疟疫都由二字，佞贤不过一身。致寇空思御寇，朘民反谓生民。藕孔避兵有路，槐根立国何君？①

"致寇空思御寇，朘民反谓生民"，这是对国民党当权派的直接控诉！1933年4月14日，汪精卫辟中日妥协谣，并劝同志共赴国难，有所谓跳入火坑之说。黄侃讥讽他们一味妥协投降，最后只有逃避到藕孔之路，过一把槐安国的黄粱美梦。

1933年5月23日，黄侃有《读史至靖康之事感而有作》：

① 黄侃：《黄季刚诗文集》，中华书局2016年版，第217页。

天心人意两茫茫，时势何期似靖康！城闭言开终不听，师全地丧信堪伤。乞灵六甲皆儿戏，卖国三川足货郎。犹幸东南能退保，主和无用责汪黄。①

此诗载《黄侃日记》。是日日记载：“看宋靖康时记载。”前一日日记载：“暮，闻张生说求和事，为之悲愤！悠悠苍天，此何人哉！酒后忽记昔人词云：‘不知今夜月眉弯，谁佩同心双结、倚阑干。’想倭奴此际，举国上下，不知何等欢欣。真令人羡煞也！宁不痛乎？”1933年5月22日，汪精卫电黄郛，除承认伪满洲国割让四省之条件外，其他条件皆可答应，自愿挺身负责。黄郛得汪兆铭电，是夜12时偕李择一往晤日代办中山详一、陆军武官永津佐比重、海军武官藤原喜代间商停战问题。同日，何应钦派熊斌为中方首席代表，与关东军副参谋长冈村宁次在塘沽仓库楼上谈判。31日，中国代表同意了日方提出的停战协议草案，一字不改，正式签署了《塘沽协议》。面对这种与靖康之事有着惊人的相似之处的形势，黄侃表面上咏史，实则对以汪精卫、黄郛为代表的主和派猛烈开火，指斥他们的卖国行径，直呼“今之从政，皆王时雍”！王时雍乃北宋叛臣，曾任吏部尚书、开封府尹，靖康之耻时为东京留守，后拥立张邦昌为皇帝，成立“伪楚”政权，并被张邦昌封为权知枢密院事领尚书省。“伪楚”政权覆灭后，建炎元年九月，宋高宗下诏将他与张邦昌一起在潭州诛杀。

1933年9月18日，黄侃写下《九月十八日寄怀辽海旧好》：

天涯长别又秋风，塞雁虽来短札空。旧约忍抛魂梦外，瑰姿愁对画图中。心依斗挂危楼北，目送涛还渤海东。深信相思终有益，夸蛾犹解助愚公。②

1933年10月30日，黄侃作《妖星》：

①② 黄侃：《黄季刚诗文钞》，湖北人民出版社1985年版，第243页。

惊风飘日下西山，堕地妖星色转殷。岂有遗黎供血食？早伤豺虎遍人间！①

此诗载《黄侃日记》。黄侃自注："元顺帝时，司天监言天狗下坠，血食人间五千日。"1935 年 1 月 19 日，又作《十二月十五夕观月蚀》：

桂轮圆处忽无颜，为有妖蟆置吻间。安得并将天瞽却，免他垂泪看河山！②

此诗载《黄侃日记》。是日日记载："十五日乙未（一之十九　礼拜六）晴，暑燠。月全食。"

"九一八"之后，中华民族到了最危险的时候，黄侃也发出了最后的吼声。他诗词的题材发生了重大转变，他较少去写儿女之情，更多地写风云之情。面对万方多难，民族危亡，他以笔为枪，对穷凶极恶的日寇发出了严厉的控诉。让我们再听一听他那高亢嘹亮的《勉国人歌》：

嗟我兄弟邦人诸友兮，急起逐倭奴！
前进有尺后却无寸兮，存亡决于此区。
四百兆人宁斗而死兮，不忍见华夏之为墟！
寒心孤立兮，谁助予！
神道不足凭兮，公理亦已诬。
雪我失琉球以来之深耻兮，舍力战岂有他途？
赫赫先圣在天临睨兮，嘉我众有若貔貙。
行行各努力兮，一何壮乎！
行行各努力兮，一何壮乎！

---

① 黄侃：《黄季刚诗文钞》，湖北人民出版社 1985 年版，第 304 页。

② 同上书，第 292 页。

1928年6月15日，汪东持来江西程与松[①]所谱《勉国人歌》，称赞道："歌之音甚高壮。"这首高壮之歌旨在唤醒国人，反击侵略，报仇雪耻，足以与《义勇军进行曲》相媲美。在国难面前，这位辛亥革命的侠士又变成了一头咆哮的雄狮。他的歌声激起了国人的耻辱感与民族自信心，无数的同胞终于团结起来，浴血奋战，最终赢得了抗战的伟大胜利。

二、黄侃与南京同仁

黄侃来到中央大学之后，汪东、汪辟疆、王易、胡小石、吴梅、陈汉章、王伯沆等人皆先后汇聚于此，可谓老少咸集，群贤毕至。

黄侃刚到南京不久，就组织了一个上巳诗社，汪东、王伯沆、汪辟疆、胡小石、吴梅、陈汉章等民国一流学人皆是社员。风花雪月，花天酒地，吟诗作赋，好不快活。他成为民国最高学府的祭酒，也就是民国诗坛的执牛耳者。在北京、武昌等地，他游离于人际之外，缺少朋友，给人一种孤立无援之感。而1928年回到南京之后，他建立了一个良好的人际交往圈。一个人的人际交往状况可以反映出一个人的心理健康程度。一般来说，人际关系良好的人，心理更为健康。亲密、和谐的人际关系，有助于缓解一个人的精神压力。配偶、孩子、朋友、同事是一个人非常重要的社会支持系统。如果这些方面的社会支持系统弱，一个人在困难时，得到的心理援助就会大为减少。只有与志趣相投的人在一起时，人才会有一种归属感。应该说，他选择南京作为最后一站是完全正确的。六朝金粉地成为他最后的归宿之地。

（一）黄侃与汪东

首先，汪东是黄侃的终生至交，汪黄结盟是黄侃一生的幸事。汪辟

---

① 即程懋筠，字与松，江西人。曾为国民党党歌作曲。所谱《勉国人歌》旋律为二拍子进行曲，故音甚高壮。

疆、王晓湘两位与黄侃的关系也都很友好。这些故事我们拟在写《黄侃传》时再加以利用，此处从略。

(二) 黄侃与陈汉章

黄侃与陈汉章的关系一直很好。据沈尹默《我与北大》回忆：

> 京师大学堂的怪人怪事不少。我进北大预科教书的那一年，见到差一年就要毕业的一位大名鼎鼎的老学生陈汉章。此人那时四五十岁，和陈石遗相仿，是一位经学大师，浙江象山人，读书甚多，颇为博杂。京师大学堂慕其名，请他去教书，他却宁愿去当学生。为什么呢？此人身体虽已入民国，脑袋却还在封建时代，平生有一大憾事，就是没有点翰林。清末废科举，兴学制，设立京师大学堂，然朝野之间，对科举记忆犹新，不少知识分子未能忘情，陈汉章就是其中之一。当时流行一种看法：京师大学堂毕业生，可称为洋翰林，是新学堂出来的，也是天子门生。陈汉章必欲得翰林以慰平生，因此宁愿做学生，从一年级读起。但是，不久辛亥革命起，清王朝被推翻，陈汉章洋翰林的梦也随之破灭。我进北大预科的第一年教历史，第二年陈汉章毕业了，北大还是践前约，由他接我的手教历史。

黄侃主编《国故》时，陈汉章就是特别编辑之一。黄侃离开北京大学之时，陈汉章远送至皇城外。章太炎在给黄侃写墓志铭时有一段话："始与象山陈汉章同充教授，言小学不相中，至欲以刀杖相决，后又善遇焉。世多怪季刚矜克，其能下人又如是。"陈汉章为此先后向汪东、徐行可澄清事实，矢口否认刀杖相决之事。黄侃在北京大学时曾经要拜他为师，也被婉拒。

(三) 黄侃与王伯沆

王伯沆也是一位长者，是黄云鹄的学生，他对黄侃也很包涵。黄侃认为他的五言律诗"殊工妙，信乎老手，不同后生也，吟玩无已"。他们之间的交往尤为亲密。1928 年 7 月 4 日，《黄侃日记》载：

伯沆来，诒小孩蒲桃、饼饵各二合，因与久谈。伯沆述其厄运，数岁中连丧二子，女丧，母丧，妻丧在一时中，又一弟既亡，孤侄复殒，续娶以来，现唯一女。此极人世之悲辛已。然伯沆人品清而接物和，今年只五十八，神气康强，冀有晚福耳。言次念我先君，云："甲午、乙未间应尊经书院试，屡得超等，因执贽进见，其时先人曳朱履，扶杖行篱落间，与之语云：'子文虽见取，却非定佳，然天才可成，宜用力读书以自立。'语时状貌温蔼，辞意款诚。平生所问业之师不少，不能忘者，独先生耳。"复言："经师易得，人师难求。读书不根诸身心，则学问直是身外事。"闻之令人敬悚，又自伤不肖，无以承先德也。伯沆求《实其文斋遗书》，侃云当求得奉赠，先以《念昔斋寤言图纂》二册借阅。

1928 年 10 月 5 日，《黄侃日记》载："以先人照像赠王伯沆世兄，从其请也，题记像后，不禁悲感。"黄侃《题先人像后》云：

此先君子丙申三月在武昌江汉书院中所照像，时年七十八，其后二年，岁在戊戌十九日卒，距今忽一世矣。孤露之生，萍浮南北，独此像版常在箧中。伯沆先生，先子门人也，今年始晤于上元。先生感念旧恩，常垂匡诲，敢印一幅奉诒，俾先生如睹先子颜色。戊戌八月廿二日，孤侃泣记。

王伯沆先生，邃于"三礼"，性方正，凛然有道学先生风。生平酷嗜《红楼梦》，手批原文凡二十余遍，尝语人曰："吾读曹雪芹书，可以卒业矣。"[①] 伯沆先生初来中大任教时，月终取薪，出纳员嘱其签名盖

① 朱祖延：《闻见录》之"读《红楼梦》卒业"条，《朱祖延集》，崇文书局 2011 年版，第 579 页。

章，以示征信。先生艴然怒曰："我为西宾，东家酬我束脩宜也，奈何具名画押，皇皇如卖身契乎！"不顾而去。①

黄侃与学衡派的一帮朋友也有共通之处，交往起来也留下了不少学术史上的佳话。下面重点谈谈黄侃与吴梅的恩怨，这也是学林关注的老话题。

（四）黄侃与吴梅

黄侃与吴梅早在北京大学就是同事，1928 年又在南京重聚。起初几年还是朋友，经常诗酒唱和，共同出游。汪东《寄庵随笔》"清游香雪海"条曾详记雅聚之乐：

> 梦忆旧游，为之神往。邓尉之游，以民国十八年为最乐，其时余主中国大学中国文学系，同系诸子，如王伯沆、吴瞿安、黄季刚、胡小石、汪辟疆、王晓湘，皆以文学名，诗酒之会，月必数聚。季刚尤好游，金陵胜迹，搜寻殆遍。是年春假，倡议至邓尉探梅，余与瞿安为东道主，吴九珠、张颂涛预焉。买小舟，用汽油船缆之以行，舟中贮酒数斛，酣饮联咏。既至，屏山轿弗御。陟磴支筇，各自为偶。邓尉梅极盛时，有"香雪海"之名。艺梅者意重收子，为农家副业，其后寖薄，多改种桑，此行所见已然，梅亦半谢，余笑谓"真沧海桑田"也。过司徒庙，摩挲"清""奇""古""怪"四柏，柏之形状，雅与名称，传为清高宗南巡时所赐。近见郑颖孙与人论盆景书，道及黄山之松，亦有"清""奇""古""怪"四品，颖孙皖人，必亲见之，乃知此种题号，亦自相因袭耳。邓尉最胜处，为从石壁眺太湖诸峰，湖波万顷，潋荡几席，烟云杳霭，时见远帆，同游者皆徘徊不忍去。暮登朝元阁，望渔洋山，王阮亭所取以自号者，惜茫昧中不能写其形色。是夕宿山中。明日，归舍阊门逆旅。纪游之什，季刚、辟疆为多。忽忽二十年，生死各半，

① 朱祖延：《闻见录》之"卖身契"条，《朱祖延集》，崇文书局 2011 年版，第 579 页。

既伤逝者，行自念也。九珠为瞿安伯父，颂清号艮庐，并擅倚声，豪于饮，回舟之际，尊罍皆竭。

如此文人雅聚，尽显民国风范。黄侃在南京的前几年是他一生中最为安稳的时期，各方面的情况都还不错，人际关系总体良好。1933 年 6 月 3 日是一个转折点。这一天黄侃与吴梅两大文人竟然发生武斗。《黄侃日记》是日载其事：

晡，旭（初）来，同出至老万全，应毕业生之请，照相、吃饭。酒阑，吴梅至，已被酒，复饮。席散，予方慰荐其子有狂疾未愈，令善排遣；不意梅误以为论文，说自云散文第一，骈文亦第一，种种谬语。至是，予乃知其挟有成见，与予寻衅耳，遂不得不起应之，径欲批其颊矣！人掖之出，乃已。予素不轻赴宴席，此次破戒，遂受此辱。左胫触几伤皮，尤可恨也。向后，除有必延人之事常作主人外，一切饮席，誓永永谢却之！

《吴梅日记》是日亦载其事："赴万全，应毕业生之召。余已醉，遂与季刚破口，思之可笑。"次日又载："午后常任侠来，因闻昨日与季刚事来候我，是可感矣。至四时方去。余往访王晓湘，方知昨日几乎动武，可谓酒德不佳矣。"①

6 日，汪东出面协调黄侃与吴梅的关系。《吴梅日记》是日云：

---

① 吴梅：《吴梅全集·日记卷》，河北教育出版社 2002 年版，第 302 页。按：袁鸿寿《吴瞿安先生二三事》谈及此事，载《学林漫录》第 3 辑，程千帆《忆黄季刚老师》有一节予以辩诬。前者有些言过其实，后者也有为尊者讳之嫌。按：黄侃酒德亦不佳，使酒骂座，人不能堪。但有一事可入《新世说》。汪辟疆先生言："往岁在金陵，与黄季刚等酣饮肆中，冒鹤亭先生后至，季刚醉呼曰：'冒鹤亭对攒狗洞可也。'一座大笑。冒惶急，亟辩曰：'何至于此。'"见朱祖延：《闻见录》之"冒鹤亭攒狗洞"条，《朱祖延集》，崇文书局 2011 年版，第 589 页。

旭初来，述前日醉中事，虽互有不足，但季刚确未先骂，嘱余向伊道谢。余不允，且云："渠骂人多矣，宁不能受人一次乎？况余已沉醉，一切不知，渠若哓哓，亦不惧焉。"旭初云："然则致书于吾可乎？"余不得已允之，即起稿，末云："陶诗'但恨多谬误，君当恕醉人'，请为两兄诵之。"旭初笑持去。①

《黄侃日记》亦云："旭初以吴梅书来谢罪，即复，言不再与之共饮，斯已矣。"

7日，《吴梅日记》是日云：

李和兑持季刚复旭初书至。阅之则云："瞿兄廿年老友，岂以醉饱过差而失之乎？雨过天晴，正把笔时光景。"余初甚怒，继以和兑诸人在座，遂含忍之。彼既不较，余亦作罢矣。②

11月2日，黄侃赴叶楚伧之约，食蟹。同座有汪东、吴梅。吴梅日记是日载其事：

叶楚伧招晚餐……旁无他客，止汪旭初、黄季刚二人，并坐食蟹，谈年余来未见，其意诚挚，此真出意料之外。酒半，又出二律赠楚伧谒孔林作颇佳。余达前年醉后失言之歉，渠谓是广东学生怂恿，其实非是。余以初次和好，亦不与之辨也。③

11月4日，再次与吴梅发生冲突。《黄侃日记》是日载：

尚笏来，邀至老万全，赴学生之会。酒半，摆子忽伪醉，以语侵人，正言呵之。跑哥在侧，几欲佐斗，闻言而止……群饮最宜

①② 吴梅：《吴梅全集·日记卷》，河北教育出版社2002年版，第303页。
③ 同上书，第489页。

戒，饮食必有讼，不能坚守圣言，可谓饕餮无耻之人，真可悔痛也！①

尚笏为黄侃入门弟子，摆子指吴梅，跑哥指胡小石。《吴梅日记》是日亦记其事：

今日为金大研究班诸生公请各师长，余亦往食，在贡院万全，先至庐山照相馆摄影，计师六人：黄季刚、胡小石、刘衡如、刘确杲、胡翔冬及余。入座后，余与翔冬、小石就东席，二刘及季刚在西席，始而尚好。继而季刚嘱高生名文拉余至西席，余雅不欲拂其意，即就西席劝一卮，即返座。渠即破口大骂，喧呶不可辨，惟有一语云："天下安有吴梅！"于是小石即欲揎拳起，余捺之坐。翔冬云："今日为学生请先生，快饮酒。"小石云："秦王击缶，赵王亦击缶，君不能至东席耶？"渠气稍沮，而呶呶呓语，不知所云，继而悻悻去……而余始终忍耐，不发一言。因思前日楚伧家一叙，渠谓行年五十（渠今年四十九），老友日少，醉饱过差，诸弗介意。岂意相距一日，即有此举耶？……事后颇愤懑，未进晚餐。②

5日，是日阴雨，黄侃心情郁闷。吴梅也找汪东等人评理。吴梅日记载：

往访旭初，告以昨日事，声明余未开一口，其曲在彼。旭初略作慰语而已。盖旭初与季刚，同为太炎门人，吾虽同乡，不及同门之谊，万事皆袒护季刚，余不过告以情形而已。饭后访小石，渠余怒未已，至言此后须一决斗也……晚，金大诸生高文、高小夫、尚笏皆来，竭力道歉。余谓诸君招饮，何曾开罪，开罪于我者，黄季

① 黄侃：《黄侃日记》，江苏教育出版社2001年版，第1013—1014页。
② 吴梅：《吴梅全集·日记卷》，河北教育出版社2002年版，第489—490页。

刚耳。谈次，小石来，仍愤愤，余复慰之，上灯去。

晨，往访金大、中大两校长，告以昨日受辱事，一面详作一函，历述季刚生平，力请罢斥，一面布告两校诸生，公评曲直。余则闭门待命，彼去我留，彼不去，我从此逝矣。如此堂堂正正之师，渠必不能腼踞皋比也。①

黄侃与吴梅何以一再发生冲突？为什么汪东、汪辟疆站在黄侃一边、胡小石又坚决站在吴梅一边？除了意气之争外，其深层原因在于学术系统不同。黄侃、汪东为乾嘉汉学正统，主古文经学，胡小石属于湘学系，主今文经学。两派之争，正是清代汉宋之争、今古文之争的余绪。另外，黄、汪（东、辟疆）皆为名门公子，而吴梅、胡小石皆出自寒门，门第观念也是两派形同水火的重要因素。黄侃卒后，由胡小石主持中央大学中文系的工作，他将黄门侍郎如黄焯、潘重规等人统统扫地出门。

自此之后，黄、吴二人好像没有再碰到一起。但吴梅还是偶然在日记中发泄对黄侃的不满。如《吴梅日记》卷 11 载其出题事："季刚授徒，时失期，月不及十小时。其授课也，不讲书，亦不示读书之法，臧否并世人物，或谩骂诸生。及大考也，则出一题，命诸生作，亦不批阅，以爱憎定分数，于是一学期终矣。此次考题，先为'《经传释词》书后''《汉学师承记》书后'。继又改二题，一云'读高邮王氏父子著述赞论其旨'；一云'近世经学异于汉儒者安在，试详述之'。"②

1935 年 10 月 9 日，吴梅日记载："晤林公铎，惊悉黄季刚呕血而亡。余闻之骇然……余本拟往一拜，尽朋友之谊，而南京风俗，忌讳颇多，且雨又不止，仅送吊礼，拟明日一拜也。闻公铎言，季刚临死前，诏其子侄云：'冤枉过一世，脾气太坏，汝曹万勿学我。'殆人之将死，其言也善欤？"

① 吴梅：《吴梅全集·日记卷》，河北教育出版社 2002 年版，第 490 页。
② 同上书，第 574 页。按：黄侃之所以要改题，是因为殷孟伦事先泄露试题。

吴梅好像原谅了这位亡友，特地撰写二副挽联，其一云："平生手稿，较《述学》为弘，惜年齿更少容甫一岁；日下肩随，举旧闻独富，知藏弆足傲锡鬯千秋。"跋云："余与季刚先生订交北雍，先生举长安故事特富，故下联云云。"其二云："宣南联袂，每闻广座谈玄，最怜遗稿丛残，并世谁为丁敬礼；吴下探芳，犹记画船载酒，此后霜风凄紧，伤心忍和柳耆卿。"① 跋云："十八年与先生邓尉探梅，极文酒之乐，曾和屯田（甘州），故末语及之。"

1935 年 10 月 11 日，《吴梅日记》载："饭后冀野②来，谈海上事甚悉。又云中大文学院，所以能崇旧学者，以有季刚耳。此后恐新派人物大家将乘机而起矣。余颇韪此言。"南京与北京在 20 世纪前期是两大文化中心，它们在学术文化的诸多方面正好分庭抗礼。黄侃是当时唯一可以抗衡新派人物的大家。武汉、上海、重庆、广州等地的高校纷纷向他伸出了橄榄枝，旧派各路好汉都向他输诚，他家中经常接待学林中人，甚至有日本、法国的汉学家前来问学，俨然成为中国学术界的领袖人物。

三、黄侃与朱希祖

(一) 周作人的讹传

黄侃与朱希祖确为同门。朱希祖虽然年龄比黄侃要大几岁，但入门在黄侃之后，所以自朱希祖以下皆称黄侃为大师兄，就连鲁迅、周作人也不例外。相传黄侃 1914 年到北京大学任教还是由朱希祖推荐的。

周作人《知堂回想录》曾经比较生动地介绍朱希祖：

> 朱逖先名希祖，《北京大学日刊》曾经误将他的姓氏刊为"米遇光"，所以有一个时候友人们便叫他作"米遇光"，但是他的普遍的绰号乃是"朱胡子"，这是上下皆知的，尤其是在旧书业的人们

---

① 最怜，一作可怜；此后，一作此际。

② 冀野，即卢前。

中间，提起“朱胡子”来，几乎无人不知，而且有点敬远的神气，因为朱君多收藏古书，对于此道很是精明，听见人说珍本旧抄，便揎袖攘臂，连说“吾要”，连书业专门的人也有时弄不过他。所以朋友们有时也叫他作“吾要”，这是浙西的方音，里边也含有幽默的意思。不过北大同人包括旧时同学在内普通多称他为“而翁”，这其实即是朱胡子的文言译，因为《说文解字》上说，“而，颊毛也”，当面不好叫他作朱胡子，但是称“而翁”，便无妨碍，这可以说是文言的好处了。因为他向来就留了一大部胡子，这从什么时候起的呢？记得在民报社听太炎先生讲《说文》的时候，总还是学生模样，不曾留须，恐怕是在民国初年以后吧。在元年（1912）的夏天他介绍我到浙江教育司当课长，我因家事不及去，后来又改任省视学，这我也只当了一个月，就因患疟疾回家来了。那时见面的印象有点麻胡记不清了，但总之似乎还没有那古巴英雄似的大胡子，及民六（1917）在北京相见，却完全改观了……

周作人《知堂回想录》一二一《卯字号的名人》（一）：

那时是民国六年（1917）的秋天，距我初到北京才只有五六个月，所以北大的情形还是像当初一个样子，所谓北大就是在马神庙的这一处，第一院的红楼正在建筑中，第三院的译学馆则是大学预科，文理本科完全在景山东街，即是马神庙的“四公主府”，而且其时那正门也还未落成，平常进出总是走西头的便门，即后来叫作西斋的寄宿舍的门的。进门以后，往北一带靠西边的围墙有若干间独立的房子，当时便是讲堂，进去往东是教员的休息室，也是一带平房，靠近南墙，外边便是马路，不知什么缘故，普通叫作“卯字号”，随后改做校医室，一时又当作女生寄宿舍。但在最初却是文科教员的预备室，一个人一间，许多名人每日都在这里聚集，如钱玄同、朱希祖、刘文典以及胡适博士，还有谈红楼故事的人所常谈起的三沈二马诸公，但其时实在还只有沈尹默与马裕藻而已，沈兼士在香山养病，沈士远与马衡都还未进北大，刘半农虽然与胡适之是同在这一年里进北大来，但是他担任的是预科功课，所以住在译学馆里。卯字号的最有名的逸事，便是这里所谓两个老兔子和三个小兔子的事……

这五位卯年生的名人之中，在北大资格最老的要算朱希祖，他还是民国初年进校的吧，别人都在蔡子民长校之后，陈独秀还在民五冬天，其他则在第二年里了。朱希祖是章太炎先生的弟子，在北大主讲中国文学史，但是他的海盐话很不好懂，在江苏、浙江的学生还不妨事，有些北方人听到毕业还是不明白。有一个同学说，他听讲文学史到了周朝，教师反复地说孔子是“厌世思想”的，心里很是奇怪，又看黑板上所写引用孔子的话，都是积极的，一点看不出厌世的痕迹，尤其觉得纳闷，如是过了好久，后来不知因了什么机会，忽然省悟教师所说的“厌世”思想，实在乃是说“现世”思想，因为朱先生读“现”字不照国语发音如“线”，仍用方音读若“艳”，与厌字音便很相近似了。但是北方学生很是老实，虽然听不懂他的说话，却很安分，不曾表示反对，那些出来和他为难的反而是南方尤其是浙江的学生，这也是一件很有趣的事。在同班的学生中有一位姓范的，他捣乱得顶利害，可是外面一点都看不出来，大家还觉得他是用功安分的好学生。在他毕业了过了几时，才自己告诉我们说，凡遇见讲义上有什么漏洞可指的时候，他自己并不出头开口，只写一小纸条搓团，丢给别的学生，让他起来说话，于是每星期几乎总有人对先生质问指摘。这已经闹得教员很窘了，末了不知怎么又有什么匿名信出现，作恶毒的人身攻击，也不清楚这是什么人的主动。学校方面终于弄得不能付之不问了，于是把一位向来出头反对他的学生，在将要毕业的之前除了名，而那位姓范的仁兄安然毕业，成了文学士。这位姓范的是区区的同乡，而那顶了缸的姓孙的则是朱老夫子自己的同乡，都是浙江人，可以说是颇有意思的一段因缘。

后来还有一回类似的事，在五四的前后，文学革命运动兴起，校内外都发生了反应，校外的反对派代表是林琴南，他在《新申报》《公言报》上发表文章，肆行攻击，顶有名的是《新申报》上的《蠡叟丛谈》，本是假《聊斋》之流，没有什么价值，其中有一篇名叫“荆生”和“妖梦”的小说，是专门攻击北大，想假借武力来加以摧毁的。北大法科有一个学生叫张缪子，是徐树铮所办的立达中学出身，林琴南在那里教书时的学生，平常替他做些情报，报告北大的事情，又给林琴南寄稿至《新申报》，这些事上文都曾经说及，当时蔡孑民的回信虽严厉而仍温和的加以警告，但是事情演变下去，似乎也不能那么默尔而歇，所以随后北大评议会终于议决开除他的学籍，虽然北大是向来不主张开除学生，特别是在毕业之前，但这两件似乎都是例外。从来学校里所开除的，都是有本领好闹事的好学生，北大也是如此。张缪子是个剧评专家，在北大法科的时候便为了辩护京戏，关于脸谱和所谓摔壳子的问题，在《新青年》上发生过好几次笔战。范君是历史大家，又关于《文心雕龙》得到黄季刚的传授，有特别的造诣。孙世扬是章太炎先生家的家庭教师还是秘书，也是黄季刚的高足弟子，大概是由他的关系而进去的。这样看来，事情虽是在林琴南的信发表以前，这正是所谓新旧学派之争的一种表现，黄季刚与朱希祖虽然同是章门，可是他排除异己，却是毫不留情的。我与黄季刚同在北大多年，但是不曾见过面，和刘申叔也是这样，虽然他在办《天义报》《河南》的时候我都寄过稿，随后又同在北大，却只有在教授会议的会场上远远地望见过一次颜色，若黄季刚连这也没有，也不曾见过照相，这不能不说是一个缺恨了。

周作人的这段回想，提到一个重要的问题，即黄侃与朱希祖的关系问题，牵扯到一些学生，问题还相当复杂。范文澜、孙世扬等人挑朱希祖的错，为何要扯到黄侃“排除异己”？周作人的解释是真的吗？而王利器听傅斯年讲述了当时的情景：

当年我在北大念书时，听朱蓬仙讲《文心雕龙》。大家不满意，有些地方讲错了，有些地方又讲不到。我和罗家伦、顾颉刚等同学商量，准备向蔡孑民校长上书，请求撤换朱蓬仙。于是我们就上书了。大家又商量蔡校长必然要问清此事，我们得准备准备。果然，没两天，蔡校长把我们找去了，听取大家意见。我们就分别把准备好的问题，一一申说。蔡校长听了之后，向我们说："你们回去，此事学校会妥善安排的。"不久，这个课就由黄季刚先生来担任。又不久，五四运动开始了。章门弟子大多回南方去了。①

讲《文心雕龙》的是朱蓬仙，不是朱希祖！周作人犯了张冠李戴的错误，傅斯年作为当事人的陈述已经将周作人的说法证伪了。况且北京大学学生挑老师的错是一个传统，并且得到校方肯定，例如：

文科学长夏锡祺不知在什么地方请了一位先生来接替马夷初。那时候，对于教师的考验，是看他能不能发讲义，以及讲义有什么内容。这位先生名不见经传，上课前又没发讲义，我们这班学生对他就有点怀疑了。过了好几天，才发出三页讲义。其中有一个命题是"水为万物之源"。我们这班同学一看，就说这不像一个现代的人所说的话。那时候我当班长，同班的叫我去找学长，说这位先生不行，请换人。学长说："你们说他不行，总得有个证据呀。"我说他的讲义就是证据。学长说："讲义怎样讲错了，也得有个理由。"我回到班里一说，同班们每个人都写出几条理由。他的讲义只有油印的三页，我们一下子就写了十几条理由，可以说把他的讲义批得体无完肤。我送给学长。学长一看，也无话可说，只问："这都是你们自己写的吗？"我说是我们自己写的。学长说："等我再看看，不过有一条：你们不许跟这位先生直接说什么话或有什么表示，事情由学校解决。"过了一两个星期，没有下文，只有当时的一个学

① 王利器：《往日心痕》，山西人民出版社1997年版，第95页。

监把我找去，对我说："某某先生讲义上的错误，你们可以当堂和他辩论。"我说："学长讲过，不许我们对他直接有所表示。"那位学监说："彼一时此一时也。"我了解他的意思，大概是学校讽令他辞职，他不肯，所以就让学生直接对付他。等他下一次来上课的时候，我们每一个人都带了几本《宋元学案》，在堂上质问，原来他连《宋元学案》都没有见过。同学们哈哈大笑，他狼狈而去。①

（二）朱黄之间的友好交往

朱希祖不讲《文心雕龙》，他讲中国文学史，而他的文学史讲义在出版之前据说还是黄侃帮他润色而成的。② 朱希祖后来到中央大学任教，还多次拜访黄侃，二人的关系还比较友好。

1934 年 3 月 1 日《黄侃日记》载："朱逖先晨来，留饭，言彼有倭文明本《论语》皇疏，可以见借。"《朱希祖日记》是日亦载："九时至中央大学史学系，十时半偕汪旭初至大石桥访黄季刚同学，留食中饭。午后一时又偕汪君至吴瞿安寓谈半小时，回寓。"③

越二日，《黄侃日记》载："溥、逖偕尹公来④，拉出饮，匆匆归授书，殊无谓。"《朱希祖日记》是日亦载："七时乘车至中山门外陵园小筑访张溥泉，观其所藏《日知录》三十二卷（顾炎武撰，由原稿抄出，雍正抄本）、《经义述闻》红样本（王引之撰，道光七年刊，王氏手校）。张君又赠《日知录校记》一卷（黄侃撰，中央大学排印本）一册。适尹炎武硕公亦来，张君同余二人至明孝陵看梅，又谒孝陵，并至孙中山墓东看梅，花已半开，香气扑人，又偕至黄季刚寓。十二时张君邀饮于天

① 冯友兰：《冯友兰自述》，生活·读书·新知三联书店 1984 年版，第 283—284 页。

② 朱祖延《闻见录》之"朱希祖"条："季刚与朱希祖同门友善。希祖勤于记诵，然拙于为文。尝撰《中国文学史要略》未就，季刚为厘定而足成之。书出，洛阳纸贵，朱氏之名噪甚，殊不知季刚实捉刀者也。"见《朱祖延集》，崇文书局 2011 年版，第 592 页。

③ 朱希祖：《朱希祖日记》，中华书局 2012 年版，第 314 页。

④ 溥，指张溥泉；逖，指朱逖先。

津馆。三时张君送余回寓，出南明史籍数种示张君，称羡不置，四时去。”①

1934年6月18日，《黄侃日记》载：“徐哲东自来邀食聚庆楼，坐有逖先。”《朱希祖日记》是日亦载：“六时半，赴常州徐震哲东燕，同席有汪旭初、黄季刚、徐子明，九时半回寓。”②

1934年8月6日，《黄侃日记》载：“暮，赴四维公宴，甚悔，触暑。”四维公指罗家伦。《朱希祖日记》是日亦载：“七时至新街口北，赴罗志希宴于撷英番菜馆，晤黄季刚，言本师章太炎先生新迁苏州，去年作《黎大总统元洪神道碑》得润笔银三千元，作外国商人哈同墓志铭得润笔银五千元，故不就职务而尚能充裕。九时回，又摘记《系年要录》伪齐事。”③

1934年8月22日，《黄侃日记》载：“逖先来，见汪评段氏注《说文》，云前曾见之于萃文堂，索价八十元。闻之殊喜，今日未为妄费。”《朱希祖日记》是日亦载：“十一时至蓝家庄九华村九号黄季刚新庐，并观其结构，并其校本书籍。十二时至九华村六号伍叔傥寓吃面，乃温州厨子所制，颇有特别风味，朱骝先、萧一山、蒋慰堂等同席。”④

1934年10月16日，《黄侃日记》载：“夜，与旭初作主人，延客九人，至人定始散，酒食喧呼，几席狼藉，真可恼也！后断不于家觞客。”《朱希祖日记》是日亦载：“七时至九华村九号黄季刚家，应季刚与汪旭初公宴。季刚新购之庐曰量守，有章师太炎所作《量守庐记》、旭初所画《量守庐图》。同席有林公渎、缪赞虞等。季刚言陈宝琛至伪满洲国，日本人及郑孝胥等公宴之，约作诗钟，得‘日中’二字，陈句云：‘日暮却愁途更远，中干无奈外偏强。’发榜陈落第，人于落卷中检

① 朱希祖：《朱希祖日记》，中华书局2012年版，第314—315页。

② 同上书，第359页。

③ 同上书，第383页。

④ 同上书，第390页。

之，始知之，日伪即送之回国。”①

（三）章门五王

1935年1月30日，《黄侃日记》载：“暮，赴衡如、确杲之招于美丽川馆，坐有逖先，言曾见珂罗板《重广会史》半部。”《朱希祖日记》是日亦载：“夜赴金陵大学文学院长刘国钧宴，与黄季刚同席。彼谓栖霞山无量寿佛首后有梁阮孝绪题名，此则闻所未闻，拟将来去拓一墨本。季刚又言：‘章太炎师对人言：余有五弟子，黄侃可比太平天国天王，汪东为东王，钱玄同为南王，朱希祖为西王，吴承仕为北王。’盖以余与玄同倾向新文学，乃以早死之南王、西王相比也。”②

黄侃执教鞭于南北各大学，声誉藉甚。尝谒太炎，太炎熟视而笑曰：“闻汝威震华夏，吾为汝贺。”③ 黄侃局促不知所对。章太炎便封他为“天王”。

《钱玄同日记》1935年6月30日日记载章太炎所封“五王”：

黄侃——天王
汪东——东王（杨秀清）
钱玄同——南王（萧朝贵）
朱希且（祖）——西王（冯云山）
吴承仕——北王（韦昌辉）④

① 朱希祖：《朱希祖日记》，中华书局2012年版，第417页。

② 同上书，第461页。

③ 朱祖延：《闻见录》之“威震华夏”条，《朱祖延集》，崇文书局2011年版，第592页。

④ 杨天石主编：《钱玄同日记》，北京大学出版社2014年版，第1111页。按：汪东《寄庵谈荟》载：“先生晚年居吴，余寒暑假归，必侍侧。一日戏言：‘余门下当赐四王。’问其人，曰：季刚尝节《老子》语‘天大，地大，道亦大’丐余作书，是其所自命也，宜为天王。汝为东王。吴承仕为北王。钱玄同为翼王。余问钱何以独为翼王？先生笑曰：‘以其尝造反耳。’越半载，先生忽言，以朱逖先为西王……检斋（吴承仕）久居北地，逖先为浙西人，故名号从之。”

或问太炎何以自处，黄侃笑曰："夫子在天王之上。"[①] 或问章太炎为何不自命"天王"？因为"人大，地大，天大，道大"，"人法地，地法天，天法道，道法自然"，太炎以"道"自处，何其自信！在他看来，"道"才是最高境界。

《朱希祖日记》"1939年12月7日条"又载："旭初言当日章师戏言，吾门四子：黄为天王，汪为东王，吴为北王，钱为翼王（以钱为畔师，故称翼王）。既而余至南京就中央大学，章师又谓旭初曰：吾门四王当改定，去钱入朱云云。然以余前年所闻于季刚者则异是，见于余笔记中，即黄为天王，汪为东王，朱为西王，钱为南王（南王早卒，喻钱畔师），吴为北王也。"

1935年4月29日，《黄侃日记》载："夜，赴子明之招于文安里，剧谈。偕辟疆出，步至农场门，分袂还。"《朱希祖日记》是日亦载："六时至双井巷文安里五号楼上赴徐子明光燕，同席有黄季刚、汪旭初、徐悲鸿等，季刚大谈术数鬼神事，十时始回。"[②]

(四) 朱希祖的追思

1935年11月3日，在黄侃去世之后，朱希祖写了一首挽诗《伤黄季刚》（日记题作《挽黄季刚同学兄》）：

> 浊酒浇愁鬓已丝，飘摇家国付金卮。拥书差傲王侯乐，捐馆俄来猿鹤悲。许郑胸怀推独得，齐梁风调系人思。文章庾信同哀怨，不待江南作赋时。[③]

《朱希祖日记》尚有如下记录：

---

① 朱祖延：《闻见录》之"太炎弟子封王"条，《朱祖延集》，崇文书局2011年版，第593页。

② 朱希祖：《朱希祖日记》，中华书局2012年版，第499页。

③ 朱希祖：《郦亭诗稿》卷2，中华书局2012年版，第353页。

10月9日雨。上午写包伯眉、黄仰旃、家弥祖姑及调生叔信。午后三时接得蓝家庄九华村九号讣告，言黄季刚先生逝世。季刚名侃，湖北蕲县人，清季与余在日本同受业于章太炎师。季刚深于古音韵学，善晋宋骈文及诗，体素孱弱，常咯血，前日忽又呕血三盂，不幸即于昨日申刻逝世，诚堪悼惜。闻人言因不节于酒，遂致此疾，未知确否。①

10月12日：九时半至中央大学，十时至十二时授课。遇徐子明君，言黄君季刚确于重九日登高赋诗，饮酒食蟹，因而大醉，次日呕吐宿食，继之以血，越时又大吐血两盆，邀西医检视，则云胃已破裂，不可救药，次日即逝，伤哉！②

1935年11月5日日记：上午中央大学有课请假，九时至十时写挽诗一轴，即持至水西门莫愁路吊黄季刚兄丧。③

1935年12月21日日记：午后三时至中央大学赴黄季刚兄追悼会，遇张溥泉先生继，倾谈片刻，至五时散。④

1936年10月25日日记：十一时至九华村黄宅，季刚同学兄卒之周年，其弟子及亲友会祭，故余亦赴会，汪旭初亦来。得季刚遗像照片及墓志铭。⑤

综上可见，同门之中，除了东王汪东之外，西王朱希祖与天王黄侃的关系已经相当不错了。由东京而北京而南京，黄侃与朱希祖三度聚首，也是难得的缘分。

“五王”是章黄学派的第一代传人。黄侃与其他四位的关系是其学术谱系中重要的环节，本书也做了重点考察与深度解释。他们的恩恩怨怨，分分合合，均已成为20世纪学术史的重要话题。

---

① 朱希祖：《朱希祖日记》，中华书局2012年版，第554页。

② 同上书，第555页。

③④ 同上书，第417页。

⑤ 同上书，第708页。

学术篇

第五章　黄侃的小学研究

第一节　黄侃的音韵学研究

一、黄侃的音韵学成就

（一）关于上古音的研究

古音学研究在有清三百年中最为发达，名作大家有顾炎武《音学五书》、江永《古韵标准》、戴震《声类表》、段玉裁《六书音均表》、孔广森《诗声类》、王念孙《诗经群经楚辞古韵谱》、江有诰《音学十书》，等等。这真是一个群星璀璨的时代，音韵学空前地发展到了巅峰状态。① 黄侃因此被誉为清代古音学的殿军。陈新雄称黄侃为“民国古音学研究的开创人”②。

黄氏的古音学创说在1912年与1914年之间，经数定数毁，数毁数定，反复酝酿，反复稽考。此为黄氏古音说之草创。1918年5月黄氏《古韵谱稿》校毕。次年秋，黄氏到武昌高师兼教小学、经学和文学，编有《声韵说略》，做讲义。此为黄氏古音说之亲授。1920年《音略》发表于武昌高师国文历史地理学会所编《国学卮林》1卷1期。同年5月至7月，《声韵通例》及《与人论治小学书》先后刊载于北京《唯是》月刊1—3册。此为黄氏古音说著述之公开发表。

1. 古韵二十八部说

《音略》中黄氏虽注明其古韵分部从郑庠至段、王，以明创始：

---

① 杨剑桥：《汉语音韵学讲义》，复旦大学出版社2005年版，第6页。

② 陈新雄：《黄侃的古音学》，《中国语文》1993年第6期。

古韵部类，自唐以前，未尝昧也。唐以后，始渐茫然。宋郑庠肇分古韵为六部，得其通转之大界，而古韵究不若是之疏。爰逮清朝，有顾、江、戴、段诸人[1]，毕世勤劬，各有启悟；而戴君所得为独优。本师章氏论古韵二十三部，最为憭然。余复益以戴君所明，成为二十八部。

其目如左：

阴声：歌灰齐模侯萧豪咍

阳声：寒痕先青唐东冬登覃添

入声：曷没屑锡铎屋沃德合帖

二十八部之立，皆本昔人，曾未以臆见加入。至于本音读法，自郑氏以降或多未知；故廿八部之名由鄙生所定也。

古韵的研究，自宋代郑庠分为六部，后经清代顾炎武、江永、戴震、段玉裁、王念孙等人，所分逐渐加详，古韵的面貌已经明朗。黄侃继承先儒之说，综合各家发明，成为二十八部，可以说是集乾嘉以来之大成。他自称二十八部之立“皆本昔人，曾未以臆见加入”，并在各部下一一标明某人所立。这一方面固然表现了他在治学上的谦逊态度，同时也不难看出他对古韵学的深刻认识。章太炎曾经说过，古韵学到了王念孙，已经基本上分析就绪，后人可做的只不过是修补的工作。黄侃是按照师说来总结前人成果的。但清代学者在分部问题上多有异同，歧说互出，黄侃根据大量的文献材料，定为二十八部。其说一出，几成定论，这说明他的二十八部并非简单的综合，取舍之间，正见其精深。

但其古韵分部模式及其直接来源却是刘逢禄，黄氏在其古韵分部归字的专著《古韵谱稿》扉页上写着：“十九声之说略同于新化邹君，廿八部之说略同于武进刘君。予之韵学，全恃此二人及番禺陈君而成，不可匿其由来也。”与其师章氏韵学源于黄以周和声纽说源于钱大昕、夏燮不同，黄氏古音学来源主要是邹汉勋《五均论》与刘逢禄《诗声衍

① 即顾炎武、江永、戴震、段玉裁。

序》《诗声衍表》，今音学则源于陈澧《切韵考》。然这一由来，无论是赞誉者，还是批评者，大都不甚明了。

黄氏在刘逢禄二十六部基础上，从王念孙至（质）、祭（月）、脂之入（术）三分，又参照其师的脂之去入（队），比刘氏多出一个没部。又从戴震将闭口入声韵部分为两部。因而增加了两个入声韵部。与戴氏相比，黄氏的阴阳入三分更为齐整，显示古韵系统内部的对称性，堪称审音派的杰作。惜黄氏未能吸收邹汉勋脂、灰（微）分部，与古声纽将喻归影而未采邹汉勋喻归匣之说一样，为其所失。[①]

由段玉裁的十七部或章太炎的二十三部成为黄侃的二十八部，关键在于入声的独立。古韵分部历经王念孙、章太炎等人，入声至（屑）、祭（曷）、缉（合）、盍（帖）与队（没）都已独立成部，黄侃在这基础上又把德、沃、屋、锡、铎五部独立出来。而这五部分别是之蒸、豪冬、侯东、齐青、模唐的入声，也就是说，是尾音收-k 的入声。这样，按阴阳入三声相配来说，就整齐了，上古语音的系统性昭然可见，语言中的对转旁转现象也更便于说明。这是古音学史上前所未有的，应该认为是黄侃的重大贡献。

2. 谈添盍帖分四部说

黄侃《谈添盍帖分四部说》写于 1918 年[②]，主张《广韵》中的侵、覃、谈、盐、添、咸、衔、严、凡九韵，在上古应分为覃、谈、添三部，与之相配的入声，应为合、盍、帖三部，即在古韵覃、合、添、帖之外再增加谈、盍两部。这是因为，黄侃注意到阳声寒、痕、先，入声曷、没、屑，两两相配，这六部都是收舌音。收唇音阳声覃、添，入声合、帖，也应两两与收舌的三组六部相配，不应缺少一组。换句话说，他认为寒、曷、覃、合的主要元音一样，只是韵尾不同，先、屑、添、帖也是如此，那么痕、没两部也应有一组对应的主要元音相同、韵尾为

① 李葆嘉：《当代中国音韵学》，广东教育出版社 1998 年版，第 145 页。

② 陈新雄将它视为黄侃晚年之作，不知有何根据。孙世扬在发表此作时明确地说此文作于 1918 年（民国七年）。

收唇的音。这组音即谈与盍。

谈、盍两部从添、帖中分出，不但有音理的根据，而且有文献资料（《诗经》的押韵、连语等）的证明。但是终因《诗经》中这四部的韵脚字太少，所以黄侃始终没有在他的韵表中增加谈、盍两部。这正是他严谨审慎处。

闭口六部之说，董同龢以谐声分析证之。事隔若干年后，俞敏先生先后以汉藏比较和梵汉对音的方法得到了同样的结论，这绝不是偶然的。这说明黄侃音学的精微，“章黄不愧是乾嘉学派的精华浇灌出来的‘奇葩’。他们虽然用弓箭射，可比戴着折光的眼镜片，握着现代步枪瞄准的人，打的离靶心还近哪”①。有论者以为，这在古韵分部史上为一大发明。②

3. 古声十九纽说

黄侃云：“古声数之定，乃今日事。前者钱竹汀知古无轻唇，古无舌上；吾师章氏知古音娘、日二纽归泥。侃得陈氏之书，始先明今字母照、穿数纽之有误；既已分析，因而进求古声，本之音理，稽之故籍之通假，无丝毫不合，遂定为十九纽。吾师初不谓然，后乃见信；其所著《菿汉微言》，论古声类，亦改从侃说矣。”

十九纽承钱氏、邹氏、章氏说，尤以邹汉勋影响最大。与邹氏二十纽相比，字母归并区别有三：其一，邹氏喻并匣；黄氏从章氏说喻归影。其二，邹氏邪许相合；黄氏邪心相合。其三，邹氏审并于晓；黄氏审并于透。发音部位的确定差别更大，邹氏分四大类八小类，黄氏分五音或四音。邹氏以为古唇音有开合（即轻重）、古齿音有齿本（即正齿）与齿头，黄氏则认为古无轻唇、古无正齿，黄氏所定音值较为合理，多为后人所取。

关于喻（于）母的古音归属，黄氏凡四变。初定二十二纽中独立。

---

① 俞敏：《后汉三国梵汉对音谱》，《俞敏语言学论文集》，商务印书馆 1999 年版，第 42 页。

② 李葆嘉：《当代中国音韵学》，广东教育出版社 1998 年版，第 145 页。

《音略》中并入影母。后又将喻并影，将为并匣。《经籍旧音辨证笺识》中批评吴承仕改“于”为“乎”，以喻匣相通释之。1927年冬在沈阳与曾运乾交谈，认为十九纽应当吸收曾说，但实际上并未从之。①

清人治古音学，声纽的研究不如韵部研究的成果大。钱大昕首先提出古无舌上、古无轻唇，章太炎又提出娘、日归泥。黄侃在这个基础上，又将群母归溪，邪母归心，喻母归影，照系二等归精系、照系三等归端系，得出了十九纽的结论。群、邪的归属目前还有争论，喻母的归属黄侃后来有所修订，照系的归属则是几十年来音韵学界所公认的黄侃的重大贡献之一。可以说，黄侃的这一成绩，是自钱大昕、章太炎以来的又一次重大突破。

曾运乾《音韵学讲义》云：

> 《广韵》二百六部中，有三十二韵为古本韵，此三十二韵中只有古本声十九纽。知此十九纽为古本声者，以此三十二韵为古本音也。知此三十二韵为古本音者，以其只具古本声十九纽也。古音古纽，互相证明，而又与考古诸家之说相吻合，以此知陆氏非不知古纽者也。

陈新雄《黄侃与曾运乾之古音学》一文称：“从两人论古音之说，几如出一辙，二人年既相若，又为东北大学同事，则对二人古音之学当如何看待？二人皆学有所就，应非抄袭。然则孰先孰后？自余观察所见，应是各得于心，出而合辙者。古声十九纽与古韵三十二韵之说，或黄侃先提出，而曾氏后有修正，所谓前修未密，后出转精者也。何以言之？因为黄侃之得到古声十九组与古韵三十二韵二十八部，乃得力于对《广韵》之娴习。”又称：“无论古声十九纽与古韵二十八部或晚年之三十部，皆黄侃倡之，而曾运乾和之。然黄氏早逝，曾运乾享寿六十一，较黄氏晚卒十年，无论古声古韵皆有以修正黄氏之说者，古声方面，曾

① 李葆嘉：《当代中国音韵学》，广东教育出版社1998年版，第173页。

氏有《喻母古读考》，先证喻母三等字古隶牙声匣母，次证喻母四等字古隶舌声定母。皆能持之有故，言之成理。罗常培曾誉曾氏此文，乃继钱大昕而后对古声之考证最具贡献之一文，洵非溢美之辞。关于喻三古归匣，喻四古归定，今人几皆耳熟能详，确能纠黄侃喻为归影之误，已为学界之所公认。”曾运乾与黄侃年相若，但其音韵学的成果是在黄侃的影响之下进行的。黄侃的音韵学体系早在1914年就形成了，1915年传给钱玄同，钱氏抢先以《文字学音篇》出版。曾运乾通过钱玄同的书了解了黄侃的学说，进而修正。据杨晓识等人所撰《湘中第一经师——曾运乾》，曾氏1911年至1916年任《长沙日报》《湖南公报》笔政，1917年秋至1920年夏，执教于湖南省立第一师范，1926年5月，应沈阳东北大学王永江校长之聘，前往东北大学任国文系教授。① 显而易见，曾运乾研究音韵学远在黄侃之后。1927年冬黄侃始与曾运乾相遇，疑义相与析，共同切磋学问。黄侃因此受了曾运乾的启发，改变了喻纽归影的主张。曾氏提出喻母三等归匣、四等归定。他的根据之一是陆法言《切韵序》上的两句话：“支脂鱼虞，共为一韵；先仙尤侯，俱论是切。”他说：“上四字举音和双声，以明分别部居之意……下四字举类隔双声，以明分别等第之意。所谓‘欲广文路，自可清浊皆通；若赏知音，即须轻重有异’者也。若如今等韵，则侯在匣一等，尤在喻母三等，尤侯两字分隶两类，与上举支脂、鱼虞、先仙六字之各为双声者不侔矣。此征之法言自序，而知匣、于（喻三）在当时同隶一纽者也。”黄侃得知其观点后，十分叹服，且推而广之，用于对中古声类的再研究上。这也成为音韵学史上一段相互借鉴、相互促进的佳话。曾运乾在音韵学上的一大发明即“脂微分部”。

4. 对现代音韵学的态度

1930年3月22日，黄侃论高本汉、朱芳圃之音学未密：“珂、朱

---

① 曾常红：《湘籍近现代文化名人·语言文字学家卷》，湖南师范大学出版社2011年版，第48—50页。

二君似于音学尚未为绵密也。”①

《东方杂志》26 卷 21 号载朱芳圃所撰《珂罗倔伦谐声原则与中国学者研究古声母之结论》一文，于黄侃之说颇有掎摭。陈寅恪曾将朱芳圃之文推荐给容庚，见《陈寅恪书信集》。

1930 年 5 月 26 日，汪荣宝来访，陪同至中央大学，又听其演讲古音歌、戈归麻说，称其“持之有故、言之成理”。② 章太炎与汪荣宝观点相左，其《与汪东书》云：“前闻足下述衮父语，以为歌戈鱼模古韵皆作长音，略有辨难。今见衮父原著，惜其未探音理也。”③ 常任侠说：“记得某次汪荣宝先生来中大讲学，论吴音、唐音之异，证以梵语、日语，与太炎先生之说稍有不同。黄师即责汪师（汪东）：‘汝从师乎？从兄乎？’颇有争执。黄师笃信章氏学，汪师不敢辩。”④ 此与《黄侃日记》说法不同。黄侃虽笃信章氏学，但也并非一味墨守，在其著作中就多次公开批评章太炎的学问。

（二）关于中古音的研究

1. 今声

（1）今声四十一类说

黄侃《音略·今声》：“依陈君所考，照、穿、床、审、喻，应各分二类；而明、微合为一类。侃以为明、微应分三颊，实得声类四十一。”具体为：影、喻、为、晓、匣、见、溪、群、疑、端、透、定、泥、

① 珂罗倔伦（Klas Bernhard Johannes Karlgren，1889—1978）即著名汉学家高本汉，其《中国音韵学研究》一书在中国引起极大反响。朱芳圃（1897—1973），字耘僧。湖南醴陵人。清华大学研究院国学门毕业，曾任中山大学、武汉大学教授。著有《甲骨学文字编》《甲骨学商史编》《殷周文字释丛》《孙诒让年谱》等。

② 汪荣宝（1878—1933），字衮甫，号太玄，室名思玄堂。江苏吴县（今江苏苏州）人。曾任驻外公使。著有《思玄堂诗集》《清史讲义》《法言义疏》等。1923 年发表《歌戈鱼模古读考》，第一次大规模地使用了番汉对音资料，研究方法与研究结论与传统音韵学迥异，文章发表后引起音韵学界的一场大辩论。

③ 马勇编：《章太炎书信集》，河北人民出版社 2003 年版，第 807—810 页。

④ 常任侠：《常任侠文集》卷 6，安徽教育出版社 2002 年版，第 24 页。

审、禅、日、照、穿、神、彻、澄、来、知、娘、精、清、从、心、邪、庄、初、床、疏、邦、滂、并、明、非、敷、奉、微。

（2）今声五十一类说

1932年9月6日，以新分声类五十一之说告汪东。陆志韦1939年亦有《证广韵五十一声类》，把现代数理语言学、语言统计学的研究方法运用于汉语音韵学，结论与黄侃之说大致相同。

黄侃认为先仙、尤侯的区别既在于洪细，那么据是以观守温字母中的影、晓、见、溪、疑、来、精、清、从、心，也应该就其洪细各分为两类。这样，他就把早年的今声四十一类改为五十一类了。而且，他还给影、晓等母离析后的声类复位了标目字。

20世纪30年代初，白涤洲、黄淬伯分别从《广韵》和《一切经音义》考得中古声类应为四十七，其中影、晓、见、溪、疑、来各析为二，正与黄侃不谋而合。到了1939年，陆志韦在检讨了陈澧的系联法，并用数学统计法加以研究后，得出的结论几与黄侃全同。由此可见黄侃研究之精确。只可惜他的具体论述已不可得闻，他所使用的方法今人已不甚了了。

2. 今韵

今韵分析，宜据《广韵》为主。自《礼部韵略》而下，其分合取便考试；虽唐人同用、独用之例，而恣情合并，致声韵之条由此泯棼，既不为典要，则置之可也。《广韵》虽二百有六，若按诸韵理，尚宜再分。《切韵指掌》之流，于平、上、去三声分析，初不为谬；而于入声分配独能分配阳声，其以入声分配阴声，不幸十有八谬。江氏《四声切韵》，分合之律，并无定衡；其弟子戴氏东原，犹且因之以明异平同入之理。观戴之所就，信已优于其师；而于声类转不若江之晰，亦短长相覆。黄侃自称："余以顽昧，少好斯业；穷居海上，日取江、陈之说细绎之，因得明今韵之分类。"

二、黄侃音韵学的争论

黄侃《与赵少咸书》云：

少咸先生左右：曾闻门下蜀生称道懿美，而无缘奉手。兹见与张次尹书，谈及于韵学，恨不得造膝一谈也。东原《声类表》[①] 多不可解，殆以徽州语为质，自非吾辈旁州人所知，疑介从邪，诚难通晓，侃之怀疑，无殊先生也。

侃分古音为廿八，说本刘申受而小变之。豪、萧、侯三部之分，犹是茂堂旧法，特标目不同而已。《音略》一书，乃讲堂口授，缪误郅多，常自笑非经略之略，乃粗略之略也，何意先生称道之乎！

等韵必不可废，古音亦有开、合、洪、细可言，其分四等，质之韵史，则一、四等为古今韵所同，二、三等为古韵所乏，即此一端，昔人诧为天造神授，非夸词矣。恨其犹未致密，不恨其太繁穰也。大凡音学有三要：一明音理，二考音史，三索音证。明音理者，固不廑以等韵自限，而非等韵无入道之门。不知先生以为然耶？否耶？先生谓辟等呼者为惊众取宠，今之惊众取宠，宁止此一流？蒿目时艰，侃与先生当同太息也。[②]

有道是，名满天下，谤亦随之。黄侃的古本音说一度受到非难。所谓古本音，就是认为在《广韵》的二百零六韵中有些韵部与上古的读音

---

① 戴震所撰古音学著作，全书分 9 卷。书成于乾隆四十二年（1777）。此书用《广韵》分类表现上古音系，以入声配阴、阳二声，在古韵研究上是一大贡献，对黄侃影响甚大。但戴震偏于审音，某些地方以今韵、等韵应合古韵，不够客观，在韵部的分合及入声的具体分配上均有不合理之处。

② 程千帆编：《量守碎金》，《古典文献研究》，南京大学出版社 1988 年版，第 13 页。

相同，其他韵部都是变音。《广韵》中有三十二韵是古本韵，其中八韵是开合口相配的，所以可以说古本韵共有二十八个。他就用《广韵》的这二十八韵的韵目字作为古韵的标目字。同时，他认为上古的声纽也保存在《广韵》的四十一（后来的五十一）声类中，这就是他所归纳的十九个古本纽。林语堂首先批评黄侃以三十二个古本韵与十九个古本纽互相证明是犯了“循环论证”的错误，自此之后，非难者多沿其说。

许嘉璐认为，黄侃得出二十八部和十九纽的结论，是对古韵和古纽分别研究的结果，只要看看他的《音略》《声韵略说》就可以知道。他的古本音说，并不是简单的根据三十二个古本韵中只有十九纽这样一个“偶合”用逻辑推理的方法推导出来的。他在《音略》中说：“古声数之定，乃今日事。前者钱竹汀知古无轻唇、古无舌上；吾师章氏知古音娘、日二纽归泥。侃得陈氏之书（指陈澧《切韵考》）始先明今字母照、穿数纽之有误。既已分析，因而进求古声，本之音理，稽之故籍之通假，无丝毫不合，遂定为十九。”其论古韵，既说“此二十八部之立，皆本昔人，未曾以臆见加入”，又在《声韵略说》里特别论述《据说文以考古音之正变》《据诗经以考音之正变》等节，并且说：“就《诗》文求声，较之求韵，其用尤大。”由此可见，他的古音学说，既是继承和总结了几百年的古音学成就，又经过了自己的考证辨析，他研究时既重审音，更重视古文献的证据。三十二古本韵中只有十九纽，是在他的结论中存在的事实，并不是借以得出结论的根据。正因为如此，所以他的十九纽说能与邹汉勋暗合。难道邹汉勋也是用“循环论证”推导出来的不行？第二，前面谈到过，黄侃想分谈、添、盍、帖为四部。而这个观点恰好倒是从《广韵》谈韵中发现，“但有十九纽，无今声类”一开始的，是从三十二古本韵与十九古本纽的组合关系这个已知的结论为出发点走向未知的领域谈、盍部并进而发现新的事实的。这在科学研究中不但是允许的，而且是常见的途径。那么，问题就来了：如果黄氏古本音之说完全是主观臆造的，怎么会从这里得出正确的结论呢？当然，谈盍部的分立也可以怀疑，但是，黄侃本之音理、求之古籍在前，俞敏先生从事汉藏语的比较和梵汉对音的研究在后，结论何以如此一致？殊途同归，恐怕不能简单地归为偶然的巧合。

2001年12月，在香港语言学会学术年会上，梅祖麟在《有中国特色的汉语历史音韵学》讲辞中说：

> 到了20世纪衍生出来一个浩浩荡荡的章黄学派，徒子徒孙不但有陈新雄、陆宗达等，旁支别流还包括邢公畹、王力、唐作藩、刘钧杰等。章黄学派算不算有中国特色的语言学？当然不是——因为它根本不是语言学。

陈新雄《批驳梅祖麟对孙诒让与陆宗达的批评及其相关论点》称：

> 黄侃于民国初年教授于北京大学，从其学声韵学、训诂学的弟子很多，而且后来都成了声韵学的大师，像罗常培就是一位典型的例子。罗常培与赵元任、李方桂合译高本汉的《中国音韵学研究》，且于传统声韵学方面尽力最多，如果黄侃的古音学不是语言学的话，他能教出这么卓越的弟子来吗？还有精通藏语的俞敏教授也从黄侃问学过①，俞敏逝世，其弟子人民大学刘广和教授在《汉语论集》发表论文多篇，皆有关梵汉对音研究之作；另一弟子天津大学施向东著《汉语和藏语同源体系的比较研究》，深究藏汉两种语言，较之那些临时查字典者，更不可同日而语。不仅罗常培、陆宗达、刘赜、俞敏等是黄侃的杰出弟子。甚至于创立中研院史语所的傅斯年，也曾经从黄侃受业，还是黄侃的入门弟子呐！②

---

① 按：此说不确。俞敏教授1916年11月生于天津，1936年入北京大学国文系，受到罗常培的赏识，也是陆宗达最早的学生，他没有从黄侃直接问学。

② 陈新雄：《陈新雄语言学论学集》，中华书局2010年版，第234页。

王力在1936年以后发表了很多音韵学论著，起初对于黄侃的学说还是比较尊重的，在《古韵分部异同考》① 《上古韵母系统研究》②等文中还比较客观。1937年2月1日至13日，王力花了13天的时间研究黄侃的遗著《集韵声类表》，深入细致地勾稽材料，发凡起例，对表中条理及各种符号加以说明，显然对黄侃的著作下过一番苦功夫，虽然提出了不少异议，但也严格控制在学术范围之内，评价也比较公允。他称“全书谬误处绝少；虽时或拘于等韵门法，未能如陈兰甫悉以反切为据，然仅可谓从优于此，不能自为谬误”，“《集韵》声类与《广韵》声类之异同，尚未有人作精细之研究。今细绎黄先生之书，乃知韵部之开合，及每韵所包之声纽，二书相较，歧异颇巨”，“综观全书，堪称佳作。读‘丙寅人日之夜漏五下黄侃记’一语，想见前辈孜孜矻矻之情，钦仰不已”。③ 其时王力年方37岁，他此刻还处于学步阶段，对于黄侃还得仰而视之，不得不表达景仰之情。1950年以后，王力与时俱进，文风也随之大变。特别是随着学术地位的变化，进入了北京大学中文系，他于是调整了视角，对于黄侃这样以往需要仰视的前辈转而采取俯视的方式，在评价前辈学术时，大肆贬低黄侃。④ 其《黄侃古音学述评》述之不全⑤，在林语堂、张世禄的基础上继续向黄侃猛烈开炮：

---

① 原载《语言与文学》1937年第1期。

② 原载《清华学报》1937年第12卷第3期。

③ 王力：《龙虫并雕斋文集补编》，《王力全集》第20卷，中华书局2015年版，第1231—1244页。

④ 张闻玉教授在《古音学基础·前言》中指出：“北京大学王力教授有《黄侃古音学述评》，其论断颇为极端。传统语言学的承传者是黄侃，而不是王力，这当是语言学界的共识。至今，黄侃古音学还在闪烁着光辉，无可取代。”又称，黄侃古音学也并非无懈可击，但绝不像有的人所指斥的那样，黄侃的古音学“毛病百出”“前后矛盾”“完全错误”“一无是处”。

⑤ 王力此文最早发表于1978年的《大公报在港复刊三十周年纪念文集》，此时黄侃著作还只出版极小一部分。

> 由上述的各方面看来，黄氏的“本”“变”学说，可谓一无是处。他的变纽、变韵、变调是天上掉下来的，他从来不讲为什么（在什么条件下）发生这些变化；他的本纽、本韵、本调又是一成不变的，仿佛从先秦到现代二千多年仍然保持着原来的样子。这种研究方法是唯心主义的研究方法。黄氏在古音学上虽然有一些贡献，但是他在研究方法上的坏影响远远超过了他的贡献。①

他在文中批评黄侃“循环论证”（其实是重复林语堂的错误观点），最后还给黄侃贴上“唯心主义”的标签，后来在另外的地方又批评黄侃违反“辩证法”，较之 1937 年的书评，前后判若两人。王力在音韵学上缺少独立见解，他所宣称的“两大发现”，其实“名花有主”，都是人家早已发表的东西。他对前人挥动大棒，莫名地给一个死去 40 多年的前辈扣上政治帽子。这篇大批判式的学术述评完全违背了他在 1937 年 1 月 27 日所写的《做书评应有的态度》中定下的规矩：“我们做书评的目的并不在乎打倒某一个人”②，其真实的目的就是想在音韵学上取黄侃而代之。

王力在音韵学上出章入黄，是章黄学派的“易外别传”③，早年为考古派，认同章太炎的古韵二十二部说，后来转为审音派，在黄侃二十八部的基础上拼凑自己的古音系统。

---

① 王力：《龙虫并雕斋文集》，《王力全集》第 19 卷，中华书局 2015 年版，第 1101 页。此文原载《大公报在港复刊三十周年纪念文集》（香港大公报出版社，1978 年 9 月）。

② 王力在《中国语文》1956 年第 1 期发表《论唐兰先生的文章的思想性和逻辑性》，完全是大批判式的文章，称“唐兰先生是不折不扣的改良主义者”，“事实上没有一点马克思主义的气息，甚至是反马克思主义的”，“总起来说，唐先生这篇文章表现出一种非常混乱的思想。它缺乏思想性，因为唐先生的文章引用马克思主义的词句而实际是反马克思主义的；它缺乏逻辑性，因为唐先生自己的话矛盾百出”。这种文章在当时足以将唐兰先生置于死地。

③ 将王力视为章黄学派的一员，这一点梅祖麟倒是没有完全说错。

第二节　黄侃的训诂学研究

许嘉璐认为："黄侃先生晚年主要是从事训诂学的研究，在他所措意的广泛领域中，训诂学的成就也最大。"这一判断是难以成立的。陈汉章早在民国初期就在北京大学讲授训诂学，比黄侃要早十来年。过去有人说黄侃是最早在大学开设训诂学课程的，这一说法不符合历史事实。他 1928 年以后才在中央大学讲训诂学。

1936 年编印的《黄季刚先生遗著专号》所载 19 篇中，有关音韵的有 8 篇，文字的有 3 篇，训诂的只有 2 篇。他在读书与讲学中，对训诂曾有论列，由于这种论列是以读书笔记或口头讲解的形式出现的，所以影响面有限；这些内容后来经黄焯整理为《文字声韵训诂笔记》刊布行世，已是 20 世纪 80 年代的事了。黄侃在传统训诂学研究中的灼见与重要成果，他对章太炎、刘师培的学说的领悟、促成与发扬，主要表现在他提出了"少则九千，多或数万"的"诸夏之文"皆可"绳穿条贯"的设想，并且助成章太炎撰辑《文始》①；同时总结了"有条理系统始得谓之学"的理论②；还创制和强调了把"文字""义理""史事""制度"结合起来进行传统语言文字学研究的条例③。他的这些灼见与成果，有的是从章太炎、刘师培的学说中生发出来的，同时对于章、刘的学说的形成起了重大的推动作用。④

一、黄侃的训诂学理论

《训诂学讲词》共分两大部分："训诂述略"和"十种小学根柢书

① 黄侃：《声韵略说》，《黄侃论学杂著》，中华书局 1964 年版，第 94 页。

② 黄侃述，黄焯编：《文字声韵训诂笔记》，上海古籍出版社 1983 年版，第 2 页。按：此书训诂部分其实是黄焯的著作，不可不辨。

③ 黄侃：《讲尚书条例》，《黄侃论学杂著》，中华书局 1964 年版，第 443 页。

④ 宋永培：《当代中国训诂学》，广东教育出版社 2000 年版，第 25—26 页。

（评介）”。《训诂述略》节目如下：

训诂之意义
训诂之方式
本有之训诂与后起之训诂
独立之训诂与隶属之训诂
义训与声训
说字之训诂与解经之训诂不同
《说文》之训诂必与形相贴切
以声韵求训诂之根源
求训诂之次序
声训
声训分类

黄焯撰集之《训诂学笔记》在此基础上有所补充完善，我们叙述其要点，略加评述。

关于训诂学的研究对象。“训诂概述”条提出：“训诂者，义之属，而依附音与形，以探究语言文字正当明确之解释，推求其止当明确之来源，因而得其正当明确之用法者也。”此点可以与训诂学定义合而观之。又称：“训诂以文字、声音为根据，三者不可分离。”“义者不能离音与形，吾人于此，宜明三事：一曰名义相依，名多而义少……二曰古无训诂书，声音即训诂……三曰名事同源，其用不别。”“训诂学定义及训诂名称”条给“训诂学”下了一个非常著名的定义：“诂者，故也，即本来之谓。训者，顺也，即引申之谓。训诂者，用语言解释语言之谓。若以此地之语释彼地之语，或以今时之语释昔时之语，虽属训诂之所有事，而构成之原理。真正之训诂学，即以语言解释语言。初无时地之限域，且论其法式，明其义例，以求语言文字之系统与根源是也。”“用语言解释语言”没有完全说破，此处实则暗藏玄机。完整的表达应该是：

“训诂者，用今之语言解释古之语言之谓。”黄侃处在新旧转折的交点上，又受到新派的歧视与打压。他若说破，对他不利，予新派以口实：“训诂要用今之语言解释古之语言，那不就是用白话解释文言吗？既然如此，你还不赶紧缴械投降？”“论其法式，明其义例”八字，确定了训诂学研究的主要内容。后来的训诂学教材大都依次编纂而成，最明显的就是周大璞先生的《训诂学要略》以及后来在此基础上反复修订而成的《训诂学初稿》，他们较为忠实地体现了黄侃的八字方针。黄焯先生补充了一个观点：“训诂学为小学之终结。”但这好像不是黄侃的观点，我们没有看到黄侃在其他地方说过类似的话。

关于训诂的方式。“训诂构成之方式”条黄侃分为互训、义界、推因三种方式。诚如许嘉璐所指出的：“黄侃在‘训诂之方式’一节中提出了互训（直训）、义界（界说）、推因（推求字义得声之由来）的概念。这是对始自周秦的训诂实践的全面总结。自黄侃提出后，海内外大多数讲训诘学的人皆本其说，至今不衰，可见其影响之大。”

关于训诂的类别。“本有之训诂与后起之训诂”条：“不明本有训诂，不能说字；不知后起训诂，则不能解文章而观文为说。如《说文》正篆是文字，说解是文章，文字求其本，说解求其明。文字是仓颉时所造，说解是汉人言语。”他把本义称为“本有之训诂”，把引申义称为“后起之训诂”。把小学与文学紧密地联系起来，从语言的实际应用中总结出引申义的所由来、本义和引申义的关系，深刻精辟，具有自己的特色。“独立之训诂与隶属之训诂”条界定：“《说文》之训诂，乃独立之训诂。《尔雅》乃隶属之训诂。独立之训诂虽与文章所用不相应可也。汉人说经，凡云‘某犹某’之说，皆其引申后起之义。又其说必有所本，盖训诂不可臆改，犹篆书之不可臆造也。若王氏《经传释词》所云‘某犹某也’，往往无陈文可据，其贻误后人多矣。”“说字之训诂与解文之训诂不同”条界定：“小学家之训诂与经学家之训诂不同。盖小学家之说字，往往将一切义包括无遗。而经学家之解文，则只能取字义中之一部分。如悉，《说文》训详尽也。而常语云知悉，不能说知尽。懿训专久而美。而称懿德，即无专久之意。是知小学之训诂贵圆，而经学之训诂贵专。经学训诂虽有时亦取其通，必须依师说展转求通，不可因猝难明晓，而辄以形声相通假之说率为改易也。”许嘉璐认为：“划清了‘独立之训诂与隶属之训诂’‘说字之训诂与解经之训诂’这样两对概念间的界限……他把脱离开具体语言环境，从形、音、义几个方面对字词加以解释叫作独立的训诂，把对某种特定环境中的字词的解释叫隶属的训诂。前者多训其本义，后者则本义、引申义不分。这就准确地指明了《说文》一类书与《尔雅》一类书的本质差别，廓清了混淆两类训诂的模糊认识，更便于这两类训诂的研究和应用。”

黄侃的训诂学理论体系，“的确囊括了传统训诂学的全部内容，也展示了与文字学、音韵学并列的训诂学应有的研究范围”①。当代训诂学理论体系的清理，正是在黄侃训诂学理论体系的基础上进行的。

赵振铎在他的训诂著作《训诂学史略》第二十章专门介绍“黄侃的训诂学体系”，同时对“训诂学理论体系的建立”加以总结，指出：“黄侃提出的框架虽然还比较粗略，但是他提出这一整套看法，是训诂学彻底摆脱经学附庸地位而独立的标志。筚路蓝缕之功不可磨灭。它对建立更系统、更科学的训诂学将会有深远的影响。”②

二、黄侃的训诂学实践

黄侃的训诂学实践是与其文字学、音韵学紧密相关的，特别表现在对《说文解字》的研究方面，学界对此多有论述，如陆宗达、王宁的《论章太炎、黄季刚的说文学》、黎千驹的《论黄侃先生说文学研究的成就》等文皆有涉及，兹不赘述。

---

① 陆宗达等：《训诂方法论》，中国社会科学出版社 1983 年版，第 5 页。按：他们将训诂学曲解为古汉语词义学，这并不符合黄侃的原意。

② 赵振铎：《训诂学史略》，中州古籍出版社 1988 年版。按：训诂学彻底摆脱经学附庸地位，也就失去了其传统价值。小学本是经学的附庸，这已经是最高的地位。小学一旦独立，反而沦为无用之学。

黄侃曾经拟补《经籍纂诂》："就阮元所采诸书，当辑其所未采之反切音读（《纂诂》载旧读亦多遗漏）。其所未及采者，则当更辑（所未及采者如《原本玉篇》、《玉烛宝典》、《群书治要》、慧琳《一切经音义》及续藏中有音义之书，又近年敦煌石室出唐以前书）。"① 又称："闲治《说文》，悟得两事……一则义关乎音。今之反切，虽始于应、服、孙炎，而其所切之音，必传承自古，一字而一音者居至少数，其余一字多音，则皆音理之所关，义训之所寄，不可忽也。故日以搜罗反切为事，思欲为一编，以补《经籍纂诂》之阙，而从前率尔言音之作，则弃之如遗焉。"1922年1月1日，黄侃着手为《经典集音长编》，始辑《经典集音》，起《周易集解》，讫《乾卦》。他的这一计划最终没有完成，倒是给后来者以启发。

黄侃曾经对字书编制法提出了己见：

> 一、搜辑材料。二、断限。三、编制。材料猥繁，望之或惊其浩瀚。总而论之，亦不出二种：甲，旧小学书。乙、旧传注。传注所包者广，凡依附他书为之作解皆是。
>
> 清世阮元有《经籍纂诂》，为小学家常用之书。惜其以《佩文》韵分编，又载字先后毫无意义；至其搜辑，亦有不备者。今若能通校一过，暂用《字典》编制法编之，次为补其遗阙，此业若成，则材料几于全备矣。又《经籍纂诂》间亦载音（如其引《字林》即载其音），究于汉后唐前之音多所漏略，今宜更纂一书，曰《经籍纂音》，以后编字书音时，即取此等全部列入可也。若专就小学之家便用起见，不妨就现存小学十书用《字典》法编为一部，虽非完备之字书，而研治小学得此可省无数翻检之劳，其用有过于历史家之翻检《历代地理志韵编》《史姓韵编》者。此事如能邀聚二三同志，计日可成。如更能编一完备之字书，则此编亦可纳入，所用功力，并不唐捐。

① 武汉大学古籍所编纂《故训汇纂》《古音汇纂》，即受到黄侃的影响。此为宗福邦先生见告。

说文字者，必于形、音、义三者淹贯棣通。然三者亦或难具，但使一节可用，何妨采及菲葑。自《集韵》以还，字书多难凭信，即有新出之字，并非必要之文。今若编制字书，只当以见于《集韵》《类篇》者为断，纵有增益，宜别作一编，如《字典》备考之例。

分部之法，只宜暂据《说文》，以五百四十为定。何则？字之分部，说者众多，一有更张，反至凌碎，因仍旧籍，于义无妨。依隶作正，远祖《字林》，若全依《说文》，必不适用。自余所载，雅则篆、籀、古文，俗则隶书、讹体，并载字下，以便区分，不得如《字典》仅载其所谓古文而已。计画寻字，业已通行，施之字书，于事本便。但宜略照黎永椿《说文通检》之法，于分画之中，仍存原次之先后。

字分正俗，非徒博好古之名，实则小学疆畛必待此而分明；意义根原必待此而明晰。今宜仿《字典》每画中有正有增之例，以见于《说文》者为正，以后出字为增。徐铉校定《说文》，每部后乃出新附字。《说文》本系完书，不可窜乱，所以附之后方。今既定体编书，正俗杂居，亮无不可。

《原本玉篇》有一例，在字书中最为使用，即每部下载重文及通用字。如云“谊又作义，义在我部”之类是。今世临文用字，本有顾字形及承习惯两途。倘尽拘本字，则疐碍弘多；如尽从流变，又迷于本字。此宜有字书为之分明，俾纲纪不致散棼，而致用仍无濡滞。

《类篇》于每字下必载明有重音、无重音。如有重音，则具其数。此于音学为益无方。今编字书，宜仿其例，不过稍加增补而已。《集韵》《类编》亦有遗漏之音，今之增补，一据唐以前小学书，二据唐以前诸书传注。若宋吴棫、明杨慎所称音，断不宜搜入。《字典》多据此等书率尔增音，所以不可为典要也。

字者滋乳而浸多，既许云五帝三王变易殊体，秦汉篆体引为正

> 文。则后世造字亦当公认。不过俗儒任意多变字例之条（四字不甚安聑，《说文·序》有此言，聊承用之）。今宜取后来造字确有主名者（如孙休、武曌者）。别出为一编，不使与正字相溷。近日翻西籍，所待于造字者尤多，要之界画分明，虽日出千名，仍不干《仓颉》之统纪尔。①

字书编制也可以说是训诂学实践，他的意见值得后学重视。

第三节　黄侃的文字学研究

一、黄侃的文字学研究成就

黄侃认定《说文》"于小学实主中之主"，研治《说文》用功极勤，尤其重视《说文》同源字（词）的研究，继承、发展其师章太炎有关《说文》的语源学，经研究认定《说文》"声训则居十之七八"②。

黄侃慎于著述，其《说文》研究成果占了较大的比重，除了成文的讲义稿《说文略说》（1936）之外，还留下了大批圈点、笺识及读书笔记。今存武汉大学档案馆者达150多种（部分被人借走久未归还），其中大部分是《说文》研究成果。经后人整理，其笺识类影印出版的有《黄侃手批十三经》《黄侃手批说文解字》《黄侃手批广韵》等。论著类经后人整理编辑出版，有《黄侃论学杂著》《黄侃声韵未刊稿》《文字声韵训诂笔记》《说文笺识四种》《尔雅音训》等。其中最突出的是《黄侃手批说文解字》，黄侃在手头常备批读的清孙星衍所刊仿宋刻大徐本《说文解字》上，写满数十万字批语和四十余种校读符号，凡声母多音、形音并异而实为一字、群经中古文而不见于《说文》者，均逐一注明，是他研究《说文》的重要成果，据此分类编制了多种

① 黄侃述，黄焯编：《文字声韵训诂笔记》，上海古籍出版社1983年版，第14—17页。
② 同上书，第90页。

《说文》研究表格和同类材料汇集，以备日后撰写专著之用。1987 年上海古籍出版社根据原稿本影印《黄侃手批说文解字》，黄焯加“弁言、叙例”，说明符识体例及该书的特点，是探求黄氏说文学方法与成就、研究黄氏学术思想的宝贵材料。黄焯从中分专题辑录出“《说文》同文”“字通”“《说文》段注小笺”“《说文》新附考原”四类，合为《说文笺识四种》。

黄侃曾经想撰写一部总结性的《义贯》，拟目如下：

六书次第第一
名事表里第二
笔势变化第三
同形异用第四
独体转注第五
分理别异第六
古声大类第七
声母多音诸端第八
声子从母第九
双声通韵第十
叠韵互音第十一
方言由来第十二
石经考异第十三
古文阙疑第十四
俗学指迷第十五①

此目甚佳，可惜此书没有完成。平心而论，黄侃缺少著作才能，只管读书，读完一本，接着读下一本，一生读书无数，也产生过著述的念头，但往往写个提纲，就没有沉下心来完成，如此恶性循环，结果生前

① 黄焯：《黄季刚先生年谱》，《蕲春黄氏文存》，武汉大学出版社 1993 年版。

没有完成任何一部专著。他曾经嘲笑胡适是“著作监”，有上半部，没有下半部，可他自己不也是如此吗？他读书不煞书头，一圈到底，至死方休，可在著书方面却没有贯彻这一原则。章太炎对黄侃说：“人轻著书，妄也；子重著书，吝也。妄不智，吝不仁。”学界一直流传一种说法，黄侃 50 岁以后再著述。我要提醒大家的是，其实这是一种靠不住的说法。他在 50 岁之前早已放弃著述，他无法静下心来，剧谈终日，无所用心，哪里能够搞“定向爆破”？他曾经写过一首嘲蠹鱼的诗：“毕世书丛岂足贤？欺人只是解钻研。总饶三食神仙字，著作何曾见一篇？”此诗写于 1935 年 8 月 22 日，一个多月后，他就抱恨终天了。他以蠹鱼自嘲，也无济于事。物不两大，与其牙者去其角。著述家如章太炎、吴承仕、顾颉刚、冯友兰之类皆拙于语言表达，甚至期期艾艾，不能出口成章；而伶牙俐齿如黄侃、钱玄同等人具有表演天赋，口若悬河，滔滔不绝，皆是演说家，但不属于著述家。

二、黄侃的文字学研究特色

1. 重视《说文》

1931 年 8 月 23 日，潘重规、黄念容赴湖北任教，黄侃以所购《续古逸丛书》本四开本宋刊《说文解字》一函相赠。黄侃云：“此书予所甚爱，付彼时殊郑重也。”其《题说文解字》云：

> 予于《说文》之学，恨未能光大师说，折冲御侮，而勤亦至矣。袭善谅能知之。此本赖影印法得以流布人间。予昔在武昌称贷而获之。今以授袭善，宁无意乎？辛未七月十日庚戌，黄侃记于上元大石桥寓居。①

平心而论，黄侃在说文学方面已经“光大师说”。章黄学派在部分方面已经超越了清代《说文》四大家，将“说文学”推进到了一个新的

① 黄念容编：《量守居士遗墨》，1974 年自印本，第 210 页。按：原文用篆文书写。袭善即潘重规之字。

层面。

在论述“小学十书”时，黄侃把《说文》放在首位：“以轻重次序之：一、《说文》，二、《尔雅》，三、《方言》，四、《释名》。《尔雅》一书，本为诸经之翼，离经则无所用；即离《说文》，而其用亦不彰，此如根本之与枝叶也。《方言》《释名》解释不备，亦次于《说文》。《释名》以声为训，而音韵变迁、训诂歧异，皆必征之《说文》，故《释名》亦以《说文》为依归。《说文》一书，于小学实主中之主也。”他同意段玉裁对《说文》的评价“此前古未有之书，许君之所独创”，认为段氏的话“至精至确，无待更赘一词”。他把治《说文》看作是治小学的门径，训诂学的渊薮，“形声训诂之学莫备于《说文》。不明《说文》，不足以通古文”。

重视《说文》条例的发微，在前人研究的基础上，黄侃有许多重要的发现，并用以贯串《说文》近万文的剖析、归纳。《说文》对每个字是从形、音、义三个方面进行分析的。三者统一在每个字的说解中。黄侃重视字形的研究，认为“《说文》之训诂必与形贴切”。例如示字，《说文》：“天垂象见吉凶，所以示人也。从二。三垂，日月星也。观乎天文以察时变，示神事也。”黄侃说：“示，合体指示字，为托物以寄事，故言‘天垂象见吉凶，所以示人也’。如不说‘天’则从二无根据，不说‘垂象’则三垂无所系言？至‘示’‘神’‘事’，为在下凡从示之字安根。”又说：“凡说解中‘从’字必与其形相应，字不虚设。其有‘一曰’之文与‘从’字无关者，则后人所妄补也。”（见《训诂学讲词》）他又说：

> 闲治《说文》，悟得两事：一则《说文》条例，必案原文，而不可依后人之臆说。即如《说文》言六书，首以指事，而王筠独先以象形。自言六书可也，解《说文》而先改窜其例不可也。改窜不可，增益亦然。

对《说文》说解中屡见的“古文某如此”一语，前人往往忽略，而黄氏发凡云："云古文△者，以师读而知之。三体石经古文亦类是矣。云'如此'者，往往不知所以下笔。其所云既不可说，故以疑词了之。"同时他还注意到许慎罗列古文的其他方法："或并不言如此，又不说所从，亦准阙疑之例。"①

黄侃明确提出了"笔意""笔势"的概念。② 所谓笔意，即字形的一点一画及其结构所体现的含义；所谓笔势，即字形经过长时间的嬗变，日趋约易，或书法取姿，原有的笔意已经隐晦，仅存其点画之势。《说文·叙》上所说的"（古文）厥意可得而说"，《颜氏家训·书证篇》中所说"若不信其说，则冥冥不知一点一画有何意焉"，两"意"字即指笔意。黄侃从文字发展的观点出发，指出："昔徐鼎臣录篆文笔变小异诸字，其意实本书所云某字从古文之体，既有此例，而后知古之为字有笔意可说与笔势从变二科。颜之推云云，此但就笔意言，未足以驭笔势之变也……不悉笔意笔势省变而一点一画求之，必至于妄说。"③ 据此，《说文》中所说"从古文之象""从古字之象""象古文之形""从古文省"等，都应就笔势求之。笔势的演变过程有能寻求的，有不明其始的。"窃谓古文改易殊体，浸成奇字，大抵不出省、变二途。然必不省不变者尚存，始有可说……其或省或变之柢虽亡，而仍能说者，则必师训相传，确可信据。"

黄侃注重从声音方面研究《说文》，还因为他注意到许慎在说解中大量运用了声训这一事实。他说："若《说文》，义训只居十分之二三，而声训则居十之七八。故凡'也'字上之说解字与声音有关者，皆不可忽略……如'天，颠也，至高无上。从一、大。'天何以不读为'至高

①③ 黄侃：《答太炎先生论三体石经古文书》，转引自许嘉璐《黄侃先生的小学成就及治学精神》，程千帆等编《量守庐学记》，生活·读书·新知三联书店 1985 年版。

② 陆宗达《说文解字通论》第一章"《说文解字》的内容和体例"之四"关于笔意与笔势"竟然没有说明这两个概念与黄侃的关系，容易给人造成这是陆氏自己的初创的误解。见陆宗达《说文解字通论》，中华书局 2015 年版，第 63—70 页。这两概念本是书法范畴的概念，最早见于《墨薮》一书。黄侃将其移植到文字学领域，并重新作了界定，其功至巨。

无上’而读为‘天’邪？言在人身之上为颠，在形气之上为天，天之与颠，实为一语耳。说解中字与‘天’有关者，如‘大’‘至’‘上’……故天之构成为颠、至、上、大四者，此之说解为一因而众果，或众果而一因。”显然，从《说文》本身中去寻找潜藏着的声训材料，再证以文献典籍，就比单凭声音去推测要可靠得多，也更加接近许慎著书的原意。黄侃曾经把《说文》的所有说解字一个一个地研究过，寻求它们与被说解字在声音与意义上的关系，并计划与《尔雅》等书相印证，但这一工作没有完成。现在《杂著》中所收的《说文说解常用字》即当时搜集的资料。黄侃的这一方法是独创的，他用这种方法去研究《说文》，多发前人所未发，可以说把《说文》的研究推进到一个新的境界。

黄侃在前人的基础上明确指出，“凡形字之正例，声必兼有义”，“凡形声字无义可说，有可以假借说之者”。

黄侃注意了文字开始制造时的声母数音现象。清代张行孚在《说文发疑》中已经提出了“古文一字数用”说，其中就包括了声母数音现象。但张氏所列的例子，“数用”之间不是双声就是叠韵，意义上也都有关联。而黄氏所说，则扩展到声音毫无关联的现象。例如：“㗊，读若戢，又读若呶。”“禫，读若三年导服之导。读若沾。一曰读若誓。”承认“古文简少，往往一字数用”（张行孚语），承认在数用的情况下可以兼有完全不同的读音，造就更加接近文字初创时期的事实了。同时也可以解决古代小学家争论不休的一个问题。例如配从己声，而配、己声音迥异。

黄侃创立声母多音之论，曾经质之太炎，太炎深韪其说。盖初期象形，象事诸文，只为事物之象征，而非语言之符识，故一文可表数义。

2. 重视《文始》

许嘉璐认为：

> 黄侃研究《说文》的方法，直接继承于章太炎。章氏不津津于前人的著述，反复深入地钻研许慎原书，另辟蹊径。他在《自述学术次第》中说：“在东（指日本）闲暇，尝取二徐原本读十余过，

乃知戴（震）、段所言转注，犹有泛滥，由专取同训，不顾声音之异。于是类其音训，凡说解大同而又同韵或双声得声者，则归之于转注；假借亦非同音通用，正小徐所谓引申之义也。转复思念，古字至少，而后代孳乳为九千，唐宋以来，字至二三万矣。自非域外之语，字虽转繁，其语必有所根本。盖义相引申者，由其近似之声，转成一语，转造一字，此语言文字自然之则也。于是始作《文始》。”

此说或有待商榷。

据黄侃《声韵略说·论斯学大意》在谈到韵学进步时称：

声义同条之理，清儒多能明之，而一答应用以完全解说造字之理者。侃以愚陋，盖尝陈说于我本师；本师采焉，以造《文始》，于是转注、假借之义大明；令诸夏之文，少则九千，多或数万，皆可绳穿条贯，得其统纪（除名词之外，尚有少数难知）。

1934年7月12日，杨树达论黄侃治《说文》之法：“陆宗达来，问以黄季刚治《说文》之法。答云：‘不出《文始》范围。’此宜乎其多意必之说矣。”① 何以至此？因为《文始》一书体现的正是黄侃的理念。黄侃在北京大学开始讲授文字之孳乳，走的正是《文始》的路子。从他批注的《说文解字》来看，也正是如此。《与人论治小学书》共论五事，第五则专论《文始》，要点如下：

---

① 杨树达：《积微翁回忆录》，上海古籍出版社1986年版，第84页。同年6月30日条云：“徐孟博来，谈及季刚云：‘渠素以小学第一人自命。今先生示以文字，条理精密，盛水不漏，将彼奉为金科玉条之《文始》牵强附会之方法摧陷无余。彼欲赞则心有不甘，欲诘则事有不可；故姑设词延宕而终无答复也。’徐所言如此，姑记之以待证实……大抵余说直截了当，而季刚则缴绕迂回，此其别也。”按：杨、黄二家文字学造诣各有千秋，直截了当难免流于浅，而缴绕迂回又失之过于求深。又按：徐孟博为徐行可长子，早年就学于北京大学，与陆宗达先生友善。

问曰：穷文字之孳乳，集小学之大成，咨惟章氏《文始》；然观之，徒觉浩繁。今欲求简易之方，尽贯穿之致，其道奚自？

答曰：《文始》之为书也，所以说明假借、转注之理。然六书以前四为体，后二为用；倘不先明其体，即其用亦无由明。又转注由音理而成，不了音理而读《文始》，但见其转变无端，使人眩乱。故必先通《说文》《广韵》，乃可以读是书。《文始》总集字学、音学之大成，譬之梵教，所谓最后了义。或者以为小学入门之书，斯失之矣。若其书中要例，惟变易、孳乳二条。变易者，形异而声、义俱通；孳乳者，声通而形、义小变。试为取譬：变易，譬之一字重文；孳乳，譬之一声数字。今字或一字两体，则变易之例所行也；或一字数音、数义，则孳乳之例所行也……不明《广韵》，不能确知古音；不晓古音，不能绰见音义相因之故。治《文始》与治《说文》固无二术也。①

黄侃的《说文同文》可视为对《文始》的验证和补苴，语源探讨更趋于严密，两相比照，"完全相同者占67%，部分或某方面相同者占21%，不同者占12%"②，说明章黄《说文》字（词）族研究的方向是大体相同的，而黄氏《说文同文》更为审慎，在声音相近、词义明晰方面的要求更为严密，基本上只取直接的音义同源者加以系联。

---

① 黄侃：《声韵通例》，《黄侃论学杂著》，上海古籍出版社1980年版，第163—164页。《文字学笔记》"文始"条亦云："章君《文始》一书，意在说明转注、假借。非先明《说文》，熟精音理，不可以读《文始》。其中立名，有孳乳、变易二者。所谓孳乳，谓声通义变。所谓变易，谓声义俱通。要之，不明《广韵》，不能确了古音，则不知声义相因之迹。治《文始》与治《说文》固无二术也。"

② 陆宗达等：《论说〈文字〉族研究的意义》，《训诂与训诂学》，山西教育出版社1994年版，第407页。

毋庸讳言，黄侃在对待甲骨文的态度前后不同，[①] 有一个发展过程。但是相对于罗振玉、王国维是大大滞后的。

第四节　黄侃小学研究的总体特征

“小学”是一个传统观念。尽管章太炎早就使用“语言文字之学”取代“小学”，但黄侃因为观念守旧，还是继续使用固有之概念——“小学”。《文字学笔记》开宗明义，给“小学”一个“现代说法”：“今之所谓小学者，则中国文字、声韵、训诂之学也。”

黄侃在学术上主打小学，这与他自我定位为“章句之儒”有极大关系。虽然他博涉多通，经史子集，三教九流，儒释道玄，诗词歌赋，无所不窥，可谓十八般武艺样样精通，但关注得最多的还是小学。总的来看，黄侃的小学研究具有下列几个特征。

1. 重会通

黄侃在“小学之确解”条说：“小学者，即于中国语书文字中研究其正当明确之解释，借以推求其正当明确之由来，因而得其正当明确之用法者也。所谓古书之启钥，古人之司阍，博乎古而通乎今者悉基于此。或以为明小学特能为读古书、作古文之工器，其所见则小也。”由此可见，他所谓的小学绝非文字、声韵、训诂之简单相加，既是打开古代文献宝库的钥匙，也是进入古人思想世界的桥梁和纽带。小学的目标在于博古通今，会通古今，岂只为读古书、作古文之工器？他认为，至小学之于文辞，其用甚广，兹不具言。且以探讨语言言之，如今南人谓北方无入声，并引《中原音韵》不载入声为证。实则北方非无入声，《中原音韵》不载之者，特以其不便歌唱；而今证其必有者，以治小学

---

① 朱祖延《闻见录》之“攒龟壳先生”条：“黄季刚治小学，宗许氏说解，而薄钟鼎甲骨之文，以为皆后人伪作。于时胡小石先生讲授龟甲文，季刚恶其异趣，呼为‘攒龟壳先生’。”见《朱祖延集》，崇文书局 2011 年版，第 585 页。黄侃后来自己亦攒龟壳，大买甲骨文之书。

知之耳。故小学之用，不仅可探讨古之语言，且可以探讨今之语言。

王力在《文化建设与新训诂学》一文中将旧训诂学的人分为纂集、注释与发明三派，且下了一个总批评：

他们完全崇拜古人，专从故书堆着想，所谓“非三代两汉之书不敢观”，故弊病百出，虽然古人的宝藏，我们不能抹煞，但我们自有头脑，不应全部泥古，故旧训诂学之为功为罪，已有定论，我们不用赘述。①

黄侃与上述纂集、注释与发明三派均有关系，但他已是会通派。王力虽然标榜“新训诂学”，其实王力本人除了写了两三篇大同小异的宣言式文章之外，并无实际成绩，对于训诂学的贡献远远不及章黄学派。

2. 重系统

黄侃在“有系统条理始得谓之小学”条指出：“夫所谓学者，有系统条理，而可以因简驭繁之法也。明其理而得其法，虽字不能遍识，义不能遍晓，亦得谓之学。不得其理与法，虽字书罗胸，亦不得名学。”这已经完全与现代学术观念合拍，至今仍为不刊之论。“明其理而得其法”，不仅适用于小学，几乎所有的社会科学与自然科学无不作如是观。

黄侃又说：“凡治小学，必具常识；欲有常识，必经专门之研究始可得之。故由专门而得之常识，其识也精；由浏览而得之常识，其识也迷。盖专门之小学，持之若网在纲，挥之若臂使指；而浏览之学，则雾中之花，始终模糊耳。”这段话精辟地指出了专业学习与自修的根本差别。

黄侃又在“清人治小学与前人之异趣”条指出：

---

① 王力：《龙虫并雕斋文集补编（二）》，《王力全集》第20卷，中华书局2015年版，第551—553页。

唐、宋以降，治小学者率散漫而无统系。有清一代，治学之法大进，其于小学，俱能分析条理而极乎大成。然亦间有剽掠古书，以为自媒，别为臆说，自我作古者，是则不足论耳。又清代小学，音韵最盛，盖喉唇之学，不烦佐证。不知喉唇主于虚，而必证之于实，如射之有侯，载之有车也。故徒主于虚，亦异说之一途耳。

唐、宋、元、明治小学者大抵散漫而无系统，而清代小学家分析条理而集其大成，尤以清代古音学的研究最为突出，成为清学的主流。黄侃的总结也非常精准。

3. 重门径

黄侃认为“欲治小学，必先知其门径”，他在论述“治小学门径”时说：

唐、宋以来，治小学者率以己意推求。古人书语文字既随方俗时代而变易，则以今之心度古之迹，其不合也必矣。唐陆德明作《经典释文》，以为古人韵缓，不烦改字，已不明古音之异于今音矣。宋吴棫首主叶音，《韵补》一书，就《唐韵》二百六部注以某字古通某转某，则强以今之范围以绳古人，皆不知音声之学者。虽然，音学之发生探讨，则始于陆、吴诸家。由古韵之发生，以至今日之合形声义以求真确之文字语言统系条例，则自明陈第始。陈氏作《毛诗古音考》，首驳叶音之说，而吴氏遂不攻而自破矣。此则言小学之开山一人也。继陈氏而起者则为顾炎武。顾氏承陈氏之后，已知古有本音，乃就古人文章韵脚以求古人韵部，虽其所言不免纰陋，而其法则有统系矣。次则为毛奇龄。毛氏主五部、三声、两界、两合之说。又音之分言声韵，亦自毛氏始，其考古之功亦甚伟。次为江永。江氏《四声切韵表》《古韵标准》以研究古韵所得，而以之研究古声，而字母等韵遂为入门必经之路，其所成虽未臻闳美，而其法实有条贯。次为戴震。戴氏之于小学，可谓能集其成。

其《转语序》一书，实可攀古括今，后戴氏之学人无能出其范围者。余如钱大昕之言古音有舌头无舌上，有重唇无轻唇，虽言之未备，而其功则已不朽。惟陈、顾、毛、江诸家虽于古声音之学究之綦详，而于义之一途则多不之及。至东原戴氏，小学一事遂确立楷模。段氏、王氏为戴氏弟子，段氏则以声音之道施之文字，而知假借、引申与本字之分别。王氏则以声音贯串训诂，而后知声音、训诂之为一物。溯自宋世王圣美主右文之说，以为凡从戋得声者皆有小义，其偏旁相同者皆可就偏旁解之。其说虽偏而不全，然由声韵以贯串训诂，王子韶实发其端。至高邮王氏则极其用。若由声韵、训诂以求文字推演之迹，则自太炎师始。盖古人所谓音，即声韵也。不能离声而言韵，亦不能离韵而言声，此声韵之不能分也。训诂者，文字之义也。不知义无以明其谓；不知音无以得其读，此王氏所以以声韵串训诂也。文字者，形也。形之有变迁，犹音之有方俗时代之异，而义之有本假分转之殊，合三者以为言，譬之束芦，同时相依，而后小学始得为完璧。故自明以至今代，其研究小学所循途径，始则徒言声音，继以声音贯串训诂，继以声音、训诂以求文字推衍之迹。由音而义，由义而形，始则分而析之，终则综而合之，于是小学发明已无余韵，而其途径已广乎其为康庄矣。

由陈第而戴震而高邮王氏而章太炎，黄侃高度概括了他们的研究小学所遵循的途径：“始则徒言声音，继以声音贯串训诂，继以声音、训诂以求文字推衍之迹。由音而义，由义而形，始则分而析之，终则综而合之。”黄侃正是站在这些巨人的肩上，特别是将王念孙、章太炎的研究方法合而为一，知类通达，最后在音韵学研究等方面集其大成。

4. 重根底

黄侃在“小学所须之书籍”条提出己见：

吾国书籍之要者，不过廿余部。《十三经》而外，益以《国语》《大戴记》为十五，言小学益以《说文》《广韵》为十七，言史益以《史记》《汉书》为十九，言诸子益以《荀子》《庄子》为二十一，言文学益以《文选》《文心雕龙》为二十三。此廿余书中，若深研而详味之，谓之专门可，谓之博学亦可，如此则不致有主伴不分之失。此则总言吾国问学之书。若小学书，则当分主要与辅助二者，而二者之中又当分宾主。

（一）论主要书籍

以朝代次序之，为：《尔雅》《小尔雅》《方言》《说文》《释名》《广雅》《玉篇》《广韵》《集韵》《类篇》，此十书中，以前六书为主，后四书为宾。《玉篇》出之梁人，去古未远；《广韵》多本《切韵》，此则宾中主耳。《集韵》《类篇》后出，则宾中宾也。以类别次序之，一、《尔雅》《小尔雅》《广雅》。《尔雅》之为书，不能独立，须附属于文章而后可用，故自为一派。二、《方言》。杨子云自谓《輶轩使者绝代语释别国方言》……故《方书》一书即解释古语之书也。南北之是非，由《方言》而可知之；古今之通塞，亦由《方言》而可知之，故《方言》为第二类。三、《说文》。自《三仓》以及《训纂》《急就》诸书，本为古人教学童识字之书，故其体不备。《三仓》自《说文》采之而后，存者绝少。而《说文》则为言小学最完善之书，故以《说文》为一类。四、《释名》。古无训诂书，声音即训诂也。朱氏骏声注《说文》，名为《通训定声》，而有声训一说。则声音、训诂实为一物，故以《释名》为一派。

以轻重次序之：一、《说文》，二、《尔雅》，三、《方言》，四、《释名》。《尔雅》一书，本为诸经之翼，离经则无所用；即离《说文》，而其用亦不彰，此如根本之与枝叶也。《方言》《释名》解释不备，亦次于《说文》。《释名》以声为训，而音韵变迁、训诂歧异，皆必征之《说文》，故《释名》亦以《说文》为依归。《说文》一书，于小学实主中之主也。

（二）论辅助书籍

辅助之书可分二期：一，唐以前之书。如《十三经注疏》《经典释文》《汉书》颜注、《文选》李注、《一切经音义》是也。其中最要者为《经典释文》，以其书于经典异同多所考正也。二，唐以后及清世之书。此中可分三类：一，金石书。欲研究金石龟甲之书，必先读宋人金石之书。如《集古录》《钟鼎款识》之类。后则及于清代阮元、吴荣光、孙诒让各家之书可矣。二，音韵书。研究音韵入门之书，如《切韵指掌图》《四声等子》《切韵指南》《通志·七音略》是。其研究古音之书，为顾氏《音学五书》、《潜研堂答问》、《诗音表》（钱氏四种内）、《说文声类》是。研求古音之要，必兼声、韵二者，盖双声之字，于声有关易知，于韵有关难知；迭韵之字，于韵有关易知，于声有关难知。欲知双声与韵有关，《诗音表》详之也；欲知迭韵与声有关，《说文声类》详之也。三，训诂书。如王氏《广雅疏证》、郝氏《尔雅义疏》之类。郝疏较王疏为疏略，王氏书在四种中最为精密，其发明以声音串训诂之法，则继往开来，成小学中不祧之祖。若段氏之《说文注》，自今日观之，亦有得有失。冯桂芬《段注考证》，能发明段氏之蕴而补其缺。朱氏《定声》、桂氏《义证》、王氏《句读》则检阅之书耳。综而论之，治小学当以汉魏之书为体，以后来之书为用，博阅唐以前之书以考其证，参阅有清之书以通其道，谨而守之，触类而发明之，于小学之道，则思过半矣。①

黄侃所开书单，并非像胡适那样将自己家中书架上所有之书一一抄录，谎称“最低限度之国学书目”，以此诱骗青年学子。黄侃是在博览古今书籍之后给出的最佳导游图，故能分清轻重主次。这是黄侃几十年心血凝聚而成的经验之谈，决不可等闲视之。若有志于国学研习者，黄侃的国学书单不妨一试。吾以数十年之读书经验证之，此实为治学捷径，足可再造大师。

① 黄侃述，黄焯编：《文字声韵训诂笔记》，上海古籍出版社1983年版，第6—7页。

5. 重方法

黄侃将治小学之方法总结为三条：

一、一事必剖解精密。盖小学即字学，字学所括，不外形、声、义三者。《说文》之中，可分文字、说解，及所以说解三端。文字者，从一至亥九千余是也。徒阅文字，犹难知其所书，于是必阅其说解；徒阅说解，而犹不能尽其指意，于是必究其所以说解。如是则一事始由粗而精，由疏而密……而后知形、声、义三者，形以义明，义由声出，比而合之，以求一贯，而剖解始精密矣。

二、一义必反复推求。一字之义，就简言之，本甚易知；溯源剔根，则实难晓。吾人治学，向以比勘而得其确至，推求而穷其根本，施之小学，莫之或易。顾绝缘之学，难得其始；象形之字，难得其声，就《说文》而论，如“示”，若不知唐读神至，亦无由知古读舌音而与“垂”同源也。进而推之，《周礼》多以“示”为神祇之祇，祇为喉音，而从示之祁即读喉音，则示之一字兼有喉音可知，示有喉音，又与见为双声，而视、见、观、看必同出一源，然为之语根者，即示字也……秦，《说文》云，秦地宜禾，故谓之秦，此可以知其本始者。晋者，以地有晋水得名，而水之名晋则不可知。楚古名荆，荆者，荆山也。而山之所以名荆，亦不可知。此则所谓绝缘之字，推而不能得之者也。故治小学者，除绝缘之字不可推究外，余必反复撢研，以求其本始也。

三、一例必展转旁通。小学有专有通，治之者必能专而后能通。夫一书有一书之条例，治之者必首知其书之例而分讨之；次综群书之例而比类旁通之，夫而后书专则精，言博则通矣。盖不分不足以致其精；不合不足以观其通。既精且通，始可言治小学。然则熟于展转旁通之法，庶于小学造乎其颠矣。①

---

① 黄侃述，黄焯编：《文字声韵训诂笔记》，上海古籍出版社 1983 年版，第8—10 页。

此三条亦不失为治学秘诀。他论治雅学宜涉猎宋代以前本草著作，也是自身受益之后得出的宝贵经验。黄侃虽然守旧，但毕竟也留学日本，受到过现代学术的洗礼，后来他还关注过世界上那些著名的科学家，甚至还阅读过爱因斯坦的著作。在一个科学方法盛行的时代，他的前辈陈汉章就因为不懂科学方法被北京大学的一位女生指责，遂即辞职。黄侃虽然不喜欢满嘴新名词，甚至对于新方法有所抵触，但他绝非冬烘先生。何况他在与陈独秀、胡适之等新派人物的斗争中也从对手那里学到不少东西，以一种特殊的方式“预流”。李方桂先生高度称赞他，决非偶然。

6. 重效用

黄侃认为治学必须讲求效用：

> 求学之道，不外先求得其法，次之以施诸事，而后始能收其效用。治小学之效用为何？一、了解书籍；二、构造文辞；三、采讨语书。小学之于群籍，由经史以至词曲，皆不能离之。而或以为治小学仅为读周、秦、两汉之书，误矣。①

他先从读经的角度予以论证。《诗经·王风·君子于役》云：“日之夕矣，羊牛下来。”曰“羊牛”而不曰“牛羊”者，“牛”与“来”为韵。故以小学考之，于古音可得三事：第一，可以知古音；第二，可以知古人用韵；第三，可以知古人押韵不限句末。他又从读史的角度予以论证。《史记·屈原列传》：“其志洁，故其称物芳；其行廉，故死而不容，自疏濯淖污泥之中，蝉蜕于浊秽，以浮游尘埃之外，不获世之滋垢，皭然泥而不滓者也。”通常皆以“芳”字为句，“自疏”为句，而“濯淖”如字，不知其不通也。盖既云死，而复云“不容自疏”，显为不辞，且“濯淖污泥”亦不辞。比而观之，而后知“濯”为“浊”之假字，浊污同为形容词，淖泥同为名词，以“不容”为句，而“自疏”连下读。于此亦可得三事：第一，古人之文，不仅用本字，亦用借字；第

① 黄侃述，黄焯编：《文字声韵训诂笔记》，上海古籍出版社1983年版，第10页。

二，知古人正假杂用；第三，濯污同位，淖泥同名，知古人不避复语。他又从读诗与词曲的角度予以论证。杜工部《曲江对酒诗》有云："且看欲尽花经眼，莫厌伤多酒入唇。""伤"字若依本义，固可强为说解。唯与"欲"字轻重不对，是知"伤"字在唐时作"太"字解。李义山诗"柳讶眉伤浅，桃猜粉太新"，亦其证。由此知各代皆有其熟语，而不能规之常解。词则如吴文英《三姝媚·过都城旧居有感》云："春梦人间须断，但怪得当时梦缘能短。""能"字殊费解，盖当时熟语以能作如此解。曲则如马致远《秋思》云："秦宫汉阙，都做了衰草牛羊野，一恁渔樵无话说。""恁"作"如此"解，然"一恁"不可通，一本作"不恁"，则可释然。因此，他认为，通小学不仅可以读古书，还可以校古书。总而论之，古今异时，南北异地，治小学者，所以合千载于一朝，萃万里于一地。其治之之法，虽前有成规，而取舍用藏，则全在我。红灯点雪，顽石成金，运用之妙，存乎一心。

7. 重条例

黄侃认为"治小学不可讲无条例之言"，他说：

> 小学结果，知其本以推其变。然知其本，亦谈何容易。譬之言《易》，六十四卦，卦卦有其本义，而卦卦相通，乃为全书。是以言本，有各个之本，有共同之本。由变以推本，无条例不可；由本以推变，亦非无条例以为之。故言小学，一不可讲无条例之言，二不可讲无证据之言。①

清代学者尤其是乾嘉学派在推求古书条例方面卓有建树，黄侃步武前人，于此道也颇有所得，如：

> 《尔雅》有一字两读一条两解之例；
> 《尔雅》有一训兼两义三义；

---

① 黄侃述，黄焯编：《文字声韵训诂笔记》，上海古籍出版社1983年版，第12页。

一语两诂一物分言；
同义异物；
《尔雅》名物当贯以声音求其条例；
《尔雅》释鸟之例有三。①

上面各条只列条目，下面以“论古今文章词例”为例：

文章词例，古今中外，各不相同。强相比拟，则削趾适履，郢书燕说，诸弊丛兴矣。王伯申《经义述闻》谓：“俪语则词性同，其去诘诎不调者多矣。汏甚则以高文典册下拟唐、宋文牒之流。”故滞于言者，睹《小雅》言“旐维旟矣”，必耦之曰“蠡维鱼矣”。滞于事者，睹《秦风》“有条有梅”，必耦之曰“有杞有棠”。是则杨彪之对曹公，陆机之序《豪士》，以日磾俪孝午，以孟尝雍门俪落叶微风者，必凌乱其人物名号，改而训之然后快。不然，则类例不充（本章太炎《国故论衡·明解故篇》说）。此今世之词不可以例古者也。马建忠《文通》言文词之先后次序，皆有定程。明其式者，必能文从字顺矣。然过以泰西之法，远绳三代之文，故同一代词，滞于宾次，则谓必用之字。滞于主次，则谓必用其字。所举《孟子·万章篇》“亲之欲其贵也，爱之欲其富也”，谓之其同义而用之不得不异。不知《康诰》“孟侯朕其弟小子封”，朕其弟，即朕之弟也。《书序》“虞舜侧微，尧闻之聪明”，即尧闻其聪明也。夫何不可代用乎？古人代词，多通言互用，不得以孟子之其偶异，而谓辞气异施也（本章太炎《訄书·订文篇》说）。此外国之词不可以例中国也。然则陈古今之词例，明异同之所由，其亦不容缓矣。古今词例之不可强同者，以语词为多。王伯申作《经传释词》，后又作《经义述闻·通论》以补阙遗。后虽有孙经世之《释词附录》、吴昌莹之《经词衍释》补苴发挥，终莫能越其范围也。夫经典之文

① 《尔雅》释鸟之例有三：一、古今异名之例；二、方俗异名之例；三、一物异名之例。

本为语词，后人以其词例不同，因而误解者甚多。王氏《通论》有《语词误解以实义》一篇，括释词之异诂，通古人之词气，广衍类例，博绎群书，自与至乱，凡数十条。而发声代名之词，解之尤为精确。如不，发声也……解者每以否词释之，则失之矣。盖古今词气往往不同，执古例今，比拟生训，失立言之本意，诒谬误于千载。王氏首明其例，诏我后人，其功诚非浅鲜矣。

词句之例，王引之《经义述闻·通论》发其凡，俞樾《古书疑义举例》集其成。寻其书意，前四卷皆举古人属句之例与今回异者，后三卷则因古人属句之例，以正后人误改、误列古书者。籀其要例，如以大名冠小名……以大名代小名……以小名代大名……有语急者……有语缓者……有倒句者……有倒序者……例文协韵……变文协韵……美恶同辞……叙论并行……上下文异字同义……上下文同字异义……两语似平而实侧……两句似异而实同……语词叠用例……语词复用……句中用虚字……上下文变换虚字……此说属词之例之最精者也。又有发端之词例。如《书》之用曰，《诗》之用诞，皆是也。乃有发端之词与今绝异者，如乃者，承上之词也，而古人或用以发端……按俞氏此书，由字及句，由句及章，由章及篇，莫不标其类例，使人触类旁通，后虽有补其遗者，亦微乎微矣。

汪中作《释三九》三篇，发明古人词意，此亦言词例者所不可不知也。今约其例，则曰虚数、实数、曲词、形容词……①

当然，黄侃也认识到推寻义例的局限性，认为"《尔雅》之要在以声音证明训诂之由来，而义例在所不急"：

治《尔雅》之要，在以声音证明训诂之由来，而义例在所不急。今于《尔雅》之例皆无滞疑，然不能使声、义同依，亦不能致

① 黄侃述，黄焯编：《文字声韵训诂笔记》，上海古籍出版社 1983 年版，第 275—288 页。

> 用。故凡条例之本，仅能于研究后助人参证，不能于研究前启人径途。且古书条例往往不甚谨严，必欲以己意整理，将有移东补西、改章窜句之弊。此不独《尔雅》学为然，治国学者皆宜深悉此意。近见陈玉澍《尔雅释例》，其中非无尠见，而自信太过，强古就我，持此撢索，流弊甚多。盖近人为学，对于古说，一切怀疑，独不肯自疑其怀疑之根据，可为浩叹者也。①

这是极有见地的，对于考据学末流与疑古派的批评皆深中肯綮，可谓一服绝好的解毒剂。

8. 重证据

黄侃认为："治小学不可讲无证据之言。"这也是清代考据学者的共识。他站在新的时代又从科学方法的高度予以确认："所谓科学方法，一曰不忽细微，二曰善于解剖，三曰必有证据。"② 此处特别亮出了"科学方法"的宝剑，足以与新派抗衡矣。

9. 重专书研究

黄侃强调："小学必须专治一书。""小学必须专治一书，始不同乎肤论。不然，徒讲条例，及至翻览本书，反觉茫然矣。"例如，他认为专治《尔雅》之程序为：

> 先辨字之正俗；
> 次辨字之正假；
> 次比较本书所用文字异同；
> 次校勘本书异本；
> 次校本书与他书（经传、子、史皆是）字之异同；
> ——以上关于文字之部分

① 黄侃述，黄焯编：《文字声韵训诂笔记》，上海古籍出版社1983年版，第237页。
② 李庆富：《蕲春黄先生雅言札记》，《制言》1938年第41期。

次求字音：

一、每字反切。二、每字多音（可考《类篇》）。有前师异音，有陆德明所注异者。三、每字多音。四、每条中多字声音相关（或双声，或叠韵）。五、诸篇中声义相同，相近、相转，比较之余，得其会归。

——以上关于声音之部分

次求义训：

一、本书义训。义训有同，有异，有近，有直诂，有展转引申，有与他书训诂同，有与之异。二、《尔雅》前师自有异同。三、郭注与前师异同，或有未详。

——以上关于训诂之部分

黄侃的学生大多接受了他的这一手专书研究，如刘赜、陆宗达之于《说文解字》，殷孟伦之于《尔雅》，徐复之于《广雅》，林尹之于《广韵》，其他弟子将此法推广到经史子集各个领域，如黄焯之于《诗经》《经典释文》，杨伯峻之于《论语》《孟子》《春秋左传》，范文澜之于《文心雕龙》，钱玄之于“三礼”，等等。专书研究早已成为学界普遍采用的研究模式，这与黄侃的大力倡导不无关系。

第六章　黄侃的经子研究

第一节　黄侃的经学成就

黄侃毕生研习小学，堪称专门。但他对于经学根底不深，1919 年才拜刘师培为师，没有几个月，刘就去世了。黄侃本人此后虽然也温习经学，但没有升堂入室，仍然停留在章句之学的浅层次上，死守汉唐旧疏，对经学义理阐发得甚少。黄侃毕竟还只是一个经生，不是一个经学家。“章句小儒，破碎大道”，黄侃亦不能辞其咎。下面我们还是按照五经顺序略加梳理。

一、黄侃的《周易》研习

1912 年，病中读王辅嗣《易略例》有作：

贞观实喧已，乐道可忘年。伊人圣哲姿，妙龄探太玄。神解会众理，何为绝韦编？兼资费马术，远过虞郑贤。贞一有宗主，通变无拘牵。象类既以昭，情伪徒纷然。惜哉殆庶才，降年劣颜渊。夭寿信不贰，彭殇岂相悬？外物固难必，积善宜无愆。自愧寡昧资，立志苦不坚。晚学迷径路，穷居迫忧煎。寸阴苟可留，要道庶能研。悲来思复阳，抑虑观前篇。

黄侃日记中温习《周易》的条目不多，主要有：

1922 年 1 月 10 日：所《易》王注、孔疏与李道平氏（字远山，德安安陆人）《周易集解纂疏》互看，并得王注抄于书眉。李书因惠、张而成[1]，已言于例中，虽疏中不细为楬橥，亦不疑于剿袭也。惟引书不辨杂伪，又好为骈语华词，是其一累。至不达注意而失疏，亦间有之。要之，吾乡治汉《易》者，未有能过李君者也（长沙有刻本，则为一湖南人肆意改窜矣）。李著作书，虽云“刊辅嗣之野文”，然又云其《略例》得失相参，故仍附经末（今《集解》本不载《略例》）。然则，注本于例，亦当得失相参，而著作取之过略，何也？王行来已久[2]，其注《易》，诚为过遗象数，并卦变、互卦而亦废之（卦变尚未能尽废，见昨记）。又好杂老、庄，好推论人事，此是可议。然其学本出马融、刘表，非由杜撰。虞、荀并引老聃（郑注《礼运》已引《老子》），令升泛傅往籍，既皆无戾，何以责王？故余全录其文，以备参验，非谓辅嗣必可专信，亦岂不胜于侯果、崔憬之为乎？

1922年1月13日：夜，翻王伯厚辑《周易郑注》，序称辅嗣注《睽》六二曰：“始虽授困，终获刚助。”《睽》自动至五成《困》，此用互体也。案：弼袭前儒之说至多，不必定须言互体。至王氏此条则甚误。《睽》六二无此注，而九三有其文，一误也。原文作“受困”，以释经之“无动”，非作“授”，而以为互困，二误也。初自二至五有节象，非困象；即云困象，亦不可云互体，三误也。率然信用以讥辅嗣，则误而又误矣。

夜校《易》，更佐以孙、袁二书，讫《蒙·象传》。孙书至便翻寻，惜多错讹，又《正义》所引前世疏家褚氏、庄氏、张氏之论，并从搴采。然则，何不并载孔疏也（李著作书，则王、孔并在，所采故无可议）。

1922年4月13日：于案上翻思贤讲舍重定李遵王《周易集解

---

① 惠，指惠栋；张，指张惠言。

② 江苏教育出版社版《黄侃日记》有程千帆按语：“来字疑误。”按：“行来”成词，不误。

纂疏》王先谦、陈宝彝[①]序。余以为遵王书自必传。宝彝必以为有疵类，不妨别作纠谬，无劳困儴笔削，使李书失其本真。宝彝事类操戈，名偏附骥，殊可忿也！至王君讥遵王不应以汉学解《兼义》，不悟王、韩、孔固有阴用旧说者。遵王特为疏通证明之，使人知王学与伪图臆说毕竟有别。良工心苦，王君非之，何乎？[②]

1928 年 1 月 23 日：阅《易集解·困卦》，悟"迭困"之义。

1928 年 11 月 23 日：始写《易经》。

1928 年 12 月 4 日：抄《易经》讫卷一。恭读先著《学易浅说代问录》。

1929 年 1 月 9 日：更定课：日读《周易注疏》两卷，读《集解纂疏》、孙氏《集解》，先公《易注》皆随《注疏》为程。

1935 年 7 月 30 日：卧看《周易经疑》。[③]

根据上述材料，我们很难判断黄侃在《周易》方面学识的深浅程度。易学文献浩如烟海，多达 3 000 种以上，而黄侃阅读的极为有限，仅寥寥数种，难以显示其功力。

二、黄侃的《尚书》研究

黄侃对《尚书》下过较多的苦功：

1922 年 1 月 26 日：令华儿借得《尚书孔传参正》（凡卅六卷，光绪卅年虚受堂刊）六册来。阅《尚书孔传参正》序目，自《史》

① 陈宝彝，似为"陈保彝"之误。陈保彝（1857—?），派名本焘，字季渊，湖南长沙人。早年肄业于长沙湖水校经堂，1893 年中举人。1903 年创办长沙县第一所女子学堂，1904 年参与与创办湖南图书馆兼教育博物馆。

② 《华国月刊》1924 年第 2 卷第 5 期。

③ 《周易经疑》，元涂溍生撰。溍生字自昭，宜黄人。邃于《易》，三上春官不第，为赣州濂溪书院山长。著有《四书断疑》《易义矜式》行世。《周易经疑》收入《宛委别藏》《续修四库全书》。

《汉》《论衡》《白虎通》诸书，迄于熹平石经，可以挥发三家经文者，采获略备；兼辑马、郑传注，旁征诸家义训，间下己意，仍用《伪孔古文经传》元文（此最得法，与孙星衍之《周易集解》录王注同意）。末署甲辰八月，盖益吾晚年之书。其书左袒今文，又谓今文有序，又注中好定某者为今文，某者为古文，多不足据，盖辑段、孙、江、王、陈诸家之说以成。益吾平生著作，皆是此类（引皮鹿门说甚多，皮固称今文家者）。

1922年1月27日：王书不唯强分今古，史公一人之说，忽今之、忽古之。此一蔽也。孔《传》虽似王子雍所为，而经文训故必不敢为大傀异，以启世之疑，故今日考此经于古今文俱无征、无说者，毋宁即用孔《传》。乃不悟此，而用后人之说（如月正、元日、食哉、惟时、惠畴，皆别采清人之说）。岂王肃反不如后世无师之流乎？此二蔽也。又执单文而讥孔《传》。以《说文》引“时惟懋哉”，而云孔用今文（《史记》亦非今文，王说殊固）……不知书籍流传，自多歧互，何浅人之不惮烦而屡改古籍耶？此清世校勘家之大失也，王亦同之，三蔽也。若夫校勘不精，其责不在著者……此种书徒以繁称博引吓俭陋之夫，以荣今虐古，闭朴学之喙，则亦毋庸深赞矣。

1922年1月29日：《尚书》曰：“毋旷庶官。”旷，空；庶，众也。毋空庶官，置非其人，与空无异，故言空也。阅《书》，讫《皋陶谟》。

1922年2月4日：前儒有谓《古文尚书孔传》出王肃，实有不尽然者。如前举“日月星辰”孔义，及“粉米黼黻”孔义，皆不同王肃矣。《禹贡》：“徐州厥土赤埴坟。”孔曰：“土黏曰埴。”而王同郑作戠，同读为炽（见《释文》）。此传不尽同王之明证，而皮锡瑞乃云孔《传》多袭今文，由王肃兼通今文，惟此则不可解。疑皇甫谧辈又间有窜乱，或肃故为参差。侃以为疑事无质。孔《传》

虽伪，毋为蔽罪子雍……仅治《尚书》，已达丁夜。驽胎之姿[①]，复避驱策，何年克达所届耶？

1928 年 6 月 15 日：翻皮锡瑞《今文尚书考证》，颇有臆说，未为良书也。

1928 年 10 月 6 日：点《魏文》二十三、四卷（王子雍文，不似伪造《尚书》手笔）。

黄侃认为："《书经》最难解释。"他多次为学生讲授《尚书》。其《讲尚书条例》[②] 曰：

今《尚书》，除二十八篇外，皆伪书，已无待论。然亦出自魏人；故就文、义而论，仍有可取。且其采摭丰富，语有根依，精理雅言，在在皆是。故今之讲授，仍兼伪书。

《尚书》师说，至今皆残阙不完，惟有孔《传》独在。孔《传》伪托之人，或云王肃；假使真出于肃，肃善贾、马之学，其说必本于贾、马者多。且作伪必有据。无据而作伪者，其书定伪，如明人之《子贡诗传》《古三坟》《天禄阁外史》之流，是也。有所傍而作伪者，其伪中势必杂真；以非此不足以欺世故也。今谓伪《书》自不可据，而伪《传》则过半可从；与其信后人臆说，何如伪《传》尚为近古乎？今讲授以伪《传》为主，参稽他说，定其从违。《尚书》有今、古文之分，而甚胶葛难憭。今文无序，独古文有之，古文说即从此出；而世之崇今文者，乃称今文有序，并驳古文《书序》。此宜理董者，一也。史公从孔安国问故；迁书所载《尧典》诸篇，多古文说，此见于《儒林传》者。然《史记》之说，实不尽

① 程千帆按："胎当为骀。"按："驽骀"即下乘劣马，与"壮马"相对。而"驽胎"亦见于载籍，如《晋书·荀崧传》："思竭驽胎，庶增万分。"元刘因《静修集》卷 2《和杂诗》："日食百马刍，足有万里尘。乃知一骏骨，可百驽胎身。"

② 黄侃：《讲尚书条例》，《黄侃论学杂著》，中华书局 1964 年版，第 442—443 页。

同古文，而或者遂谓《史记》皆今文。此宜别白者，二也。郑注《古文尚书》，号为古文，而每用今文说；又今文自有说，郑又废之；以是考其依据，颇为不易。此宜分析者，三也。王肃为好驳郑之人，而所操之术，则与郑类；故常有阴主今文以驳郑者；然孔《传》亦不纯为古文。此宜核实者，四也。至如文字训故，小有异同，既于大义无伤，不足断断争说。

古人词言之情，自与今异。观《史记》以训诂代经字，王莽《大诰》准的周《书》，骤读之，往往有不词者；岂汉世之儒独不谙文律哉？亦以古人之文，非可以后世文法求之。且今释经文专用魏以前旧说；语词句度固自有例可寻，不必以后儒之说剖析文句也。说经分例，大抵可析为事、制、文、义四端。今之所急，惟在文、义；至于事、制，详言之，若文王之称王，周公之摄政，《禹贡》山川，《洪范》灾咎，一为觍缕，更仆难终；止可粗诵师说，略表异同而已。

治《尚书》，可以三意求之：一、求其文字，以考四代之文章；二、求其义理，以考舜以来、孔子未生以前伦纪性道之说；三、求其事、制，以为治古史之资粮。则二十八篇为用弘矣。神州故籍，唯此最先；怀古之儒曷可不于此留意也？

他主张“求其文字，以考四代之文章；求其义理，以考舜以来、孔子未生以前伦纪性道之说；求其事制，以为治古史之资粮”，这是他研究《尚书》的经验之谈，值得重视。

1930 年 10 月 6 日，黄侃从佚文角度论《古文尚书》：

古文《五子之歌》：“覆宗绝祀。”而张超《诮青衣赋》云：“有夏取仍，覆宗绝祀。”岂四字本逸篇语如《郑志》引《周官》之流耶（四字他无所见）？又《胤征》：“玉石俱焚。”陈琳、钟会两有玉石俱碎之文，未知出何古籍（刘琨、袁宏容用古文）。威克厥爱二语，与《左传》吴公子光语同意。王氏谓《左传》乃临敌制胜之词，非如伪《尚书》所云。殆忘其书有承命徂征之文矣。

同日，又撰《禹贡地名啧隐表》。后记云："右表随手编次，暇日当遍检《禹贡》《汉志》《水经注》诸家考订之书，详正之。"后来他兴趣转移，也就不了了之。

1930年10月12日，黄侃与潘重规、黄念容书，论《古文尚书》作伪者迄不能确定，函云：

长夏一心读史，遂无余暇修人事、通书札……昨得甥书，询孔氏尚书源序，此书作伪，迄不能定其为谁，似言出于郑冲者近之。近览《武成》篇题下疏，知昔儒非不疑古文之伪，特不敢讼言耳。①

章太炎将《尚书》作伪者定为郑冲，1925年4月4日《与吴承仕论尚书古今文书》云："昨复书以伪古文为郑冲所作，似可决定。"其说详见《华国月刊》1925年第2期第7期。黄侃所谓"似言出于郑冲者近之"，对于章说有所保留，并非完全接受。

三、黄侃的《诗经》研究

黄侃认为："《诗经》最难句读。"他从小就熟读《诗经》，后来多次讲授《诗经》，日记中涉及《诗经》的地方甚夥，例如：

1927年12月7日：讲《毛诗》，以牟廷相《诗切》中诸妄说录示学士，俾知今日新学小生率臆说经之不足为奇，只足为戒。

① 黄念容编：《量守居士遗墨》，1974年自印本，第143页。

1935年2月15日，黄席群、闵孝吉记《量守庐请业记》，他由《诗经》谈起，遍及治群经之法：

《毛诗》分经、传、笺、疏四种。若单就本文任意解说，可人持一说，人生一意。如近人以“寝庙”为“寝室”，是执今意以解古人之文字，未有不荒谬绝伦令人喷饭者。《诗》所以可以言，盖在立言有法，非任性言之也。毛《传》之价值，的等于《左传》《公羊传》。夹衣不可无里，则经不可无传也明矣。郑笺亦不易明，有看似易知，而实不易知者。注之妙用，在不肯放过一字、放过一事；虽有纰缪，亦必究其致谬之原。陈硕甫《毛诗传疏》，专用西汉之说，不主郑笺，极谬！譬之犹讲唐诗而薄宋诗，可乎？至若今古文虽同时，却不可通，故治经必须笃守师说，虽文义了然，若无师说，亦必谬误。先之以训诂，继之以文义，文义既清，而后比较其说，观其会通。读注疏，非贯通全疏，不能了然。北方学者不读全经（见《日知录》），故纪晓岚讲《穀梁》，致误为西汉人所作，盖宗东原之说，以《公羊传》比较而来，不知《穀梁》本系穀梁赤所自为，范注已明言之。如董仲舒所讲《公羊》，则得诸口授，未有传书。纪氏又谓：至公观鱼于棠一条、葬桓王一条、杞伯来逆叔姬之丧以归一条、曹伯庐卒于师一条、天王杀其弟佞夫一条，皆冠以“传曰”字，惟《桓王》一条与《左传》合，余皆不知所引何传。疑宁（按即范宁）以传附经之时，每条皆冠以“传曰”字，如郑玄、王弼之《易》，有“彖曰”“象曰”之例，后传写者删之。此五条其削除未尽者也。（见《四库全书总目》卷廿六）不知凡“传曰”皆穀梁赤自传之辞，其说见隐公八年注，隐公只看九年之注，而未上及八年，乃成此谬。可知读注疏不贯全文，不能发其蕴积也。

黄侃注意推求《诗经》义例，写有专文，分析细致入微，颇有功于斯学。后来黄焯“接着说”，更加完备周密。

1931年5月30日，黄侃以《诗经》作为古音学的研究材料，作《诗音上作平证》，次日脱稿。该文以《诗经》韵脚平上相押证明古无上声。黄侃主张“古音两声说”，他在《声韵略说》中说：“古有平、入而已，其后而有上、去。”此说源自段玉裁，段氏认为：“古平与上一类，去与入一类。上与平，一也；去与入，一也。上声备于《三百篇》，去声备于魏晋。”段氏认为《诗经》时代已有上声，黄侃进而认为《诗经》时代就不存在上声。《诗音上作平证》一文，实为其“古音两声说”的注脚。黄氏“古音两声说”，今人信从的比较少。

四、黄侃的礼学研究

黄侃曾经论证《周礼》为周公手定，孔子复亲见《周礼》：

> 《国语·鲁语》仲尼曰：“先王制土，籍田以力，而砥其远迩，赋里以入，而量其有无，任力以夫，而议老幼。下云若子季孙，欲其法也，则有周公之籍矣。”案籍田以力，砥其远迩，赋里以入，量其有无，与冢宰司会九赋及载师任地之法同符，任力以夫，议其老幼，与冢宰九职大府、内府、司会、九功、闾氏任民之法及卿大夫征民之法同符。下文明云周公之籍，是仲尼以此诸法，制自周公，此一事也。又《左传》哀公十一年季孙欲以田赋，使冉有访诸仲尼。仲尼曰：“且子季孙，若欲行而法，则有周公之典在。”据此，则《国语》所谓周公之籍，即周公之典，典、籍一也，此周公之典，即《周礼》矣。①

1931年7月20日，黄侃校《礼学略说》一通，以快信寄王献唐。函云：

---

① 范文澜：《范文澜全集》第1卷，河北教育出版社2002年版，第140页。

……以资钝学迟，未敢言著述。《说文》《尔雅》书眉间有批语，尚不能辑成一书。兹将《礼学略说》近稿呈览……近日学风益趋新奇，侃之所为犹是学究旧法，世必笑之，或不见非于雅德君子耳。①

潘重规曾经阐发其经学要术：

侃经学著述虽未完成，而《礼学略说》中于治学方法则昭示无遗，其言曰："治礼次第，窃谓当以辨字读、析章句为先务；次则审名义，次则求条例，次则括纲要，庶几于力鲜，于思寡，省竹帛之浮辞，免烦琐之非诮。"此言兼苞治一切学术之通则也。至于礼学尤号难治，由于古书残缺、古制茫昧、古文简奥、异说纷纭四事，故治礼经必严辨明文师说之异同，以判断经义、事制之是非。其言曰："夫礼学奥博，益以四事，弥觉研核之难，此所以有讲诵师言，至于百万犹有不解也。说礼所据，有明文，有师说。明文者，礼之本经，则《周礼》《仪礼》是也。师说有先后，先师说非无失违，后师说非无审谛，要其序不可乱也。固知师说短长，断以经义；经义差牾，出以弥缝；师说纷歧，考其证左。"此乃治经之通法，非独治礼为然，则又兼苞治一切经义之要术也。

1930 年，黄侃在中央大学讲《三礼通论》。钱玄曾经向他请教"三礼"之学，后述其要旨曰：

1930 年，玄肄业于南京中央大学，得聆蕲春黄先生讲《三礼通论》。先生提纲挈领，述"三礼"传授源流，启示治礼学之途径及方法。先生论学礼之宗旨云：近人或以礼经名物繁缛，注疏庞

① 此信照片殷孟伦公开于岳麓书社 1982 年版《中国历史文献研究集刊》第 3 集卷首，题为《黄季刚先生遗札之二》。

杂，经传所述，均为当今不行之典，于时无用之仪，故不必空事钻研，徒费劳神。此说良为纰缪。盖今之学“三礼”，决非为复冕弁之服，鼎俎之设，而在于考究上古典章制度，明民族文化之发展。虽于时无用，但何害钻研？而况制礼之义亦有不可尽亡者，讲信修睦，今日岂可尽屏乎？

先生论学“三礼”方法，多来自积年体会，极为精辟扼要。前人每患礼经简奥，古制茫昧，异说纷纭，“三礼”在诸经中最难学，所谓累世不能殚其学，当年不能究其礼。先生云，其实不然。如能得治学之道，则不苦其难矣。治礼之次第有三。先应辨字读、章句。治经学必以小学为始基。礼有今古文，有通假。辨音读，除《尔雅》《说文》外，不可不读陆德明《经典释文》。陆氏所见三礼异本多至二十余家，六朝三礼之学，从《释文》中可见梗概……①

1930年10月24日，黄侃写信给潘重规、黄念容，谈治经学之心得与苦乐，函云：

前得甥书，言近治诗疏极有佳趣，知灵源日浚，可谓披甲精进者。今日以《诗》教人，宜专用变风变雅。试抽绎《节南山》《民劳》诸篇郑笺，有不凄然感动，叹我生之靡乐者，真愚人也。《诗》既治毕，且先《春秋》而后“三礼”。《春秋》文简义丰，寻玩有味；“三礼”纷纭，实甚足以疲人。予日读《礼经》数纸，展转比勘，至夕每觉头眩，是以知其苦也……闭门读书，日饮醇酒，可心聊自乐，终不为人移平生怀抱，守之皓首而已。秋晴宜时出登眺，以旷胸衿。②

① 程千帆等编：《量守庐学记》，生活·读书·新知三联书店1985年版，第152—154页。按：钱玄先生所述与《礼学略说》大体相合，可信从。

② 黄念容编：《量守居士遗墨》，1974年自印本，第144页。

“今日以诗教人，宜专用变风变雅。”何也？时势使然也。

五、黄侃的《春秋》研究

黄侃撰有《三传平议》，首先总述三传概况：

> 《汉书·艺文志》曰：“周室既微，载籍残缺，仲尼思存前圣之业，以鲁周公之国，礼文备物，史官有法，故与左丘明观其史记，据行事，仍人道，因兴以立功，就败以成罚，假日月以定历数，借朝聘以正礼乐，有所褒讳贬损，不可书见（案损谓不可见之于经也）。口授弟子，弟子退而异言；丘明恐弟子各安其意，以失其真，故论本事而作传，明夫子不以空言说经也。《春秋》所贬损大人，当世君臣有威权势力，其事实皆形于传。是以隐其书而不宣，所以免时难也。及末世口说流行，故有公羊、穀梁、邹、夹之传。”遂案：言《春秋》经传原委者，以班氏此言为最简当。《史记·孔子世家》亦曰：“因史记作《春秋》，笔则笔，削则削。子夏之徒不能赞一辞。”《十二诸侯年表》曰：“鲁君子丘明惧弟子人人异端，各安其意，以失其真，故因孔子史记具论其语，成《左氏春秋》。”此亦为《春秋》《左传》互为表里之证。自汉以来，左氏与二传互相非难，至今不已。兹为简其辞说，约分数科论之。其刘子玄《申左篇》所已详者，不具赘也。

继而分疏四条义例：

> 一曰《春秋》本策书成法，二传亦有其证也。《公羊》庄八年引不修《春秋》，而曰君子修之。昭十二年传以经伯于阳为公子阳生，而引孔子曰：“我乃知之矣。”何注曰：“孔子年二十三，具知其事，后作《春秋》。案《史记》知公误为伯，子误为于，阳在，生刊灭阙。”如《公羊》言，是孔子于策书成文，有所不改更也。

《穀梁》桓十四年传："夏五，传疑也。"范注："承阙文之疑，不书月，明皆实录。"僖十九年传："梁亡郑弃其师，我无加损焉，正名而已矣。"如《穀梁》言，是孔子于策书成文，有所不改更也。夫小事尚以阙文，况于大事而可以意补阙乎？明知其误，而有所不更，况于策书明白而任意删改乎？故必如杜氏之说，以为仲尼《春秋》上遵周公遗制，即用旧文者多，至于教之所存，文之所害，乃刊而正之。则知孔子《春秋》实欲使周公旧制昭明，其所奉以为笔削之准则者，亦只史官旧章而已，非别有所谓义法也。

二曰《春秋》大义，已见于《左传》，孔子秉笔之意，亦略有可寻；其余变例，皆具于传，舍此别求，皆非圣人之真意也。案成十四年传称："君子曰：《春秋》之称，微而显，志而晦，婉而成章，尽而不污，惩恶而劝善，非圣人谁能修之。"又昭三十一年传曰："《春秋》之称，微而显，婉而辨，上之人能使昭明，善人劝焉，淫人惧焉，是以君子贵之。"此二条为全经大义。又河阳之狩，赵盾之弑，泄冶之罪，《左传》皆特引仲尼之言，以断危疑之理。其余"书""不书""先书""故书""不言""不称""书曰"之类，皆孔子据旧例而发新意。夫惟左氏亲见圣人，同修国史，而后知褒讳贬损之所在；其未见国史，不亲承圣训者，不能悉也。

三曰《春秋》见诸行事，若舍事言义，则先自迷罔。二传不明本事，即不能知圣人本意也。案《公羊》《穀梁》说事，往往惝恍，又或兼存异说，不能自明。如《公羊》隐二年传曰："纪子伯者何？无闻焉尔。"又桓十四年传云："夏五者何？无闻焉尔。"何休以为口授相传，后乃记于竹帛，故有所失。此公羊于本事有所不知，而自言不讳也。又桓公九年传曰："《春秋》有父老子代从政者，则未知其在齐与曹与？"此公羊于经意所讥，不能确指其事也。又昭三十一年传曰："邾娄女有为鲁夫人者，则未知其为武公与懿公欤？"此公羊自记其事，犹有所不审也。又桓六年传曰："何以书？盖以罕书也。"庄三年传曰："何以书葬？盖改葬也。"是公羊于经义不能明晰为说，而为疑词也。又闵元年传曰："子女子曰：以《春秋》为《春秋》，齐无仲孙，其诸吾仲孙与？"此公羊不见国史，而直以意说经也。又庄二十五年传曰："以朱丝营社，或曰为暗，恐人犯之，故营之。"又闵二年传曰："或曰，自鹿门至于争门者是也；或曰自争门至于吏门者是也。"是公羊于自所传义，已不能自定其是非也。又桓六年传曰："何言乎子同生？喜有正也。子公羊子曰：'其诸以病桓欤？'"是公羊于自所持说，不能固执而游移不定也。《穀梁》虽与《公羊》谨肆小殊，而亦不能免上诸弊，然则《春秋》无《左传》，则终古无昭明之望也。

四曰孔子非因丘明不能得鲁史，《左传》记事，即是释经，经传相合，不能或离也。孔子虽有圣德，而身非史官，纵复偶得观书，无缘亲加笔削，惟其与丘明同好恶，故丘明以笔削之权，奉之孔子而无所疑。及圣经勒成，又复躬搜载籍，以为之传，要之皆欲修明周公之制而已。孔子曰"其事齐桓晋文"，谓其非王道也；"其文则史"，谓史官之记载，犹本王制也；"其义则某窃之矣"，谓身非史官，而欲明周公之遗法也。左氏之于经，明其例，记其事，表其微旨，所谓文缓旨远，将令学者原始要终，与训诂之传，本非同类。而世遂以为不传《春秋》。至刘逢禄辈竟谓左氏义例为刘歆所增窜，又或比年阙事，而刘歆传其文；或本无年月，而刘歆为之增传；由是《左氏》与《春秋》竟渺不相涉，而后道听途说之俗学，得以恣睢妄说，而莫敢正之。抑知《春秋》无《左传》，则《春秋》之旨不见；《左氏》不附经，则《左传》竟为谁而发乎？

最后总结道：

凡此四端，皆有关大义最切者，至谓左氏或有人附益，其文非丘明自著，以悼之四年，及称赵襄子为疑。夫左氏年寿传记无文，案《史记·六国表》鲁悼公卒于周考王十二年，赵襄子卒于威烈王九年，明年始为魏文侯元年，而威烈王十九年，《史记》书文侯受经子夏，假令左氏年同子夏，固可以书鲁悼、赵襄之谥矣。①

此文为范文澜课堂笔记，时间可能在黄侃拜刘师培为师之前，还属于率尔而作。

1930年4月4日，章太炎有《答黄季刚书》，论《春秋》义例。函云：

（所著《春秋疑义》）虽与旧说多异，然恐事实正是如此。顷有人赠宋叶水心《习学记言序目》一书，其论《春秋》谓一切凡属书法，皆是史官旧文，唯天王狩河阳、侨如逆女、齐豹三叛四事，为孔子所书，传有明文。又谓《春秋》因诸侯之史，录史变，述霸政，所谓其事则齐桓、晋文者，此《春秋》之桢干也。至于凡例条章，或常或变，区区众人之所事者，乃史家之常、《春秋》之细尔。其论与鄙见甚合。宋儒说《春秋》多务刻深，唯永嘉诸子颇为平允，而水心特为卓荦，乃知公道自在人心。唯天王狩河阳一事，据《史记》尚是旧史所书，孔子特因之而已，而赵鞅书叛，据《史记》乃是孔子特笔，则水心考之未尽。盖水心非徒不信传，并太史公亦不尽信，此则未知《春秋》大旨，全由太史公而传，其间有羼杂《公羊》者，则芟剃未尽尔。宋儒终是粗疏，于刘、贾以前古文诸师传授之事，绝未寻究。今之所作，则异于此矣。足下再审杜著，评其得失，何如？②

1930年4月14日，汪东又自沪持来章太炎书信四纸，述著《春秋

① 范文澜：《群经概论》，《范文澜全集》第1卷，河北教育出版社2002年版，第301—303页。

② 《章太炎书札》，抄本，温州图书馆藏。见汤志钧编《章太炎年谱长编》，中华书局1979年版，第904页。又见马勇编《章太炎书信集》，河北人民出版社2003年版，第203—204页。

疑义》之心得与宗旨。函云：

去冬示以《春秋疑义》，当有会心。鄙言于凡例虽取征南，而亦上推曾申、吴起、贾谊、史迁之说，以相规正，贾、服有善亦采焉。迩来二三月间又加修治，且增入向所未备者十余事。

近说成公经立武宫事，据传称："听于人以救其难，不可以立武；立武由己，非由人也。"则武宫断不得为武公之宫。《公羊》以立炀宫辞例相比，始为此说，而《左氏》不然。杜既采《公羊》，又知于传文难通，故云兼筑武军。此则支离亦甚。今谓武宫直是讲武之处，即成周宣谢之类。服氏说宣谢为宣扬威武，则武宫亦其类也。

又僖公《经》："夫人氏之丧至自齐。"《穀梁》、贾氏皆谓以杀子贬姜，杜则直谓阙文。据传云："君子以齐人杀哀姜也，为已甚矣，女子从人者也。"此正释经文去姜之义。哀姜之罪，当由鲁讨；今齐人讨之，见其不容于父母之国，是以去姜。不于薨葬去姜者，彼但齐、鲁一方之事。此则齐、鲁相会之事也。《正义》以为姜氏者夫人之姓，二字共为一义，不得去姜存氏，去氏存姜。然传有左师见夫人之步马者，问之，对曰："君夫人氏也。"《诗》有"母氏圣善"，则夫人氏原自成文，不得以为阙文也。如此之类，驳杜者甚著，然亦不欲如前世拘守汉学者，沾沾以贾、服为主。盖上则寻求传文，次或采之贾谊、史迁，是鄙人著书之旨也。

足下前说熟诵注疏，然于《左氏》则取疏而不取注，疏不破注，未知足下何以为别也？前者作《三字经》，今求者甚多，此已无稿，有一本在足下处，望即移写寄来为要。

1930年4月17日，章太炎有《与汪旭初书》①，函云：

① 马勇编：《章太炎书信集》，河北人民出版社2003年版，第815页。

鄙人所说《左氏春秋》，近复加十余条，自谓精审，惜乎士燮《长经》，今已不传，未知比之何如也。览彭尺木《二林居集》，有《答袁蕙纕书》，袁作《春秋论》，谓《春秋》不经孔子笔削，直是鲁史之书。其言虽过，然向来素王制法之障蔀，可以一扫而空。原论未见。其人与尺木友，恐是苏人，未知苏州有袁文集否？愿为访求，幸甚。

1930 年 4 月 19 日，黄侃致章太炎信，论《春秋左传》，函云：

旭初还自上海，因悉尊安隐胜常，下怀欣慰。蒙赐手书四纸，开示《春秋》疑义二条，诚足以匡杜、孔之违，又异于拘牵贾、服者。尊于《春秋》，独寻孔、左简书之微旨，下及曾、吴、张、贾之逸说，义苟有当，虽元凯不遗；例果不安，虽红休亦舍。要之，简去异端，错综尽变，可谓开门于千载之下，妙契乎善志之心者矣。

尊说成六年立武宫事，谓立武公之宫，传岂得徒称立武？至谛。侃疑武宫盖即宣十二年之武军，彼注说武军云筑军营，明其有壁垒射堂，可以经久，是亦宫室之类，故得言宫。楚子不立武军，但为先君宫以告成事，如使武宫果为武公之宫，即与楚子告成事何异？传必无立武之讥。是知以武名宫，正如以楚名宫、以祇名宫，皆随事取义，不得以炀宫为比矣。

尊又说僖元年夫人氏去姜事，以传文宋有夫人氏，明其可以去姓。此又确当不易。侃谓哀姜称夫人氏，正似声子称君氏。孔谓不可去姜称氏既非，又云不可去氏存姜，并与逆妇姜于齐之经不照矣。

侃前为尊言，熟诵注疏，推寻汉诂，正为今之臆说穿凿者太众，思欲遏止其流。若夫深思广证，符合遗经如我大师，侃岂有间然也。

去年谒师，蒙以《春秋疑义答问》稿本令读，昭若发蒙。归来伏念，自诧希闻，独恨耳学不精，必须寻本。敢求属世扬移书一通见赐，俾得由此上窥经义，即受恩无极矣。

侃迩来温寻古子，已及《吕氏春秋》，疑义猥多，不审尊于此书曾有札记在箧中否？如荷示以要最，尤为忭乐也。

从此可以窥见黄侃治经学之旨趣：“熟诵注疏，推寻汉诂，正为今之臆说穿凿者太众，思欲遏止其流。”黄侃自从拜师刘申叔之门，曾经宣称他的经学超过了章太炎。

1931 年 4 月 11 日，黄侃改作《春秋左氏疑义答问后序》：

章公撰《春秋左氏疑义答问》五卷，侃幸先得受读而缮写之。谨演赞师言，书其后曰：孔子作《春秋》，因鲁史旧文而有所治定。其治定未尽者，专付丘明，使为之《传》。《传》虽撰自丘明，而作《传》之旨皆本孔子。公书所诠明者，梗概如此。不知因旧史之说，则直以《春秋》为素王之书，责之纤悉而[驫木]疑起。不知孔子有所治定，则云《春秋》不经笔削，纯录鲁史原文，而修《经》之意泯。不知作《传》之旨皆本孔子，是《经》违本事与褒讳挹损之文辞，屈于时君而不得申者，竟无匡救证明之道。其弊也，执《传》则疑《经》，废《传》而《经》义弥晦矣。《传》称韩子见《鲁春秋》，知周公之德。孟子言其事则齐桓、晋文，其文则史。即《公羊》亦有不修《春秋》之目，是以知《春秋》必因旧史也。《传》言《春秋》“非圣人孰能修之”。故所记侨如逆女，齐豹三叛，皆明其为孔子所书。《史记》称赵鞅书叛，亦为孔子特笔，是以知孔子有所治定也。夫书因赴告，不能合于本事者，以鲁史局于一方，无由广为考核也。故楚围弑麇，《春秋》不录，比之讨围，遂不得不蒙恶声，此牵于文义也。它国之事，孰顺孰逆，或天子、方伯主之，或鲁君主之，虽不合于义，而史官不敢驳异。故里克为杀卓之罪人，周、齐罪之也。郑突、卫朔为鲁史之所右，桓、庄右之也，此制于名义也。孔子与丘明西观周室，见列国太史记注之文，乃以所可治定者箸之《经》，所未可治定者付之《传》。《经》以存鲁史之法，《传》以示是非之真。故《经》即有违于本事，屈于时君者，得《传》而不患无匡救证明之道。是以知治定未尽，专付丘明，作《传》之旨，悉本孔子也。观孙卿子遗春申君书，引《传》楚围齐崔杼事，径称曰《春秋》，太史公《吴太伯世家》称《左传》为《春秋》古文，明《经》《传》皆出圣人，故言之初无分别也。桓谭有言："《左氏传》于《经》，犹衣之表里，相持而成，《经》而无《传》，使圣人闭门思之十年不能知也。"善哉此言。信成学治古文之准臬矣。公书上甄曾、吴、孙、贾、太史之微义，下取贾、服、杜预之所长，要使因史修《经》，论事作《传》之旨，由之昭哲，缤纷尽解，瑕适不存。郑君赞《周礼》，先师谓其所变易，灼然如晦之见明，其所弥缝，奄然如合符复析。公于《春秋》，亦岂异是。盖自《左氏微》以来，未有若斯之懿也。侃与闻眇论，诚不胜欢庆云。辛未四月，弟子蕲春黄侃。

黄侃以桓谭"左氏传于经，犹衣之表里，相持而成，经而无传，使圣人闭门思之十年不能知也"之言为治古文之准臬。[①] 1931 年 4 月 16 日，收到章太炎来信，谓改作《后序》辞义允惬，不须修改一字。又论刘君左氏之学，其言甚长。

第二节　黄侃的解经方法与特色

一、黄侃的解经方法

1. 以古书说字，以字证古

黄侃认为：

① 桓谭《新论》曰："《左氏》传世后百余年，鲁穀梁赤为《春秋》，残略多所遗失。又有齐公羊高，缘经文作传，弥离其本事矣。左氏经之与传，犹衣之表里，相持而成。经而无传，使圣人闭门思之十年不能知也。"见（宋）李昉等：《太平御览》卷 610。

经学为小学之根据，故汉人多以经学解释小学。段玉裁以经证字，以字证经，为百世不易之法。（《文字学笔记》）

《段氏说文》主旨，在以经证字，以字证经。今则宜以古书说字，以字证古。所以研讨文字者，其用在是。故凡不能用声音、训诂说明之形体，暂可存而勿论，以其如汉代之逸书，义多不可说也。（《文字学笔记》）

黄侃对段玉裁“以经证字，以字证经”的方法评价极高，推之为“百世不易之法”。汉人多以经学解释小学，往往是单行道的，而段玉裁已经发展为双向道，即经学与小学互证互阐。黄侃进一步扩展段玉裁的方法，将它提升为“以古书说字，以字证古”，其实已经突破了经学的范围，是文献与文字、文化的互阐互证，可以形成诠释之循环，可与当今历史文化语义学相会通。

2. 以经解经，诗雅互诠

黄侃认为：

《诗经》中连言之字，《尔雅》《释言》《释训》即以为释（《训诂学笔记》）

《尔雅》之作，多为释《诗》，故《诗》中连言之字，《释言》《释训》即以为释。如《释言》“肇，敏也。”《诗·江汉》肇、敏连言，故以敏为释。舫，舟也。泳，游也。《诗·谷风》“方之舟之，泳之游之”连言，故以舟释舫，以游释泳。“迨，及也。”《七月》“迨及公子同归”连言，故以及释迨。“俅，戴也。”《丝衣》“载（古载戴通用）弁俅俅”连言，故以戴释俅。“惄，饥也。”《汝坟》“惄如朝饥”连言，故以饥释惄。“土，田也。”《诗·嵩高》“彻申伯土田”连言，故以田释土……此皆以诗中连言之字为释也。

3. 以音说义，以书证音

黄侃认为：

《经籍纂诂》中异文最多，次则《经典释文》中亦有之。翻《经籍纂诂》，将声训、异文、连语、读若、《字林》声类反切五门标出。昔戴君举“以字说经，以经证字”二语以示后学。余今欲以音说义，以书证音。其条例一曰本声（如丕从不声，吏从史声）。二曰声训（如乾健也，坤顺也）。三曰连语（如屯邅、班旋）。四曰古韵（如下普、道咎）。五曰异文（如造作聚，复作覆）。六曰拟音（如需读为秀、履读为礼）。七曰直音（如厶音厶）。八曰反切。九曰体语。（如温休为幽婚，清暑为楚声，以及金沟、清泚、郭冠军家之类）。自《说文》《玉篇》《广韵》《集韵》《类篇》外，凡宋以前书涉及音者无不采葺。虽一人之力成此为难，积以岁年，或收驽马十驾之效。（《训诂学笔记下》“治《尔雅》之程序”条）

1935 年 2 月 15 日，《量守庐请业记·读经之法》（黄席群、闵孝吉记）云：

读经次第，应先《诗》疏，次《礼记》疏。读《诗》疏，一可以得名物训诂，二可通文法（较读近人《马氏文通》高百倍矣）。《礼》疏以后，泛览《左传》《尚书》《周礼》《仪礼》诸疏，而《穀》《公》二疏为最要，《易》疏则高头讲章而已。陆德明《经典释文》宜时时翻阅。注疏之妙，在不放过经文一字。

二、黄侃的解经特色

1. 区分经学训诂与小学训诂

黄侃认为经学训诂与小学训诂有异，他说：

“小学之训诂贵圆，经学之训诂贵专。”盖一则可因文义之联缀而曲畅旁通；一则宜依文立义而法有专守故尔。清代高邮王氏父子深于小学，以之说经，实多精辟之义，然亦有疏失处。陈兰甫《东塾读书记》云：“王氏好执《广雅》以说经，如《诗·采蘩》：‘被之僮僮’‘被之祁祁’，毛《传》云：‘僮僮，竦敬也。’‘祁祁，舒迟也。’诗意言祭时竦敬，去时舒迟，而借被以言之，毛《传》深得其意。王氏《经义述闻》据《广雅》‘僮僮，盛也’，因谓祁祁亦盛貌，则失诗意矣。由偏信《广雅》故也。”

黄焯也认为：“毛《传》于《豳风·七月》‘采蘩祁祁’训为众多，于《大雅·韩奕》‘祁祁如云’训盛貌，而于《采蘩》之‘采蘩祁祁’训舒迟，盖皆曲顾经义为说也。”①

2. 反对强经就我

黄侃认为“先儒之书不宜改字以牵就己说”，他说：

读古书不宜改字以牵就己说。清世学术昌明，于乾、嘉时为极盛。而高邮王氏父子又其诠明古义之最精者，然其立义亦间有不可为训之处。如《广雅疏证·释草》“益母，充蔚也”条云：“《诗·王风·中谷有蓷》首章云‘暵其干矣’，次章云‘暵其脩’，卒章云‘暵其湿’，传云：‘蓷，鵻也。暵，烟貌。陆草生于谷中，伤于水，脩且干也。鵻遇水则湿。’案《说文》云：‘暵，干貌也。’则暵即是干，干之与湿正相反。既云‘暵其干’，而又云‘暵其湿’，于义固不可通。草伤于水，先湿后干。而《诗》乃先干后湿，于文亦复不顺。此由误解湿为水湿，故致多所抵牾。《说文》云：‘鸂，水濡而干也。’引《诗》‘鸂其干矣’，盖亦承毛公之误而为说耳。今案湿当读为曝，曝亦且干也。”云云。焯谓王说甚谬。此《诗》首章

① 黄侃述，黄焯编：《文字声韵训诂笔记》，上海古籍出版社1985年版，第219页。

> 言“暵其”（暵其犹云暵然）。以为干之副词。次章、卒章言脩、言湿，亦以“暵其”为言者，盖《诗》虽三章分言，而其主题实在首章。总谓蓷之由湿且脩而干，实为一语耳。其意则侧重言干，故皆以暵其冠之。其初言干，次言脩、湿者，只以趁韵之故，而反复咏叹其事，非可平列观之。乃王氏既改湿为㬎，且诋《说文》为承毛公之误，既误改经文，妄诃前哲，且开后世鄙夫妄改旧文牵就己说之渐，其为失也大矣。①

黄侃尝云：“凡轻改古籍者，非愚则妄，即令著作等身，亦不足贵也。”基于此，他对清代经学与校雠学大加否定。是耶？非耶？

3. 注重展转求通

黄侃云：“凡读古书，遇有所疑，须展转求通，勿轻改易。”故黄侃之于学，闳通、严谨兼而有之。其于名物制度、文辞义理，靡不兼综广揽，人谓有戴氏之闳通而无其新奇；有惠氏之严谨，而无其支离破碎之病。尝记《尚书序》：“巢伯来朝。”《释文》：“巢，仕交反；徐吕交反。”或以吕字为疑。宋毛居正谓吕当作石。黄侃认为：“剿、劳一语之变，故巢有来纽音。”又《诗·匏有苦叶》：“有鷕雉鸣。”《释文》：“以小反。”《说文》：“以水反。”段玉裁云：“以小反者，字之误，亦声之讹。”王念孙则谓脂部字多与萧部相转，音以小反非误。今谓王说是而段说非也。前此顾炎武《诗本音》所说亦与段氏同，顾、段皆清世大儒，尚有此误，我们治学更应该持矜慎的态度。

4. 兼顾家法与事实

黄侃认为“训诂之道须谨守家法，亦应兼顾事实”，赞同章太炎所言：

---

① 黄侃述，黄焯编：《文字声韵训诂笔记》，上海古籍出版社 1985 年版，第 220—221 页。黄焯先生针对《诗经》的重沓现象，提出了“重章互足说”。

《诗·商颂》“受小球大球”“受小共大共。”毛《传》以球为玉，以共为法，深合古训。《经义述闻》以为解球为玉，与共殊义，应依《广雅》作训，拱抹，法也。改字改经，尊信《广雅》太过矣。要知训诂之道，须谨守家法，亦应兼顾事实。按《吕氏春秋》，夏之将亡，太史终古抱其图法奔商，汤之所受大共小共，即夏太史终古所抱之图法也。

1921年黄侃复许友仁书亦云：

清师治经之劬劳，诚予吾侪以莫大之益，惟或则琐碎而无精微，宏通而蔑弃师法，考据而只成臆说，辩驳而徒长浮词，意者有汉人所讥章句之儒之病。然则吾侪所务，必在去繁求简，去妄存真，果能如此用心，则旧说有不可不存，而孔、贾、陆、杨之疏未可尽束于高阁。年来点校孙仲翁《周礼》新疏，见其攻驳郑、贾，略无愧容，一简之中诋诃杂出，由此见唐人之于王《易》、孔《书》爱护甚至，虽乏宏通之美，亦庶几不违矩矱者已。足下有志经术，所宣先求注疏，进览汉师之说，补其阙遗，而推其未备。纵令众说歧互，各令如其故常，譬诸奏乐，不以琴瑟而废琵琶；譬诸制衣，不以深衣而贱常相，斯亦可矣。至于训诂、声音，在小学之家自为要业，若在专家治经之士，正以笃守师说为宜。与其创新说以正前文，不若守故闻而乏奇识。大抵少年锐气，无往不形独到，董理旧文，则无事乎此。侃六七年前，每事好为新说，自事仪征而后，乃恍然于所尚之非，而已驷不及舌矣。因君恳挚，故不恤自露其情。若乃不守师承，多创新义，苟取盈卷，不顾复重，则禹域之大何患无才，亦奚劳足下远来相问耶？

黄侃的一位师弟蒙文通亦云：“言汉学，必先明其家法，然后乃能明其学说，又必跳出家法，然后乃能批判其学说。如惠栋是懂家法的，张惠言之于《易》，庄存与之于《公羊》，都可说是明于汉学家法的。戴东原却不懂家法，近世之崇戴者，也多不懂家法，故虽大讲汉学，而实多梦呓。”①戴震之学貌似求是创新，实则不通家法。

5. 说经须先通本经

黄侃论说经方法：“说经有须先通本经，而后以他经佐之者，他经称引不尽本义故也。”

黄侃经学总的特色是：重视汉唐家法，轻视清人经解；重视古文经学，轻视今文经学。

毋庸讳言，黄侃的解经也还存在不少缺失，概言之有下面三点：第一，温经之功多，解经之功少。第二，以经证字多，以字证经少。第三，讲习之功多，阐发新意少。要之，他采用的是学究旧法，极端地排斥新方法，门户之见甚深，故其保守色彩过于浓厚。

第三节　黄侃的诸子研究

一、黄侃的先秦诸子研习

先秦诸子是中国文化的源头之一，应该说黄侃对这一文化遗产是相当关注的。他比较重视的还是《老子》、《庄子》、《孟子》（《孟子》至宋代已升入经部）、《荀子》。

1934 年 3 月 30 日，黄侃为黄焯解说《老子》并题词：

> 宠辱若惊，贵大患若身。宠为下，得之若惊，失之若惊，是谓宠辱若惊。吾所以有大患者以吾有身，反吾无身，吾有何患？是谓贵大患若身。

---

① 蒙文通：《甄微别集》，《蒙文通全集》第 6 册，巴蜀书社 2015 年版，第 7 页。按：蒙文通与黄侃有过交往，因为同为刘师培门人，黄侃对他颇为热络。

甲戌二月十六日夕，与焯详言此章之义，诲其涉世养生之理。明日适有佳纸，爰为书之，置之坐右，说而能绎，予之望也。侃。①

老子出关之前，留下五千言的《道德经》，成为中国文化的原典之一。《道德经》云："宠辱若惊，贵大患若身。何谓宠辱若惊？宠为下，得之若惊，失之若惊，是谓宠辱若惊。何谓贵大患若身？吾所以有大患者，为吾有身。及吾无身，吾有何患？故贵以身为天下，若可寄天下；爱以身为天下，若可托天下。"黄侃熟读老庄，1934 年 3 月 31 日读到《老子》这段话，始悟其旨，认为"辱可宠而患可贵"。在他刚过不惑之年的时候，经过了几次生离死别，就过早地产生了一种浓厚的"死亡意识"。"死亡意识"是人具有的一种高级意识。当一个人的大脑发育完全、意识不断增强时，才会有"死亡意识"，理解所谓的"死亡"是怎么回事、知道自己会死去。但每个人对待死亡的态度截然不同。孔子认为"乐天知命故无忧"，庄子会为妻子的死去"鼓盆而歌"。他们对待死亡的态度是自然、乐观的，认为死亡就像太阳的朝升暮降一样，是一件自然而然的事情。但也有些人认为，死亡是一件恐怖、忧伤的事情。死亡意识与道德观、人生观密切相关。从一个人对待死亡的态度，我们也可推测出其对待人生的态度。在 1931 年 4 月 29 日黄侃经历了惊险一幕："夜归，汽车几覆于成贤街四牌楼交叉处塘水中，性命呼吸间，诚危险哉！然因此悟死生之理，亦至寻常耳。"这次死亡体验是否让他悟道呢？

黄侃曾经为阮毓崧《庄子集注》作序：

太史公称庄子善属书离辞、指事类情，故欲通庄子之书，必不可舍其言而求其意。自郭象注孤行，世以得意忘言贵之，然未获鱼

① 此幅墨宝至今保存完好，笔者 1998 年春拜访黄焯之女黄景熙教授时曾见之。

兔而先弃筌蹄，亦未为善学郭氏者也。郭注而外，解者如林，或专于音训，或益以华辞，或取证于内典，未知孰为合于庄子之意，而有助检学者之研寻，则一而已矣。世之好庄子者，往往不暇尽究诸家之谊，而惟宗一师，甚至遗弃文字词言，而但持空论。庄子固自言谬悠荒唐无端崖矣，世亦信为诚然，岂果不与庄语乎？黄安阮次扶先生，以用世之材，遭无妄之会，怵国步之频，民生之艰，而息意于庄子，既已遍探旧说，深契玄宗矣。念世之学者终不可遽舍庄子之言而求其意，纂辑累载，成《庄子集注》五卷，亦有自下己意，仍以旧解为多。观其所撰，虽声韵文句之微，亦致谨焉。必使庄子之书，先绎之为言而顺，次考之于心而安，然后骋而上襄，以索作者之本指。一谊有合，无不搴采，其于古今之殊，华梵之判，未尝随成心而高下之，信可谓择善而从，无所胶滞者也。侃往时读《庄子》，苦于去古久远，文句不能悉通，而又未敢以郭氏不屑事事生说为是，一展卷辄为结墙不怡，独时取可解者讽籀之，以尝鼎一脔自慰藉。今见先生书旁皇周浃如此，乃知陆元朗云“其文易览，其趣难窥”者亦未遂为笃论也。抑侃读先生自序之言，揣其忧生悯乱之意，有曰虚其心以为物外之遨游，即后其身以远人间之灾害，更进则使人熏其德而善良焉。是则先生所处之时，所行之道，皆与庄子有异世而同符者。庄子每出以俶诡之辞，先生特显以恳款之语耳。昔晋世戎狄披昌，玄学始盛，后之读者讥其世极屯而辞意夷泰，闻先生之论，亦可以息其谤诽也夫。昭阳作噩秋八月庚戌，蕲春黄侃。①

黄侃虽然喜欢读《庄子》，甚至称师法庄子，但学力不足，且不善于提炼观点，没有形成一家之言。章太炎对《庄子》研究别开生面，撰有《齐物论释》，用佛学法相宗的理论诠释《齐物论》，引佛入庄，启用了新的研究模式。黄侃对此未能踵事增华，光大师说。

---

① 黄侃：《黄季刚诗文集》，中华书局 2016 年版，第 551—552 页。

黄侃偶然也论及《管子》，认为《内业篇》："此真古道家言也。《参同》《黄庭》皆于是乎出。其要曰：'定心在中，耳目聪明，四枝坚固，可以为精舍。'又曰：'心之中又有心焉。'又曰：'精存自生，其外安荣。内藏心以为泉原，浩然和平以为气渊。渊之不涸，四体乃固。泉之不竭，九窍遂通。'……诵法此等文籍，实足以安身成德，岂不胜于方士隐语，缪其辞义，使人误解以滋欲者乎？"①

1930 年 3 月 24 日，黄侃读完《吕氏春秋·必己篇》，称叹道："醰醰乎其有味也！"言外之意，味外之味，究竟如何，黄侃没有明说，我们也不好妄加揣测。

二、黄侃的汉唐玄学研究

1932 年 5 月 30 日，黄侃在日记中首次提到《汉唐玄学论》，这是黄侃关于汉唐玄学的系统表述：

> 哲学之称，非吾土所固有；假借称谓，有名实乖牾之嫌；故从旧称，曰玄学。肇自羲画，下戾爰兹，言玄理者，众矣。今但论汉、唐，中包六代；所以为此断限者，亦以此时玄学较难考论耳。
>
> 西京言玄学者绝稀。盖公之流，专意治道。杨王孙所贵，亦唯裸葬一事，本之黄、老，其实至浅；而言论之玄妙，又无闻焉。至于黄生，与辕固争辩汤武革命，乃法家之言，与玄理初不相涉。此时道家言论可供甄采者，良堇堇也。西京儒者，以董仲舒、刘向为著。仲舒即阴阳之流裔，亦谶纬之先驱，蔽固已深，无闻胜义。更生所长，徒在编定群书，题目优劣。若《说苑》《新序》，特一时记录，以供谈论；如《吕览》《淮南》《子钞》《意林》之为，自创高言，鲜矣。然则董、刘虽号鸿儒，亦未闻于斯道也。此事造端，定在哀、平之世。虽扬雄《法言》、桓谭《新论》多是常言，而《法

① 黄侃：《黄侃日记》，江苏教育出版社 2001 年版，第 130—131 页。

言》屏除巫史，《新论》文质论核，皆有廓清埃雾之功；惜未能自持一义。故谓杨子足继孟、荀，桓君山堪比素丞相，则又尊宠逾量尔。东汉作者，断推王充。《论衡》之作，取鬼神、阴阳及凡虚言、谰语，摧毁无余。自西京而降，至此时而有此作，正如久行荆棘，忽得康衢，欢忭宁有量耶！然窥其渊源所自，大抵推衍扬、桓，则亦非独创之解也。且破敌善矣，而无自立之能；陈列众言，加之评骘已耳。然其于玄理终不可谓之无功云。

东汉言玄理之文，单篇散言，以延笃《仁孝论》最为明白；①自余王符、崔寔、仲长统、徐干、荀悦诸人，所言仍在治道，旁皇乎儒、法之间；论极精微者，不可数觏也。综论东汉诸贤，识虽未远，而持论必辨，指事必切。夫持论辨，则无肤理；指事切，则无游词。肤理、游词去矣，而后可与言玄理。上观西汉，下视魏、晋，斯时也，诚如潦水已尽，寒潭将清；浮云欲消，白日回耀已。真以玄理著见者，其在魏氏乎！试寻《国志》《晋书》《世说新语》所载诸家论议，大率探本老、庄，时或独甄儒术；其余依傍名、墨，扶弱辅微；谈说纷纭，而纲维可晓；酬酢往复，而持论有方；则当时诸子之所能，后世所难企者也。嵇、阮、王弼诸人，本原老、庄以立论，既异汉世儒生之固，亦与黄、老不同；此道家之一变也。而裴頠《崇有论》，特与道家异撰；然持说坚确，亦有不可磨灭者。又刘劭《人物志》，则名家之余波；鲁胜《墨辩序》，实墨氏之嗣响；九流绝绪，至此一绵，异已！

书籍有真伪，学术但论是非。今之检核伪书者，往往并其中藏而一概抹杀之，甚无谓也。论吾土中世玄学之书，以三伪书为最懿。其思想突驾前人，而启辟后来之途径者，不可忽也。魏、晋间著作最大者，无如《列子》、伪《古文尚书》《孔丛子》三书。《列子》之言，从不见汉人称道，而忽见于金行之世；虽未必即为处度

① 延笃《仁孝论》曰："夫人之有孝，犹四体之有心腹，枝叶之有本根，仁以枝叶扶疏为大孝，以心体充实为先也。"详见〔明〕梅鼎祚编《东汉文纪》卷16。

所造，然其言皇子不信火浣布，乃依约魏文帝故事；知成书必在正始后矣。其书建理立论，乃以融通佛、老之为，陈义极其闳远。然亦言大《易》，言神仙，与王、何之伦又异。相其论旨，可称为中国之婆罗门。而依托重言，真名不显，惜夫！伪《古文尚书》，行之垂二千年，直至清儒惠、阎二君，始确断为伪作。然其中精理名言纷纭挥霍，未可度置而不谈也。作者迄不定其为何人；或言王肃，而伪传与肃龃龉者甚众；师说以为郑冲为之，亦难质言也。“人心惟危”四语，出伪《书·大禹谟》；宋世儒者，则以为尧、舜相传之心法；近人则以为不过剽袭荀卿。要之，谓心法者，推之过隆；谓剽袭者，伤于太直；若以为伪作者思想敏锐，直凑单微，亦非溢量之誉也。《孔丛子》者，或疑为子雍所造，较之《尚书》出自肃手者，略为得当。其中最精一言云：“心之精神是谓圣。”盖本之伏生《书传》。宋世杨慈湖最重之，以此下开心学一派；其关系亦奇矣！借如论者之言，伪《书》《孔丛子》皆出肃手，则子雍非麈经儒，又为玄学巨子；此足以对抗康成，平其宿忿者也。僧祐所撰集之《弘明集》，虽浮屠之籍，而亦有所独创，仍宜目为此土之言；唯其附会老、庄，多为粉饰佛乘，不能如《列子》之自成一家。然观支道林解庄生，别立消摇之训；慧远虽名僧大德，乃为《诗》《礼》之经师；雷次宗经术，在晋宋间最为卓尔，亦佛之徒也。雷之经术，即受远公。是知尔时儒术、玄言并与浮屠相齐和；是故论中世玄学，不得舍《弘明》而不谈。六朝佛、老之争至为激烈。如周颙、顾欢，以佛、老高下相倾，语多矜伐。顾以夷夏为说，类于唐宋之辟佛，今世顽固者之诋泰西，亦陋见也。况欢又自附黄巾米道者乎！然谓之无关于玄理，则又奚可？梁世范缜作《神灭》之论，此为佛说入中土后儒生对彼首发难端。反之者，挟帝王之威势，务以必胜为归。然果持佛说以衡量之，则范固谤佛；反范者，亦未必即得佛旨也。盖范所云神灭，是断见之流；而言神不灭者，亦堕于常见。佛说所以独据玄言上流者，正以离去边见耳；一堕边见，虽胜义，亦终成土苴而已矣。且范氏之说，亦自王充、阮瞻来。更上推之，则太史公云：“学者多言无鬼神。”又上推之，《祭义》明言：“鬼神即魂魄，魂魄即形神。”是吾土至言，本主张无鬼之论；范则代表儒生，以樘柱异教，宜无罪焉尔。

自魏氏以来，训释儒言，颇变汉代经师拘守家法之习，一也；参以玄言，二也；受浮屠之渐染，三也；自下新义，四也。故经说纷纭，极于宋、明，而实滥觞于魏、晋。今举其能下新义者，如下三书；王氏之《易》，大抵自季长转变，故亦以费《易》为名。其明于庶物，察于人伦，实驾前人之上；是以六代列学，与郑并行；至唐遂岿然独在，非无因也。观其《易略例》《明彖》《明爻》诸篇，其思虑纲维，秩然不紊，殆有非周末诸子庸庸者所可庶几！即《易注》中推迹人事治乱之由，如说《睽》上九，说《履》六三，精密无比；不审英年早秀，何由照知事理，如彼其明！信所谓天挺异资，不同常律者乎！干氏之《易》，又与王氏殊科。虽远本京房，世应游归，初无深义；然说《序卦》“有天地然后万物生”，则力驳老氏“有物混成，先天地生”之说；至比王、何之流为谗说殄行。说《杂卦》之末，不以反对次序之理，则与《易》终未济之理吻合。此在当时，亦不失为说经一家也。皇氏《论语义疏》，所集多晋末旧说，自来经生持佛理以解儒书者，殆莫先于是书也。其中所用名言，多由佛籍转化。至宋人“虚灵不灭”等言语，又《义疏》之云仍已。其说圣人无梦与钓弋皆非本事，纯由示现而为。此直刻画瞿昙，唐突洙泗矣！然美言络绎，终属异书。唐世学术中衰，而玄言尤为稀简。三教并立，实则皆无异观。浮屠之伦，舍昌明自教掊击他宗外，殆无余暇。其于和会众说，自立门庭，有所未能。假令舍弃梵言，彰立殊义，弥不敢已。今论唐氏玄学，于此悉从删焉。

儒术在唐，凡有二类：一则抄撮义疏，不能自作精诣之言。其稍有异材者，若徐旷，尝从沈重受业，不数日而舍去；乃曰：“先生所说皆纸上语耳！若奥境，彼有所未见。”相其议论，盖有意于玄妙深微；惜书无传，卒无以测其所诣之深浅耳。次为陆德明，本一经生，然尝与道士刘进喜、浮屠慧乘，对议三教，随方立义，遍析其要。此则经儒亦非无能述玄理者；惜其言绝，不传于后，今无述焉。一则攻难先儒，自名其学，始王绩以其兄通比仲尼；通仿古作《六经》，又为《中说》以拟《论语》；当时不为诸儒称道。盖学术初漓，而笃厚之风，独未能一旦泯绝也。武德时，王玄度注《尚书》《毛诗》，抵排孔、郑，几立学官。开元时，元行冲为魏征《类礼》作疏，《小戴记》危遭废斥。自是唐之儒业，亦渐变矣。故有啖助、赵匡、陆淳说《春秋》，施士匄说《诗》，仲子陵、袁彝、韦彤说《礼》，蔡广成说《易》，强蒙说《论语》；皆自名其学，诋斥旧闻，而名理甚疏；宋祁讥之，曰诬且固，亦焉用苟攻前人为也？王通《中说》，盖有善言，而多夸饰，即其谠论，犹是老生常谈。流波及于韩愈、柳宗元、刘禹锡、吕温之伦，文章华采郅优，而持论不可检核以形名之学。韩氏盖尝言性，然三品之说出于漆雕开、世硕、公孙尼；而王充亦尝祖述之，何名胜义乎？猥以虚言，上比孟、荀，谈何容易耶！

唐世治道家之言者，如王绩床头但有三玄，犹是晋、宋旧风；孙思邈亦仅以老、庄为说。其余号称道士有学者，如吴筠、司马承祯，皆受学于潘师正；师正自言受陶弘景正一之法，是五斗米道也。筠、承祯，乃时述老、庄微言，特自所发明者绝无耳。惟有张游朝通庄、列，能为《象罔》《白马证》诸篇；盖既精玄理，又擅辩学者，此在唐世，真难能而可贵也。

大抵吾土玄学，多论人生，而少谈宇宙。至世界成立，万物由来，心行缘起，益鲜论述。《易》中稍露萌芽，其余众籍，并此句蘖亦不存焉。中古弥复简略；《庄子》载冉有问孔子曰：“未有天地可知耶？”孔子曰：“可，古犹今也。”此为殊胜妙义。盖穷诘世界根原，既堕邪见。故中世理家，于斯亦斩截葛藤焉。尝谓方外哲学，思精每过华土先贤，识大则不逮远已！此中国玄学与外国哲学之别也。汉、唐之学，罕言理气。而宋人则视为进塾之语，中世玄学，既不迷宇宙之根源，而宋世如朱子且曰："天之上更有何物？"当时叹以为奇妙，不悟其思智之纷纭，议论之支离，皆坐此。唐以前无是也。此中古玄学、近世玄学之别也。①

昔人疑古，蔑弃伪书，铺观所论，足觇黄侃之治学笃实精严而又闳通广揽，不以今妨古，而各得其根本；不以伪乱真，而皆撷其精粹，斯诚治学之坦途、敦古之正轨，学者循是以求，华夏之学术，或可得其大经大本。"今世顽固者之诋泰西亦陋见也。"由此可见，黄侃并非顽固者！

此文据说得到汤用彤先生的称赞，而方东美却颇有微词。

三、黄侃的宋明理学研习

1931 年 11 月 6 日，黄侃始看《宋元学案》。这应该视为黄侃人生的一个转折点。他虽自称为章句之儒，但我们不能简单地把他等同于乾嘉学派那样的汉学家，他对宋学不但不排斥，通过研习，反而颇有收获。如 1931 年 11 月 13 日，黄侃在写给潘重规的信中称：

若夫养心制行，非问道宋、明先儒不可。近日日读宋元、明《学案》一卷，对于生平行事悔吝多矣。何术以晚盖？尚不能知也。王汝止之书，言修身之理，由为切挚，窃愿与足下共勉之。何时东来，以慰寂寞？

从放浪形骸到"养心制行"，应该说黄侃正开始一个新的转变。他反思生平行事，从"悔吝多矣"一语来看，他经过了一番痛苦的思考。

① 《制言》第 16 期。按：此篇宜详加诠释，以俟知言君子。

他把这番思考曾经汇报给章太炎先生，并请教有关疑难问题。1931年12月5日，收到章太炎来信。这就是著名的《与黄季刚论理学书》。函云：

> 季刚足下：前得书问研究宋元、明《学案》并及《论语》疑义。《宋元学案》所包者广，其人不尽是理学一流。《明案》稍纯，盖太冲精力在此不在彼也。至《宋元案》不录孙宣公，黄薇香业已致难。其于苏子瞻辈，直以异学视之，此尤偏缪。苏氏之学，本出陆敬舆，说经谈理，非其本根。今不论其本而寻其枝，非知人论世之道也。《明案》录霍韬、席书辈，此乃附会大礼之佞人，因其曾事阳明，遂得与录。文人如王阮亭辈犹知非之，今更无讥焉。又两《案》所说师友渊源，亦有未尽谛者，如《宋元案》据山谷传闻之辞，谓刘原父为欧阳弟子。考之两家文集，绝无其征。《明案》以罗达夫为阳明弟子，不知达夫自师李谷平，始终不肯署阳明门下也。
>
> 理学须取其少支离者，明道、上蔡、象山、慈湖、白沙、阳明，各有独至，皆无支离之病。王门高材，多在江西。仆尤喜王塘南。其言“乾为知体，坤为意根”，自来绝未有见及此者。苦于执着生机，不能脱离缠缚，是其见到之处，正其受病之处也。大氐理学高者，皆是走入天乘。世人谓理学是禅，要只佛家所谓四禅、八定，通于外道者唯杨慈湖、林子春庶几超出耳。然因是谓理学可废，佛法可专尊，则又不然。人世纪纲，佛书言之甚略。五戒、十善，不如儒书详备多矣。
>
> ……锦州撤兵，似已有放弃关东之决心。虽会之先生复作，其智谋不过如此也。吾辈但保存国故，作秦代之伏生耳。①

1931年12月19日，黄侃提出了“主养和”的细目：

---

① 《制言》第16期。

终日无疾颜遽色。

乐道而忘人之执。

无情之物不足以烦恼；无情之人（自妇子佣人以至所接者大抵属焉）不足以烦恼；无可奈何之事不足以烦恼（自疾病以至丧乱，皆属之）；不能思之理不足以烦恼（自目前物理以讫死生幽明、天地终始、世事治乱）。

人有不及，可以情恕；非意相干，可以理遣。

往事不可悔，徒悔无益；修来，则改之、补之矣。

黄侃以往属于那种“轻轻只一扇，炉内便起烟”的人，在读了几种学案之后，他开始注意加强自我修养，改变“疾颜遽色”，消除各种烦恼。“有益身心书常读”，宋明理学家的书就属于这一类。也只有读这一类书，才有可能潜移默化，改变气质。一般来说，一个人文学者，无论从事何种专业，从40岁之后都应该每天坚持阅读一点理学书籍，调解身心，加强修养，由凡入圣。

1932年3月4日，黄侃在北京拜见章太炎，避难之际纵论明儒之学。5月18日，黄侃至章太炎处，劝其回苏州。吴承仕在座，纵谈经学、理学。林春谓“文王望道而未之见，可见即非道”，王时槐谓“乾为知体，坤为意根”，太炎对此二条大加赞许。太炎对于杨简、林春之学极为称道。

1933年1月6日，收到章太炎5日来信，当即复信。7日日记称：“时事如此，亦无心论学。”在“国破山河在”的残局之下，黄侃心情随着国运的波动而波动，已经无心论学。

值得注意的是，像章太炎、黄侃与钱玄同这些学界公认的“怪人”，他们在晚年均转向研习宋明理学，虽未见道本，亦无大发明，但有益身心，则是不可抹杀的历史事实。

第七章 黄侃的文学研究[①]

第一节 黄侃与“选学”

近代是中国学术由传统向现代的转型时期，从唐朝即成为专门学问的“选学”，经过千余年的发展，也面临着向“现代新选学”的转型。学者们普遍认为所谓“现代新选学”[②] 主要是指研究模式上从单一的文献研究转向文献研究与文学研究相结合，并且更加注重研究的理论性、系统性和整体性。按照这样的标准，骆鸿凯的《文选学》被认为是“新选学”的代表。[③] 事实上，“在骆鸿凯之前还有一人，即黄侃先生”[④]，黄侃是骆氏的老师，其《文选平点》更早地实现文献研究与文学研究的结合，开始从“传统选学”向“现代新选学”的转变，可谓现代“选学”的引路人。

据黄侃《文选平点叙》云：

> 汪韩门、余仲林、孙颐谷、胡果泉、朱兰坡、梁茝林、张仲

---

① 此章由李婧博士执笔，经我稍微修改润饰。谨此致谢。

② 对“现代新选学”的定义，参见陆宗达《昭明文选译注序》，陈宏天等主编《昭明文选译注》，吉林文史出版社 1994 年版，第 1 页；许逸民《再谈“选学”研究的新课题》，赵福海主编《文选学论集》，时代文艺出版社 1992 年版，第 15 页；王立群《现代文选学史》，中国社会科学出版社 2003 年版，第 3 页。

③ 参见许逸民《再谈“选学”研究的新课题》，赵福海主编《文选学论集》，时代文艺出版社 1992 年版，第 15 页；王立群《周贞亮〈文选学〉与骆鸿凯〈文选学〉》，《文学遗产》2001 年第 3 期。

④ 陈延嘉：《黄侃——新文选学的伟大先驱者》，中国海峡两岸黄侃学术研讨会筹备委员会编《中国海峡两岸黄侃学术研讨会论文集》，华中师范大学出版社 1993 年版，第 220 页。

> 雅、薛子韵、胡枕泉诸家书于文义有关者，并已参核。其摭拾琐屑，支蔓牵缀之辞，以于文之工拙无与，只可谓之“选注”，不可谓之“选学”，故不遑备录也。①

这寥寥数语透露出了一个极其重要的信息，即黄侃对“选注”和“选学”有明确的区分。“选注”是指“摭拾琐屑，支蔓牵缀之辞”，“于文之工拙无与”者；而“选学”则是“于文义有关者”。不难理解，所谓“选注”正是指“传统选学”以校勘注释为主的文献研究，而“选学”则是指以文学批评为主的文学研究。黄侃对清代选学家的选注“不遑备录”，显然是不满于琐屑的文献研究，而欲转向更高层次的“选学”。黄侃《文选平点》在台湾出版时题为《文选黄氏学》，正是凸显出了他在研究角度上从选注向选学、从文献研究向文学研究的转变。正如其女黄念容所云：

> 盖先君娴习文辞，深于章句训诂之学，用能擘肌分理，达辞言之情。片言只字，皆根极理要，而探赜索隐，究明文例，曲得作者之匠心。既无文人蹈虚之弊，复免经生拘泥之累。②

黄侃兼具文学家和小学家之长，他对《文选》的解评既有文字校勘、章句训诂、文史考证等文献研究，又有义理解析、文学批评等文学研究，实虚结合，形成了熔文献研究与文学研究为一炉的整体性研究模式。

一、黄侃对《文选》的文献整理研究

（一）文字校勘

黄侃对《文选》进行了颇为全面的校勘，他综合运用了各种校勘方

① 黄侃：《文选平点》，上海古籍出版社1985年版，第5页。

② 黄侃：《文选黄氏学·前言》，台北文史哲出版社1977年版，第2页。

法，如广求善本对校、详考群书他校、用李善注本校、细研文本理校、以小学助校勘等，共校得 1 920 余条，除去与前人成果雷同之处，有 800 余条为独立成果，其规模数量固然无法与胡克家《文选考异》、梁章钜《文选旁证》相比，但是近代《文选》校勘史上一项不容忽视的重要成果，具有多方面的价值。

第一，保存了一些稀见版本的异文。黄侃广搜古本对校，并皆以死校法客观存录异文，故《文选平点》中保存了一些《文选》稀见版本的异文，其中尤为珍贵的如日本古抄本。此本后归北京故宫博物院，今存台北故宫博物院。先后以此本对校者计有杨守敬、傅增湘、黄侃、向宗鲁、高步瀛。杨氏自称其亲用此本校勘，但其校语不知所存。傅校本今存国家图书馆，向校本据屈守元先生言亦不知所终。高步瀛《文选李注义疏》仅对校了古抄本卷 1、卷 2，数量有限。可见，古抄本原本既不易得，校本亦罕有流通，今存于《文选平点》中的黄侃所校的近百条异文，便具有了重要的参考价值。

第二，辨正了前人校勘中的讹误。黄侃对何焯、汪中、孙志祖、朱珔等人的校勘均有辨正，特别是对胡克家《文选考异》，有 70 余条补充与辨析，其说多信实有据，不可忽视。

第三，解决了一些疑难问题。黄侃格外关注《文选》校勘中的疑难纷争，对不少问题均有卓见，如关于《神女赋》玉、王互讹问题就发表了可贵的意见。宋代沈括提出的“玉梦说”得到了明清大多数选学家的普遍赞同，只有少数学者站在“王梦说”一边。黄侃则从几个方面有力地驳斥了“玉梦说”，为“王梦说”提供了新的论证。

（二）章句训诂

《文选》的研读尤需小学基础，阮元在《文选旁证序》中云：“读此书（《文选》）者，必明乎《仓》、《雅》、《凡将》、《训纂》、许郑之学，而后能及其门奥。”[①] 黄侃以小学名家，在中国训诂学史上承前启后，是初步建立起训诂学理论体系的第一人。[②] 以其训诂理论为指导，他对《文选》的训诂也独具特色。黄侃指出训诂有小学训诂（即说字之训诂）与经学训诂（即解文之训诂）之分，其区别在于“小学家之说字，往往将一切义包括无遗，而经学家解文，则只取字义中一部分”，“小学之训诂贵圆，经学之训诂贵专”。

《文选》字词训诂即属于经学训诂，其训贵专，必须坚持“依文立义”的原则。但《文选》中的一些故训混淆了小学训诂（即说字之训诂）与经学训诂之分，往往以说字训诂来训释《文选》，一味套用字书辞书，不能“依文立义”，自然也就不能准确地训释字词。对于这样的《选》注故训，黄侃都力辨其谬。如谢灵运《拟魏太子邺中集诗》“既作长夜饮，岂顾乘日养”，李善注引《广雅》曰：“养，乐也。”乃利用字书之训诂。黄侃则认为字书之训不合乎此处文义，“养训乐，非也”，“当读养生之养”。[③]“长夜饮”句是说邺下文人终一整夜来宴饮，若如李善注将“养”训“乐”，“乘日养”指白日作乐，上下句意不免重复，并且与“既作……岂顾……”间的转折关系不协。黄侃认为“养”训“养生”，结合上下文语境，指既然用一整夜来宴饮欢笑，还哪里顾得上白日追求养生之道，应该说黄训更切合文义。

黄侃小学研究的一个突出特点是将文字、音韵、训诂相结合。他训诂《文选》字词也强调要结合文字学、音韵学，注重形训、声训。如训释《招魂》“何为兮四方些”中的“些”字，就是从形、声两个方面入手，谓：“些即呰之变形，而嗟嗞之声变也。”[④]

---

① 〔清〕阮元：《梁中丞文选旁证序》，《揅经室续集》卷3，中华书局1985年版，第140页。

② 许嘉璐：《黄侃先生的小学成就及治学精神》，程千帆等编《量守庐学记》，生活·读书·新知三联书店1985年版，第59页。

③ 黄侃：《文选平点》，中华书局2006年版，第364页。

④ 同上书，第411页。

（三）文史考证

《文选》年世绵渺，积存许多疑难问题，不少争议之处聚讼纷纭，已然成为千古公案，对此黄侃多有精审独到的考辨，如对司马相如《长门赋》、李陵《答苏武书》、赵景真《与嵇茂齐书》、孔安国《尚书序》等篇的真伪问题进行了考证。再如有关《洛神赋》主旨，向来存在“感甄”和“寄心文帝”两说，黄侃则认为：“今谓《洛神赋》但为陈王托恨遗怀之词，进不为思文帝，退亦不因甄后发，庶几言情守礼，两俱得之。”他指出《洛神赋》的主旨只是“陈王托恨遗怀之词”，既不应索隐甄妃，也不必附会文帝，这样的理解表现出黄侃论文通达，不作腐谈，与传统的牵合政教的做法异趣。

二、黄侃对《文选》的文学批评研究

（一）义理解析

《文选》的很多篇章，作者出于主客观的原因，无法或没有明确表达思想，致使文章主旨隐约不明，黄侃贵能立足文本，从字里行间体察作者的真实用意，探究文章的本旨，这正是黄侃义理解析的最重要之特色与贡献所在。比如，中国古代诗教素有“主文而谲谏”① 的传统，于汉尤盛，故《文选》所录汉文多隐含讽谏之旨，黄侃于此多有揭示。他评贾谊《过秦论》言：“此文讽汉，而托言过秦耳。”② 评司马长卿《封禅文》曰“依类托寓”，“封禅亦托以讽谏”。③ 再如，禅代易主，政权交替时，往往政治极端黑暗，文士在政治高压下被迫为文，每每隐约其旨，义在文外，黄侃于此也着力予以彰显。王莽篡汉立新时，扬雄所上《剧秦美新》多被认为是其名节上的“白圭之玷”。黄侃则认为子云言

---

① 《毛诗序》。

② 黄侃：《文选平点》，中华书局 2006 年版，第 576 页。

③ 同上书，第 544 页。

“剧秦而不剧汉，文旨已明”①，谴责秦朝的暴虐，而不谴责汉朝，暗含新莽政权仅可与秦相埒，不能与汉同日而语。又如，魏晋交替之时，阮籍撰写了劝司马昭受封晋公的《为郑冲劝晋王笺》，成为其名节上受人诟病的污点。黄侃也为阮公正名曰：“此文讽刺至明，不识当时何以竟用之也。后人梦梦，且以是为阮公罪，是但观劝进之题，初不一究其文义也。何焯云，许以桓文，讽以支许，巧于立言，案此论精微。”②

（二）文学批评

黄侃曾作诗称赞《文选》“八代名篇此尽储，正如乳酪取醍醐”③，所收皆八代名篇，文苑菁华，在整体上肯定了《选》文的艺术价值。在解评《文选》时，他格外注重从遣词造句、篇章布局、艺术风格、文学源流等方面对《文选》文进行文学批评。

黄侃虽然整体上肯定《选》文的艺术价值，但并没有在具体的解评中盲目褒赞，反而多有批评之辞。如对一些《选》文使用“代语”的现象就多次提出批评，所谓“代语”是指不直言而用他词指代的遣词方式，黄侃对此极为不满：“六朝好用代语，而自颜彪益多，其用字上非故训，下异方言，大抵‘赏、抚’之类，须以意摸索之也。”④在解评中，特别注意指出《选》文使用“代语”之处，并反复强调勿效代语、代语不可为式。如谢混《游西池》“有来岂不疾，良游常蹉跎”，“有来”一词令人费解，黄侃根据李善注引陆云《岁暮赋》“年有来而弃予，时无算而非我”，指出“有来”即代“年”字。

黄侃留意《选》文的结构布局，常点出句与句之间的照应关系。他十分赞赏文章结构上的参错，如曹丕《与钟大理书》是其得钟繇之玉玦后，与之示谢书。开篇即举古代名玉：“晋之垂棘，鲁之玙璠，宋之结绿，楚之和璞，价越万金，贵重都城，有称畴昔，流声将来。”但继之，

---

① 黄侃：《文选平点》，中华书局 2006 年版，第 550 页。
② 同上书，第 473 页。
③ 同上书，第 653 页。
④ 同上书，第 652 页。

曹丕仅续以“垂棘”“和璧”二典来表示美玉之珍贵，文谓：“是以垂棘出晋，虞虢双禽；和璧入秦，相如抗节。”而舍弃了“玙璠”“结绿”两事。黄侃认为曹丕这样做“承上而惟举垂棘和璧，文乃参错，可以为式”①，对这种结构上的灵活参错表示赞赏。

黄侃对不少作品的艺术风格进行评赏，如谓班叔皮《王命论》“文则浩浩洋洋，风骨遒上”②，曹子建《与吴季重书》“此篇笔意过纵，未为粹美”③，孔稚珪《北山移文》“此篇殊多俗致”④，颜延之《宋文皇帝元皇后哀策文》“此文实不悟其佳处，意窘词枝，总由无情耳”⑤。黄侃还总结了作家的风格，如从具体作品中总结出任昉善于序情的特点。

黄侃还具有文学史的意识，常梳理《选》文之源与流。一方面，他向上追溯了一些《选》文在体式、题材上的源头。如指出左思《蜀都赋》“峻岨塍埒长城，豁险吞若巨防”句“拟《子虚赋》‘吞若云梦者八九’句法，而实不安”⑥ 考察句法、体式之源。而评宋玉《登徒子好色赋》“此与《神女赋》同旨，然已劝百而讽一矣。其源出于《汉广》《行露》”⑦，考察题材的源头。另一方面，他又往下梳理了一些《选》文在体式、题材上之流脉。《文选》中一些名篇被后世争相仿效，沾溉者多矣，如《过秦论》，黄侃指出“此论覆焘无穷”⑧，后世受其影响者有干宝《晋纪总论》，但“摹拟过杂过多，未能熔炼，是此文之病，特大体骏健耳”⑨，而曹冏的《六代论》“此文最善效《过秦》”⑩，模仿得比较成功。

① 黄侃：《文选平点》，中华书局2006年版，第491页。
② 同上书，第582页。
③ 同上书，第493页。
④ 同上书，第507页。
⑤ 同上书，第631页。
⑥ 同上书，第54页。
⑦ 同上书，第182页。
⑧ 同上书，第575页。
⑨ 同上书，第560页。
⑩ 同上书，第586页。

三、黄侃对《文选》的相关研究

黄侃不仅对《文选》本身进行了文献研究与文学研究相结合的全面整体探讨，还研究了《文选》选文范围和标准，《文选》李善注及旧注，另外还辨正并评价了多种前代《选》学著作，在《文选》与《文心雕龙》相互关系的研究上有肇始之功。可以说，黄侃对《文选》及其相关问题进行了全方位研究，富于系统性和整体性。

(一)《文选》选文范围和标准

黄侃对《文选》的研究具有较高的理论深度，这集中体现在对《文选》选文范围和标准的深刻理解上。对这一问题，阮元《书梁昭明太子文选序后》云："昭明所选，名之曰文，盖必文而后选也，非文则不选也……必沉思翰藻，始名之为文，始入选也。"① 阮元援引六朝的文笔说，认为《文选》选"文"而不录"笔"，所选都是"沉思翰藻"富于文采的"文"。阮元的说法遭到章太炎的反对，他认为"此（《文选》）为裒次总集，自成一家，体例适然，非不易之定论也。若以文笔区分，《文选》所登，无韵者固不少。若云文贵其彣耶，未知贾生《过秦》、魏文《典论》同在诸子，何以独堪入录？"② 阮氏借重《文选》抬高骈偶文学，章氏排抑《文选》来宣扬泛文学观，二人都怀着各自的文论主张来理解《文选》，均未能切中其实。黄侃则立足于对六朝文学思想的整体把握上来反观《文选》，他精熟《文心雕龙》、六朝文笔说，对阮、章两家观点加以折衷，从而认为六朝所谓之"文"："拓其疆宇，则文无所不包，揆其本原，则文实有专美"，在范围上至广，但对"文"之所以为"文"的本质有严格的要求。在此基础上，对《文选》选文范围和标准也有了更为深入的理解。他在《文心雕龙札记·总术篇》中援引并解释《文选序》道："此昭明自言选文之例。据此序观之，盖以综缉辞采，

---

① 〔清〕阮元：《书梁昭明太子文选序后》，《揅经室三集》卷2。

② 章太炎：《国故论衡》，上海古籍出版社2003年版，第51页。

错比文华，事出沉思，义归翰藻为贵，所谓集其精英也，然未尝有文笔之别。阮君补苴以刘彦和、梁元帝二家之说，而强谓昭明所选是文非笔耳。”①黄侃纠正了阮元、章太炎的偏颇，认为《文选》的选文标准是“综缉辞采，错比文华，事出沉思，义归翰藻”，但选文范围则未有“文笔之别”，既选“文”，也选“笔”，此说显然更符合《文选》的实际。

（二）《文选》注研究

黄侃不仅研究《文选》正文，还对《文选》注有全面细致的考辨。如指出班固《两都赋》、曹植《洛神赋》、范晔《宦者传论》、沈约《恩幸传论》、扬雄《剧秦美新》等篇题下注及《文赋》之注非李善原注。再如补充李善注未详之处，干宝《晋纪总论》“是以目三公以萧杌之称，标上议以虚谈之名”，善注“萧杌，未详”，黄侃补充道：“萧杌盖犹潘岳题阁道为谣之类。”② 又如对善注之训诂、释事、义理等各方面予以辨析，共计60余处。黄侃还纠正了一些旧注之讹误。例如班固《典引》“既感群后之谠辞，又悉经五繇之硕虑矣”一句，旧有蔡邕注“繇，占也”，“五繇”出自“王者巡狩，预卜五年，岁习其祥，习则行，不则修德而改卜。言天下已举五卜之占而习吉也”，指“五卜之占”。黄侃指出此注大非，他认为：“繇，道也。五道，谓五经之道也。”③

（三）考辨前人

黄侃治学注重吸收和辨证已有学术成果，其治《文选》广泛参借了前代特别是清代选学家论著，吸收了方回、杨慎、何焯、金甡、赵曦明、余萧客、张云璈、朱珔等人的观点，同时，更着力于对前人注释评点的辨证，其中尤以对杨慎、顾炎武、何焯等大家的辩驳为多。在此基础上，黄侃对前人的选学成就得出恰当的评定，如他对何焯的评点便给

① 黄侃：《文心雕龙札记》，上海古籍出版社2000年版，第213页。
② 黄侃：《文选平点》，中华书局2006年版，第561页。
③ 同上书，第556页。

予了相当高的评价："余仲林云，义门当士大夫尚韩愈文章不尚《文选》学，而独加赏好，博考众本，以汲古为善，晚年评定多所折衷，士论服其该洽。以今观之，清世为《文选》之学精该简要，未有超于义门者。"①可见，黄侃对《文选》学史有较为清晰系统的梳理，他的评定也有利于我们对《文选》学史的研究。

(四) 参证《文心》

黄侃在《文选平点叙》中强调"《文心》与《文选》'笙磬同音'"，研读《文选》开宗明义的第一要事就是结合《文心雕龙》之理论。黄侃自己在解评《文选》时，正是"于《文心雕龙》所说能信受奉行"，引用《文心》计10余处。如在评《文选》赋类时指出：在赋之分类上，"昭明亦沿前贯耳"，继承了刘勰，揭示了《文心》文体分类对《文选》之影响。黄侃还将《文心》对作家作品的批评与《文选》文相互印证。如对于入选《文选》的扬雄《剧秦美新》，《文心雕龙·封禅》评曰："观《剧秦》为文，影写长卿，诡言遁辞，故兼包神怪；然骨掣靡密，辞贯圆通，自称'极思'，无遗力矣。"黄侃认为"诡言遁辞"之评"得此文之真矣"。②

第二节　黄侃与"龙学"

在《文心雕龙》研究史上，最富标志性的事件，莫过于1914年黄侃在任教北大时"把《文心雕龙》作为一门学科搬上大学讲坛"。"这说明从黄侃开始，《文心雕龙》研究就是一门独立的学科：龙学"③，从此开始了现代龙学的百年历程。其讲义《文心雕龙札记》，在校注、义理、

---

① 黄侃：《文选平点》，中华书局2006年版，第4页。

② 同上书，第575页。

③ 牟世金：《"龙学"七十年概观》(上)，《社会科学战线》1987年第3期。

研究方法等方面均具有开创性意义，“虽然黄书也有校注，却以阐发文论思想为主，这确是研究角度的一大转变，一个新的开始”①，“令学术思想界对《文心雕龙》之实用价值、研究角度，均作革命性之调整”②。由传统的校勘、注释转为现代意义上的理论研究，《札记》因此被誉为“现代科学的《文心雕龙》研究的奠基之作”③。

一、《文心雕龙札记》的时代背景

黄侃之所以将《文心雕龙》搬上大学讲堂，《文心雕龙札记》之所以能完成研究角度的重大转变，皆非偶然，背后蕴含着复杂的学术背景和现实原因。

（一）针对清末民初三大文学流派纷争

清末民初出现了三大文派，即以姚永朴、林纾等为代表的桐城派，以刘师培为代表的《文选》派，以章太炎为代表的朴学派。这几派的代表人物于民国元年之后至五四之前，先后汇集于北大④，并在各自的课堂上、讲义中宣扬各自文派的观点，而他们不约而同地都利用了中国古代文论的元典《文心雕龙》。黄侃自1914年至1919年在北大执教席，自然不甘示弱，借重了《文心雕龙》的折中理论，以之作为批判桐城派，调和刘师培《文选》派与章太炎学说，表达宏通的骈散观。正如周勋初先生所说：“《文心雕龙札记》一书乃是清末民初三大文学流派纷争

① 牟世金：《“龙学”七十年概观》（上），《社会科学战线》1987年第3期。

② 李曰刚：《文心雕龙斠诠》，台北编译馆中华丛书编审委员会1982年版，第2515页。

③ 张少康等：《文心雕龙研究史》，北京大学出版社2001年版，第148页。

④ 周勋初《黄季刚先生〈文心雕龙札记〉的学术渊源》、汪春泓《论刘师培、黄侃与姚永朴之〈文选〉派与桐城派的纷争》、吴微《桐城派与北大》、陈以爱《中国现代学术研究机构的兴起——以北大研究所国学门为中心的探讨》等都对当时北大的情形有所描述。

中涌现出来的一部名著。”[①]

在新旧文化交替的20世纪初，这场文派之争，一方面上承中国古代文论传统，是新文化运动来临之前文言文坛上最后一场骈散之争；另一方面，文派之争是在西方新的学术体系涌入国门的背景下展开的，也透露出了新的学术动向，这集中体现在对“文学”的含义与范围的探讨上。“文学”一词原是日本对英文“literature”的翻译，清末民初又从日文译为中文。当西方的学科体系在中国早期大学中确立之时，文学成为和哲学、史学等并列的一门独立学科，那么，对“文学”的界定无疑成为此时学术界的当务之急。

在三大文派之争中，对“文学”的含义与范围的探讨便是一个争论的焦点，特别是刘师培和章太炎两人对此发表了针锋相对的意见。刘师培在《广阮氏文言说》中以为“文章之必以彣彰为主”[②]；章太炎《国故论衡·文学总略》则认为“文学者，以有文字著于竹帛，故谓之文。论其法式，谓之文学。凡文理、文字、文辞，皆称文”[③]，“凡彣者必皆成文，凡成文者不皆彣，是故榷论文学，以文字为准，不以彣彰为准”[④]。刘师培《广阮氏文言说》和章太炎《国故论衡·文学总略》作于二人在1906年流亡日本时，其时三大文派之争尚未全面展开，却正值“文学”这一概念从日本传入中国之始。因此，不得不说，刘、章二人此时对“文学”一词立足中国传统文论的辨析正是一种预演，为接下来的“文学”概念的大讨论作了理论准备。刘师培以为“文章之必以彣彰为主”是强调文学的美学特质，章太炎云“文学者，以有文字著于竹帛，故谓之文”是一种泛文学观，甚至可以说是一种文献观。二者各有得失。黄侃在《文心雕龙札记》中也紧跟学术热点，着重探讨了“文

① 周勋初：《黄季刚先生〈文心雕龙札记〉的学术渊源》，《文学遗产》1987年第1期。

② 刘师培：《广阮氏文言说》，舒芜等选编《中国近代文论选》，人民文学出版社1959年版，第535页。

③④ 章太炎：《国故论衡》，上海古籍出版社2003年版，第51页。

学”的含义与范围问题，他继承了两位先生的观点，力主调停：“拓其疆宇，则文无所不包；揆其本原，则文实有专美。”既抓住了文学的美的本质，也兼顾了中国文体纷杂的现实。这种对文学进行广义、狭义两种不同标准的界定，成为20世纪早期对“文学”界定上颇具代表性的观点。①

（二）为了适应新的文学分科的需要

1910年，北京大学中国文学门成立，“文学”成为一个独立的学科。在文学学科下所开设的课程，既有与传统学术一脉相承者，同时更借鉴西方的学科分类，新增了很多中国传统学术体系所没有的课程。黄侃所任课程即是新旧杂陈，学者一般都津津乐道于黄侃第一个把《文心雕龙》搬上大学讲坛，却鲜有人追问，他到底是把《文心雕龙》搬上了什么课堂？

据栗永清考证，“甚至在1914年9月开始在北京大学讲授‘词章学’时，《文心雕龙》或已成为其授课内容。此后，1915—1918年间，又在不同的课程名目下陆续讲授数次，应该更近于事实……而《文心雕龙札记》也当是在多次讲授的过程中，几经修订的结果”②。由此可知，黄侃首先是借《文心雕龙》来讲解词章学的。黄侃入职北大之初，即承担词章学教学。这门课程以指导学生写作为目的，相当于中国古代的文章作法，但在中国传统的学术分类中，文章作法一类从属于诗文评，尚没有分划为一个独立的学术分支。根据1913年国民政府颁布的《大学规程》，词章学与文学研究法、中国文学史成为中国文学门文学类的三科专业课程，这显然是现代文学分科趋于细化的结果。那么，面对一门中国传统学术体系所没有的课程，黄侃为什么选择借重《文心雕龙》来讲授呢？这是因为虽然词章学这门课程是新设立的，但是文章作法类专

---

① 戴燕：《文学·文学史·中国文学史——论本世纪初“中国文学史”学的发轫》，《文学遗产》1996年第6期。

② 栗永清：《知识生产与学科规训：晚清以来的中国文学学科史探微》，中国社会科学出版社2012年版，第186页。

著向来不少，而其中最为突出的无疑当属具有丰富而系统之创作论的《文心雕龙》，最符合词章学的要求。

如果说词章学还带有中国传统文章作法类的痕迹，并不能算是全新的文学学科，那么，1917 年底陈独秀主持北大文科课程改革会议，删除了“文学研究法”“词章学”，效仿《癸丑学制》① 中诸外国文学门，而构架了以“文学”“文学史”“文学概论”三门并立的课程体系，② 则可以说是文学学科的创新了。据 1918 年 4 月 30 日北大国文教授会议决议《文科国文学门文学教授案》对三门课程的内容、目的的说明，“中国文学史”“在述明文章各体之起源及各家之派别”，侧重史的梳理；“中国文学”注重“各体技术之研究”“研寻作文之妙用”，显然是继续了“词章学”指导写作之目的；“文学概论”则“当道贯古今中外”侧重文学理论。三门之中，“文学概论”是此次新增的必修课。这一学科名目最早是从日本传来，1913 年国民政府颁布的《大学规程》中，“文学概论”被列入外国文学门下，是参照西方的“文学理论”而设立的。1917 年，北大为均衡文科理科，曾为理预科添开“文学概论”课，可见，此课程旨在讲授有关文学的一些理论常识，本是一门文学理论的普及课。在 1917 年底北大文科课程改革中，“文学概论”被确定为中国文学门的必修课。

据 1918 年北京大学《文本科第二学期课程表》（1917—1918 学年第二学期）记录，此课肇端之初，即由黄侃承担。面对这样一门中国传统学术体系所无，完全是效仿西方“文学理论”而设立的全新课程，到底应该讲授什么内容呢？深谙国学的黄侃坚持了他的一贯思路，即从中国传统学术中寻找与新学科的契合点。《文心雕龙》以其对文学根本原理的深入认识，再次成为黄侃借重的讲义。

---

① 民国成立后，参照日本明治维新后新学制，于 1912 年公布并于次年修订而成的一个完整的学制系统。

② 栗永清：《知识生产与学科规训：晚清以来的中国文学学科史探微》，中国社会科学出版社 2012 年版，第 179 页。

当然，借重《文心雕龙》来讲授“文学概论”，对于“文学概论”这一课程的建设来说，只是权宜之计，故而在北大1918年《文科国文学门文学教授案》中，专门有一条言，“文学概论‘单位’当道贯古今中外，《文心雕龙》《诗品》等书虽取，截然不合于讲授之用，以另编为宜”①，此条似乎是针对黄侃而作的批评。

但是，新旧学科体系的转型显然不是一蹴而就的。正如栗永清所指出的：“与一般印象中文学理论是一门‘西来’之学不同，现代意义上的‘文学学科’的第一代学人们所尝试的其实是从中国古典的资源中去寻求这一学科架构的路径。”② 从这个意义上说，黄侃借助《文心雕龙》这一古典资源来讲授文学概论，是符合时代学术发展需要的。

综上所述，黄侃为了适应清末民初中西新旧学术体系的转型，为满足新设立的文学科目的需要，而将《文心雕龙》搬上大学讲坛，并在研究内容和研究角度上作出重大调整，从这个意义上说，黄侃的《文心雕龙札记》正是应时代召唤而产生的。

二、《文心雕龙》理论研究的奠基者

《文心雕龙札记》被誉为“现代科学的《文心雕龙》研究的奠基之作”③，对此解释得最为清晰的是台湾学者李曰刚，他在《文心雕龙斠诠》中说：

> 民国鼎革以前，清代学士大夫多以读经之法读《文心》，大则不外校勘、评解两途，于彦和之文论思想甚少阐发，黄氏《札记》适完稿于人文荟萃之北大，复于中西文化剧烈交绥时，因此《札

---

① 王学珍等主编：《北京大学史料》，北京大学出版社2000年版，第1710页。

② 栗永清：《知识生产与学科规训：晚清以来的中国文学学科史探微》，中国社会科学出版社2012年版，第164页。

③ 张少康等：《文心雕龙研究史》，北京大学出版社2001年版，第148页。

> 记》初出，震惊文坛，从而令学术思想界对《文心雕龙》之实用价值、研究角度均作革命性之调整。故季刚不仅是彦和之功臣，尤为我国近代文学批评之前驱。①

这段话言简意赅地道出了《札记》的价值所在，即黄侃在新旧学术体系交替之际，适应学术发展的时代需要，突破了明清时期专于《文心》校勘、注释的传统，开始转向阐发《文心》之义理。牟世金先生也指出："虽然黄书也有校注，却以阐发文论思想为主，这确是研究角度的一大转变，一个新的开始。"②

在黄侃之前，《文心雕龙》研究尚处于传统阶段，以校勘、注释、评点为主。其中，代表明清以来的《文心雕龙》研究最高成就的是黄叔琳辑注和纪昀评点。黄注集前人校注之大成，纪评发理论阐释之先声，自乾隆间问世，通行一百多年。至近代以来，才又出现了孙诒让的校勘、李详对黄注的补正，以及章太炎的讲解等，但研究方式仍局限于传统的校注疏解。黄侃《文心雕龙札记》则由传统的校注向现代意义上的理论研究转型，着力于阐发《文心》的精义妙旨。

首先，黄侃研究的重点聚焦在理论性强的枢纽论和创作论上。《文心雕龙》50篇，他仅对31篇撰写札记，其中包括了全部5篇枢纽论，及全部19篇创作论，文体论部分的札记仅有6篇。其次，在对《文心》具体语词的注释上，黄侃深入阐释其内在的理论意义，如注"杼轴献功"曰"此言文贵修饰润色"，这类注释在《札记》中占有相当的比重。他还加强对理论术语的诠释，如注"神与物游"曰"此言内心与外境相接也"。对篇章的主旨句也特加标示，如谓"衔华佩实""此彦和《征圣篇》之本意"。更重要的是，《札记》几乎每篇都设有题解，用以阐释篇

① 李曰刚：《文心雕龙斠诠》，台北编译馆中华丛书编审委员会1982年版，第2515页。

② 牟世金：《"龙学"七十年概观》（上），《社会科学战线》1987年第3期。

章主旨、评析理论得失及发表黄氏对此理论问题的个人见解。另外，《札记》征引了很多与《文心》相发明的理论文章，如钱大昕、章学诚、阮元、章太炎等人的一些论文之篇，涵盖了从汉魏六朝到近代学人之作，目的就是为了更深入地理解《文心雕龙》的理论。

黄侃开《文心雕龙》理论研究之先河，他的不少理论见解，虽未臻完善，但为后人的研究奠定了基础，指引了方向。如《风骨篇》可谓是《文心雕龙》中理论最为复杂、争议最多的篇章之一。最早对风骨内涵进行精细深入探讨的就是黄侃，他专有一长篇题解来阐述“风骨”内涵。综合他对风骨的认识，可以一言以蔽之为：“风即文意，骨即文辞。”这一说法存在的问题是很明显的，那就是“风即文意，骨即文辞”“风骨与意辞，初非有二”“风骨之名，比也；意辞之实，所比也”等提法，将风等同于文意、骨等同于文辞，在表述上有缺陷。正如蒋祖怡在《文心雕龙论丛·读风骨篇》所言 ：“‘骨’与文章的形式有关，‘风’与文章的内容有关。但‘风骨’决不是内容和形式的本身。”① 但更应看到，黄侃用一直截了当的“即”字，是为了力破“海气”“空花”般的空洞玄虚理解，将风、骨落在实处。其说指明了一条风关乎文意、骨关乎文辞的研究思路，对后来的研究影响很大，此后论者大多沿着黄说展开讨论。

三、《文心雕龙》研究方法的探索者

黄侃不仅在研究角度上实现了由传统校注向理论研究的转变，从而令学术界对《文心》的研究作出“革命性之调整”，同样可贵的是，黄侃在《文心雕龙札记》中运用了一些切实可行的研究方法，为后世学者积累了经验。

（一）忠实原文的理论研究法

黄侃以对《文心雕龙》的理论研究著称于世，需要注意的是，其理

① 蒋祖怡：《文心雕龙论丛》，上海古籍出版社 1985 年版，第 127 页。

论研究有自己的特色，即基于原文概括义理。众所周知，黄侃是一位讲求考据的朴学家，他在解析《文心雕龙》理论时，打上了朴学家的印记，都是立足于原文，以还原刘勰本旨为理论目标，与空言义理者迥异。如他在解析《原道篇》时，坚持从原文出发，征举篇中数言自然处，表明刘勰意旨是“文章本由自然生”；其对风骨内涵的探讨也是建立在对《风骨篇》中所有带有风骨字句的条分缕析上；论刘勰文笔观时，也枚举书中以文笔对言之处。作为小学家，黄侃还以小学训诂来佐证其理论研究。如《定势篇》札记就引证了《考工记》《说文》《上林赋》《尚书》及《左传》等对“势”字的训诂，从而解决了有关文势问题的争议，显示了刘勰文势观的优长，切实地做到了训诂为义理服务。

（二）联系具体作品的实证法

黄侃向来注重理论与作品的结合，在《文心雕龙札记》中也特别重视联系具体作品来证实刘勰的理论，这鲜明地体现在他将《文心雕龙》与《文选》并读上。《文心雕龙》是六朝时期的文论巨典，《文选》是六朝编选的文学总集，二书一重理论，一重作品，正是“笙磬同音”，不可分离。黄侃在研究过程中，更是将两书紧密结合。他在《文心雕龙札记》中屡屡征引《文选》，如将《文心·诠赋篇》对赋体的分类与《文选》的赋体小类作比较；将《文心》对作家作品的批评与《选》文相互印证；在阐释刘勰《体性篇》“八体”时列举《文选》篇章等，目的都是为了以具体可感的作品来证实刘勰的理论。

不仅是《文选》，黄侃还广泛征引与《文心雕龙》相关的各种文学作品。《文心》基于作品立论，特别是文体论，刘勰“选文以定篇”论及了大量的文学作品，黄侃意识到这一点，他认为要想更深入地理解《文心》文体论，就有必要将刘勰所选论的作品都征引出来。基于这种考虑，征录作品成为《札记》的一项体例。《札记》仅涉及《明诗》《乐府》《诠赋》《议对》《书记》等 5 篇文体论，但征引文学作品的数量就已达到 20 余篇。对其他未征引的作品，黄侃也都标明了存佚出处。在研究《文心雕龙》创作论部分的理论时，黄侃也注意联系具体作品，来加深对刘勰理论的深入认识。如《指瑕篇》中，刘勰指摘晋末以来在用字上存在“依希其旨”、含义模糊的弊病，为了加深对这种晋宋以来“情讹之所变，文浇之致弊”的用字习惯的了解，黄侃在《札记》中特别又举了大量晋代以来用字用词的实例。

（三）重视篇章联系的整体研究法

黄侃在《札记》中不仅逐一解析每篇之理论，还重视篇章间的联系，将不同篇章结合并观，从而将刘勰的理论融会贯通。如将《熔裁》第三十二、《章句》第三十四、《附会》第四十三合观，认为此3篇共同论述了安章之术的问题。他在解析《章句篇》时云：“舍人此篇，当与《熔裁》《附会》二篇合观，又证以《文赋》所言，则于安章之术灼然无疑矣。”黄侃指出这3篇在内容上有紧密的关联：“统之，安章之术，以句必比叙，义必关联为归。命意于笔先，所以立其准。删修于成后，所以期其完。首尾周密，表里一体，盖安章之上选乎?”其中，《熔裁篇》是“命意于笔先，所以立其准”确立了安章的准则，《章句》揭示以“句必比叙，义必关联”为要点的安章之术，而《附会》是“删修于成后，所以期其完”完成文章的最后修改。黄侃认为刘勰通过这3篇全面地介绍了安章之术。

另外，黄侃还将《养气篇》与《神思篇》合观，在解《神思篇》“陶钧文思，贵在虚静”一句时，指出“此与《养气篇》参看”。他在《养气篇》的题解中着重揭示了两篇的联系，首先揭示所谓“养气”就是“爱精自保”的意思，此篇创作的目的，就是“补《神思篇》之未备，而求文思常利之术也”①。他进一步指出刘勰《神思篇》上承陆机《文赋》，暗含了一个如何解决文思通塞的问题。从二人之言观之，这是一个没有定准的问题，两人给出的答案也只是强调要“弭节安怀，优游自适，虚心静气”，但这也不能从根本上解决文思的通塞。黄侃认为只

① 黄侃：《文心雕龙札记》，上海古籍出版社2000年版，第203页。按：黄侃明其理，而不能“爱精自保”，可谓知易行难，不善养气。

有像刘勰在《养气篇》中云“意得则舒怀命笔，理伏则投笔卷怀”，听其自然、不强思以自困，才是对文思通塞问题的正确态度。

（四）参照其他六朝文论的比较研究法

《文心雕龙》具有鲜明的集大成性，综合吸收了六朝时期的很多文论著作。这就决定了我们在研究时也要能参照其他六朝文论，才能更深刻地理解《文心》的理论渊源与创新。黄侃对此有充分的认识，在《札记》中注重《文心雕龙》与其他六朝文论的比较研究。黄侃认为对《文心雕龙》影响最多最深的六朝文论一是挚虞《文章流别论》，如《明诗》“四言正体，五言流调”的说法受到了挚虞影响，“《颂赞篇》大意本之《文章流别》”“仲治论颂，多为彦和所取”①。另一部是陆机《文赋》，黄侃指出刘勰在论文体时“视其经略，诚恢廓于平原”②，创作论《神思篇》也是上承《文赋》，暗含了一个如何解决文思通塞的问题，刘勰《声律篇》“左碍而寻右”说与陆机《文赋》“既音声之迭代，若五色之相宣”说相通。③

（五）以中和的批评态度识刘勰的折衷之旨

“唯务折衷”的中和思想是《文心雕龙》一项根本的思想方法。最早揭示这一点的，便是黄侃。他在《风骨篇》札记中说：“大抵舍人论文，皆以循实反本、酌中合古为贵，全书用意，必与此符。”④ 他认为揭示“酌中”是贯串于整部《文心雕龙》论文的指导思想。在解析《征圣篇》“衔华佩实”时，黄侃更明确地称赏刘勰华实兼言，文质并重，这与孔子的“文质彬彬”一样合于中道，“如舍人者，可谓得尚于中行者矣”⑤。值得注意的是，陈允锋在评价黄侃“衔华佩实”之解时说：“从方法论上说，刘勰‘华实’并重的主张与他的‘惟务折衷’的观念

① 黄侃：《文心雕龙札记》，上海古籍出版社 2000 年版，第 3 页。
② 同上书，第 215 页。
③ 同上书，第 120 页。
④ 同上书，第 102 页。
⑤ 同上书，第 4 页。

有关。因此，要探得《文心雕龙》的理论要义，研究者也必须具有‘尚中行’的思辨方式。《札记》中的许多精深之论，就与黄侃的这种方法有密切关系。”[①] 指出黄侃之所以能深得刘勰折衷之旨，在于他本身就具有“尚中行”的思辨方式。此评可谓一语中的。

黄侃所运用的这几项研究方法，对现代科学的《文心雕龙》研究具有重要的借鉴意义。王运熙先生在其《文心雕龙探索》中表明他在研究时“主观上力图统观全书，探究刘勰的思想体系，把他提出的理论原则同他对作家作品的批评联系起来考察，把他的理论批评同南朝其他文论联系起来考察，阐明刘勰文学思想的原来面貌”[②]，这与黄侃所坚持的研究方法是相一致的。

① 张少康等：《文心雕龙研究史》，北京大学出版社 2001 年版，第 154 页。
② 王运熙：《文心雕龙探索·初版自序》，上海古籍出版社 2005 年版，第 2 页。

第八章　黄侃的学术宗旨与影响

第一节　黄侃的学术宗旨

一、“昌明中国固有之学术”

1919年3月20日，黄侃主编的《国故》第1期出版。黄侃在此期上发表《国故题辞》：

昔者老聃，睹文胜之弊，著书示后，以为绝学无忧。原伯鲁之徒盖习闻其说，遂曰可以不学，不学无害。闵马父忧之，著于传记，为世大戒。盖君子立言不可不慎如此也。然学之兴废在人，世或云有命，则不谛周、秦之际，九流百家，蜂拥旁午，秦政、李斯，一旦焚《诗》《书》而坑儒士，道术由是遂亡。惟伏生、张苍、浮丘伯三数人者，抱残守缺于人间，卒延古学之一线。假使诸君子委废兴于天命，任典籍之散亡，则是文武之道终于坠地，六艺之传永绝萌芽。故曰“人能弘道”，岂虚言也！晚近三百年中，古学至盛。自顾、黄、惠、戴而还，辅弱扶微者多有，钩深致远者比肩。物盛则衰，以有今日。国乱俗坏，谗慝弘多。《诗》刺“具曰予圣”，《书》戒“侮昔无闻”，《传》讥“数典忘祖”，《孟子》诃“倍师变学”，此皆古人已知之矣。夫化之文野，不以强弱判也；道之非題，不以新旧殊也。或者伤国势之陵夷，见异物而思改，遂乃扫荡故言，诮为无用。虽意存矫枉，毋亦太过其直乎？《诗》曰：“国虽靡止，或圣或否，民虽靡膴，或哲或谋。”诸夏虽衰，老成典型，未尽丧也。有志之士，诚能振颓纲以绍前载，鼓芳风以扇游尘，识大识小，各尽尔能。宁过而存，毋过而废，则可以免绝学之忧，可以收藏书之绩。硕果不食，其在兹乎？是编之作，聊欲以讲习之勤，图商兑之庆。邦人诸友，庶几比意同力，求得废遗。传不云乎："斯文未丧，乐亦在其中矣。"

《国故》月刊的宗旨是"昌明中国固有之学术"，有人将它解读为"实际上是宣扬封建文化，反对新文化；崇尚古文，反对白话文，与《新青年》杂志抗衡，与《新潮》杂志论争"。这是一种极其肤浅的解读。《国故》确实崇尚古文，反对白话文，反对新文化，这就能够与"宣扬封建文化"画上等号吗？《国故》上承《国粹学报》，下启《华国》《制言》，是20世纪国学研究的重要期刊之一。章黄派所说的"国故"与胡适派的"国故"是完全不同的观念，不能通约，前者基于同情与理解，后者则基于批判与否定，立场完全相反；方法也不相同，前者大体继承乾嘉考据学的方法，后者使用混合式的新式考据。二者分道扬镳，背道而驰。

陈平原教授在《北大学生的"五四"记忆》如是说：

日后北大学生的追怀与叙述，似乎全都是《新潮》和《国民》的天下，这不对，带进《国故》的视野，历史场景才比较完整。一班同学尚有如此分歧，想象五四新文化运动"铁板一块"，那是很不现实的。

日后成为著名作家的北大国文门1916级学生俞平伯（1900—1990），1979年撰《"五四"六十周年忆往事》，其中有："同学少年多好事，一班刊物竟成三。"自注说："先是北大中国文学门班中同学主持期刊凡三，《新潮》为其之一。"也就是说，同班同学中，除了以"文艺复兴"相号召的《新潮》，还有主张"昌明中国固有之学术"的《国故》，以及提倡"新旧学说并行、东西文化并重"

的《国民》。这三个杂志存在时间都不长，但影响很大。《新潮》12期，1919年1月—1922年3月；《国民》8期，1919年1月—1921年5月；《国故》5期，1919年3月—10月。我关心的是，当初鼎足而三，可几十年来，众多追忆文章，为何独缺了《国故》？《国故》同人怎么了，为何难见其自述或追忆？如此任人评说，是否有失公允？

北大哲学门1915级学生、著名哲学家冯友兰（1895—1990），在《三松堂自序》中称，赶上了新文化运动，但没能赶上火烧赵家楼，有点遗憾。而在《我在北京大学当学生的时候》中，冯先生提及："学生们还办了三个大型刊物，代表左、中、右三派。左派的刊物叫《新潮》，中派的刊物叫《国民》，右派的刊物叫《国故》。这些刊物都是由学生自己写稿、自己编辑、自己筹款印刷、自己发行，面向全国，影响全国的。派别是有的，但是只有文斗，没有武斗。"……

1917年考进北大国文门、日后成为著名史学家的郑天挺（1899—1981），自称功底差，天天泡图书馆，"两耳不闻窗外事"。1933年起，郑先生出任北京大学秘书长，一直坚持到1950年。1952年院系调整，奉调到南开大学任历史系教授。他的自传是晚年在儿子的帮助下撰写的："这时北大的同学很活跃，有三种不同方面的刊物出版：《新潮》《国民》《国故》，但我们班的同学却仍然各自埋头读书，很少参加活动。记得有一人给《国故》送了一篇稿子，受到同学的揶揄，大家都自命清高，认为投稿是自己炫耀才识，颇不以为然。我很受这种思想影响，后来不敢、也不愿以自己文章就正于人，因而亦就很少写文章。班上的其他同学，也多如此。"

北大哲学门1916级学生顾颉刚（1893—1980），念书时，经常与同宿舍的傅斯年高谈阔论。《新潮》创办时，顾在苏州养病，仍是首批入社的21人之一。1920年，顾发表《我们最要紧着手的两种运动》，提出："我们应觉悟，我们若是诚心要改造政治，总不要用政治来改造政治，务要用社会来改造政治。要去改造政治，先要改造社会。要去改造社会，先要使全国国民都有受教育的机会。大家有了受教育的机会，自然社会文化会渐渐提高起来，才能够造成有实力的舆论、有价值的公意。"此文题目下面，有"教育运动""学术运动"两个标语，很能体现胡适的影响以及《新潮》同人的趣味。这就难怪，日后顾颉刚会说老同学"薛祥绥、张煊、罗常培等则办起《国故》来，提倡'保存国粹'，并推刘师培作社长，坚决地和《新潮》唱对台戏"，实在是不明时势（《我是怎样编写〈古史辨〉的?》），但从来不评价许德珩等人的《国民》。

谈及五四时期的新旧之争，一般都会引述1919年3月21日《神州日报》上的《北京大学新旧两派之争衡》。此文称，陈独秀、胡适的学生与刘师培、黄侃的学生闹对立，于是有了《新潮》与《国故》："盖学生中固亦分旧新两派而各主其师说者也。二派杂志，旗鼓相当，互相争辩。"刘师培对此报道很反感，当即在1919年3月24日的《北京大学日刊》上刊发《启事》："又《国故》月刊由文科学员发起，虽以保存国粹为宗旨，亦非与《新潮》诸杂志互相争辩也。"不管当事人如何辩解，没人理睬，就因为此"新旧对立"的论述框架，简单明快，容易记忆，也有利于传播。

《新潮》与《国故》，代表新旧论争的两极，评价迥异，但都不会被遗忘。相反，以"增进国民人格，灌输国民常识，研究学术，提倡国货"为宗旨，文化立场不新不旧且更多介入社会改革的《国民》，容易被忽略……

99岁高龄的许德珩副委员长，在1989年5月4日《光明日报》上发表《纪念五四》，对自家观点有所修正，态度相对和缓："这鼎足而三的社团，反映了当时的北大学生在蔡校长'兼容并包'这一方针下的思想分野。他们在五四运动以前的一个时期各自为政，互不相谋，真正是叫做'自由发展'。"

作为《新潮》的论敌、同样属于新文化运动有机组成部分的《国故》，本自有其思想资源及文化追求，可惜，几十年间被彻底漫画化了。《国故月刊社记事录》的“发起始末”称，“岁初俞士镇、薛祥绥、杨湜生、张煊慨然于国学沦夷，欲发起学报以图挽救”。此举得到蔡元培校长支持，并获开办费三百元，1919 年 1 月 26 日“开成立大会于刘申叔先生宅内”。“本月刊以昌明中国固有之学术为宗旨”，“凡北京大学同学有赞成本刊宗旨者得为本社社员”，杂志聘刘师培、黄侃为总编辑，陈汉章等八教授为“特别编辑”，张煊、薛祥绥、俞士镇等为编辑，杨湜生等为总务，罗常培等为文牍。第一期除学生文章外，有刘师培、马叙伦等助阵。

生不逢时的《国故》，很快被迫扮演反派角色，在众多关于“五四”的论述中，成为嘲笑对象。如何看待《国故》的功过，那是历史学家的事；我关心的是，为何《国故》同人不发出自己的声音。除了时代大潮，还有很现实的考虑：精神导师或去世（刘师培）或离去（黄侃），根本无法庇护自己的学生；《国故》的主要人物，日后没能得到很好的发展——相对于胡适支持的新潮社和李大钊支持的国民社，可以看得很清楚。

唯一的例外，是早先不太重要的罗常培（1899—1958），日后在学业上取得很大成绩。北大国文门 1916 级学生罗常培，早年醉心古典，记录整理刘师培的《汉魏六朝专家文研究》；大学毕业后，转入哲学系半工半读。正是因其及早改换门庭，走出“国故”社的陷阱，日后才能进入主流学界。罗常培曾任中央研究院历史语言研究所研究员、北京大学教授、西南联合大学中文系主任等，1950 年，参与筹建中国科学院语言研究所并任第一任所长。上世纪 50 年代的罗先生，正努力追求进步，积极参加思想改造，也很得政府信任，罗常培后来也不愿提及那倒霉的《国故》。从《纪念“五四”的第三十年》（《五四卅周年纪念专辑》，新华书店 1949 年），到《第一个五四文艺晚会的回忆并怀一多、佩弦》（1950 年 5 月 4 日

《光明日报》)、《从朦胧到光明》(1950 年 5 月 4 日《北京新民报日刊》)、《纪念“五四”要和资产阶级划清思想界限》(1952 年 5 月 4 日《光明日报》),再到《自传》(《罗常培纪念论文集》,商务印书馆 1984 年),罗先生都小心翼翼地回避《国故》杂志。谈及“五四”时,他更愿意追忆的是西南联大时期,如何和闻一多等不顾当局高压,发起纪念“五四”的文艺晚会。

真是“上穷碧落下黄泉”,好不容易在 1940 年 9 月 10 日出版的《新光》杂志 1 卷 6 期上,找到了《国故》骨干俞士镇的《居忆旧录·一、刘申叔先生》,其中有这么一段:“戊己之交,新思潮方炽,余与同学辈请于校长蔡孑民先生,创设《国故》月刊,以昌明中国固有之学术,孑民先生慨然允之,月助金三百番,并拨给校舍一椽,为办公处所。遂推举先师及黄季刚先生任总编辑……月刊之创也,志在整理旧贯,与校中《新潮》等刊物并行不悖也,外间不察,肆为鼓簧之论,报纸如《公言报》等,径谓:‘刘、黄诸氏,以陈、胡等(指陈独秀、胡适)与学生结合,有种种印刷物发行,故组织一种刊物,名曰《国故》月刊。’而各书肆炫利求售,更高揭‘新思潮之敌《国故》月刊’之帜,道路流传,妄生揆度,而皆集矢于先师,先师忧愤内结,遂以不起。嗟嗟!《国故》诞生,乃反足以促先师之死,是则又岂余侪所及料耶!”这是目前我唯一见到的《国故》同人的自我辩护,值得全文抄录。不过,这位活跃于沦陷时期北京学界的俞士镇,在此后的中国政坛及学界,都不被关注。

不是说“一班刊物竟成三”吗,日后的追忆文字,为何只提《新潮》和《国民》,而不太涉及《国故》?除了该杂志被定位为“反对新文化运动”,成了反派角色,更因当初国文门 1916 级大多数同学参加的《国故》月刊,在思想及学术上,确实没能打开一片新天地;即便“整理国故”的业绩,也都不及新潮社的傅斯年、顾颉刚等。时代大潮浩浩荡荡,自有其合理性。对于当事人来说,被抛离主流，长期不得志，即便有业绩，也不被记忆。因此，作为后来者，我们更应该努力理解“五四”的复杂性与丰富性。

“五四”是不是激进，当然激进，不激进无法冲破各种政治的、思想的、文化的禁锢与牢笼。我们要追问的是，何以以激进著称的北大，内部竟也如此“四分五裂”？历史最后选择了什么道路，不完全由当事人的意愿决定。日后北大学生的追怀与叙述，似乎全都是《新潮》和《国民》的天下，这不对，带进《国故》的视野，历史场景才比较完整。一班同学尚有如此分歧，想象五四新文化运动“铁板一块”，那是很不现实的。

在“新旧对立”的论述框架下，《国故》被定位为“反对新文化运动”，“宣扬封建文化”，刘师培、黄侃等人居然成了反派角色，异哉！

“昌明中国固有之学术”，这既是黄侃的学术宗旨，也应该成为当代国学研究的学术宗旨。我们应该站在“反‘反传统’”的立场，对反传统一派进行系统清理，清除其毒素，为后来者开辟道路。对于传统文化，如果说黄侃那一代是“肯定”，胡适那一代是“否定”，我们则是“否定之否定”。必须走出反传统的误区！必须超越“五四”！

二、“中国之学，不在于发现，而在于发明”

1932年8月30日，黄侃将治学之道总结为六点：“发见一，推明二，改善三，钩沉四，扶微五，暗申六。学术之事，尽此六道矣。”他认为，中国之学不在于发现，而在于发明。他把发明之学看得比发现之学要重得多。

1931年2月22日，吉川幸次郎拜访黄侃，“始觉中原存典型”，从黄侃那里得到了极大的启发，对其“中国之学不在于发现而在于发明”的观点高度认同，并对考证学做出了独到理解：

> 我现在正做着的杜甫注，就是想移用从清朝那里学来的方法，请你们参看。我所谓清朝的方法，有一点值得注意：所谓考证学，在日本时，总认为在文献对证之外，一定要有实物的证据，否则，不能叫考证学。但到中国去一看，并非一定要如此。发掘文献内存的证据，比什么都强。这种态度在日本人对考证学的理解时，是不明显的。我懂得了这一点。
>
> 但是，真的具有能力去实践这种考证学的人，我所接触到的无疑都是了不起的学者。与黄侃见面时，我就想：只有这样的人才能做这样的考证学。我对黄侃佩服的理由也正是在这一点上。这并非是与他交谈了什么具体的问题，从气象来看，他就是一位会思考、会读书的人，不是注重于书以外的资料，而是在书本之内认真用功的人。这不正是真正的学问吗？黄侃说过的话中有一句是："中国学问的方法：不在于发现，而在于发明。"以这句来看，当时在日本作为权威看待的罗振玉、王国维两人的学问，从哪个方面看都是发现，换句话说是倾向资料主义的。而发明则是对重要的书踏踏实实地用功细读，去发掘出其中的某种东西。我对这话有很深的印象。
>
> "中国之学，不在于发现，而在于发明。"对考证学来说，人们认为考证学是只用归纳法的，在日本事实上也是这样的。但我知道实际上并不完全是这样。不只是归纳，也用演绎。演绎是非常有难度的，必须对全体有通观的把握。绝不是谁都有能力这样做的，于是，就认识到中国学问确实是需要功底的。这并不是我当时就这么想的，现在被你们一问而诱导出来的。①

黄侃批评罗振玉、王国维"发现之学"的根本局限在于"经史正文忽焉不讲，而希冀发现新知以掩前古儒先"。批评当时的所谓显学及其学风："……其专己遂非有如此者。今阅刘盼遂所记国维说《尚书》语，

---

① ［日］吉川幸次郎：《我的留学记》，钱婉约译，中华书局 2008 年版，第 94—95 页。

果如伯弢言。① 国维少不好读注疏，中年乃治经，仓皇立说，挟其辩给，以炫耀后生，非独一事之误而已。始西域出汉晋简纸，鸣沙石室发得藏书，洹上掊获龟甲有文字，清亡而内阁档案散落于外，诸言小学、校勘、地理、近世史事者，以为忽得异境，可陵前人，辐辏于斯，而国维幸得先见。罗振玉且著书且行贾，兼收浮誉利实，国维之助为多焉。要之，经史正文忽焉不讲，而希冀发现新知以掩前古儒先，自矜曰：'我不为古人奴，六经注我。'此近日风气所趋，世或以'整理国故'之名予之，'悬牛头，卖马脯，举秀才，不知书'，信在于今矣。"②

黄侃与王国维治学取向不同，黄侃主发明之学，主张用传统方法处理新、旧材料，善于从常见书中发掘出新的东西，对旧材料的重视胜过新材料；王氏主发现之学，提倡"二重证据法"，主张用新方法处理新材料，不仅材料新，观点更新，无疑对新材料的重视胜过旧材料。诚如黄侃所云："发现之学行，而发明之学亡。"正是在此意义上，我们可以将黄侃视为最后一位国学大师。

现在把"发现之学"奉为正宗，而对"发明之学"缺少理解，成天高喊"学术创新""文化创新"，却拿不出任何有重要价值的东西来，近乎自欺欺人。发现之学固然重要，发明之学也不可荒废。正确的态度是把两种结合起来，如此国学研究才有可能开拓新境界。

三、"新之一果愈于旧之一乎"

1931年7月23日，金陵大学国学研究会两个学生来访，请求为其校刊《金声》题签，并作题辞，质疑"新之一果愈于旧之一"。题词曰：

> 金陵大学国学研究会诸人辑所论著，印以质当世，取孟子成文，号曰金声，属予序之。近顷从事于国学者亦多途矣，总之不离

① 据陈汉章称："王国维说《顾命》庙非殡宫路寝，而为大庙。曾面纠其失。国维曰：'虽失而不欲改。'"

② 黄侃：《黄侃日记》，江苏教育出版社2001年版，第302页。

舍旧谋新者近是。以言乎小学，则六书之例，三百之韵不足以穷文字声音之变，而金石、甲骨之学代兴焉。以言乎经史，则《易》非性道之书，《书》《春秋》非征信之史，而《山经》《穆传》视若秘典焉。以言乎文辞，则扬、马不足扶毂，韩、柳不足骖乘，而野语、童谣反若有真宰之存焉。予谓所为恶乎旧者，恶其执一而变也。汉一乎经，晋、魏、梁、隋一乎玄，唐一乎正义，宋一乎道学，明一乎制举文，清一乎考证。其一也，其盛也；其盛也，其衰也。新之一果愈于旧之一乎？是未可知也。虽然，值邦家削弱，民生憔悴之时，学者犹有余闲，以从事于此不急之务，其于国学纵少贬损之，犹于束阁而不谈者。内典云："毁谤亦种善根。"谓其由闻历耳，终当醒悟也。是编之成，集诸人之所作，而匆画其途，以归于一，斯予之所欣然欲观者夫！

"新之一果愈于旧之一乎？"我们的回答仍然是："是未可知也。"黄侃发出的只是"执拗的低音"，虽然微小，但也是有力量的。"黄侃之问"至今仍然值得深思。

黄侃尝作《拟李文贞劝学箴》：

自古在昔，先民有作。六艺百家，纷纭挥霍。
《易》统天人，五者之原。《周官》六典，为诸经根。
《诗》《书》雅故，餍饫优柔。素王制作，独在《春秋》。
汉家崇儒，学分今古。各尊所闻，吾皆有取。
六朝暨唐，经师如林。不由阃阈，曷造宏深。
猗那宋儒，独标妙解。抉心执权，茗遥千载。
史宗马班，实承孔左；君卿君实，体亦繁伙。
周流丙部，富过王山。淮师子长，以为要删。
诸子汪洋，六家九流。儒宗之外，老墨最优。
庄极玄谈，管备政理。《吕览》《淮王》，抄撮之美。

《文选》卅卷，萧嗣所编。实稼饱民，懿乎渊渊。
古文崛兴，韩柳为长。降此千年，余波荡漾。
凡此四部，梗桃略陈。能身得师，仍在其人。
清儒辈出，各有专门。沉研钻极，诒我辛勤。
求学以实，味道以真。赤管司戒，敢当方闻。①

此诗高屋建瓴，论述精当，遍及四部，可以视为黄侃一生治学经验的概括与总结，是一篇高度凝练的国学箴言。连类而及，附录于此，不妨与“新之一果愈于旧之一”的观点合参。

第二节　黄侃的学术影响

黄侃对现代学术的影响是多方面的，限于时间、精力，我们现在无法全面地展开，仅对他在音韵学、龙学、选学方面的影响略加说明，其他方面暂且从略，以后拟编纂一部《黄侃学案》。

一、黄侃对现代音韵学的影响

黄侃的古音学说，在当时大受推崇。他的老师章太炎说：“黄侃云：‘歌部音本为元音，观《广韵》歌戈二韵音切，可以证知古纽消息。如非、敷、奉、微、知、彻、澄、娘、照、穿、床、审、禅、喻、日诸纽，歌戈部中皆无之，即知古无是音矣。’此亦一发明。”他的另外一位老师刘师培说：“是皆夔、旷所未传，吕忱、李登之所忘阙，自非耳顺，性与天通，孰能与此？”他的同门师弟、后来一度拜过门的入室弟子钱玄同在北京大学讲文字学音韵部分完全采用黄说，以为黄氏古纽学说“较之钱（大昕）、章（炳麟）所考，益为精确”，又以为“章君之图（按指成均图）于入声分合原未尽善，黄氏据《广韵》之古本韵以补正

① 《制言》第61期。

之，证据精确，殆可作为定论”。郭沫若说：“近人黄侃有二十八部之分，定为阴阳入三声，使阴阳二声之对转、阳入二声之收声严密就范，可谓集古韵学之大成。”①

李方桂是一位具有国际影响的现代音韵学研究的大师，他于1970年8月25日在香港中文大学的演讲词《中国上古音声母问题》中如是说：

> 上古音的研究，在清朝可以说是最发达的时代，虽然前些时期也有很多人做过研究，但清朝出了很多大学者。如顾炎武、江永、孔广森、朱骏声、江有诰，一直到后来的章太炎先生、黄季刚先生，对上古音的研究，都有很大的贡献。我们现在研究上古音，只能利用他们得到的材料，另外用一种方法去研究它。因为以前研究上古音，往往用了很多很重要但也很笼统的名词去解释上古音，比方说古韵分部罢：有的分十部、有的十三部、有的分十七部、分十九部、分二十一部、分二十二部，后来又分二十八部，这个分类便是个很笼统的。此外还有甚么“协韵”“对转”“旁转”种种名词，用起来相当难了解。我们现在可以利用前人的研究材料，用一套新的语音符号把它标出来，看看究竟上古音应该是甚么，这是我们当前要做的一个相当重要的工作。②

可见现代音韵学的研究是建筑在从顾炎武到黄季刚这一系列古音学研究基础之上的。离开了前人的研究，国际音标派的拟测根本无法进行。李方桂又说：

> 黄侃先生认为古韵有十九个声母，他的十九个声母就指上述

① 郭沫若：《金文韵读补遗序》，《郭沫若全集·考古编》第5卷，科学出版社2002年版，第278页。

② 李方桂：《上古音研究》，商务印书馆2015年版，第94页。

第一类韵的十九个声母，他只是说出古音韵基本声母是这十九个，其余的声母都是变体、变体、再变体。至于怎么个变体，他也不怎么说。但是他心里是有数的，不是在胡说八道。所以老一辈的学术见解我们也要研究。①

2003年清华大学出版社的《李方桂先生口述史》一书，在谈到王力时，也顺带提到黄侃。李先生说："黄侃是老一辈中国学者之星，老派汉语学者。"又说："不管怎么说，在老一辈学者中，黄侃的确是一位超群出众的学者。"

二、黄侃对现代"选学"的影响②

黄侃这一从"传统选学"向"现代新选学"转化的研究思路与初步成果，被其高足骆鸿凯继承并发展。黄侃于1914年至1919年任教北大，授《文心雕龙》及《文选》等，其时已经开始手批《文选》，并以手抄的形式在其学生中流传。骆鸿凯恰于1915年至1918年在北京大学文科中国文学门学习，为黄门高足，此时跟随黄侃学习《文选》，受其启蒙而涉足"选学"。骆鸿凯为学极重家法，恪守师说，"治学门径，大抵本于黄季刚先生"③。其《文选学》是于1928年至1929年间在武汉大学开设《文选》课时逐步撰写的，受黄侃影响的痕迹是十分明显的，仅直接标明引用"本师黄氏曰"者就多达70余例。周勋初指出骆鸿凯的《文选学》是其在听黄侃《文选》课的笔记基础上扩展而成："骆鸿凯在民国初期于北京大学读书时，黄侃正在该校讲授《文选》，《文选学》一书即是在听课的笔记上扩展而成，故多引用其师之说。"④

---

① 李方桂：《上古音研究中声韵结合的方法》，《语言研究》1983年第3期。

② 此节由李婧博士执笔，经我润饰而成。

③ 马积高：《文选学后记》，骆鸿凯《文选学》，中华书局1989年版，第576页。

④ 周勋初：《有关"选学"珍贵文献的发掘与利用》，《中国典籍与文化》2001年第4期。

骆氏《文选学》对20世纪“现代新选学”的开创性贡献有五：“对《文选》产生背景的探索，对《文选》编纂者的介绍，对《文选序》的研究，对《文选》学史的研究，对《文选》与《文心雕龙》相互关系的研究。”① 其中，骆氏对《文选序》的研究、对《文选》与《文心雕龙》相互关系的研究都有明确承袭黄侃之处。

骆鸿凯在《文选学·义例第二》中，围绕《文选序》，对《文选》选文范围和标准、《文选》之分体等进行了研究。其论《文选》之封域时，首举阮元《书文选序后》，次举章太炎《文学总略》，继而折中二论，并征引黄侃所言“窃谓文之封略，本可弛张”，“然则拓其疆宇，则文无所不包，揆其本原，则文实有专美”，而断以己见：“《文选》所录，独以沉思翰藻为宗，即斯意也。”② 可以明显看出，骆氏对《文选》选文范围和标准的理解完全是继承了黄侃。

在《文选》与《文心雕龙》相互关系的研究上，骆鸿凯坚持了黄侃对二书关系的认定及具体的对比方法，并推而广之。综观《文选学》全书，特别注重结合《文心雕龙》的理论来研究《文选》。首先，骆氏揭示《文选》与《文心》在文体分类上的一致性，他在《文选学·体式第四》开篇即曰：“《文选》分体凡三十有八，七代文体，甄录略备，而持校《文心》，篇目虽小有出入，大体实适相符合。”③ 他还在《文选学·读选导言第九》之《导言三》中列对照表仔细比较了二书的文体分类。黄侃更早就揭示了在赋体的小类划分上《文心》对《文选》的影响，骆氏无疑是继承并发展了黄侃的思路。其二，骆氏以《文选》篇目佐证《文心》“八体”之说。刘勰在《文心雕龙·体性篇》中将文章风格分为“典雅、远奥、精约、显附、繁缛、壮丽、新奇、轻靡”等“八体”。骆鸿凯在《文选学·读选导言第九》之《导言四》中专门征引《文选》中的篇目来印证“八体”，如“典雅”体的代表有“班固《幽通赋》”和

---

① 王立群：《现代〈文选〉学史》，大象出版社2014年版，第508页。

② 骆鸿凯：《文选学》，中华书局2016年版，第12—13页。

③ 同上书，第82页。

“刘歆《让太常博士书》”。[①] 而这完全是沿袭黄侃《文心雕龙札记》，黄侃在《体性篇》札记解析“八体”时就举证了《文选》篇章，对比二人所举篇目，完全相同，继承关系是显而易见的。其三，骆氏将《文心》对作家作品的批评与《选》文相互印证。他在《文选学·读选导言第九》之《导言七》中摘抄了《文心雕龙·才略》评文之言，附载于《文选》相关作家之名下，并作如下结语：“右（《文心雕龙·才略》）列六代入《选》文家五十七人，约得萧《选》所载之半，宋齐才士，世近易明，不复甄序。观其品藻，字字珠玑。所举篇章，亦大率载于《文选》。详加研核，可以明《文选》诸家之优绌矣。”[②] 而黄侃在解评《文选》时先已参借刘勰的相关评论。

综上所述，作为从“传统选学”向“现代新选学”转化标志的骆鸿凯《文选学》乃是受黄侃影响，上承师说，可以说是对“文选黄氏学”的发扬，从这个角度讲，陈延嘉认为“新选学的开山祖师是黄季刚先生，而非骆鸿凯”，“（黄侃）能站在新的高度发展选学，成为新选学的先驱”[③]，此说颇得其实。

三、黄侃对现代“龙学”的影响[④]

黄侃及其《文心雕龙札记》对现代“龙学”的发展产生了重要的影响。他先后在北京大学、武昌高师等高校讲授《文心雕龙》，聆其教诲而走上“龙学”之路者多矣，时至今日，他曾经任教的北京大学、武汉大学、南京大学等地至今仍然是“龙学”重镇，这不得不说是踵武黄侃之足迹，海峡两岸很多卓有成就的龙学大家皆师出黄门。

（一）对范文澜《文心雕龙注》的影响

现代“龙学”另一位奠基人——范文澜，就是在黄侃的影响下创作

① 骆鸿凯：《文选学》，中华书局 2016 年版，第 2 页。

② 同上书，第 211 页。

③ 陈延嘉：《继往开来的选学家黄侃》，《长春师范学院学报》1993 年第 4 期。

④ 此小节由李婧博士执笔，经我润饰而成。

了现代“龙学”史上又一部经典之作——《文心雕龙注》的。

范文澜1914年考入北大本科国学门，曾受业于黄侃学习《文心雕龙》。毕业后，于1922年至1926年执教南开，受黄侃启发而创作了《文心雕龙讲疏》，其《自序》言：

> 曩岁游京师，从蕲州黄季刚先生治词章之学，黄先生授以《文心雕龙札记》二十余篇，精义妙旨，启发无遗，退而深惟曰：“《文心雕龙》五十篇，先生授我者仅半，殆反三之微意也。”用是耿耿，常不敢忘，今兹此编之成，盖亦遵师教耳。[①]

嗣后，范文澜在《文心雕龙讲疏》的基础上增订而成《文心雕龙注》。

范注因循了《札记》重理论研究的思路。以形式论，范注全篇皆为注释，称“注”自然更为“名正言顺”；但稽考其实，范注乃蕴义理的解析于注释之中，远非一般的为古书作注。正如有的研究者所指出：“以‘注’为‘论’成了范注的重要特色。”[②] 范注之所以被称为“《文心雕龙》注释史上划时期的作品”[③]，正因其对《文心雕龙》的注释由明清时期的传统模式向“现代龙学”的重要转变。而范注这一研究方法、研究角度的转变正是直接受黄侃《札记》的影响。在具体的理论见解上，范注也多受黄侃《札记》影响：或直承其观点，或在其基础上略作发挥。黄侃的理论见解多集中在《札记》的题解中，范注对这些题解格外重视，并予以充分吸收。《札记》关于《风骨》《通变》《定势》《比兴》《事类》《总术》等6篇的题解被范注全篇转引；对黄侃在这几篇题解中的理论见解，范氏都极表赞同，并直接袭用在注释中。另外，范氏还部分沿用了《札记》关于《体性》《情采》《熔裁》《章句》《丽辞》

---

① 王运熙：《文心雕龙探索·初版自序》，上海古籍出版社2005年版，第2页。

② 陈允锋：《评范文澜的〈文心雕龙注〉》，中国《文心雕龙》学会编《文心雕龙研究》（第5辑），河北大学出版社2002年版，第352页。

③ ［日］户田浩晓：《文心雕龙小史》，王元化选编《日本研究〈文心雕龙〉论文集》，齐鲁书社1983年版，第24页。

《隐秀》《指瑕》《附会》等9篇的题解。《札记》共28篇题解，范注引用者已逾半数，则《札记》之精义妙旨对范注启发之大，由此可见一斑。

范注与《札记》之间确实存在着非同寻常的继承关系。黄侃的《文心雕龙札记》乃是范文澜创作《文心雕龙注》重要的学术基础；没有《札记》，就没有范注。而范注被誉为"《文心雕龙》注释史上划时期的作品"①，早已成为享誉学林的经典之作，从范注对《札记》的承袭来看，就足以见出《札记》对现代"龙学"具有深远的影响。

(二) 对台湾"龙学"的影响

至于台湾"龙学"，更是由黄侃门生及再传弟子直承《文心雕龙札记》开创发展起来的。刘渼在《台湾近五十年来〈文心雕龙〉学研究》中指出：

> 台湾《文心雕龙》研究始于政府播迁来台时，当时来自大陆的学者有一批是黄侃门生及再传弟子，如潘师重规、高师明、李师曰刚、华师仲麐、李中成等，重视发扬黄氏之学，特别是黄侃《文心雕龙札记》开启现代《文心雕龙》研究之门，故台湾《文心雕龙》研究直承于此。②

潘重规《唐写〈文心雕龙〉残本合校》是20世纪六七十年代台湾学者最重要的《文心雕龙》校勘成果。潘以前虽已有多家唐写本校记，但多未见原卷，遂造成脱漏疑义。潘重规有感于此，乃亲赴英国摄得原残卷复印件相校，共得577条，比赵万里《唐写本文心雕龙残卷校勘记》多出100条。李曰刚所撰的《文心雕龙斠诠》皇皇160多万言，发

① ［日］户田浩晓：《文心雕龙小史》，王元化选编《日本研究〈文心雕龙〉论文集》，齐鲁书社1983年版，第24页。

② 刘渼：《台湾近五十年来〈文心雕龙〉学研究》，台北万卷楼图书有限公司2001年版。

覆订讹，钩深致远，为台湾地区最重要的校注本。华仲麐《〈文心雕龙〉要义申说》及李中成《文心雕龙析论》也都是较为重要的“龙学”专著。徐复观先生早年求学湖北国学馆时亦曾跟随黄侃学习过《文心雕龙》，他曾在回忆黄侃的文章中提道：“我们约了七八个同学，私自请他教《广韵》和《文心雕龙》……他并把在武高油印的《文心雕龙札记》分送给我们。时间大概都没有超过一年。”① 徐复观后在“龙学”上也取得了不小的成就，他虽然不完全同意黄侃的见解，但叹服《札记》的成就：“我年来讲《文心雕龙》，虽不完全同意黄先生《札记》上的见解，但他考证之精，文词之美，使我始终是以感激的心情去阅读。而他在《文心雕龙札记》中破除自阮元以来有关六朝文与笔问题的偏颇之见……表示了他卓越的成就。”②可见其研究《文心雕龙》也一定程度上受到了黄侃的启蒙与滋养。

综上可见，黄侃《文心雕龙札记》对中国大陆及台湾地区现代“龙学”的发展都具有重大而深远的影响，在20世纪龙学史上占有重要的地位。可以毫不夸张地说，黄侃是现代“龙学”的开创者和百年“龙学”的奠基人。

---

① 徐复观：《关于黄季刚先生》，张晖编《量守庐学记续编》，生活·读书·新知三联书店2006年版，第29页。

② 同上书，第30页。